新版　近代スピリチュアリズムの歴史　目次

第三章　心霊研究の黄金時代Ⅰ――霊能者の活躍　65

第四章　心霊研究の黄金時代Ⅱ――霊能者たちVS.研究者たち　107

第五章　心霊研究後期――英国以外の研究者たちとその成果　141

第六章　スピリチュアリズムの発展と挫折　193

付録　降霊会レポート　307

新版 近代スピリチュアリズムの歴史 心霊研究から超心理学へ

凡例　引用にあたり、旧字旧仮名を新字新仮名に改めた。

はじめに

この本を書こうと思った第一の理由は、これから心霊について勉強しようと思う人に、今まで歴史的にどういうことがあったのか、またどういう研究が行われてきたのかを知っていただきたいと思ったからです。これは私自身の体験からですが、はじめて心霊のことを勉強しようと思ったときに、そういうことを教えてくれる日本語のいい参考書がまったくなかったので、手探りと試行錯誤でやらなければならなかったからです。たとえば「スピリチュアリズム」と「心霊研究」の区別さえわからずにイギリスへ行って恥をかいたこともありました。この二つはどちらも同じ根から出ていますが、それぞれ異なった道を歩んでもう百五十年を過ぎています。その違いを知ることはこの道に入る者にとっては非常に重要なことなのです。

また第二の理由として、今はテレビなどでずいぶん心霊現象が取り上げられるようになりましたが、ただおもしろがったり怖がったりするだけでなく、今までにどんな心霊現象があったのか、それらについて先人たちがどんな研究をしてきたかを知っていれば、もっと冷静に、興味深く眺めることができるのではないかと思います。なんとムダなことをしているのだ、と思うこともあるでしょう。私も時々、テレビ会社が莫大な金を使って外国から霊能者を呼んだり実験したりするのを見て、これを学術的に利用できたらどんなに役に立つかと思うことがあります。中には貴重な実験だと思われるものもあり、お金のない研究者にとってはまったくうらやましいことでしょう。また霊能者が話す番組などでは、聞く方の人が驚いたり涙を流したりするのをよく見かけますが、基本的なことを知っていれば、もっと突っ込んだことを訊いたり、霊能者と互角に話し合えるのではないかと残念に思います。テレビに取り上げられるほとんどのことは、もうすでに出尽くしているばかりでなく、もっと驚くべきことが過去にはたくさんあったのです。

以上のように、心霊研究をこれからはじめたいと思う人、心霊現象に興味を持ってもっと知りたいと思う人にとって、ガイドブックになるようなものを書きたいというのが私の願いでした。世の中には心霊現象というとはじめからバカにして、認めようとしない人がいます。そういう人たちをこの本によって説得しようという気持ちはまったくないし、できるとも思いません。これを読めばわかりますが、心霊研究はそういう人たちとの不毛な戦いの連続でした。最初からムダだと思うことを繰り返すつもりはなく、興味を持つ人だけが読んでくだされば いいのです。

またこの本は一応、歴史的な叙述の形をとっていますが、厳密な意味で歴史ではありません。十九世紀の英国社会を検討しようという歴史家の立場があるわけではなく、したがってはっきりした史観があるわけでもありません。これは十九世紀の半ばに英国人を中心としてアメリカ人やヨーロッパの人たちが抱いた一つの夢と、その成り行きを書いたものです。科学の揺籃《ようらん》期にあったヴィクトリア朝の人でなければ考えつかないような、突拍子もない夢想を実現しようとした歴史上の物語です。それは英国以外のいろいろな地域に伝播しながら、まだ見果てぬ夢として今も続いています。「歴史ではありません」と言いましたが、この本を読めば、ヴィクトリア朝社会を今までとは違った角度から眺めることができると思います。

この本を書くのに、ヴィクトリア時代から一九三〇年頃までの事柄については次の三つの書物を主な参考書としました。アーサー・コナン・ドイルの『スピリチュアリズムの歴史』(Arthur Conan Doyle, *The History of Spiritualism*)とナンダー・フォダーの『心霊科学事典』(Nandor Fodor, *An Encyclopedia of Psychic Science*)及びジャネット・オッペンハイムの『英国心霊主義の抬頭《たいとう》』(Janet Oppenheim, *The Other World*/日本語版、和田芳久訳、工作舎)です。

もちろん個々の事象についてはいろいろな書物を参考にしましたが、今挙げた最初の二つは心霊研究の古典で、三冊目は現代的な視点で書かれたアメリカ人歴史家の著作です。どれも資料として優れたものですが、著者自身の体験を書いた部分を除いては二次資料ですので、引用する者としては断定的に「何々であった」と言わずに「何々であったそうだ」と言うべきでしょうが、毎回「あったそうだ」を繰り返すのは書く方も読む方もわずらわしいので、「であった」としてあります。もちろんいい加減なことを言っているわけではなく、いろいろな資料から見て実際にあったと思われる事柄を紹介し、単なる噂やあいまいなことは「であったそうだ」と断ってあります。歴史を書く場合はみなそうでしょうが、この本が常識とは違った事柄を多く扱っている性格上、一応お断りしておきます。

また、この本のタイトルでは「近代スピリチュアリズム」を使っていますが、本文中ではただ「スピリチュアリズム」としてあります。「近代(new, modern)」の語は、昔からある心霊術や心霊思想と区別するために用いることがありますが、一般には単に「スピリチュアリズム」なので、本書でもそれに倣いました。

それでは前置きはこのぐらいにして、この夢物語の発端であるアメリカ・ニューヨーク州ハイズヴィルの奇妙な事件からはじめましょう。

第一章

ハイズヴィル事件とその波紋

✺ハイズヴィル事件

一八四八年の三月頃、アメリカ・ニューヨーク州北西部の小村ハイズヴィルのフォックス家で、ポルターガイスト現象[*1]が頻繁に起こるようになった。もともとこの木造二階建ての小屋のような家は「お化け屋敷」と言われていたらしい。住人も何代か替わっている。前の年の十一月にフォックス一家が入ってきてしばらくは平穏だったが、三月に入ると叩音（ラップ音）が天井や壁などから聞こえはじめ、やがて二階を歩く靴音、地下室への階段を何かを引きずりながら降りる音、ドアが勝手に開いたり閉まったりする音などが聞こえるようになった。

家族の者たちは睡眠不足になり、三月三十一日にはまだ明るいうちから床に入り、物音が起こっても無視することに決めた。家族というのは、ジョン・D・フォックス夫妻と二人の娘、ケイトとマーガレットである。この時ケイトは七歳、マーガレットは十歳（ケイトは十二歳、マーガレットは十五歳だったという説もあるが、ここでは母親の手紙に書かれていたという説をとる）[*2]。この二人と、この時は結婚して家にいなかった姉のリーの三人は、やがてスピリチュアリズムの歴史に重要な役割を果たすようになる。

音がしつこく鳴り続けるので家族は眠るどころではなく、ジョン・フォックスが念のために窓枠がゆるんで風

フォックス姉妹。左から次女マーガレット、三女ケイト、長女リー

ハイズヴィルのフォックス家、1850 年

で鳴っているのではないかと調べてみた。その時ケイトがふざけて、「ひづめの割れた化け物さん、わたしの通りにしてごらん」[*3]と言って手を打ったら、音がそれに応えて同じ数だけ鳴った。マーガレットもおもしろがって、手拍子をとりながら数を数えると、同じような調子で鳴る。マーガレットは怖くなってやめてしまったが、ケイトは母親に「明日はエイプリルフールなので、誰かが私たちをからかっているんだわ」と言った。その時フォックス夫人は、その「誰か」を試してやろうと思いついた。そこで、子供たちの年齢を音の数で表してごらんと問いかけたところ、ただちに音が鳴りはじめ、一人また一人と七人の子供の歳を数えた。それから少し長い休止《ポーズ》があって、三つ鳴った。これはフォックス夫人が最近亡くした八番目の子供の年齢だった。

　次にフォックス夫人が訊いたのは、いま答えたのは人間か霊か、ということだった。霊ならば二つ叩きなさいと言うと、二つ音がした。こういう具合にしてだんだんわかってきたことは、答えているのはこの家で殺された者の霊で、死んだ時は三十一歳、妻と五人の子供があったということだった。

　フォックス夫人は自分たちだけで処置するにはあまりにも重大なことだと思い、霊に、これから近所の人たちを呼んでくるから彼らにも音を聞かせてくれるかと尋ねたところ、承諾の音が返ってきた。それからが大騒ぎになった。最初に来たのはいちばん近くの家に住む主婦で、どうせ子供たちの悪戯だろうぐらいに思って来たところ、子供たちはみんなベッドの上で肩を寄せ合って震えているではないか。しかも霊は尋ねられた彼女の年齢を正確に当てた。彼女は驚いて夫を呼び、夫はさらに近所の人たちを呼ぶという具合に、どんどん人が増えて、家の中はいっぱいになった。中には、近くの川で夜釣りをしていた者までもが呼ばれ、釣りをやめてやって来た。

　その中にダスラーという男がいて、皆の中心となっていろいろなことを訊いた。ダスラーは板に書いたアルファベットの文字を指して霊に質問したと言われ、それによって被害者や加害者の名前も明らかにされた。しかし、殺されたという行商人の名前「チャールス・ロスマ」[*4]はその後もついに確認されず、誤字であったかもしれないと言われている。事件当時この家の住人だったベルという人物が加害者として浮かび上がったが、その使用人だった女の証言によれば、たしかに行商人が来たときにはこの家に住んでいたというのだが、彼は移転先の近所の人たちの証言を集めて、無罪であると主張し、結局、わからないままに終わった。この他、霊からの通信によって伝えられたことは、行商人は五年前のある火曜日の深夜、包丁で喉を切られ、階段を引きずられて地下室に運ばれ、地下一〇フィート（約三メートル）のところに埋められたということ、などであった。

翌四月一日には、噂を聞いてフォックス家に集まった者は三百人に達したという。彼らの一部は地下室の床を掘りはじめたが、まもなく水が出て、掘るのを延期せざるを得なかった。夏になってふたたび掘ったところ、板が出てきて、その下に木炭と生石灰、人間の髪の毛と骨少々とが見つかったが、それだけでは「行商人の殺害」を裏づけることはできなかった。

完全に通信の内容と一致したのはそれから五十六年後のことである。『ボストン・ジャーナル』という新聞が報じたところによると、事件のあった家の壁の一部が崩れ落ちて古い壁が現れ、新旧二つの壁の間に白骨化した人体と行商人の持ち物らしいブリキ製の鞄とが発見されたという。これらはその後、リリーデイルというところにあるアメリカ・スピリチュアリスト本部に、家と共に移され保管されたということだが、筆者はまだ見ていない。ちなみに、フォックス家のあった跡には小さい碑が残されたが、事件から百七十年以上経った今は草に覆われて、見つけるのも難しいそうだ。[*5]「ハイズヴィル」という名前ももうない。

✺フォックス姉妹と「ロチェスターのノック音」

以上が「ハイズヴィル事件」のあらましだが、その後、奇妙なことが起こった。叩音（ラップ音）や不思議な現象が、家ばかりでなく、フォックス家の者たち、とくに娘たちの行く先々にまでついてまわったのである。

四月に入ってからもフォックス家では奇怪な騒音や現象が続き、大勢の人間が押し掛けてきて耐えられないほどになったので、ケイトとマーガレットの二人は、すでに独立してオーバーンとロチェスターに住んでいる兄と姉のところに避難した。すると、この二人のところで叩音やそのほかの怪現象が起こるようになった。とくにロチェスターの姉リーの家に移ったマーガレットの場合は、リーの夫が怪現象に対して敵愾心《てきがいしん》を持ったためか、現象の方も敵対的で、家族に物品が投げつけられたり、ピンが体に刺さったり、髪の毛から櫛が抜けて飛んだりした。また夜中に屋根の上で大砲を打つような大きな音が何度も響き、近隣にまで聞こえた。

騒ぎの最中にこういうこともあった。リーの家を訪れたアイザック・ポストという牧師が、ハイズヴィルではアルファベットの表を使って名前などを聞き出したということを思い出して自分も試してみたところ、次のようなメッセージが綴られて出てきたという。

友人諸君よ。この真実を世界に公表したまえ。今や新しい時代の曙が来たのだ。もうそれを隠そうとしてはいけない。諸君がそのつとめを果たせば、神が護り、善霊たちが見守ってくれるだろう。

これは、これから数多く出てくる同じような「霊界」からの激励のメッセージの魁《さきがけ》と言えるものである。また、後で述べるが、ハイズヴィル事件より五年ほど前に、「ポーキプシーの見者」と言われたスピリチュアリズムの先達、アンドリュー・ジャクソン・デイヴィスが伝えたメッセージとも奇妙に呼応している。

現象は激しさを増して続き、町中の評判となり、「ロチェスターのノック音」[*6]と呼ばれて近隣にも知れ渡るようになった。このメッセージを受けたアイザック・ポストの呼びかけで、この事態に興味を持つ者、新しい時代の到来を願う者たちが集まって、一八四九年十一月十四日にロチェスター市のコリンシアン・ホールで会合が開かれた。人数こそ少なかったが、史上初のスピリチュアリストの集会である。

もちろん好意的な人間ばかりいたわけではない。むしろ非難の声の方が高かったのは、昔も今も同じである。スピリチュアリストの集会の外では別なグループが集まって、缶に入れたタールを煮立てて、会が終わって出てくる者にかけてやろうと待ちかまえていたという。

事件に疑問を抱く者たちの声が高まって調査委員会ができ、まず五人の調査団を送ってフォックス姉妹が起こす現象を調べたが、人為的なものは何も認められなかった。しかし委員会はその報告に満足せず、その後二回にわたってそれぞれ別な調査団を送ったが、同じ結果に終わった。娘たちは厳重に監視され、床と絶縁するために枕の上に立たされたり、膝を使って音を出したりしないように、ハンカチでスカートの下をくるぶしのところで結わえられたりした。十歳頃の子供たちにとってはかなりな試練だったに違いない。こういう状態は生涯続くことになり、彼女たちはやがてアルコールにストレスのはけ口を見いだすようになってゆく。

✷スピリチュアリズムが生んだ最初の職業霊媒

人々の敵対的な行動や新聞による弾劾記事などにもかかわらず、いや、むしろそのせいで、「ロチェスターのノック音」はますます有名になり、やむどころか、いっそう激しく起こるようになった。

そして、フォックス姉妹ばかりでなく、同じような現象を起こすことができるという女性がほかにも次々と現れるようになる。はじめの二人の有能な霊媒は、オーバーンにいたケイト・フォックスのホーム・サークルから出ている。この頃にはフォックス姉妹の同調者たちが集まって定期的に会合を開き、現象を体験したり「霊界」からのメッセージを受け取ったりするという、現在と同じ姿の「ホーム・サークル」がはじまっていたようである。そこには、「霊界」との交流による個人的な相談を受けに集まる人も増えてきて、フォックス姉妹は単なる見せ物から、日本で言えば「巫女的」な存在へと変わってゆく。

そうしてついに、いちばん上の姉のリーが職業的な霊媒として独立するのである。リーはすでに結婚していて音楽の教師だったが、こんな状態では教師の職業を続けるわけにはゆかないという理由もあったらしい。ほかの娘たちもリーと一緒に活動しはじめたが、やがてそれぞれ独立した職業霊媒になってゆく。スピリチュアリズムが生んだ最初の霊媒たちであり、また人類の歴史上初めて霊能によって生活を支える職業が社会的に認知されたのである（日本語で「霊能者」という言葉を使うようになったのはごく最近のことなので、過去の「霊能者」を示す場合にはなるべく「霊媒」という言葉を使うことにする。英国では今も、「英国霊媒〈ブリティッシュ・ミーディアム〉」という言葉を誇りを込めて使っている）。

その後のリーを中心とする活動はめざましかった。一八五〇年五月にはアルバニーへ、続いてトロイへと、叩音を中心とする霊能の公開デモンストレーションとスピリチュアリズムのメッセージを伝える旅行をし、六月にはアメリカ最大の都市ニューヨークで公開実験を行う機会を得た。この時、最初に姉妹の実験を見て感銘を受け、その後ずっと援助を惜しまなかった人物に、『ニューヨーク・トリビューン』紙の主幹で、後年、下院議員にもなり、大統領選にも立候補したことのあるホーラス・グリーリイがいた。

グリーリイは、トロイではフォックス姉妹が銃撃されたというのを聞いて、五ドルという破格の入場料をとることを提案したと言われる。この提案が実行されたかどうかは定かではないが、当時の五ドルは今の一〇〇ドルにも相当するものだったろうから、この入場料で入場できたとすればよほど財布に余裕のある者だったろう。それだけ払ってでも来る者を見込んでいたとすれば、反響のすさまじさが窺《うかが》われる。

ニューヨークでも新聞はこぞってフォックス姉妹を嘲弄した。「ロチェスターのノック音」は、今や「ロチェスターの詐欺師たち」という言葉に置き換えられるようになった。ただ一人、姉妹を弁護した新聞の編集者は、ホーラス・グリーリイだけだった。彼は、この騒ぎの中で学校に行くこともできないケイト・フォックスに学資を出してやったと言われている。この頃、ケイトは九歳、マーガレットは十二歳、リーは三十六歳だった。

姉妹がニューヨークに進出した翌年、バッファロー大学の三人の教授たちが、フォックス姉妹の出す叩音は自分たちの膝の関節を鳴らして出すのだという説を地方紙に発表。すぐにリーとマーガレットの署名による反論を買ったが、この科学的な〝珍説〟は有名になり、この後もしばしば引用され論じられるようになった。

✺熱狂するアメリカ社会

彼女たちに同情と共感を持つ人たちも少なくはなかった。著名な人物では、ニューヨーク最高裁判事のジョン・W・エドモンズ、ペンシルヴァニア大学の化学の名誉教授ロバート・ヘア、ウィスコンシン州前知事で上院議員でもあったナザニエル・タルマッジなどがいる。

エドモンズ判事とヘア教授はスピリチュアリズム擁護の本も出している。ヘア教授の場合は、新聞にわざわざ「スピリチュアリズムなる妄想」をやっつけることは「同胞への義務だ」という文を寄稿した後で、研究したところ、そうはならなかった実験結果を本にしている。タルマッジ前知事は、一八五四年に議会に提出されたスピリチュアリズム究明を請願する建議書の筆頭署名人にもなっている。この建議書に署名した者は一万三千人いたというから、その時すでにスピリチュアリズムはアメリカ社会の一大関心事となっていたと言っていい。請願は受け入れられなかったが、翌年「心霊知識普及協会」が結成され、エドモンズ判事やタルマッジ前知事等が名を連ねた。この会ではH・H・デイという人物が年間一二〇〇ドルをケイト・フォックスに与えて、時々、降霊会を開催したという。この降霊会の人気は最初から高く、いつも盛況で、参加者の中には、小説家のフェニモア・クーパーや、詩人のウィリアム・ブライアントなどもいた。

大英スピリチュアリスト協会（SAGB）にあるエイブラハム・リンカーンの肖像

このようにスピリチュアリズムの運動はニューイングランドやニューヨークを中心に急速に広まり、ハイズヴィル事件が起こってわずか七年後の一八五五年には、全米で二百万人のスピリチュアリストがいたと『ノース・アメリカン・レビュー』紙が報じた。

そうしてついにスピリチュアリズムは大統領府にまで達した。リンカーン大統領が、一八六一年に大統領就任後、ホワイトハウスやその他の場所で何度か霊媒に会い、メッセージを聴いたと言われている。これはスピリチュアリズムの歴史の中でも特筆すべきこととされ、現在ロンドンにあるいちばん古いスピリチュアリズムの組織である「大英スピリチュアリスト協会[*7]」の奥まった部屋の壁には、「スピリチュアリズム」の守護者としてリンカーンの大きな肖像画が掛けてある。

大統領が霊媒に会ったからといって特筆すべきことになるとは限らない。亡くなったレーガン元大統領は、ケネディ大統領の死を予告して有名になったジーン・ディクソンと親しかったし、日本でも伊藤博文と高島嘉右衛門《たかしまかえもん》との関係以来、霊能者と関わりを持った総理大臣は何人もいたと思う。筆者は何人かの霊能者から、名前こそ明かされなかったが、政治家の客が多いということを聞いたことがある。考えてみれば、国家の死活にも関わる重大な決断を迫られる政治家が神託のようなものに頼ろうとするのは、有史以来のことなのだろう。

スピリチュアリズムはその後、大西洋を渡り、英国からヨーロッパへ拡がっていき、各国の君主たちが霊媒たちを招待するようになる。リンカーンはスピリチュアリズムに関心を持った最初の国家元首であった。もっと重要なことは、彼の奴隷解放政策がそれによって影響を受けたかもしれないということだ。スピリチュアリストたちは、リンカーンの出した「奴隷解放宣言」がスピリチュアリズムの決定的な影響を受けたと言うが、それはともかくとして、「宣言」発令の決断を早めるのには役に立ったかもしれない。

リンカーンは、南北戦争初期の不利な戦況の中で、奴隷制度反対の彼の政策を緩和するように諸方面から圧力を受けて悩んでいた。お付きの武官、ケイス大佐が後に証言したところによれば、リンカーンは四回続けて日曜日の晩にお気に入りの男性霊媒をホワイトハウスに呼んでメッセージを聴き、これが「宣言」発令に大きく役に立ったという。またその頃、後に霊言霊媒（霊感を受け、入神状態でメッセージを伝える霊能者）メイナード夫人として有名になった、当時まだ十六歳のネティ・コルバーンが、リンカーンの前で入神状態になり、彼に向かって一時間半にわたって演説をした。目が覚めたネティが見回すと、周囲は静まり返り、目の前の椅子に座ったリンカーンが胸のあたりに腕を組み、彼女をじっと見つめていたという。これは後年彼女が出版したメモワールによるものだが、ケイス大佐の証言もその事実を裏書きしている。この時のメッセージは、「奴隷解放宣言」を発令しなければ、南北戦争は終わらないだろう、というものだったそうである。一八六二年の秋のことで、翌年の一月一日に「奴隷解放宣言」が発布された。

ネティ・コルバーン

✺ハイズヴィル事件の注目すべき点

以上がスピリチュアリズムの発祥とアメリカにおける初期の状態の概略だが、いくつか注目すべき点がある。第一は、ハイズヴィルのポルターガイスト現象が起こったときに、ケイトとマーガレットという二人の未成年の娘がいたこと、第二に、死者と思われる未知な存在との間に交信が成立したこと、第三は、娘たちが家を離れ、よそに住んでも、そこでも同じような現象が起こったこと、四番目には、娘たちばかりでなく彼女らと親しく接した者たちにも、「伝染したかのように」同じ現象が起こったこと、それだけではなく、第五に彼女らとは関係のない地域でもそういう現象を起こす人物たち、とくに女性たちが現れたこと、そうして全国的な運動になっていったのだが、第六にどうしてハイズヴィルのような片田舎で起こった、歴史的に見てもそう珍しくもないポルターガイスト現象が、そんなに短時日にアメリカ全土に（といっても主として東部地域だが）これほど強いインパクトを与えることができたのかは考えるに値することである。これらは通常ばらばらに起こることはあっても、湧き水が小川となり、川となり、大河となるように、連続して成長していくということは滅多にないはずのものである。

まず第一の点だが、ポルターガイストが起きる家には、たいがい未成年者、とくに娘がいると言われている。それもだいたい初潮を見た頃の年齢の者が多い。この頃は発育が最も活発であると共に精神エネルギーの活動も盛んで、情緒不安定なために感情のコントロールが利かない時期である。その不安定な状態にポルターガイストが反応するというのだ。一説によれば、ポルターガイスト、即《すなわ》ち「騒々しい霊」は、「霊界」という高度なエネルギーの世界に住んでいる。人間の世界もエネルギーの世界だが、この二つの世界はお互いに秩序を保っていて混じり合うことはない。ところが、情緒不安定な人間、とくに若者は、強いエネルギーでこの秩序を乱すので、「騒々しい霊」つまり「霊界」に住む不安定な連中が、そこにつけ込み、利用しようとするというのである。人間の世界を包むエネルギーの場に渦のような綻《ほころ》びができて、そこから人間界が見え、霊たちが手を差し込むことができるとでも想像するといいかもしれない。

必ずしも若い娘でなくても、若い男や二十歳過ぎた女の場合でも、現象が起きることがあるが、やはり思春期の女性の肉体と精神から来る不安定さがこういう異常な現象に合っているようである。筆者が一九七八年に訪れたロンドンの北の郊外エンフィールドのヒギンズ家で起こったポルターガイストの場合でも、マーガレットとジャネットという十三歳と十一歳の娘たちがいた。十一歳のジャネットは初潮を経験したばかりだった。この二人はフォックス家のマーガレットとケイトを思い起こさせたが、彼女たちがよそへ行くと、そこでも現象が起こるというのも似ていた。スーパーなどに行くと棚の上の物が勝手に倒れたり飛んだりするので、悪戯をしているように思われて困ると言っていた。

ただしこのヒギンス家にはほかに十歳と七歳の男の子がいてそれぞれ障害を持っていた。また、四十七歳のヒギンス夫人はてんかん持ちで、夫と別れて暮らしていた。つまり、家庭生活自身が極めて不安定な状態にあった。ポルターガイスト出現のためにはますます都合がいい環境だったのである。

実際、若い娘の存在と共に家族の誰かが精神に変調を来していることを、ポルターガイスト発生の条件に挙げている研究家もいるようだが、ハイズヴィルのフォックス家の場合にはそれはあてはまらないようだ。マーガレットもケイトも、教育こそろくに受けていなかったようだが精神は健全であったようだし、彼女たちの両親についてもとくに精神の異常を示すような記録はない。ただし娘たちは二人とも成年になってからアルコールに耽溺し、とくにマーガレットは中毒症になったと言われ、それは遺伝的な体質であったとも言われているので、事件発生の頃に両親たちに何かそういった異常さがあったかもしれない。

ハイズヴィル事件での最大の特徴は「死者」との交信が行われたことだと言われている。たしかにそのとおりで、一般にポルターガイスト現象の場合、いつでも「死者」との交信が行われるとは限らない。「ハイズヴィル」は珍しい例だと言えよう。前述の「エンフィールド」の場合でも、調査にあたったSPR（英国最古の、ということは世界最古の、心霊調査機関。第四章に詳述）の調査員だったモーリス・グロスが何度も交信を試みたが、成功しなかったばかりか、レゴ（積み木）の入った箱を投げつけられた（ひとりでに飛んできて当たった）りした。エンフィールドでは現象が八ヵ月以上も続き、末期になると、異様な老人の声が女の子たちの喉から漏れるようになった。モーリス・グロスはそれと対話をしようといろいろ試みたが、相手は「出て行け」と言ったり汚い言葉で罵《ののし》るだけで、ろくな返答はなかった。

ハイズヴィルの場合はどんな質問にも唯々《いい》として答えたようだし、娘たちが行った先々で起こったポルターガイスト現象でも、叩音によりメッセージが送られてきたと記録にある。ふたたび言うが、こんなことは滅多にあることではない。普通、メッセージを得るのは個人の降霊会などである。ハイズヴィル事件がきっかけになって降霊会が盛んに行われるようになり、メッセージを得る場として注目され利用されるようになっていった。そういう意味でハイズヴィル事件は独特な役割を果たしたことになる。

✺現象はフォックス姉妹が起こしたのか?

マーガレットとケイトの行く先々で叩音が聞こえたり家具が移動したりする現象が起こったということは、ポルターガイスト現象が未成年者のエネルギーに依存することを示すものだが、そのためすべての現象がこの二人が引き起こしたものではないかと疑われることになる。「子供の悪戯だ」というわけだ。エンフィールドでもその疑いがかけられ、とくに空中浮揚などの目立った現象を起こしたジャネットが、手品師や腹話術師などによって調査された。あまりに厳しく追及されたので、彼女は泣き出して、悪戯でやったのだと言ったそうだが、その後で前言を翻《ひるがえ》している。フォックス姉妹の場合も似たようなことがあった。

「詐欺師」と言われ、厳重な身体検査を受けた後で、電気を絶縁するためのガラスの板の上で何時間も衆人の目に曝《さら》され続けた彼女たちの試練は、エンフィールドの子供たちが受けたものどころではなかった。史上初めて霊能が社会の面前で真偽を問われたのである。この二人は悲惨な晩年を迎えるが、まさにスピリチュアリズムの最初の「殉難者」と言えるだろう。

テーブルの下からエクトプラズムの物質化した手が。エヴァレット夫人の降霊会にて。ウィリアム・ホープ撮影、1931年2月

しかし「叩音は彼女たちが膝の関節を鳴らして出したものだ」という科学者たちの疑いはまったく根拠のないものではない。彼女たちがいなければ叩音は起こらなかったのである。誰もいない部屋に叩音だけが鳴り渡るということなどないのだ。ではどうして音が出るのか。――「私たちこそそれを知りたいのです」と彼女たち自身が公開状の中で書いている。

　これに対するもっともらしい説明はある。それは、霊媒（フォックス姉妹）の体から出る「エクトプラズム」と呼ばれる、物質と非物質の中間の極微粒子が凝固し

シャルル・リシェ

て杖のようになり、壁や天井を打つというのである。「エクトプラズム」と名づけたのは、フランスの生理学者でノーベル賞受賞者のシャルル・リシェである。またドイツの精神科医のシュレンク・ノティングがエヴァ・Cという霊媒を使ってエクトプラズム発生の実験を繰り返し、二百枚以上の写真を残している。彼はその成分さえも分析し、一九一六年に発表している。[*8] エクトプラズムが棒状になって机を持ち上げたり、空中で物を支えたりしている写真もある[*9]ので、杖となってあちこち叩くという説はまったく根拠のないものとも言えない（エクトプラズムについては第五章で詳述する）。

そうなるといよいよフォックス姉妹の為《な》せる業《わざ》か、ということになるが、そこがいわゆる「心霊現象」の難しいところだ。人間がどんなに神秘的な生物であろうとも生きた人間の能力だけではどうしても説明できない部分が出てくる。叩音や家具の移動などはともかく、ハイズヴィルでは幼い彼女たちの思いもよらない殺人事件が明かされ、証拠品までが出てきたのだ。また、家での奇怪な現象は彼女たちが住む前から起こっていたし、彼女たちが兄や姉の家に避難してからも続いたのである。

前述のシャルル・リシェは、三十年以上にわたる心霊現象の研究の中で、「死者が影響を及ぼす」という考えを極力排除しようと考え続けてきたが、晩年の著作の中でこういう感想を述べている。「私たちを包む宇宙のことを、私たちは何も知らないと思わざるを得なくなった。私たちは一種の夢の中に住んでいて、その夢の動揺や激しい動きについてはまだ何もわかってはいないのである[*10]」

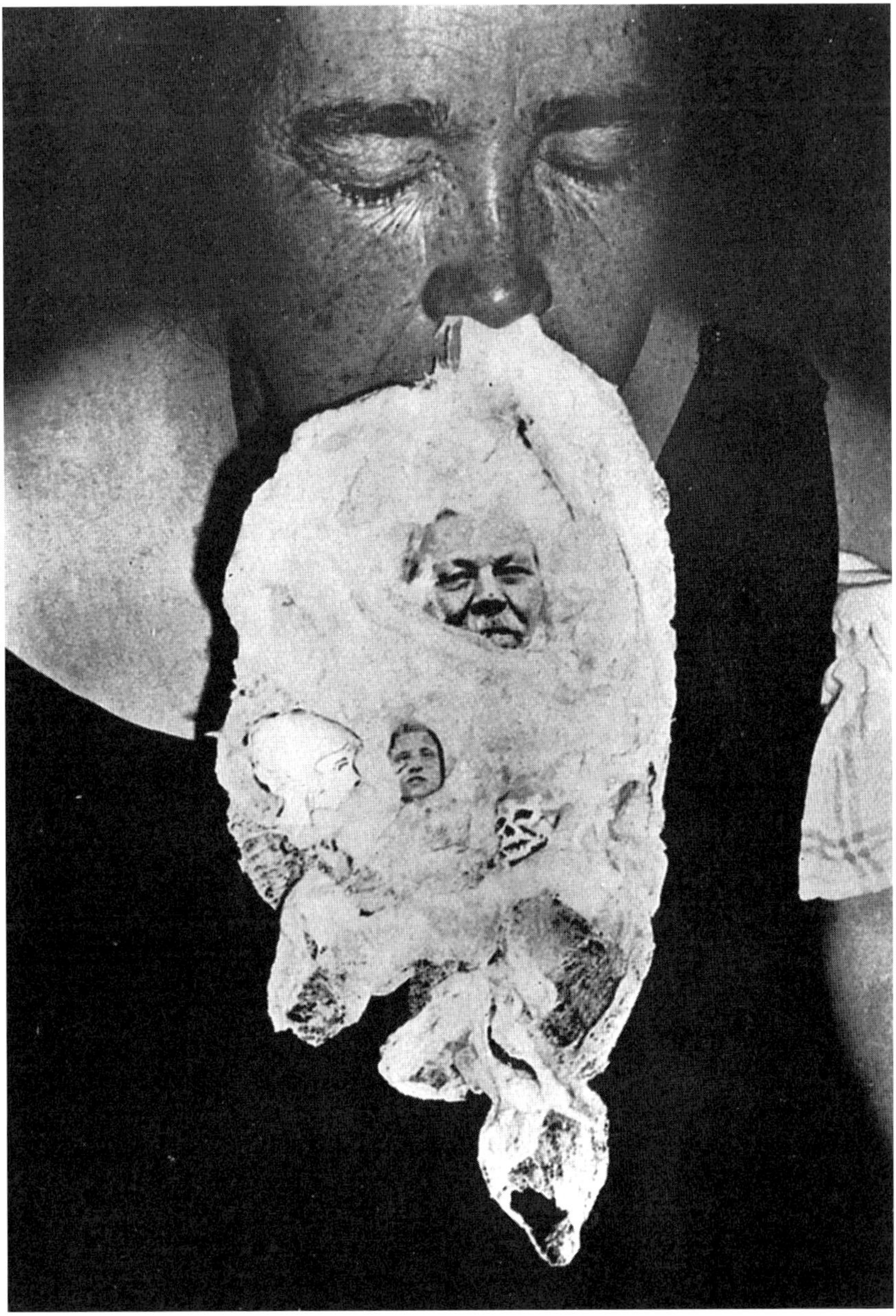

エクトプラズムの例。マリー・マーシャルの鼻から出たエクトプラズムにはコナン・ドイルの顔が。1932年6月27日、トーマスG. ハミルトン撮影

✺「伝染」していく叩音現象

マーガレットが姉のリーの許《もと》で暮らすようになると、リーも音を出したり現象を起こしたりするようになり、彼女らのサークルの中からも優れた霊能を発揮する者が現れた。こういう具合にフォックス姉妹の評判が高まり拡がるにつれて、音を鳴らし現象を起こす霊媒たちがあちこちから輩出するようになった。二巻の大作『スピリチュアリズムの歴史』を書いた探偵小説作家のコナン・ドイルは、これを「伝染」と呼んだが、これこそはこの事件中の最大のミステリーではないかと思われる。アメリカ中で、隠れていた「心霊ピアノ」のキーが鳴りはじめたのだ。誰が鳴らしたのか。ポルターガイスト現象は「伝染」するものなのか。どうして最初に「叩音」であって、お化けや火の玉ではないのだろう。

ハイズヴィルで「霊との交信」が行われたということは重要ではあるが、過去にも小規模ながら似たようなことがなかったわけではない。それが全国的に反応を引き起こし、一つの世界的な規模の運動にまで成長したということの方が、より重要であり、不思議であるように思う。

まず、どうして「叩音」なのかということを考えてみよう。霊能の印は、もちろん、叩音だけとは限らないのである。筆者は英国で何人かの霊能者の公開実験に出席したが、叩音ではじめた霊能者は一人もいなかった。ところがハイズヴィル事件の後では、霊能者が名乗り出るときには、まるで名刺を出すように音を鳴らしながら社会に出てきたのである。そのため「叩音霊媒」という名前までできた。

「叩音」は、ポルターガイストにはつきものの現象である。まず叩音からはじまるのが普通だ。「霊」の最初の意志表示だとか、それが最も簡単な合図の方法だから、とか言われているが、ポルターガイストが一種のエネルギーによる現象だとすると、静電気現象や、大きくは雷鳴などのように音が出るのが自然なのかもしれない。霊能者が一座にいると、パチパチと、静電気の音そっくりの音がすることがあるが、これは霊能そのものが一種のエネルギーであるからだろう。

一口に「叩音」といってもその音はさまざまで、ドアをノックする音や、拳で乱打する音、高低の入り交じった音などがあり、「霊」の方でも毎回のことなので、退屈しのぎにいろいろ工夫しているのではないかと思われるほどだ。例の「エンフィールド」では、モーリス・グロスが二百時間以上に及ぶテープの録音をしていて、その一部を聴かせてもらったことがあるが、まことに「騒霊」とはよく言ったものだと思うくらい、音が多様で騒々しい。

ついでながら言うと、ポルターガイスト現象は叩音や騒音だけで終わるものではない。家具の移動、扉の開閉、物品の出現や消失などのほか、幽霊現象、光球出現、水の幻影、物品や人物の空中浮揚などさまざまある。エンフィールドでは前述した声の現象が出たが、モーリス・グロスの話では、これがポルターガイストの末期だという。ハイズヴィルでは声の現象は記録に残っていないが、幻影や不思議な光が見えたりはした。姉妹が霊媒として活動をはじめてしばらく経ってからは「物質化現象《マテリアリゼーション》」も起こるようになったという。「物質化現象」というのは、例の「エクトプラズム」が物質化して、人の姿や人体の一部となる現象だと言われている。

叩音が、ポルターガイストだけでなく霊能発現の初期の現象であり、ハイズヴィル事件以後に霊能発現を経験した霊媒たちがそれを利用し、フォックス姉妹を真似て出てきたと考えることはできるが、どうしてそんなにわれもわれもと広い範囲で出てきたのかは、やはりミステリーである。霊能は、手品のように学べばできるようになるというものではないからだ。人間社会の中にある霊能の磁場のようなものにハイズヴィルの現象が導火線となり、一挙にあちこちで火花が散りはじめたのだ。「流行」という社会現象には奇妙な部分があり、ある時代には音楽の天才たちが、別の時代には絵の天才たちがというように、特別な能力を持つ者たちがかたまって出てく

エクトプラズムの物質化現象により現れた霊。シャルル・リシェによる、ヴィラ・カルメン（アルジェ）

ることがある。この時代は霊能者にとっては、たしかにそういう時代だった。

✷伝播の社会的背景

この「能力の伝播」を促進した社会的な条件が二つほどある。一つは女性の地位向上と社会進出であり、もう一つはアメリカ社会に拡がりはじめていた新しい精神運動である。

まず女性の問題だが、スピリチュアリズムは女性の地位向上と深く関わるようになった。女性たちは自分たちの霊能を社会で独立するために利用したといっても過言ではない。フォックス姉妹はいずれも、探検家、保険業者、弁護士など、社会的に著名だったり富裕だったりした相手と結婚している。霊能者がこれほど社会の注目を浴びた時代は空前絶後で、彼女たちを研究材料にしようとする代表的な科学者ばかりでなく、上院議員、新聞の編集者、銀行家、作家や詩人など、要するに社会の中枢にある者たちの注目を集め、ホワイトハウスにも招かれて厚遇を受けている。社会的向上を望んでいた女性たちがこれに心を動かされなかったはずはない。

当時は英国にはじまった産業革命の波が米国にも押し寄せ、大西洋横断航路もでき、海底ケーブルも敷かれ、国内では運河の建設、鉄道の発達と共に、一八六九年には大陸横断鉄道も完成し、ニューヨーク州やニューイングランド地方を中心に、産業が飛躍的に発展した時代である。しかし、女性の製糸・縫製業などへの労働力としての進出は増えたものの、基本的には女性は家庭を守り夫に仕えるというヴィクトリア朝英国の倫理観がアメリカ社会でも支配的だった。彼女たちの鬱屈した気持ちの大きなはけ口になったのは宗教活動や精神運動、それに基づく慈善や社会改善運動への参加だった。

十九世紀初頭には信仰の復活を訴えたり、新しい啓示を説いたりする会合が野外で数多く開かれ、参加者は大部分が女性だった。一八四八年に起こった米国史上初の、男性との平等、婦人の投票権を求める運動も、こうした宗教活動の延長にあった。たまたまこの年はハイズヴィル事件の起こったのと同じ年であり、ハイズヴィルもこの婦人運動の起こった土地と同様、ニューヨーク州北西部の信仰復活運動の盛んな地域に含まれていた。不思議な偶然である。

こういう雰囲気の中で、女性たちが自分たちの霊能を神からの贈り物と思い、社会での独立や地位向上のために最大限に利用しようとしたとしても不思議ではない。それに対して社会が冷ややかな目で眺め、時には「インポスター（世を欺く者）」と呼んで攻撃したことも頷ける。彼女たちは社会の良識に背《そむ》く新しい女たちだったのだ。この間の事情については、ヘンリー・ジェームズの作品『ボストンの人々』の中の霊感を受けて話すことのできる少女をめぐり、それを利用しようとする人たちの確執を通じて、ある程度知ることができる。*11

スピリチュアリズムはこうした宗教運動と一緒になって社会改革運動へと発展していく。これは、学問の対象となり「心霊研究」として発展していった英国とは違うアメリカの特殊事情である。広大な荒野を抱え、そこに神の業《わざ》の実現を夢見る若い国、アメリカならではの状況と言える。ハイズヴィル事件が起こる前に、徐々にそういう土壌は用意されていたのだ。その原動力の一つとなったのが「ポーキプシーの見者」アンドリュー・ジャクソン・デイヴィスである。

デイヴィスについて述べるためには、彼に深い影響を与えたスウェーデンボルグや、彼を入神状態に導いたメスメリズムなどについても一言しなければならない。それについては章を改めて説くことにする。

第二章

ハイズヴィルに至る道のり

✺「予言者」アンドリュー・ジャクソン・デイヴィス

ハイズヴィルで「霊」との交信がはじまった一八四八年三月三十一日は、スピリチュアリズム発祥の日として後にスピリチュアリストたちによって記念日に指定されたが、まさにその日に別な場所で事件の到来を知り日誌に書き記した人物がいる。ハイズヴィルから約三〇〇キロ東の、同じニューヨーク州内でハドソン川沿いの町、ポーキプシーに住むアンドリュー・ジャクソン・デイヴィスである。

今朝、明け方に私は暖かい息を顔に感じ、優しい声が強い調子でこう言うのを聞いた。
「兄弟よ、よい仕事がはじまった——見たまえ、生きた人間がやって見せるようになったのだ」
これがどういう意味なのか、私は考えざるを得なかった。*1

「生きた人間がやって見せる（a living demonstration）」という言葉はたしかに謎である。しかし彼はそれをすでに予知していた。このことがあった前年の一八四七年に出版した『自然の原理——その聖なる啓示と人類への声』（*The*

Principles of Nature, Her Divine Revelations and a Voice to Mankind）という本の中で、彼はまさに同じ“a living demonstration”という言葉を使って、新事態の到来を予告していたのである。

> 肉体の中にいる霊と、より高い世界にいる霊とが交信する。……間もなくそれは生きた人間がやって見せる形で（in the fom of a living demonstration）行われるだろう。

アンドリュー・ジャクソン・デイヴィスはスピリチュアリズムの「予言者」または「見者」と呼ばれ、しばしばキリストに対するヨハネに対比される。スピリチュアリズムにキリストに相当する人物はいないので、先覚者という意味である。

アンドリュー・ジャクソン・デイヴィス

不思議なことに、素顔の彼は無学な男だった。『自然の原理』はそれまでのどんな哲学書にも比肩しうる浩瀚《こうかん》で精密で豊かな語彙の、時には難解とも言える本だが、それを書いた人間は、十六歳まで本らしいものは小学校の教科書を一冊しか読んだことがない靴屋の徒弟だった男である。十六歳を過ぎてからは、自分の不思議な才能に目覚めはしたものの、学校に通って勉強したというわけでもない。彼が「予言者」だったり「見者」だったり、また高遠な著述家だったりするのは、ある特殊な状態にあるときだけだった。「特殊な状態」とは、はじめの頃は催眠状態であり、後には自分が「超越状態（superior condition）」と呼んだ、日常意識を持ったままの入神状態であった。
デイヴィスは少年時代から不思議な言葉が聞こえたり、異様なものが見えたりしたと言われる。霊能のあるものにはよくあることだが、彼が自分の特殊な能力に目覚めたのは「メスメリズム」(催眠療法の前身で、十八世紀末に流行した)に出会ったときである。メスメリズムが彼の中に眠っていたものを顕在化したのだ。メスメリズムはドイツ人の医師、フランツ・アントン・メスメルが最初医療として開発した方法だが、これについては後で述べる。
最初のメスメリズムとの邂逅《かいこう》は一八四三年、デイヴィスが十七歳の時だった。彼の町ポーキプシーでメスメリズムについての巡回講演会があり、デイヴィスは出席して何人かの者と一緒に催眠術(メスメリズム)を受けてみた。この時は何も起こらなかったが、次に同じ町に住む洋服屋のウィリアム・リビングストンという男が試してみたところ、デイヴィスは入神状態になった。しかもそういう状態になると、目隠しをしていても新聞が読めたり他人のポケットに入ったものまでも見えた。この透視能力は実験を重ねるごとに発達し、やがて人体がレントゲン写真のように透けて見え、疾患があると指摘することができるようになった。人体ばかりではなく、自然界のあらゆるものがその奥まで見えるようになったという。

私の目には何だか地球全体が、そこに生活している人もろともに、一度に天界の楽園に早がわりしてしまったように映った。さらに二、三分もすると、今度はその部屋にいる人たちの姿がことごとく光に包まれて見えるようになり、続いてその磁気光を発している内部の様子まで見えてきた。肝臓、脾臓、心臓、肺、はては脳までが手にとるように見えるのである。その時の私にとって人体はまるで透明なガラスで出来ているのと同じであった。

(中略)

それだけではない。私の視野はさらに広がり、今度は椅子とかテーブルの原子までが見えはじめたのである。

（中略）

植物の成分や本性もはっきり見透すことが出来た。野生の花の一本一本の繊維、原子の一つ一つがそれ独自の光を発していた。その組織の間をぬって生き生きとした生命が流れながら活動している様子が見えた。森や丘や野原の木々も生命と活力に満ち、各々の進化の程度に相当した色と輝きを見せていた。私には地球上のあらゆる植物の生育場所、成分、性質、用途までが判るように思えた。[*2]

リビングストンは洋服屋をやめてデイヴィスと一緒に診療所をはじめた。リビングストンが術をかけ、デイヴィスが透視能力を使って、病気の相談や診療にあたったのである。この診療所は一年も経たないうちに近隣一帯の評判になった。デイヴィスが「ポーキプシーの見者」と呼ばれるようになったのはこの時からである。

✺驚くべきトランス・トーク

デイヴィスの能力は、しかし、これだけにとどまらなかった。ある時から彼は催眠中に演説をするようになったのだ。しかも、今まで誰も聞いたことがない神秘的な内容と哲学的な深みとを持ち、どんな学者にも負けない格調高い言葉で喋った。それについては、デイヴィスが後に自伝の中で述べているある体験が深い関係を持っていると言われている。

メスメリズムの実験をはじめてまだ一年足らずの一八四四年三月六日の晩のことである。彼は突然入神状態となり、気がついたときにはどこかわからぬ山の中にいた。そこで二人の人物に出会った。一人は医学上の、もう一人は哲学上の事柄について話をし、若い彼を大いに感動させた。まもなく二人の姿は見えなくなり、デイヴィスは夜じゅう山の中を彷徨《ほうこう》して明け方麓《ふもと》に辿り着き、初めて土地の人に会うことができた。その人の話から彼は、自分が来たのは「キャッツキル・マウンテン」という、ポーキプシーの町から四〇マイル（約六四キロ）も離れた場所であることを知った。

デイヴィスはこの体験を日付を含めて具体的に述べている。一晩で六四キロというのは人間業ではないが、我が国でも、平田《ひらた》篤胤《あつたね》が紹介した仙童寅吉の例があり、いわゆる「神懸かり」である。デイヴィスはその後、山中で会った二人の人物は、古代ローマの名医と言われたガレヌスと、十八世紀の大科学者で、神学者でもあったスウェーデンボルグだったと言った。それが幻覚でなかったかどうかは判断のしようがないが、デイヴィスが医療に示した特殊な才能と、催眠中にいろいろな見解を述べた際の学識の深さ、語彙の卓抜さには対応している話である。

スウェーデンボルグもまた幻視者として知られ、詳細な霊界探訪記を書いていてスピリチュアリズムの先覚者と言われている人物である。このデイヴィスの師匠格の人物については、また後で触れるが、デイヴィスの古典的で重厚な文体を思うと、スウェーデンボルグに繋がる系譜を想像するのは自然に思える。もちろん十八歳の靴屋の徒弟はスウェーデンボルグなど読んだことはなく、出会ったときには、誰なのかわからなかったろう。その名がどうして彼の口から出たのかは不明だが、彼が催眠中に口述筆記させた著作中の地質学、鉱物学の該博な知識は、鉱物学者であり鉱山技師でもあったスウェーデンボルグを彷彿《ほうふつ》させるものである。

デイヴィスのこの新しい才能に対しては新しい対応が必要だった。あちこちに呼ばれて講演し、透視能力やトランス・トーク（入神中の談話）を実演して見せて歩いているうちに知り合った二人の人物が協力を申し出た。その一人、ブリッジポートの音楽家であったライオン博士はハメルンの笛吹きに誘われた子供のように、家業を離れデイヴィス専従の催眠術者となってニューヨークに出て行った。ニューヨークでは牧師のフィッシュバウという人物が、二人の求めに応じて入神中のデイヴィスの口述を筆記することを引き受けた。こうして一八四五年十一月、デイヴィスの最初の大著でありその後の著述の根幹となる『自然の原理――その聖なる啓示と人類への声』の筆写がはじまった。この時デイヴィスは十九歳。彼がその一年前まで無学な職人だったことを抜きにしても、驚くべきことである。

筆写は十五ヵ月間続いた。その間ライオン博士は連日のようにデイヴィスに催眠をかけ、フィッシュバウ牧師は筆記し続けた。二人は、果たして出版までこぎつけることができるかどうかも判らないこの仕事を報酬なしで行い、デイヴィスもこの著作から収入を得るつもりのないことを最初から明言していた。その成果は卓越した文体と内容となって現れたことは前述したとおりだが、二人の協力者は数ヵ所の文法的な訂正を行っただけで、大部分は口述のままであると言っている。これは、奇蹟を見ようと押し掛けてきた多くの者（小説家のエドガー・アラン・ポーもその一人）が目撃している。その中のジョージ・ブッシュというニューヨーク大学のヘブライ語教授は、デイヴィスがヘブライ語を正確に引用していると証言した。彼はさらに「この本は深淵にして精緻な宇宙哲学を述べたもので、そのコンセプトの壮大さ、論旨の正しさ、説明の明瞭さ、記述の秩序正しさ、内容の百科事典的拡がりにおいて、これを凌駕する書物を見たことがない」とまで褒めた。

彼の熱心な推奨もあって、本は一八四七年に出版され、その後三十年間に三十四版を数えるロングセラーになるのだが、不思議なことにブッシュ教授は、出版されると間もなく、わざわざ小冊子を発行して、デイヴィスの本には数多くの誤謬や偏見や荒唐無稽なことが書いてあるから世間の人たちは気をつけたほうがいいと警告した。この態度の変化は一説によると、著述が進むにつれてデイヴィスのキリスト教に対するスピリチュアリスト的な考えが明瞭になり、敬虔なキリスト教徒であるブッシュ教授はそれについて行けなくなったためだと言われている。

✺『自然の原理——その聖なる啓示と人類への声』*3

こうして出版された本は「自然の原理」「自然の聖なる啓示」「人類への声」の三部から成っていた。

第一部の「自然の原理」では、世界は内と外、即ち心と物、の二つから成り立っているが、両者は同じ実体であること、心は物に対して支配的な立場にあり、その本質は霊的であることを説いている。第二部の「自然の聖なる啓示」では、宇宙の創造にはじまり、星雲の形成から太陽系の誕生に触れ、地球生命の発達について述べている。また、キリストを「神の子」としてではなく人間倫理の革命家として捉え、聖書を批判している。さらに、スピリチュアリズムにとって重要な部分、即ち、霊界とは何か、どういう構造を持っているのか、人は死ねばどうなるのか、などについて書かれている。これは後にこの本が「スピリチュアリズムのバイブル」と呼ばれるようになった主因である。第三部の「人類への声」では、以上のような事実を踏まえて人類はどういう生活を送るべきかを、経済的、社会的立場から述べている。

この本にはいくつかの特筆すべき点がある。

一つは、綿密な科学的な思考と具体的な説明を通じて書かれていることで、物に対する心の優位を強調してはいるが、いわゆる一方的な唯心論的一元論ではなく、心も一種の物質だという、両者を統一する一元論となっている。換言すれば、万象の実在の主体は霊であるので、物質や心も本質的には霊的な存在であり、その意味で同等だというのである。

次は、宇宙創成を通して地球が生まれてから自然が地質学的、生物学的に変化しながら、やがて人類が誕生していく経過を進化論的に巧みに述べている点だ。これはダーウィンが『進化論』を発表する一八五九年よりも十年以上も前の記述である。ただしデイヴィスの立場は、肉体としての人類の発達と霊的存在としての精神の発達とはまったく別な出来事であり、人類がある肉体的完成度に達したときに、つまり、それ相当の受け皿となり得たときに、初めて高度な精神が宿ったのだと言う。

ついでながら宇宙の構造について、もう一つ先見の明があったことを述べると、太陽系の惑星の数について、八、ないし、九としていることで、八個は確実だが、九番目はまだ惑星と言える段階ではないと言っている。八番目の惑星は海王星だが、これについてデイヴィスが受けた啓示は、この星の存在が数学的理論によって指摘された数ヵ月前のことだと、本の脚注に記してある。九番目の冥王星はもちろんそれ以後に発見されたが、二〇〇六年の新聞記事によれば、この星は一種の宇宙塵で、「惑星」とは呼ばないことになり、デイヴィスの予見の正確さを裏づけることになった。

次に、キリスト及び聖書について述べている点について、キリストはヨゼフとマリアの間に生まれた人間の子で、当時の宗教的に堕落した社会を改革しようという情熱に燃えた青年であった。聖書は矛盾や誤謬を含む不完全な書物であり、教会が主張してきた「三位一体」「原罪」「贖罪」「天国と地獄」などの概念は、すべてありえないことだと述べている。これは後に、キリスト教に対するスピリチュアリストたちの態度に、強い影響を与えることになる。

さらに、スピリチュアリストにとって啓示ともいうべき点は、肉体と霊とから成り立っている人間が、死ぬときにどうやって肉体を脱して霊となるかという叙述であろう。肉体と霊とはもともと一体であるが、年をとるにつれて肉体は衰えて霊(精神)の思うようには動かなくなる。そこで、デイヴィスによれば、霊はそれまで肉体に充満していたエーテル的物質を吸収して霊体を作り、霊界での生活に備える。これは霊が低い次元から、より高い次元へと移動することであり、死とはそういう次元の移動であるに過ぎない。デイヴィスは、これは自分自身が毎日行っていることであり、その経験から述べているのだ、と言っている。さらに、死とはあらゆる現象の中で最も賛美すべきもので、誰もがその到来を楽しみに待ち、感謝すべきだとも述べている。

✺デイヴィスの描く霊界観

それでは、肉体を脱し、霊の世界に入った者はその後どうなるのか。霊界とはどういうところなのか。

肉体を脱して入る世界をデイヴィスは「第二界」と呼ぶ。その後の「第三界」から「第七界」まである霊界の中の最初の世界である。ここでは肉眼に代わって霊的な視力を持つので、地上の人間を見ても肉体は見えず、霊体しか目に入らない。しかし、肉体よりも完全に見える。一方、同じ第二界に存在するものはすべて見え、望むなら交流することもできる。交流は音声によらず思念の流入による。相手の目を見ながら自分の考えを発すると、相手は息を吸い込むように、自分の中にその思念を取り入れる。目は霊界においては外部の情報を取り込む最も重要な器官だが、そこに映るものは霊的な本性の反映であるということをどの霊も理解している。

第二界における重要な機能は教育と学習である。霊たちはそれぞれの資質の度合いによって、同じ程度の者たちが集まって三つの社会を作り、学び、研鑽《けんさん》し合っている。何を学ぶかと言うと、宇宙の真理、即ち、宇宙がどういう目的を持ってどうしてできたのか、人間はその中でどういう役割を果たすのかなどである。そうして、それに沿って自己を向上させるための研鑽が行われる。

この三つの社会の中、第一の社会には幼くして亡くなった者たちの霊と、考えの未熟な霊たちが集まる。考えの未熟な霊とは、先述の「宇宙の真理」の理解にほど遠い者たちのことで、地上で教育者であったり指導者であったりしても、ここに来る者もある。一概に「未熟な霊」と言っても、その「未熟さ」にはかなりのばらつきがある。

第二の社会には、相当高い理解に達し魂の修養を経た者が集まる。第三の社会は、もちろん、第二界における最高の修練に達した霊たちの集まりである。

これらの社会は、内的な要素によってばかりでなく、外観上も区別できる。即ち、住民たちの資質が高くなればなるほど社会全体の輝きが増すのである。この輝きはその社会の住民それぞれの霊体から発する輝きによる。だから低い社会にいる者が高い社会に憧れて入ろうと望んでも、自分よりも遥かに強い輝きに圧倒されて入っていくことができない。

以上がデイヴィスが描く人間が死んですぐ入る霊界中の最初の界の模様だが、ここにはスピリチュアリズムに特有な基本的概念が示されている。

アンドリュー・ジャクソン・デイヴィスが見た、死後のアストラル体の離脱（『魔法の杖』1857年）

万有は神、即ち至高の意志、によって創られていること、人間は死後も生前と同じように個性を持ち、生活を続ける（ただし第二界においてのことで、それ以後の界では必要に応じてそうなるという）、ということなどは最も基本的なものだが、これらはこれまでの宗教観や説話などの中で前例のないものではない。しかし次の二つはスピリチュアリズムに特有なものである。一つは魂同士が引き合う力、もう一つは魂が向上を目指す力で、この二つが原動力となって霊界全体が発展していくという。これは、後に述べるが、スウェーデンボルグの霊界観と同じものである。

霊が社会を作ると言っても、人間社会のように各人の利害や目的によって集まるのではなく、似た者同士、好きな者同士が集まるのだ。同じような性向を持ち同じような魂の発達の段階にある者が、相手に親しみを覚えて近づこうとするところから霊界における社会がはじまる。悪意を持った者は悪意を持った者同士、善意の者は善意の者同士が集まる。したがって地獄といい、極楽といっても、それは神や閻魔《えんま》が人間を裁いて、お前は地獄、そっちの者は極楽へ行けというようなものではなく、それぞれの人間の器量と好みに応じて地獄が決まり、天国が決まる。極悪人同士が住みやすいところへ集まるのが地獄となり、徳の高い者同士の住みやすいところが天国となる。単純なことのようでいて、この地上ではいろいろ社会的、物質的制約があって実現できないが、霊界では精神のみが唯一の実在になるので、これが決定的な原理になるのである。だが、それだけでは霊界の社会は固定化してしまう。宇宙のあらゆる現象にはそれを発展させようとする動力があるように、霊にも意志があるが、その基本的な原動力は、より良いもの、より美しいもの、より快いものに向かおうとする心である。これによって霊たちは現在いる世界からさらに高い光と愛の世界へ行こうと努力するという。

この「光と愛」の高まる世界は「第二界」以後「第七界」まであることは前に述べた。七という数字はキリスト教神秘学では重要な数字だが、スピリチュアリズムの場合でも、後に述べる心霊研究家のフレデリック・マイヤーズの霊界通信におけるように、やはり霊界を七つの層に分けている。デイヴィスによれば、第二界でさえわれわれ人間の考えも及ばない荘厳な美しさに満ちているが、第三界になると地上の人間がまだ到達したことのない想像を絶する輝かしい境地となる。最後の第七界では、もはや人間霊魂の影も留めぬ絶対的、神的エネルギーの渦巻く世界だと言う。

デイヴィスはこの書で、前にも述べたように、スピリチュアリズムの到来を予見している。次の言葉はしばしば引用されるものである。


肉体の中にいる霊がより高い層にいる霊と意志を通じ合うことがあるのは確かなことである。その場合、肉体の中にいる霊がそれに気づかずにいて、交流があったことを信じないということもあり得る。だが、このことはやがて地上の人間の中で示され（In the form of a living demonstration）、真実であることがわかるだろう。その時、現在火星や木星や土星の住民たちの間に行われているように、人間の内部が開かれて霊的な交流が達成されることになる新時代の到来を、世界の人々は大歓迎するだろう。

✴「超自然ではない」

『自然の原理』はハイズヴィル事件の前年に、まるでそれを先触れし解説するかのように出版されたのだが、この本の驚くべき内容と、その奇異な成立のためだけではなく、ハイズヴィル事件が引き起こした「スピリチュアリズム・フィーバー」とでも言うべき社会的熱気にも助けられて、たちまち版を重ねていった。これを読み、影響を受けたり意見を述べたりした人たちの中には、詩人のロングフェロー、哲学者のエマーソン、天文学者のパーシヴァル・ローエルなど、当時の錚々《そうそう》たる人物がいる。

スピリチュアリストたちがこの本をバイブルのように重視したことはもちろんだが、デイヴィス自身もスピリチュアリズム運動に強い関心を持ち、はじめのうちは積極的に講演や著述を通じて援助し、一時は指導者と見なされたこともあった。しかし、スピリチュアリストたちがあまりに現象面に執着し、降霊会に夢中になり、その背後に潜む哲学的、宗教的意義をおろそかにしたため、デイヴィスはしまいには嫌気がさして、こういう状態が続く限りは自分はスピリチュアリストとは見なされたくないと宣言し、一八八〇年には自分の思想を「調和哲学(The Harmonial Philosophy)」と呼んで、当時のスピリチュアリズムからは一線を画した。デイヴィス五十四歳の頃である。

この頃までには彼はもう「無学な職人」などではなく、機会を捉えては勉学し、自分が書いたものを十分に理解できるようになっていた。また、もはや他人の助けを借りずに自力で入神状態に入ることもできるようになっていた。このことは彼自身の理解力にとって極めて重要であった。というのは、デイヴィスは自分を霊的感応状態におくことによって霊界から自由に情報を入手できると述べているからである。霊界には知識の宝庫とも言うべき光の凝縮した大星雲があり、デイヴィスの頭脳から発する光の集合体がそれに接することにより、欲しい知識が自由に流れ込んでくるというのである。

こういう風に書くとデイヴィスは、超人か、誇大妄想狂か、いずれにしても異常な人物のように思われそうだが、実際には素朴で謙虚な人物であって、晩年はボストンに小さな本屋を開き、本を売るかたわら医学の免許をとり、病気の人たちのために薬草を処方して与えた。彼は自分の能力を超自然的なものと言われるのを嫌い、それは普通の人間の能力と同じく「自然」なものであり、ただ少しばかり他の人々を上回っているに過ぎないと言っていた。また、自分が述べてきた意見や啓示などに関しても、それを鵜呑みにするのではなく、各人の理性によって判断すべきだと言い、どんな人間による「啓示」も、人間であるからには必ず過ちや足りない部分があり、自分の場合にしても例外ではないと語っている。

✺エマヌエル・スウェーデンボルグ——最初のスピリチュアリスト

ここで、デイヴィスが師と仰いだエマヌエル・スウェーデンボルグ[*4]について述べよう。スウェーデンボルグはデイヴィスよりも一世紀半前の十七世紀後半に生まれ、ルネッサンス的天才と言われた多才な科学者だったが、彼がスピリチュアリズムの先覚者と言われるようになったのは、主として、科学者であることを断念するに至った五十六歳以後の霊的な方面における業績によるものである。

科学者としての彼に一大転機が訪れたのは、一七四四年四月に滞在中のロンドンのホテルでキリストの霊の最初の訪問を受け、その翌年のやはり四月にキリスト霊から、今までの世間向きの学問をいっさい捨てて霊的な仕事に専念するように命じられたからだと言われる。彼の有名な霊界探訪はその間に行われた。

ペール・クラフト《エマヌエル・スウェーデンボルグ》スウェーデン国立美術館蔵

それまでのスウェーデンボルグは、鉱山技師としてスウェーデン国立鉱山局につとめ、鉱業技術を改革し、土木事業にも貢献した。そのほか数学、天文学、生物学、生理学、心理学など科学の諸分野において先進的な業績を上げ、国際的に認知されていたばかりでなく、ラテン語の詩集を出したり、科学雑誌を発行したり、また貴族院議員として国政にも深く参与するなど、歴史上の最高の天才に勝るとも劣らぬ働きをしていた。そのいくつかを紹介すると、まず、彼が二十代の半ばに発見した月による地上の経度を知る法がある。航海術の未熟な時代には画期的な発見だった。

この頃はニュートンの万有引力説の登場が大きな衝撃と共に科学界に迎えられ、英国が科学技術の先進国となりつつあった時代で、スウェーデンボルグは海外の新知識を吸収し、科学的に遅れていた自国の役に立てようと英国に留学した。海運先進国でもあった英国で、彼は航海法に必要な数学と天文学に興味を持ち、ハレー彗星の出現を予告したエドモンド・ハレーの知己を得、グリニッジ天文台長であったフラムスティードの家に寄宿して学んでいる。「月による地上の経度を知る法」はこの頃の産物である。

この頃はまたオランダ、フランスなどをも旅行して新しい技術を習得し、各地の学者との交流にも努めている。当時は徒弟制度の厳しいギルド社会であったため技術は非公開で、外部のものがそれを知るには見て盗むよりほかなく、そのために若いスウェーデンボルグは下宿を職人の家から家へと転々と変えたと言われている。彼の天才はそれらの「盗んだ」技術の上に自分の創意を加え、当時パリから自国に送った手紙の中には、空気銃、潜水艦、飛行機など、新しい機械類についての考案もあった。

帰国してからの二十八歳から五十六歳までの二十八年間は、再度の外国旅行とそれに続く十年ほどの学問への沈潜と思索の時期を含め、彼の活動はめざましいものがあった。一七三四年、彼が四十六歳の時に、主著である『哲学・鉱物学論集』三巻が刊行され、彼の名声を国際的に高めた。その第一巻の『自然物の原理』は、アンドリュー・ジャクソン・デイヴィスの『自然の原理』の先駆けとも言うべき宇宙創造への考察を含む本だが、その中でスウェーデンボルグは、太陽系惑星が同一の星雲から発生したのだという、カントとラプラスの「太陽系起源説」を二十年以上も先んじた「星雲説」を発表している。彼はまた、物質の構造について、物質は絶えず渦巻き状に運動する分子から成り立ち、それらの分子はさらに運動状態にある原子によって成り立っているという、今日の原子構造論に極めて近い説を述べている。

彼はさらに生物学や大脳生理学の方面にも研究を進め、一七四〇年に『生物界の理法』という、後に浩瀚な二巻本となる重要著書を出版した（この一部がA・J・デイヴィスにより、彼がこの本を手に入れる可能性はなかったにもかかわらず、正確に分析され、彼の『自然の原理』の中で述べられていると言われる）。[*5] この本の中でスウェーデンボルグは、人間の魂の活動は、頭脳、とくに大脳皮質における血液の働きに依存するという、二十世紀になって初めて明らかにされた人間の精神活動と脳との密接な関係を示唆する説を明らかにしている。

このように科学者として多方面にわたって時代を先んずる業績を上げていたにもかかわらず、また世界最高の科学者になろうというのが青年時代の彼の夢であったにもかかわらず、五十六歳になって科学者の道を断念するに至ったのは前述のとおりである。キリストの霊に勧められたのが直接の原因だったというが、キリストの霊に出会うまでに彼は実はさまざまな霊的体験をし、精神的な危機にさらされてもいたのである。

✺生まれながらの霊的素質

スウェーデンボルグは生まれながらにしてキリスト教と深い縁があった。彼の父親がスウェーデン王室の祈禱所の牧師だったからである。父はまたウプサラ大学の神学教授でもあり、晩年にはスカラの大僧正にもなった。一七一九年には家族共々貴族に列せられているが、それはこの父が宗教家として王室の信任が厚かったからにほかならないと思われる。ちなみにスウェーデンボルグと名乗るようになったのはこの時からである。こういう父を持つ家庭の中で、幼いスウェーデンボルグが強い宗教的影響を受けて育ったことは容易に考えられる。

家庭の教育ばかりでなく、スウェーデンボルグ自身生まれながらにして霊的な素質を持っていた。晩年、友人への手紙の中で述べているところによれば、四歳頃からすでに神や霊のことを考えていたというし、時々神懸かりのようなことも言って両親を驚かせたこともあった。

成人してからたびたび異常な能力を見せたことは、よく知られている。最も有名なのは一七五九年七月十九日（七十一歳の時）、旅行中に故国での火災を霊視したことである。これは英国よりの帰途、故国の西海岸の町の友人宅に泊まったときに起こったことで、晩餐中に顔面蒼白となり食事を中断したので、同席の人がどうしたのかと尋ねると、今ストックホルムの自分の家のある地域に火災が起こったが、ちょうど自宅の三軒前で消えたところだと言った。食卓には十六人の目撃者がおり、火災がスウェーデンボルグの言ったとおりであったことは後日確認された。

このほかにも同様に、またそれ以上に、彼の異常な能力を示す話はいくつかあるが、この話がとくに有名なのは、同時代人だった（三十六歳若い）哲学者のカントが、スウェーデンボルグの超能力に関心を抱いて調査し、『ある霊視者の夢』という報告書に書いているからである。両者の間には手紙の交換もあったが、一説によると、カントが調査のために会見を申し込んだにもかかわらず、スウェーデンボルグは断ったとも言われている。

右の例は心霊的に言うならば、霊魂が肉体を離脱して現地に行って見てきたということになるが、スウェーデンボルグはこの「霊魂離脱」の方法を「死ぬ方法」と名づけ、これによって霊界にいる死者たちの霊魂と随時交流していたことを明らかにしている。その例を一つ挙げると、ある時、彼がスウェーデン女王と歓談中、話がたまたま彼の霊界探訪に及んだとき、女王は、亡くなった自分の兄のプロシャ皇太子と会ったことがあるかと尋ねた。スウェーデンボルグが、ありませんと答えると、それではそのうち兄を捜してよろしくと伝えてくれと言われた。当時スウェーデンはプロシャと交戦中だった。

次にスウェーデンボルグが宮廷に現れたとき、彼は真っ直ぐ女王のところまで進んで行くと、お言葉のとおりプロシャ皇太子にお会いしましたと伝えた。さらに、皇太子は、女王からいただいた最後の手紙に返事を書かなかったことを済まなく思っているとと伝えてほしいと言われたと付け加えた。女王はそれを聞いて驚きを隠すことができなかったという。敵国にいる肉親に手紙を書いたことは重大な秘密だったのである。

こういう国家機密を担当者でないにもかかわらず知っていたという事実は、ほかにもいくつかある。スウェーデンボルグは、今ならば国際スパイ組織に狙われる最重要人物となったろう。このプロシャとの間の停戦に至る外交交渉なども、全権大使であった友人が顔まけするほど秘密協定の細部に至るまで知っていたと、その友人が書き残しているほどである。

✺科学者スウェーデンボルグの葛藤

大科学者が大霊能者へと変貌を遂げる過程において、さらに見逃すことができないのは、彼の精神の葛藤である。若い頃の彼は世界最高の科学者になる野心を持っていたが、一方それを批判する内面の声も強かった。彼の内部では実務的な精神と宗教的な潔癖さとがせめぎ合っていたのである。鉱山局監査官として鉱山技術を改良したり、土木事業を指導したり、貴族院議員として国政に参与し経済改革を建議して賞賛されたりしたことは、彼が実務的な方面にも十分に力を発揮し得たことを証明している。しかし彼は自分の世俗的な野心が、たとえ学問という高貴な衣装をまとっていたとしても、神の意に添わないのではないかと絶えず恐れていた。

彼は青年期に一時、父親との仲が冷たくなったと言われる時期があった。それは父親が息子の世俗的な志向に批判的だったからだと言われているが、幼い頃に「天使がその口を借りて言わせている」[*6]と思わせたほど神に近かった子供が、成長するに従って神に背を向け、世俗的栄達への道を上って行くのを見ての牧師のあせりだったかもしれない。鋭敏な若いスウェーデンボルグはその非難の眼差しに無関心ではいられなかったろう。八歳の時に母親を失った彼にとって、父親の存在は極めて大きかったはずである。

一七三五年にその父が亡くなると、翌年、彼は鉱山局監査官の役を休職して、フランス、イタリア、オランダへの旅に出かけ、一七四〇年にアムステルダムで『生物界の理法』を発刊する。この本はスウェーデンボルグの研究に一時期を画するものと言われている。前にも触れたが、スウェーデンボルグは人体と生理学の研究に着手し、魂の働きの場を人間の体の組織の上に確定しようとしたのである。つまり宗教活動の精神的根拠を科学を通じて見いだそうとしたのだ。科学は宗教の役に立つことを実証しようというこの決意の背後に、父の死があったかどうかは定かではないが、科学と宗教との狭間で悩むスウェーデンボルグの姿を見て取ることができる。

ところが、この本が刊行されてから三年後の一七四三年の七月から一年以上にわたって、彼は重苦しい、時には恐ろしい夢を見るようになる。この事実が世に知られるようになったのは、彼の死後百年ほど経ってから発見された日記の断片、いわゆる「夢日記」[*7]による。「夢日記」ははじめドイツ、オランダへの旅行からはじまる普通の日誌だったが、半年ほど中断した後、突然夢の記録となる。これは彼に与えられた霊と肉との「試練」の記録であった。神の真実に対する疑惑の念が頭をもたげ、それとの戦いがはじまったのである。「スウェーデンボルグの宗教的危機」[*8]と呼ばれるもので、宗教的転向の起こるときに人の精神を襲う激しい戦いである。「試練」は、一日の仕事が終わり、夕食後一人で読書をしているときなどにふと訪れ、そのまま夜の夢の中にまで続いた。

夢には父親や、さまざまな性的イメージや、仕事のことなどが頻繁に、また雑然と現れた。もちろん公表のつもりなどなかったので赤裸々に書かれており、発表されたときは、スウェーデンボルグ信奉者たちに衝撃を与え、大いに論議を呼んだ。しかしスウェーデンボルグにとっては、どんな夢であっても科学者としての厳密な態度で臨《のぞ》み、自分の生きざまを検証しようとする努力の結果がこの「夢日記」であった。彼は夢の中の出来事を、絶えず「この意味は、しかじかである」と解釈しようとする。まるで誰かが、彼に何事かを教える目的を持って夢を見させていると信じているかのようだ。彼の関心事はとりわけ科学者としての仕事のことであり、それが神意の中でどのように扱われるかが問題なのだった。一例を挙げると、石炭の火が赤々と燃えている場所で女たちと一緒になるが、「彼女たちは私が入って行きたいと思っているある箇所に歯をはやしていて、私が入ろうとするのを妨げるのだった」[*9]。スウェーデンボルグは「石炭の火」を「愛の火」と解釈し、この夢は自分の研究に対する愛と、神への愛との違いを表すものだと説明している。女の肉体に歯がはえている夢を見たのは一度だけではない。

こうして彼は研究への愛と神への愛の二者択一に悩む。たとえば、自分が出版したばかりの『生物界の理法』について、「そんなものにかかずらってはいけない」と思いはじめる。「自分の研究に対する愛情は、神やキリストを愛するために役立つものでなければ俗悪なものでしかない」。「人間はキリスト以外の霊に容易にだまされ」、愛するものをすべて良いものだと思ってしまう。「自分は自己愛と誇りばかりが染みついた人間で、神の恵みにはまったく値しない」。だから「神に、自己愛と誇りとを取り除かせたまえと祈る」。自分には「キリストを通じて現れる神がすべてだということ以外、何もわかってはいない」。それゆえ「神の裁きにすべてをまかせて服従するのが最上」なのだと、スウェーデンボルグは、最後にキリストの導きに自己の運命をまかせることによって危機を脱出するのである。

✺照応の原理

宗教的転向を成し遂げたスウェーデンボルグが最初に着手した仕事は聖書全体の言葉の検討であり、続いては自己の霊界探訪の記録であった。彼は聖書を信じ、その中に書かれた事柄はすべてそれに呼応する霊界の事象によって裏打ちされていると思い、それを明らかにしようとした。この聖書の言葉への信頼、キリストへの絶対的帰依は、彼の霊が指導して書かせたと言われるA・J・デイヴィスの著作の内容とはかなり異なっている。デイヴィスは、聖書の言葉には誤謬があり、全体は不完全な物語に過ぎないと言う。キリストについても、神と子と聖霊の「三位一体」説にある「神の子」であることを否定し、比類ない高潔な人格と抜群の霊能力を持った一人の宗教改革家であると見ている。スウェーデンボルグは、キリストが肉体を通じて人間と繫がっていることは認めるものの、あくまでも神の現れとしてキリストを見、キリストに帰依する以外に人間の持つ汚れを清める方法はないと考える。この違いは、十八世紀の旧大陸と十九世紀の新世界における宗教的風土の違いと、大僧正の息子と靴屋の徒弟の生い立ちの違いとを考えれば、当然と言えるかもしれない。

しかし、スウェーデンボルグの「三位一体」説は、旧来の「三位一体」説に比べればかなり異なっている。神自身がキリストと聖霊に現れるオーソドックスな「三位一体」説と違って、スウェーデンボルグの場合、キリストは肉体という地上の部分を持ち、聖霊はキリストの「働き」を表す。さらにこれを別な次元から見ると、「神」は「愛」に対応し、「子」は「叡智」、「聖霊」は「働き」に対応する。そしてこの「愛、叡智、働き」の三位一体は、人間のレベルにおける「魂、心、体」に対応するという複雑に呼応し合う「三位一体」説なのである。

この、別なレベルのものが呼応するという考えは、「照応（Correspondence）」の理論といってスウェーデンボルグ霊学の基本原理とされている。[*10] 即ち、地上にあるもので天上にないものは何もない。自然界に存在するものはすべて天上（霊界）に元の姿を宿している。中でも人間は霊的存在として天（霊）界に対応すると共に、肉体的存在として自然界にも対応している。人間が考えることはすべて天界にその因子を有する。飛行機でもコンピューターでももとの考えは天界にあるのだ。

この思想は、彼が「死ぬ方法」と呼んだ「霊魂離脱」によって行った数多くの霊界見聞を通じて得たと言われ、一七五八年に発行された『天界と地獄』[*11]の中に明記されている。それはまたA・J・デイヴィスの『自然の原理』にも受け継がれ、スピリチュアリストにとって基本的な概念になっていることは、前に述べた。

スウェーデンボルグの「照応の原理」はヨーロッパ神秘思想の流れの中でも極めて重要なものである。彼以前には神学者のヤコブ・ベーメや、医学者で錬金術師でもあったパラケルススなどが、天界と地上との照応を説いたことはあったが、スウェーデンボルグに比べると部分的で不完全なものであった。スウェーデンボルグの説は、天界と自然界との照応の中央に人間がいることが大きな特徴であり、それゆえ、人間は天界も自然界も照応の原理によって理解できるし、また理解すべきだと言う。というのは、長い年月の間にさまざまな理由から両界、とくに天界を理解するのを怠ってきたのが、人間の堕落を招いたからだと言うのである。

✺十九世紀文学者たちと神秘思想

スウェーデンボルグの説は思想界に非常に大きな影響を与えたが、それは単に神秘思想にとどまらず文学思想にも及んだことは特筆に値する。これは、十八世紀後半に優勢であった古典派文学の予定調和的な世界観に対し、個人の重要性を主張し主観を重んじた新興のロマン派文学にとって、極めて有力な武器となったからだ。その一つの顕著な例として象徴派詩人のボードレールを挙げることができる。詩集『悪の華』の第四作目に「照応」(Correspondences)という題の詩がある。まさにスウェーデンボルグを彷彿させる題である。事実、ボードレールはスウェーデンボルグを学び、さまざまな場所で「照応」について書いている。[*12]

〈自然〉はひとつの神殿、その生きている柱は、
時おり不可解な言葉をもらす。
人はその象徴の森を過ぎゆき、
森は懐かしげに人を見送る。

シャルル・ボードレール、エティエンヌ・カルジャ撮影、1865年

（筆者訳）

この第一節は、端的に「照応」の原理を詩の言葉にしたものである。ここにはギリシャ神殿のイメージと自然とが重なっていて、巫女の神託のような不思議な言葉が「生きている柱」から洩れてくる。そこは即ち「象徴の森」であり、詩人はその「象徴」の言語を解することによって自然との感覚の饗宴に参加するのだ。この後の聯《れん》では、香り、色、音、などの交歓し合うボードレール特有の芳醇《ほうじゅん》な歓楽の世界が歌われるが、それは「神殿」という精神の世界の中での享楽だと言えよう。[*13]

　この詩は、後に「象徴主義」と言われるようになった文学運動の象徴となった詩だが、この「象徴」という言葉ほどスウェーデンボルグの「照応」の性格をはっきり示している言葉はない。聖書の言葉から、また肉体の諸器官から、それに対応する霊的な意味を探るスウェーデンボルグの方法は、まさに「霊的象徴主義」と言っていい。しかし、同じ「象徴」と言っても、ボードレールの世界はスウェーデンボルグの霊的世界と異なって、もっと地上的であり、官能的である。スウェーデンボルグ流に言えば、「人はそれぞれの器量によって、天国にも照応するし、地獄にも照応する」のだ。ボードレールの弟子を自任したアルチュール・ランボーなどは、積極的に「地獄」に目を向けた詩人である。[*14]

　それはともかく、ここで問題にしたいのは、詩人がどの程度スウェーデンボルグ的であるかということではなく、当時の文学者たちがいかに神秘思想に強く惹かれていたかということである。ランボーはボードレールの上をいって、自分が見者になろうとしたし、[*15] 同じ象徴詩の系譜を継ぐマラルメは何度も降霊会に通った。そのほか、スウェーデンボルグの影響を、大なり小なり受けた文学者の名を挙げれば、ユーゴー、バルザック、コールリッジ、ブラウニング等の大作家はもとより、ほかにも探せばきりがない。彼らが活躍した十九世紀はそういう時代だったのであり、皆、スピリチュアリズムの活動を身近に感じた人々である。

一八五〇年代にはパリの上流社会では、「お宅のテーブルの具合はどうですか」（降霊会における招霊実験を「テーブル・ターニング」と言うところから）というのが挨拶代わりの言葉だったというから、その猛烈な流行を、ボードレールなど上流社会に縁のあった文学者が知らなかったはずはない。ちなみに『悪の華』が発刊されたのは一八五七年、まさにD・D・ホームがヨーロッパでセンセーションを起こし、チュイルリー宮でナポレオン三世夫妻のために霊能を披瀝《ひれき》した年である。この時代については、また改めて次の章で述べるつもりである。

✺霊界探訪者

さて、スウェーデンボルグは一七四四年から死ぬ前年の一七七一年、八十三歳に至るまでに三十巻という浩瀚な著作を出版した。すべてが霊的探求の賜物である。全部ラテン語で書かれ、中には匿名で出版されたものもある。名利を離れた気持ちがそうさせたのである。前述した聖書の組織的検討は最初の八巻、『天界の密義』に記されている。次に出した『天界とその驚異、および地獄』（『天界と地獄』）は、スウェーデンボルグの名を世界に最も広く知らしめた霊界探訪記である。探訪記とはいっても見聞した事実を書き連ねた紀行文のようなものではない。科学者らしく自分の体験を綿密に分析し、項目別に整然と叙述したものだ。

まず天界の主はキリスト（＝神）であってキリストの神格が全天界に行き渡っていることを述べた後で、天界の仕組みや、性質、天界に住む者たちの様子などを事細かに述べている。さらに地上との中間地点である精霊界や地獄についても書いているが、天界についての記述が大部分である。人間は死後しばらく精霊界にとどまり、生前から交わっていた霊たちとの縁によって、天界に行くか、地獄界に行くかが決まる。霊界には時間も空間もなく、すべては心の状態の変化のみである。人間は死後も生前と同じ人格を保ち、同じように仕事をする。愛と叡智のみが行動の規範で、その深浅が霊の進歩や退歩を決めるなど、スピリチュアリストたちにとっては貴重な観察の結果が報告されている。

スウェーデンボルグは一七七二年ロンドンで死去したが、その最期もまた彼らしいものだった。彼は英国の牧師でメソジスト派の創始者であったジョン・ウェスレーに手紙を送り、ウェスレーが霊界で彼に会いたいという意志があることを知ったと言い、自分の死ぬ日を知らせてやった。そしてそのとおり三月二十九日に世を去ったのである。[*16] おそらくスウェーデンボルグは、あらかじめ霊人たちと相談の上、今後霊界で自分のすることなどもすっかり決めてからこの世を去っていったに違いない。

✺メスメリズム

A・J・デイヴィスが若い頃メスメリズムの術を受けたことが霊能を発見する機会になったことは前に述べたが、このメスメリズムについて少し説明したい。というのは、メスメリズムと霊能力との間に大きな関係があるからで、デイヴィス自身もそのことを小冊子に書いている。[*17]

メスメリズムは最初医療法として考案された。これを考えたフランツ・アントン・メスメルは一七三四年五月にドイツ南部の小村に生まれた牧師の息子で、ウィーン大学で医学の学位を得て開業した。スウェーデンボルグには半世紀遅れるが、カントとは同時代人（十歳若い）である。

彼は、当時パラケルススなどによって唱えられ流布していた天体と人体との間の交感という考えに惹かれ、両者の間には引力のように働き合う力があると信じた。また、人体のみならず自然全体には無数の水脈のような活力の流れがあり、これが生命の本源となっていて、前述の力はこれに作用し健康に大きな影響を与えていると考え、これを「動物引力」と名づけた。そしてこの力を医療に応用することを思い立って、一七七三年に治療をはじめたところ成功し、大評判となった。さらにこの力には反発し合ったり引き合ったりする磁極に似た働きがあることがわかったので、メスメルは一七七五年に「動物磁気」という名前に変え、以後この名前は、時には「生体磁気」と呼ばれたりしながら大流行するのである。

ついでながら言うと、この流行を支えたのは、同じ頃イタリアの解剖学者ルイージ・ガルバーニが提唱した「動物電気」説である。[*18] 今では学校などでお馴染《なじ》みの実験だが、彼は、切り取った蛙の脚の筋肉に金属の板を当てると痙攣《けいれん》が起こることに注目して、これは生体内にある電気のせいであるとした。これはその後、フォン・フンボルトやアレサンドロ・ヴォルタなどを巻き込む学界での大論争に発展し、結局、生体組織を使わない蓄電池の発明に至って、電気は生体に依存しない固有なものであるという結論に達したが、この「動物（生体）電気」説はメスメルの「動物磁気」説とともに根強い支持を得、その影響は現代にも続いている（たとえば気功や合気道の「気」などは「生体電気」の一種であると思われるが、「電気」とは考えにくい）。

「動物磁気」による治療とはどういうものかと言うと、大

フランツ・アントン・メスメル

動物磁気の集団治療法「baquet」、1780 年頃。真ん中にある磁気桶から棒や綱を介して磁気気体を得ようとしている。

きな桶に水や砂や石やガラス瓶など磁性を生ずると思われるものを入れ、蓋をし、何本もの鉄の棒を蓋に開けた穴から中の液体に差し込んで、外に出た部分を曲げておく。治療を受ける者たちは、それぞれ体の一部をその鉄の棒に触れ、さらに電線で繋がれ、時には手を取り合って、その周りを囲む。音楽が演奏され、治療にあたる医師は鉄の棒を持って患者たちの周りを回り、彼らの体を棒で触る。すると患者は痙攣を起こしたり、汗を流したり、吐いたり、叫んだりして、その結果病状が軽くなり、あるいは治るというのである。メスメルの説明によれば、人間はその諸器官が、天と地の間に縦横に流れる動物磁気を含んだ生命の脈の網の中にあって調和を保っているから健康なのであるが、その流れに障害が生じ流れが滞ると病気が起こる。したがって、施療者が外から磁気を与え一種のショック状態を作り出して障害をうち砕いてやれば、もとの調和ある状態に戻るというのである。

「動物磁気」説はそれに対する反駁《はんばく》や論争や新たな発見などを経て、現在も生き延びている。その過程で想像力や、夢遊病、暗示、催眠術、生体電気、など重要な状態や機能が発見され、論議の的となっていった。

✺「動物磁気」がもたらしたもの

「動物磁気」説が産み出した最も重要なことは、催眠による精神治療に道を開いたことだと言われている。われわれ東洋人から言うと、天地に張り巡らされた「動物磁気」流の網の中に人体も取り込まれ調和しているという考えは、「プラーナ」や「気」が宇宙に充満していて、それとの調和が健康の元であると考えるヨーガや東洋医学の思想に極めて似ていると思われる。後年ヨーロッパでは、「動物磁気」説の現象面や治療面のみが強調されていくが、こういったパラケルスス的な宇宙観も決して消え去ったわけではない。

もう一つわれわれにとって重要なことは、催眠中において、透視をはじめさまざまな霊能を生ずることが発見されたことだ。A・J・デイヴィスが催眠をかけられて物体がレントゲン写真のように見えるようになったとか、そのしばらく後に演説をするようになり、目を覚ましたときにはそれを覚えていなかったとかいうことは前に述べた。この状態を発見したのはフランス人のピュイセギュル侯爵という人物だったと言われている。彼は当時のフランス医学界によって「動物磁気」の存在が否定されたのを受けて、「動物磁気」治療に使われる例の磁気水を入れた桶は使わずに、木の周りに電線を巻き付けて磁気化し、患者をその電線に縛り付けて治療した。一人の若者は治療を受けた後、施療者の腕の中で眠り、眠りながら喋りはじめた。目を覚ましたときには何も覚えていなかったという。「夢遊病」の一状態である。ピュイセギュルは「夢遊病」の発見者となった。

ピュイセギュルや彼の同調者はこれを磁気の流れのせいであるとした。患者のある者は、施療者の体や、磁気化した木や、ほかの物から、光の矢が発しているのが見えたと言った。また後には、目をつぶって夢遊歩行をしていた患者がへその穴で周囲のものを見ることができたとか、指先で色を知ることができたとか、いろいろな例が出てきて、感覚の転位ということが問題になった。「動物磁気」説を主張する者は、「動物磁気」は神経組織を通して外界の印象を体内に運ぶ役をするので、感覚の転位は「動物磁気」によるものだと主張した。

その後、いろいろな現象は「動物磁気」などによるものではなく、すべて人間の想像力によるのだという説が出て、暗示力が重視されるようになる。この暗示力が神経組織に働くことによって感覚の特別な状態を作り出すという、現在われわれに馴染みの「ヒプノティズム（Hypnotism：催眠術）」の理論を唱えたのが英国人のジェームズ・ブレードである。これは強力な理論だったが、これに対して「暗示力」と「動物磁気」とは別物だという説が出てきた。別に暗示などかけなくても、ちょっと触っただけで体に変化が起こると言うのである。われわれ東洋人から見ても「気」と「暗示力」とは同じだとは思えない。暗示にかかるまいと意識を緊張させて頑張っても、「気」で倒される場合がある。

これに対して「メスメリズム」と「ヒプノティズム（催眠術）」、また「動物磁気」と「暗示力」は、今のところは別物と考えられるが、いずれ両者を統一する説が出てくるのではないかという折衷案が出てきた。論議はまだ続いている。

非常に複雑な問題を簡単に述べたのでわかりにくいかもしれないが[*19]、磁気や電気などが人間の異常な状態と結びつけられて今に至るまで根強く信じられているということはおわかりいただけたと思う。いずれ東洋の「気」なども研究の仲間入りをするかもしれない。「異常な状態」には霊能力や超能力も入る。筆者は四十年ほど前にロンドンの「ゴースト・ツアー」に参加したとき、引率の素人研究家が、幽霊現象は死者の人格の印象が空中の電磁層に残っていて、それが何かのきっかけで現れるのだと説明するのを聞いて、びっくりしたことがあった。もちろん問題はこんなに単純なものではなく、「電気・磁気」説は今後も曲折を経て発展していくだろう。二〇〇〇年頃にルクセンブルクやドイツなどで盛んに行われていた、テレビやコンピューターを通じて霊界とのコンタクトを取ろうという動きなども、この考えを端的に反映しているように思われる。

第三章

心霊研究の黄金時代 I

霊能者の活躍

✴英国での開幕――ハイデン夫人の渡英

アメリカでのスピリチュアリズムの熱狂ぶりが英国に飛び火したのは、ハイズヴィル事件の四年後の一八五二年にボストン在住のW・R・ハイデン夫人が渡英したときからである。彼女は『星条旗』紙の主幹の妻で叩音霊媒として評判が高く、英国にはストーンというメスメリズムの講師に連れられてきた。彼女もA・J・デイヴィスのように当時流行のメスメリズム（第二章参照）によって才能を呼び覚まされた一人だったと思われる。

彼女は優れた「サイコメトリスト」（ある物品に触れることによって、その物自体やその所有者の来歴を語ることのできる人物）であった。また、当時はまだ「直接談話＝ダイレクト・ヴォイス」（霊界の人物が直接語りかけると見なされる現象、第五章にて後述）が一般的でなかったが、叩音によってアルファベットを確かめながらメッセージを伝達する彼女の方法は、内容が的確で多くの人々を得心させ、スピリチュアリズムに目を開かせた。

それらの中でとくに注目すべき人々は、ロンドン大学教授で著名な数学者だったオーガスタス・ド・モーガンと、社会主義者として名声のあったロバート・オーエンである。ド・モーガンはその夫人が書いた『物質から霊へ』という本の序文で、ハイデン夫人が作り出す「編み針の先を大理石の上に落とす」ような澄んだ音や、叩音が示すアルファベットによる、自分の父親についてのメッセージの正確さについて述べている。

ロバート・オーエンもまた、亡くなった父親や母親からのメッセージによってスピリチュアリズムに確信を抱くようになったのだが、彼の場合はさらに積極的で、スピリチュアリズムを人類の新しい精神革命として捉え、他界した人々からのメッセージを、今までに彼が主張し実行してきた社会改革を擁護し奨励するものと見なした。このとき彼は八十二歳。このオーエンの大きな変わりようを、伝記作家をはじめ多くの者は、老境に入った大学者の気まぐれか妄想と見ているが、スピリチュアリストたちはハイデン夫人によってもたらされたスピリチュアリズムの最初の偉大な勝利と称えている。

ウィリアム・ヘンリー・ブルック《ロバート・オーエン》1834年、ナショナル・ポートレートギャラリー蔵

当然ながら言論界では論議が沸騰した。英国のマスメディアがスピリチュアリズムの問題を大々的に取り上げたのはこれが初めてである。多くの新聞はハイデン夫人を「アメリカの冒険女」と見なし、学者や聖職者たちと共に、その「いかさま」を激しく非難した。彼女はまだ若く、素朴で率直な人柄だったと言われ、この敵意と攻撃は相当こたえたことと思われる。そのためもあってか、また彼女の夫が英国ではじめた史上初のスピリチュアリズムの雑誌が一号で挫折したためか、翌年には帰国してしまう。アメリカではその後、彼女は医学を学び、博士号を取り、十五年間にわたって大学で教えたり保険会社の保険医として働いたりした。彼女には霊能者によくあるように優れた治癒能力が備わっていて、患者を治療して一人の死者も出さなかったと言われている。
ハイデン夫人の成功に刺激されて、アメリカから来

テーブル・ターニング。エイダ・ディーン夫人の降霊会にて、1823年。テーブルの脚が浮き上がっているのがわかる

た、また英国生まれの、霊媒たちが続々と英国社会で活躍しはじめる。しかし夫人ほど注目を集めた者はなく、次にスピリチュアリズムの主役となるのは、夫人が去って二年後に渡英したダニエル・ダングラス・ホームを待たなければならない。それでもこの間の降霊会や霊能実験に対する興味の高まりはすさまじいほどで、夜のパーティで降霊会を行わない家はなかったとまで言われた。これがまもなくヨーロッパに飛び火し、来英したホームの公演旅行と共に各国の上流社会を席巻していくのだが、フランスなどでは、「昨夜のお宅のテーブルの具合はどうでしたか」というのが挨拶代わりになったという。これはすでに前章でも述べたが、当時の降霊会では一座の人々がテーブルの上に両手を載せて、テーブルが動くのを待ったところから、別名「テーブル・ターニング」と言われたからである。

英国では、ホームの来訪が、その頃やっと社会の注目を浴びるようになった科学者たちを刺激して冒険的な実験へと駆り立て、ここに「心霊研究の英雄の時代」と言われる黄金期が開幕する。後々までも語り草になるホームの奇現象が社会を賑わせ、実験物理学者ウィリアム・クルックスによるケイティ・キングと名乗る幽霊の調査報告が世間に衝撃を与える。世論は沸騰し、調査委員会が設立され、結論の出ない調査が繰り返される。一方、新しい時代の科学的発見を期待する学者たちが中心となって研究団体が結成されるが、現象の性質を物質的と見るか霊的と見るかによって、意見が対立し、団体を離脱した霊的立場の者たちはスピリチュアリストの組織結成へと動く。

以上がだいたい一八五五年から一八九〇年代にかけての「黄金期」の概観だが、細部に入る前に、どうしてこの時期に、アメリカでもなく、ヨーロッパのどこの国でもない、英国という地域において、心霊現象を科学的に究明しようという前代未聞と言ってもいい新しい学問分野への関心が生じ、大きな社会現象になっていったのか、いわゆる「お化け」を研究しようという荒唐無稽とも言える考えが、どうして現実的なことで知られるイギリス人の頭に入り込んだのか、を考えてみたい。

✺パックス・ブリタニカ

まず、誰の目にも映るのはその頃の英国の重要さであろう。一八三七年にヴィクトリア女王が即位した大英帝国は、六十四年にわたる彼女の治世の間に最盛期を迎える。いわゆる「パックス・ブリタニカ（英国による世界平和）」の時代である（正確には一八一五年、ナポレオン戦争終結後のウィーン会議から、一八九九年、ボーア戦争勃発まで）。十八世紀後半に綿工業からはじまった産業革命は、その後蒸気機関の相次ぐ改良と普及、燃料としてのコークスの開発とそれに伴う鉄工業の発達、材料や製品の輸送手段としての鉄道網や蒸気船航路の整備発展と相まって、英国を「世界の工場」に押し上げる。その象徴とも言うべき出来事が一八五一年のロンドン万国博覧会であり、英国製工業機械と製品を世界に誇示したイベントであった。スピリチュアリズムと心霊研究の黄金時代は、ほぼこの万国博の年からヴィクトリア朝末期に至る英国の絶頂期と重なるのである。

国力の繁栄が文明の繁栄を伴うことは歴史的な真実と言っていいだろう。この時期は英国の近代文明開化の時代である。産業革命による科学技術の発達に伴い電磁気学や熱力学などの新しい学問が生まれ、生物学上ではダーウィンの進化論が世界に衝撃を与える。社会的には労働者階級の台頭と共に、社会主義理論が形成され、労働運動へと展開してゆき、一方、もう一つの恵まれない階級である女性の地位と権利を拡大しようとする動きも活発になっていく。そういう活気に満ちた社会の中で自信と好奇心と今までにない活力をもって、人々は貪婪《どんらん》にさまざまな分野で新しい可能性を見つけようとする。今まで社会の暗闇の中に放置され、恐怖や、時には嘲笑の的であった心霊現象に目を向け、それを新たに興りつつある科学の方法によって調査し、人類が今まで解けなかった問題を解決しようと考えた者たちがいたことは十分に納得できることである。

✺その頃の日本――「黒船」から日清戦争へ

余談になるが、この頃日本はどういう状態だったか、ちょっと考えてみるのも無駄ではあるまい。後で章を改めて詳述するつもりだが、この「パックス・ブリタニカ」と心霊研究の黄金期は、ちょうどペリー提督の「黒船」来航にはじまり日清戦争に勝利を収めるまでの日本の近代化の黎明期にあたるのである。古い秩序が崩れ、新しい国家を建設するために朝野を挙げて西欧文明の摂取に励んだ時期で、とても「心霊研究」などという西洋文明の異端児までも取り込む余裕はなかったのは仕方がないことだが、この時期のずれは後々までも響くことになる。

『新霊交思想の研究』の著者である田中千代松によれば、日本人によるスピリチュアリズム関係の最初の文献らしいものは、明治八(一八七五)年に新政府の役人となって欧州に出張した榎本武揚《えのもとたけあき》が、友人に送った手紙の中にメスメリズムについて書いたものであるらしい。[*1] 次いで、初めて「心霊研究」らしいことを行ったのは東大教授で後に東洋大学を設立した井上円了《いのうええんりょう》だが、明治十七（一八八四）年に「妖怪学」と称してはじめた研究は、新国家建設のために世間の迷信、妄想を払うという、いかにも明治らしい国策型のものだった。円了はまた、学者仲間に声を掛けて、「不思議研究会」なるものも作ったが、健康を害したため長続きしなかった。この一八八四年という年はケンブリッジやオックスフォードの若き学徒たちが、今も続く世界で最も古い「心霊研究協会（SPR）」を設立した二年後のことであり、さすがに明治の気鋭の学徒である井上は西洋の先蹤《せんしょう》に敏感であったようだと、田中千代松は言っている。

日本の知識層でスピリチュアリズムや心霊研究が問題にされるようになったのは、「黄金期」が去って十年も経ってからである。

明治四十三（一九一〇）年修善寺《しゅぜんじ》での大患の後で夏目漱石は、かつて留学中にアンドリュー・ラングの『夢と幽霊』を読み、また最近カミーユ・フラマリオン、オリヴァー・ロッジなどの著作を読んだことを『思ひ出す事など』に書いている。この三人ともSPRの会長だった著名な科学者である。『夢と幽霊』を「床の中」で読んだ感想は「鼻の先の灯火を一時に寒く眺めた」というものだが、それ以上に立ち入ったことは言っていない。その後で書いた小説『行人』の中にもスピリチュアリズムに触れた部分があるが、「詰《つま》らんものだ」の一言で片づけている。これは漱石の意見なのか、小説の主人公「一郎」の意見なのかはわからない。一郎は学者なので自分が読んだ「メーテルリンクの論文」を学問として「詰らぬ」と言ったのか、また、「科学の発展から来る」自分の懐疑や不安の解消には役立ちそうもないからそう言ったのか、はっきりしない。漱石の意見も一郎と大同小異だと思うが、なぜ「詰らんものだ」と思ったかということについては、もっと考えてみる必要がある。

「修善寺大患」の明治四十三年は、日本の心霊研究にとっても記念すべき年であった。東京帝国大学助教授の福《ふく》来友吉《らいともきち》が熊本の御船千鶴子《みふねちづこ》を対象に「透視」の実験をし、さらにこの年の暮れに、四国丸亀《まるがめ》の長尾郁子《ながおいくこ》を使った実験では、後に海外にも知られる「念写」を発見した。写真の乾板に念を送ることによって、念じた事物を感光させるという現象である。学会で発表されたその実験結果は新聞などによって喧伝されて大評判となったが、洋の東西を問わず事情は同じで、疑いの目を向ける者も多く、「詐欺師」呼ばわりする新聞も出て、御船千鶴子は翌年自殺、長尾郁子もその年に急病死するという悲惨な結末を招いた。さらに肝心の福来友吉も、まもなく大学を追われるに至るのである。

漱石はおそらくこの騒ぎを知っていただろうと思う。世間の流行などには背を向けたがる筋金入りのつむじ曲がりにとって、この騒ぎがどう映ったかは想像に難くない。ひょっとしたら、海外の事情にも敏感だった漱石は、寺田寅彦などから聞いて、その頃英国で心霊研究がどんな状態だったかも知っていたかもしれない。第一次世界大戦前夜のこの時期までには、心霊研究の立役者だったD・D・ホームも、SPR創立者のマイヤーズも、ハイズヴィル事件の中心人物、フォックス姉妹も死去し、スピリチュアリズムは功罪ともに出尽くして、ほとんど瀕死の状態になっていたのである。

「詰らんものだ」という漱石の考えがこの事実を踏まえたものであるかどうかは別として、日本人が心霊研究に関心を持ち、本格的な研究を開始した時期が西欧でスピリチュアリズムへの批判が高まっていた時分であったことは、日本人研究者にとって不幸なことであった。

✺実験科学の発達と心霊研究

話を元に戻そう。

次に、どうして心霊研究が英国ではじまったのかの理由として私が挙げたいのは、英国における科学技術の発達、とくに化学・物理学における実験重視の傾向の高まりである。

科学の中で実験を重視する風潮は十六、十七世紀の英国においてフランシス・ベーコンなどの努力によって定着していったと言われるが、十九世紀に入ると産業革命の技術的改良や新しい工業製品の要望などから、実験科学は飛躍的に発展した。その中心になったのが『ロウソクの科学』で有名なマイケル・ファラデイである（科学者としては、彼の前にはハンフリー・デイヴィ、後にはジョン・ティンダルなどの大物がいるが、心霊研究に関わったこの時代を代表する物理学者としては彼を措《お》いてほかにはいない）。印刷工から身を起こしたファラデイは数式などろくに書けなかった根っからの実験屋で、実験に実験を重ねた結果、電気分解の手法を世界で初めて確立し、塩素の液化（一八二三年）、ベンゼンの発見（一八二五年）など、相次いで化学上の成果を挙げる。やがて「電磁誘導」という画期的な発見を成し遂げ、将来重要な分野となる電磁気学の基礎を築いた。それまで天文学や数学の強い影響を受け、ニュートン力学の支配下にあった物理学を、実験の方向へと大きく転換させたのである。いわば、天上に作って眺めていた美しい模型を、地上に引きずり下ろして、テストしはじめたと言える。

マイケル・ファラデイ、1861 年頃

この頃はまだ、一八三〇年代に現れたばかりの「科学者（scientist）」という語が板に付かない近代科学の揺籃期であって、化学や物理学などの区別も明瞭でなかったが、実験によってさまざまな研究対象間の関係が明らかになるにつれて各専門分野が独立しはじめる。科学者にとっては武者震いするような「戦国乱世の世」であり、野心と希望に満ちた時代だったろう。彼らのある者が腕試しのような気持ちで心霊現象を解明しようと思ったり、その欺瞞《ぎまん》を暴露して世間の目を覚まさせようと意気込んだ背後には、自分たちが新たに作った科学の専門領域を、科学用語を濫用する

カミーユ・フラマリオン

アマチュア心霊研究家などから守りたいという気持ちと共に、新しい実験科学の生んだ輝かしい成果と可能性への信頼があったと思われる。現代のように狭まった専門の枠や膨大な専門知識にとらわれずに、夢のような目標を追う余裕の許される時代でもあった。

ファラデイがはじめた電磁気学の発達は、近代科学の大きな柱となっていくが、第二章に述べたように、スピリチュアリズムの温床とも言えるメスメリズムが電磁気学的な問題と深く関わっていたことを読者は想起していただきたい。スピリチュアリズムの現象（心霊現象）の解明に取り組んだ学者には、電気、磁気の研究者が多いのである。「心霊研究はこの人からはじまる」と言われたウィリアム・クルックスは、タリウム元素を発見したり真空管を発明したりした優れた実験物理学者であった。もう一人、初期の心霊研究に貢献したオリヴァー・ロッジは、電磁波研究でヴィクトリア朝英国を代表する理論物理学者であった。心霊研究に携わった科学者は、ほかにも生理学者シャルル・リシェ、天文学者カミーユ・フラマリオン、哲学者アンリ・ベルグソン、心理学者ウィリアム・ジェームズ、医学者ギュスタヴ・ジュレー、精神医学者シュレンク・ノティング、犯罪心理学者チェザーレ・ロンブローゾ、文化人類学者アンドリュー・ラングなど、人間知性のさまざまな分野の代表者たちであるが、中でも電磁気学が重要なのは、第一章でポルターガイスト現象について述べたように、心霊現象を一種のエネルギー現象と見なそうという考えがあるからである。

✺唯物思想への警戒感

次にスピリチュアリズムの発展に寄与したものとして、当時流行しはじめた唯物思想の蔓延に対する警戒心を挙げることができる。カール・マルクスとフリードリッヒ・エンゲルスが、弁証法的唯物論による新しい社会を創造する決意を述べた『共産党宣言』がロンドンで出版されたのは一八四八年で、奇しくもハイズヴィル事件によるスピリチュアリズム誕生の年である。マルクスの『資本論』が刊行されたのはその十九年後の一八六七年、この頃までにはD・D・ホームの活躍も一回り終わって、英国のみならず欧州全体がスピリチュアリズムに沸いていた。田中千代松によれば、『資本論』の「序言」と本文の中に、「生者が死者を捉えた！」や「机がひとりでに踊り出す」というスピリチュアリズムを否定的に意識した表現が見られるという。[*2]

産業革命による社会構造の変化から労働者階級が形成されていったこの時代は、マルクスやエンゲルスのほか、フーリエ流の社会主義、オーエン流の自由主義など、さまざまな「自由思想家」集団による社会改革運動が盛んになり、それまでの社会層の固定化を前提とした社会観、人生観が大きく変わったときでもある。社会の保守層に向けられた労働者階級の攻撃は、それまで絶大な権威を誇っていた英国国教会に対しても容赦なかった。教会は「貧民はいつまでも貧民であってよい」という考えに安住しているように思われたし、[*3]「原罪」や「永遠の地獄」などの、長い間教会が民衆を従わせるために用いた言葉の武器は、当時流行しはじめた科学思想や「進化論」などから見て単なる作り話に見えてきたからである。神の存在に対する懐疑論や不可知論、また無神論は、労働者階級ばかりでなく、各階級における「自由思想家」の増大と共に社会全体に拡がっていった。

当時の知識者層に最も衝撃的な影響を与えた思想は、言うまでもなく、ダーウィンの進化論である。人間は未開の動物から進化したものであり、その存続は神の意志などによるものではなく、適者生存の選択を経た自然淘汰によるものだという考えは、英国国教会及びキリスト教信者たちに強い危機感を与えた。これに対して、肉体が滅びた後も精神は残って永遠の生活を続けると主張し、しかもその証拠をメッセージの伝達やその他の具体的な方法で伝えるというスピリチュアリズムは、極めて有力な援軍になりうるものであった。「唯物論を論駁し、亡きものにすること」と、あるスピリチュアリストは声高に宣言している。おもしろいことに、彼らは自分自身もまた、工業と科学の新時代の先端を行くものとの自負を持ち、唯物論や科学と同じ足場に立ち、実証的な手段を持っていると信じていた。

しかし、事態はそう単純ではなかった。スピリチュアリズムに対する英国国教会の立場は、賛否さまざまであった。死者との交流は悪霊との交わりであると見なすのが、聖書に基づくキリスト教の伝統的な考え方である。『スピリチュアリズム、悪魔の仕業』という題名のパンフレットをはじめ、多くの反スピリチュアリズム文書が、聖職者たちによって書かれた。それほどではないにしても、心霊現象は「未開社会や知性の劣る人間」に特有なものだという、カンタベリー大主教エドワード・ベンソンの意見もあった。

一方、スピリチュアリズムを唯物論者に対する切り札として積極的に受け入れようとする聖職者もあったが、彼らの教会内での地位がそれによって脅かされるということは滅多になかった。ある者は進んで霊能者を弁護したり、心霊実験調査会の主要なメンバーになったり、またある者は説教の中で、キリスト教信者に怖れられていた「永遠の罰」の教義を繰り返し否定することまでした。「人々はスピリチュアリズムのおかげで聖書を信ずるようになった。……聖職者たちはスピリチュアリズムに感謝しなければならない」とまで言い切る者もあった。また、後に述べるステイントン・モーゼズなどは、聖職者であると同時に強力な霊能の持ち主で、スピリチュアリズムの発展に大いに貢献したが、死ぬまで敬虔なキリスト教徒であることをやめなかった。

他方、スピリチュアリストたちもまた、キリスト教に対しては二通りの態度をとった。モーゼズのように万物の創造者である神を信じ、スピリチュアリズムを自分たちの信仰を補強する道具と考えた者があった一方、英国国教会の権威主義に反発し、スピリチュアリズムの立場から、「原罪」「人間の堕落」「永遠の劫火《ごうか》」などの教会のドグマに強い敵意を抱く者も多かった。前者は医者や教師、法律家、聖職者などの知識階級に多かったのに対して、後者は労働者階級出身者が大部分であった。このようにスピリチュアリズムは、新しく生じた階級間の問題と絡み合って、社会的、思想的に極めて複雑な状況を作り出したのである。これについては詳述する余裕がないが、スピリチュアリズムが十九世紀後半の英国社会に強いインパクトと共に複雑な陰影を投げかけたことは、読者も理解してくださったことと思う。

✺「霊媒の王」D・D・ホーム

さて、いよいよ、スピリチュアリストや心霊研究家たちの活動に移ろう。

まず第一番に挙げなければならないのは、「霊媒の王」と言われたダニエル・ダングラス・ホームである。一八五五年にハイデン夫人と入れ替わるようにアメリカから英国に来たホームは、英国生まれのアメリカ育ちだった。一八三三年にスコットランドのエディンバラ近郊に生まれて間もなく叔母の養子となり、九歳の時に叔母に従ってアメリカ、ニューイングランドに渡った。彼の父系にはスコットランド貴族の血が流れていると彼自身が書いているが、確証はない。挙措動作が優美繊細で人柄は鷹揚、金銭には恬淡《てんたん》だったが、趣味は贅沢で、貴族と言ってもいいような人物だったらしい。生涯定職に就かず、ヨーロッパ各国の王侯貴顕の食客となって暮らしたところなど「貴族」的と言えるかもしれない。「霊媒の王」と言われるのも、抜群の霊能以外にそうした彼の生き方があったと思われる。

D.D. ホーム

彼の母はスコットランド人に特有な「第二の目」を持っていたと言われる。ホームも少年の頃から強い透視能力を示し、友人や母親の死を察知して周囲を驚かせた。死んだばかりの母親が夢枕に立ったのが十七歳の時で、それ以来彼の周囲に叩音が鳴ったり、家具が動いたりするようになった。動転した養母の叔母は、牧師に相談して悪魔払いをしてもらう。しかし効果がないと知ると、頑《かたく》なキリスト教信者であった彼女はホームを家から追い出してしまう。

　この時からホームの「食客」生活がはじまった。ホーム青年の優雅な物腰、誠実な態度、ひ弱な容貌が人々の同情を買ったばかりでなく、驚くほどの霊能力が人々を惹きつけ、彼に宿を提供する者が絶えなかったばかりでなく、養子にしようと申し出る者さえもいた。彼はたちまち世間の評判となり、ペンシルヴァニア大学の化学教授ロバート・ヘアやエドモンズ判事、詩人のウィリアム・ブライアントなど、第一章で名を挙げた著名人たちの実験の対象となった。この頃から彼は社会の寵児《ちょうじ》になってゆく。ただし、あまりしょっちゅう降霊会をやらされたために、もともと弱い体だったのが病気がちになってしまう。この時分はまだ霊能の発揮がどれだけ肉体の負担になるかということが十分に理解されていなかったのである。

　ロンドンに来たときホームは二十二歳だった。彼は最初、エドワード・コックスという弁護士で素人心霊研究家の経営する旅籠《はたご》宿《や》に泊まり、次にホームらしく、知り合った支持者の家に移って、どちらの場所でも求めに応じて降霊会を開催した。この頃から彼の名前はHumeではなくHomeとなったというが、以前はHomeを「ヒューム」と発音していただけだという説もある。*4 彼の降霊会はかつてなかったほどの評判となり、多くのスピリチュアリズム信奉者を出したと言われるが、彼の見せた異常な現象に対する出席者の反応の中で、興味ある例がコナン・ドイルによって報告されているので、[*5]二つほど紹介しよう。

一つは、サー・デイヴィッド・ブルースターという科学者でスコットランドのある大学の総長でもあった、当時かなり知られた人物に関するものだ。彼は昼間、明るい部屋で行われたホームの降霊会に参加して非常に感銘を受け、それを手紙に詳細に書き、妹(姉?)に送った。一方、ホームもこの降霊会には満足したらしく、ブルースターや他の参会者の反応をアメリカの友人に書いて送った。友人はそれを現地の新聞に公表した。するとロンドンの新聞がそれを転載し、ブルースターの目に入った。ブルースターは狼狽《ろうばい》し、早速その新聞に手紙を書いて、自分が見たものはたしかに説明できないものだが、すべて人間の手や足によって作り出された人工的なものであるという意見に自分も満足するものであると釈明した。ところが、ブルースターの死後、彼の娘が刊行した父の思い出の中に、彼が妹(姉?)に送ったホームの降霊会についての手紙が発表され、それには「これはどんな人工的な手段によっても生じ得ない説明不能なものだ」と述べられていたのである。コナン・ドイルはブルースターの二重の態度を、当時の科学者の一つの典型的な姿として、自己の観察と判断にあくまでも忠実だった他の科学者、ウィリアム・クルックスやオリヴァー・ロッジなどに対比させている。

もう一つの例は、『ポンペイ最後の日』や心霊小説を書いて有名な、政治家でもあった作家のサー・ブルワー・リットンについてである。リットンもしばしばホームを訪れたり、誰かの家で行われたホームの降霊会に参加したりして、空中浮遊を含む驚異的な現象を他人と一緒に目撃しているのだが、公にはそれを肯定するようなことはいっさい言っていない。ところが、彼の私信などには本心と思われることが書かれてあり、また、彼の心霊小説を読めば、どれだけ深く彼が感じ取っているかがわかる、有名人にはこういう人たちが多いのだと、ドイルは述べている。

この他、ホームの降霊会に来た著名な人物には、社会主義者のロバート・オーエン、作家のアンソニィ・トロロープ、少し後では作家でジャーナリストのサッカレーや詩人のロバート・ブラウニング、ブラウニング夫人、美術評論家のジョン・ラスキンなどがいた。また、ここで名を挙げても意味のない爵位を持った著名人たちも大勢いたことは言うまでもない。

✺広範囲におよんだホームの霊能力

ホームの霊能は、強力な叩音現象から効果抜群の心霊治療に至るまで広範囲にわたっていた。中でも有名なのは、離れたところに置いたアコーディオンを手を触れずに演奏すること、燃えている石炭を素手でつかんで人の頭に載せること、物品ばかりでなく自分自身をも浮遊させ、移動させたり、自分の身長を人の目の前で伸ばしたりすること、などであろう。目に見えぬものを見通したり（透視）、品物を手にとってその持ち主について語る（物品鑑定）、「死者」が直接メッセージを述べたりする（直接談話）などの通常の霊能現象はもちろんできたが、手首が現れてペンを持ち、字を書く、というようなこと（部分物質化現象）も時々あったらしい（フランスのチュイルリー宮でのことが有名）。ただし「完全物質化現象」と言われる幽霊の全身出現までには至らなかったようだ。

これだけでも大変なことだが、ホームはこれを日中明るい部屋の中や、夜でも灯火をつけてやったという。もちろん通常の降霊会は暗闇か、せいぜい燐光《りんこう》照明を用いるぐらいで、たまに小さい灯火が許されることもある程度だ。暗くする理由は、明るいと霊媒の体から出ると言われる「エクトプラズム」という半物質が傷つきやすいというものだが、これについては後で述べる。とにかくホームは断固として明るい中でやり、暗闇の中でしかやらない他の霊媒たちを、何をやっているかわからないと疑惑の目で見ていた。世間は最初から霊媒たちを疑ってかかっていたのである。ホームは周りの目に対しては警戒心が強く、ある降霊会では「死者」が喋っている間中、彼も喋り続けたので、参会者の一人が、肝心のメッセージが聞こえないからやめてくれと言うと、こうしないと「死者」ではなく自分が喋っていると思われるからだ、と言ったという。

ホームの人気の理由の一つは彼の潔白なところ、オープンな態度にあった。自分の霊能の提供に対しては、もてなしとか、個人的な贈り物以外、報酬はいっさい受け取らなかったと言われる。一八五七年にパリのユニオンクラブで公開実験が行われたとき、五万フランという巨額な謝礼を、自分は生命が永遠であるということを知らせる使命のために来ているのだからと言って断った。もちろん、その時も彼は、いわば「その日暮らしの風来坊」で、しかも健康に不安があったのである。五万フランと言えば、若者の情熱や極度のプライドだけで断れるような額ではない（もっとも、ホームは相当な自己幻想家だったという友人のダンレイヴン伯爵の証言がある。そのおかげで、自分やスピリチュアリズムに加えられた世間の嘲笑を無視できたのだとも言っている。ついでだからホームの性格についてこの貴族の友人の意見をもう少し付け加えると、感情の起伏が激しく、時には極度に落ち込み、意味不明の叫び声を上げたりすることもあったそうだ。しかし普通の状態のときには、飾り気がなくユーモアがあり、親切で人付き合いがよかったらしい。つまり上機嫌でいるか、鬱《ふさ》いでいるか、どちらかということが多かったのだろう。感情の起伏が激しいのは霊能者によくあることで、ホームほどの多才な霊能者ともなればその起伏も常人並みではなかったろうと思われる）。

✺ホームの空中浮遊

ここでホームの特技とも言うべき「空中浮遊（Levitation）」について少し述べてみよう（一般には「浮揚」だが、ホームは「浮遊」と言うのがふさわしい）。彼がこの離れ業《わざ》を行ったのは一回や二回ではない。後に彼の重要な実験者となったウィリアム・クルックスなどは五十回も見たという。全部で百回以上にのぼるだろうというのがコナン・ド

D.D. ホームの空中浮遊（画）

イルの意見である。[*6] 上流階級の友人や支持者などの家でよく行い、目撃者も多数いた。立ったまま上がっていくこともあったし、横たわった状態で浮かぶこともあった。テーブルを囲んで座っていた人々の上を浮遊したり、天井にまで上って、そこに鉛筆でしるしを付けたりした。参加者の中にはホームの手をつかんで五、六歩一緒に歩いたという者もいる。

　ちょっとおもしろい例を二つほど挙げよう。一つは、一八六〇年にロバート・ベルという劇作家が、『虚栄の市』の作家、サッカレーが編集する『コーンヒル・マガジン』誌に匿名で発表した「小説よりも奇なり」と題する記事に関するものである。ベルは、ホームが横たわったまま足を先にして窓を通り抜けた様子を書き、著名な二人の人物を目撃者として挙げた。この記事の掲載を認めたサッカレーは、日頃スピリチュアリズムについては沈黙を守っていたのだが、ベルが友人だったこともあって、「彼を信頼する」という言葉を添えて発表に踏み切った。ところが読者からサッカレーに対して厳しい非難の声があがり、雑誌の発行部数が急激に減ったという。

　もう一つの話は、前述のダンレイヴン伯爵がまだアデア卿と呼ばれていた頃のこと、一八六八年十二月十三日に「アシュレー・ハウス」という邸宅で友人二人と共にホームの霊能を観察したときのことである。ホームは寝室から浮かんだまま外に出て行き、居間の窓から入ってきた。寝室の窓はわずかしか持ち上げられていなかったのにどうして外へ出ることができたのだというアデア卿の問いに、それじゃ、もう一度やってみるから、見てい給え、とホームは友人たちを連れて寝室に戻り、浮き上がって水平になり、頭を先にして窓の隙間から出て行ったと思うと、すぐに足先から戻ってきたという。このことはその後に出版されたアデア卿の『スピリチュアリズムに関するD・D・ホームとの体験』という本に、同席したリンゼイ卿の証言と共に公表された。本が出るとすぐに、スピリチュアリズムを目の敵にしていちいち難癖をつけるので有名なカーペンター博士という科学者が、もう一人いたはずの目撃者が何も言わないのは、黙っている理由があったからだろうと嚙みついた。正直な観察者なら、ホームは浮いたのではなくずっと椅子に座り続けていたのがわかったはずだとも言った。「もう一人の目撃者」であったウイン大尉はただちに反論を書き、これは間違いなく三人で見たもので、三人の正当な観察者の合意を否定するならば、裁判の正義などはなくなるだろうと答えた。

✵「スピリチュアリズムの歩く大広告塔」

ホームの霊能はいつも社会人士の注目の的であったが、彼がインチキをやったという目撃者は一人も出ていない。これは他の能力ある霊能者たちと較《くら》べると際立っている。霊能者たちに対して極めて厳しかった心霊研究家のフランク・ポドモアさえも潔く認めているほどである。

こういう潔癖さがヨーロッパの宮廷や貴族社会にも受け入れられ愛された原因の一つでもあったろう。スピリチュアリズムの発展にはさまざまな霊能者たちが異なった役割を果たしたが、ホームの場合は宮廷や貴族社会に大きな影響を与えたのが特徴である。当然、宣伝効果も大きかった。まさに「スピリチュアリズムの歩く大広告塔」だったと言える。

彼がとくに贔屓《ひいき》を受けたのはナポレオン三世のフランス宮廷とアレクサンドル二世のロシア宮廷である。手首が現れ、ペンを持って字を書いたというのはチュイルリー宮での話だが、書かれた文字はナポレオン・ボナパルトの署名だったという。また、ある時は一つの手が現れてウジェニー皇后の手に触れた。指の一本がなかったことから、皇后はそれが亡くなった父親の手であることを知ってたいへん感動したという。宮殿では何度も降霊会が開かれ、かなり立ち入ったことが伝えられたらしいが、いっさいは秘密に包まれている。ホームに対する信頼の篤さは、皇后がホームの妹の養育を申し出て、ホームが急遽、妹を連れにアメリカに帰ったことからも窺われる。

ロシア宮廷でも大いに優遇された。初婚の妻は、以前ローマ滞在中に知り合ったロシアのある伯爵の従妹であった。二度目の結婚の相手もやはりロシア貴族の娘である。サンクトペテルブルクで行われた結婚式は社会的なイベントとなり、詩人のアレクシス・トルストイ伯、皇帝侍従のボブリンスキー伯などが花婿ホームの介添人をつとめ、パリから一緒に来た、『三銃士』や『モンテ・クリスト伯』の著者として名声の絶頂期にあったアレクサンドル・デュマも式に参列した。その後でホームはアレクサンドル二世から呼ばれて、宮廷で降霊会を開いた。ところがデュマには呼び出しの声がかからなかった。デュマは大いに悔しがり、「頭に王冠を載せた人間はこの世に何人もいるが、アレクサンドル・デュマはおれ一人だけだ」と言ったという。デュマの強大な自負心を伝えるエピソードだが、当時はホームの名声がそれに匹敵していたことを物語るよい例でもある。デュマの後期の著作には、人形などの物体が生命を得るという、ホームの降霊会から着想を得たと思われる作品がいくつかある。

パリやサンクトペテルブルクではホームについての滑稽な噂が巷間に絶えなかった。ホームは毎晩たくさんの猫と一緒に寝て電気を起こさせ、それを体に溜めるのだとか、ポケットの中に小さい猿を忍び込ませていて降霊会のときに握手をさせたり、貴婦人のドレスを引っ張らせたりするのだとかいう類《たぐい》のものである。

ホームはそのほかナポリ王、ドイツ皇帝、オランダ女王などに霊能を披瀝している。しかしどこでも歓迎されたわけではなく、イタリアでは宗教上の問題の絡む大きな試練を受けた。

✺潔癖な霊能力者の後半生

彼がイタリアに行ったのは英国に来て間もなくの一八五五年である。最初の滞在地はフィレンツェだった。十二月初めのある晩、暴漢に短剣で襲われ、危うく難を逃れるということがあった。当地トスカナ大公領の内相は彼を呼んで、住民のホームに対する心証がはなはだ悪いことを伝えた。ホームは死者を甦《よみがえ》らせるために、ひきがえるにカトリックの秘跡を行っているという噂が立っていたのである。悪いことにちょうどこの頃、ホームの霊能は一年間停止されるというメッセージが霊界から彼に伝えられた。彼は突然、なんの特技も持たない普通の人間になってしまったのだ。落胆したホームに対し教会からの説得が功を奏して、彼はローマ・カトリック教に改宗したばかりでなく修道院に入ることとさえも決意した。普通の人間になってみると、今まで自分がしてきたことは悪魔に唆《そそのか》されたとしか言いようのない異常なことだと思われたのだろう。ローマ法王に謁見が許され、法王は彼を温かく迎えた。ローマ教会の勝利である。ところがその後、教会の期待に反して、ホームは修道院に入る代わりにパリへ行ってしまったのだ。そしてまもなく、霊界から予告されたちょうどその日に、彼の霊能は前よりも力強い姿で戻ってきたのである。ナポレオン三世は早速彼をチュイルリー宮に呼び、スピリチュアリズムの伝道師としてのホームの活躍がふたたびはじまった。

このことは、しかし、そのままでは済まなかった。一八六四年にホームがふたたびローマを訪れたとき、法王庁は八年前のことを忘れてはいなかった。妖術を使うという理由でホームは三日以内にローマから退去するよう命じられたのである。

ホームが芳しくない前歴のある土地になぜまたわざわざやって来たかというと、彫刻を勉強したかったのである。ホームには演劇や美術の才能があり、とくに彫刻は相当な腕前だったと言われている。しかしそれ以上に彼が鑿《のみ》や槌《つち》を取ろうと決意したのは物心両面の生活の不安定さからだった。彼の最初の妻は二年前に亡くなっていた。妻の財産のおかげで余裕のある生活をしていたホームだったが、亡くなると、妻の親族たちはホームの遺産相続に反対した。また、彼の健康は相変わらず脆弱《ぜいじゃく》で、たび重なる降霊会はだんだんと重荷になっていた。

ホームはなんとかローマに留まって彫刻の勉強を続けたいと英国領事館に働きかけ、スピリチュアリズムの活動はいっさいやらないという条件で滞在を許されたが、音が鳴ったり家具が動いたりという現象の方が勝手に彼の身の周りで起こるので、とうとうローマを、そしてイタリアを去らざるを得なくなる。彼はいったんアメリカに帰り、詩や韻文の朗読者として多少の成功を収めた後、今度は朗読者及びスピリチュアリズムの講演者として、ステージの上での成功を求めて英国に戻ってくる。しかし健康の衰えが新しい生活を許さなくなり、支持者たちはもっと地道な仕事を世話してやったりした。「ホーム・ライアン事件」と呼ばれる訴訟事件が持ち上がったのは、ちょうどこういう時期であった。

ジェーン・ライアン夫人という富裕な寡婦がホームを養子にしたいと言い出し、もしホームがライアン姓を名乗るなら六万ポンドを贈ろうと申し出たのは一八六六年のことである。支持者たちの勧めもあってホームは同意し、六万ポンドを受け取ったが、しばらくしてライアン夫人の気が変わった。ホームは心霊術を使って養子縁組が亡夫の意志であるかのように思い込ませたのだと、彼女は裁判所に訴え出たのだ。ライアン夫人には似たような前歴があり、裁判所は彼女の証言には全幅の信頼を置いてはいなかったが、スピリチュアリズムに対してはもっと信用していなかった。結局ホームは敗訴し、六万ポンドを返さざるを得なくなった。ホームは控訴しなかった。訴訟中に短剣で襲われ、それをかわそうとして手を刺されたことがあり、これ以上の争いは危険だと判断したのである。

その後ホームの財政事情はやっと好転した。亡くなった妻の遺産に関する訴訟に勝ったばかりでなく、ふたたび裕福なロシア貴族の娘（宮中顧問官でスピリチュアリズムの研究者だったA・N・アクサコフの親戚）と結婚することになったからである。彼はロシア皇帝に呼ばれて「冬の宮殿」で霊能を披瀝する。

ホームにとって心霊研究史上に残る重要な活動となるウィリアム・クルックスによる実験は、そのすぐ後の一八七一年のことだが、この頃を境にホームの霊能は衰えを見せるようになり、次第に人々との交際を絶って世間から遠ざかっていった。一八七六年には誤って死亡が伝えられるほど忘れられた存在になっていた。実際に亡くなったのはそれから十年経った一八八六年の六月二十一日であった。享年五十三。彼が最も愛した町パリの、サンジェルマンの墓地に「霊を見分けるもう一人の者へ（To another discerning of Spirits）」という碑銘と共に葬られている。寡婦となった二度目の妻は夫の思い出を本にして、一冊は生前、二冊目は彼の死後に出版した。どんなに生活に不安を抱いたときでも自分の霊能を飯のタネにしようとしなかったこの潔癖な霊能者に対しては、同時代の多くの研究者たちが讃辞を送った。

✺英国知識者層の反応①——ブラウニングの風刺詩

この頃（一八七〇年代前半）までの英国社会、とくに知識者層の反応を見てみよう。この頃にはD・D・ホームばかりではなく、有名無名の多くの霊媒が活躍していた（そうでなければ「どこかの家でテーブルの動かぬ晩はなかった」というわけにはゆかなかったろう）。

ヴィクトリア朝を代表する詩人の一人であるロバート・ブラウニングは、一八六四年に出した詩集『ドラマの

ロバート・ブラウニング、1888年頃、ハーバート・ローズ・バロー撮影

人物たち』の中で「霊媒スラッジ氏」という、ホームを風刺したと思われる詩を発表している。「スラッジ」というのは、泥とか汚泥、ヘドロ、という意味だ。この詩の書かれたのは出版よりずっと前の、妻のエリザベスがまだ生きていて一緒にホームの降霊会に出席した頃のことらしいが、エリザベスが熱心なスピリチュアリストだったために、発表を延期したものらしい。

いけませんよ。ばらさないでくださいよ。今度だけなんですから。
前にも後にもこれっきり。誓いますとも。
見てください。跪《ひざまず》いてるじゃありませんか。

（中略）

できるときにはやりましたよ。
足指の関節を鳴らし、手を誤魔化して動かして、
書きましたよ、あぶり出しインクを使ってうっすらと名前を。

（後略）

（筆者訳）

コナン・ドイルは、こんなものを詩と言えるか、と言っているが、素人目にもいい詩とは思えない。ブラウニ

ングが対話や独白による劇詩を好んで書いたことを考慮しても、このような、決して彼の名誉になるとは思えないような詩をなぜ活字にしたのかは興味ある問題だ。これは憶説に過ぎないが、夫人のエリザベスがスピリチュアリズムに心酔していたのに我慢がならなかったというのが一つの理由である。恋愛詩人で知られた夫人は、スピリチュアリズムについても一冊本を書くほど熱心だった。一八六〇年頃にブラウニングが、妻が霊媒やスピリチュアリストたちに騙されていると言って床を踏みならして怒っているのを、友人の一人が見たという。[*7] 詩の苛《か》烈《れつ》な題名にも彼の怒りが見えるようだ。彼の家ではスピリチュアリズムに関する会話はいっさい御法度だったそうである。ところでホームの方は、この詩は自分以外の霊媒に向けられたものだと思っていたらしいが、世間はそうは受け取らず、彼の評判はかなり傷つけられた。一方ブラウニングの方はこの詩集によって初めて世間に名の知れた詩人になったと言われている（もちろん「霊媒スラッジ氏」が唯一の原因だったというわけではない）。

✺英国知識者層の反応②——冷淡なファラデイ

科学界の重鎮であったマイケル・ファラデイ（本章「実験科学の発達と心霊研究」参照）は、ハイデン夫人が来英した翌年の一八五三年、英国でスピリチュアリズムが流行しはじめた極めて初期の段階に、「テーブル・ターニング」に関する意見を発表している。その年の六月三十日の『タイムズ』紙に寄稿した文の中で、ある装置を使って実験した結果、テーブルは自動的に動くのではなく、その上に載せた手の圧力によって動くということが証明された、と述べた。その装置というのは、数インチ（一〇センチ前後）四方の二枚の板の間にガラスの玉をいくつか挟んで全体をゴムバンドで結わえ、上の板に目盛りを付けておくというものである。こうして上に手を載せて降霊会をはじめた場合、下の板、つまりテーブル本体が動くことはまったくなく、いつも上の板が動いた。つまり、手の圧力によって動いた、というのだ。さらに、参会者が目盛りがあることを知っている場合は、上の板も動かず、知らないときにのみ、動く。つまり、「テーブル・ターニング」はまったく参会者の意志と手の筋肉によるものだと結論づけたのである。

ファラデイの意見は広く話題となり、ファラデイというだけでも大いに尊重されたらしいが、今から見れば、これは極めて初歩的な装置である。こんなもので、降霊会で起こる変幻きわまりない諸現象——叩音だとか、家具の移動だとか、物体の出現、人体の空中浮揚だとかを測定するわけにはゆかない。実際、彼が測定している間に周りで起こったはずの叩音などに、彼は触れていないのだ。「テーブル・ターニング」に限ってみても、人が容易に動かせない大きなテーブルなどが、傾いたり、浮き上がったりする場合にはどうするのだろう。そういうことはファラデイの場合、幸いにも起こらなかったらしいが、相手がホームのような霊能者であったらどうだったただろうか。

実はファラデイをホームに会わせようという動きがあったのだ。一八六〇年頃、ホームがサンクトペテルブルクで最初の結婚式を挙げてからしばらくしてロンドンに戻ったときのことだ。ファラデイはホームによる霊能の実験に応ずることには合意したが、条件を付けた。その一つは日中明るい部屋でやることで、これにホームは同意したが、もう一つは難題だった。それは、実験の対象となる現象をホームは自然の力によるものと思っているのか、それとも超自然の力によるものと思っているのかという問いである。そう訊いた理由は、かねがねファラデイは物理実験はその対象が自然的（物理的）に測定可能であるかどうかを明確に意識した上で行わなければならない、という信条を持っていたからである。もしホームが、自分が起こす現象を自然の（物理的な）力によるものだと認めるなら、実験は可能だが、超自然の霊や死者などの力だと見なすなら、まずそういう非合理的なばかばかしいものであるということをお互いに認めた上でなければ実験に関わるわけにはゆかないというのである。間に立った者はこのファラデイの手紙をホームに見せなかった。ホームの妻が危篤に陥り、彼がロンドンを去ったのを理由に、実験の延期をファラデイに告げたのだ。そして二度とこの話が蒸し返されることはなかったのである。

コナン・ドイルはこのファラデイの実験の前提を「非科学的」だと言っている。当時の他の著名な科学者たち、ド・モーガンやアルフレッド・ウォレスなども、最初から可能かどうかわかるはずはないではないかという点で一致して批判的である。しかし、印刷工からたたき上げて独力で数々の発見をしてきたこの努力家の天才にとっては、いつも実験の先行きについては動物的な勘が働いたに違いない。そうでなければ、あれほど効率よく新しい物理学の道を開いてゆくことはできなかったろう。しかし、心霊現象は彼のそういう見通しとはまったく違った方向にあった。はっきり言えば、彼にとってはどうでもいいことだったのである。その後も彼は何度か降霊会に誘われたが、ある時こう言ったという。「もし霊との交流がそんなに望ましいものなら、霊の方でぼくを降霊会に引っぱり出すだろう。もううんざりだよ」。彼はこの頃七十歳を過ぎていた。住み慣れた物理実験の世界から外に出るには、あまりにも歳をとりすぎ、成功しすぎていたと言うべきだろう。このほかファラデイが心霊研究に乗り気でなかった理由について、ある特殊なキリスト教の宗派に属していたからだという説もあるが、これも憶測に過ぎない。

ついでながら、ちょっと興味深い話を披露しよう。信ずるか信じないかは読者におまかせする。ファラデイが亡くなってから二十年ほど経った一八八八年から一九一〇年までの間、アメリカ、カンサス州のホールという町で開かれた降霊会に、ファラデイが主要な指導霊となってメッセージを送ってきたという。それは四冊の本になって出版されている。[*8] 霊界とコンタクトをとるのをあれほど嫌がっていたファラデイが、霊界に行ってどんなことを考えたのか興味があるが、筆者はまだその本を読んでいない。

✹ロンドン・ダイアレクティカル・ソサイエティの調査

一八六九年に、ロンドンに根拠を持つ学術団体、ロンドン・ダイアレクティカル・ソサイエティが、心霊現象の調査をするために委員会を発足させ、活動を開始した。一八六九年と言えばD・D・ホームのヨーロッパ大陸での活躍がひとまず終わり、英国に戻ってきて、これからいよいよウィリアム・クルックスの実験に参加しようというときである。

「ロンドン・ダイアレクティカル・ソサイエティ」というのは、これより二年ほど前に、ジョン・スチュアート・ミルの『自由論』を検討し自由思想を擁護する目的ではじまった知識人たちの集まりで、会員には、進化論の発展に貢献した二人の著名な学者、トーマス・ハックスレーやアルフレッド・ウォレスなどがいた。思想的に当時、最も進歩的だったグループである。「ダイアレクティカル」というのは、討論によって事の真実を明らかにする、という意味で付けた名前だろうが、適当な訳語がないので、このまま使うことにする。

調査委員会は三十三名。神学者、医者、土木技師、弁護士、科学者など雑多である。今まで述べてきたことに縁のある人々を挙げるなら、D・D・ホームがロンドンに来たときに最初に泊まった宿の経営者で弁護士のコックス、ハイズヴィル事件の中心にいたフォックス姉妹の一人ケイトの夫となった弁護士のジェンケン、それに博物学者のウォレスであろう。ハックスレーは「降霊会で霊媒相手に無駄なお喋りをするよりは道路掃除夫になった方がまだましです」と断り状を書いて、参加しなかった。彼は以前に出席した降霊会で騙されたことがあり、それを忘れることができなかったのである。

委員会は六つの小委員会に分かれて心霊現象を調査し、三十三の報告書と三十一人からの口頭による報告を得、それをまとめて一八七一年の夏に「ソサイエティ」の評議委員会に報告書を提出した。内容はほぼ現象の特異性を認めるものだった。叩音、物体の移動、音などによる通信の可能性を挙げたほか、現象を起こすのには特定の人物が必要であるらしいが、その人物がいるからといって現象が起きるとは限らないと、一歩踏み込んだ観察までしている。さらに統計的な報告として、三十三人中十三人が人体または物体の空中浮揚を見、十四人が手や指の出現を見、五人が目に見えない手で体を触られ、十三人が演奏者なしで楽器が鳴るのを聴き、五人が燃えている石炭を手や頭に載せられたが火傷をしなかったと言い、八人が叩音や自動書記によって受けた通信が後に正しいと判明したと述べ、三人が人間業でない早業で絵が描かれるのを見、六人が後に起こることを正確に予測されたと語った、と記述している。その他、花や果物などの出現、水晶球中の幻像、人体の伸び縮みなど、さまざまな証言があった。

　これに対して否定的な証言はなかったが、小委員会の中の一つは、記録に値するものは何も起こらなかったと言い、もう一つの小委員会は、D・D・ホームを調査したが、ホームの健康がすぐれなかったため、彼が模範的な協力をしてくれたにもかかわらず、見るべき結果は生じなかったと報告した。最後に報告書は総括的な意見として、この問題は今後さらに真剣な研究に値するものだと提言している。

　評議委員会はこれを受理し、委員諸公の労をねぎらったが、この報告書をダイアレクティカル・ソサイエティの名で公表することは拒んだ。理由は、調査の方法が十分に科学的でないというものであった。調査委員会はやむを得ず、この四百ペ

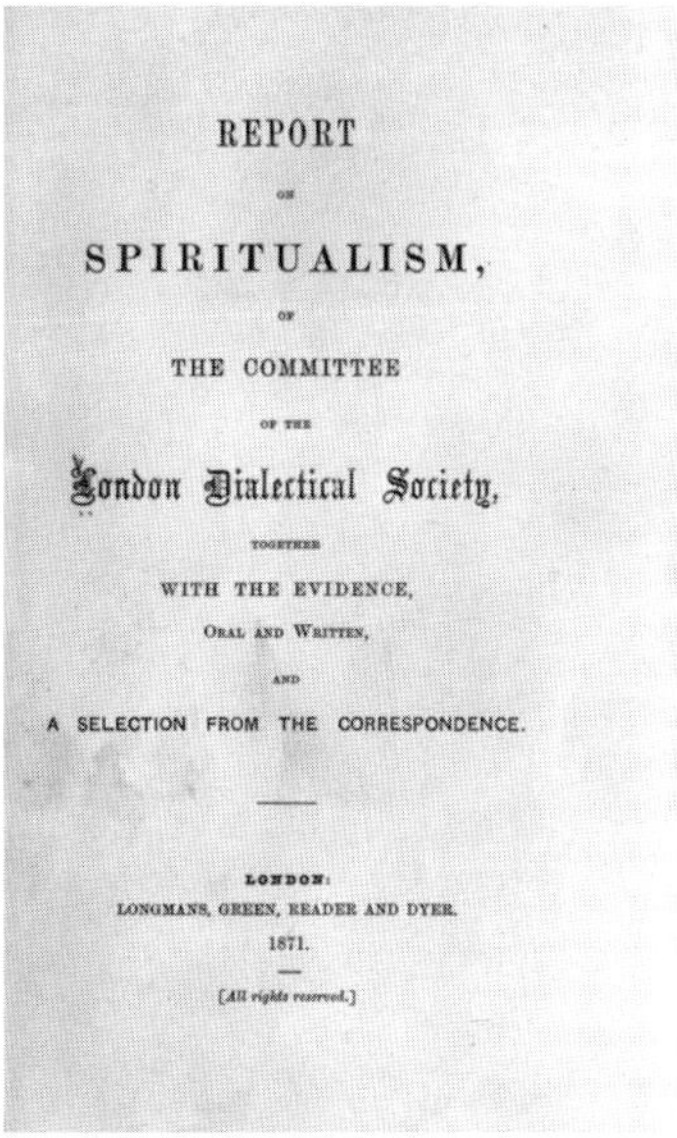
REPORT
ON
SPIRITUALISM,
OF
THE COMMITTEE
OF THE
London Dialectical Society,
TOGETHER
WITH THE EVIDENCE,
ORAL AND WRITTEN,
AND
A SELECTION FROM THE CORRESPONDENCE.

LONDON:
LONGMANS, GREEN, READER AND DYER.
1871.

[All rights reserved.]

ロンドン・ダイアレクティカル・ソサイエティの調査委員会によるスピリチュアリズムの報告書の扉頁、1871年

ージ余にわたる文書を委員会メンバーの私的な報告書として出版した。

私的であろうとなかろうと、報告書は大きな社会的反響を呼んだ。新聞はこぞってこれを論評したが、いわゆる高級紙はまったく否定的だったものの、大衆紙の中には好意的な反応を示すものもあった。たとえば、『タイムズ』紙は「考えるだに不幸である、まったくばかばかしいゴミと、不毛な結論の寄せ集め」、『モーニング・ポスト』は一言「無価値」、『サタデイ・レビュー』は「最近良識ある人々を虜《とりこ》にしている厭《いと》うべき迷信を、少しでも打破する方へ向かってほしかった」。一方、『スタンダード』は「もしここにインチキと愚行以上のものがあるならば、それはまた別な世界の話となる」、『デイリー・ニュース』は「将来さらに探求されるべき問題に役立つ貴重な文献」、『スペクテイター』は全紙中もっとも紙面を割いて論じ、「この驚くべき現象のあるものが詐術と妄想の痕跡がなく、信頼するに足る人々の証言によるものならば、かかる問題は将来も慎重に探求されるべきものだという報告書作成者の意見に賛成する」。

厳しい心霊研究家として前に紹介したフランク・ポドモアの意見は、記録としては貴重だが、資料の取り扱いについては批判的とは言いがたいと、だいたい評議委員会と同様であった。

✺アルフレッド・ウォレス、スピリチュアリズム擁護

では、調査委員の一人として参加したウォレスは何と言っているか。

調査の後、ある雑誌の求めに応じて書いた「現代スピリチュアリズム擁護論」の中でこう述べている。「調査に参加した人員三十三名の中、心霊現象があると思っていた者はわずか八名。その中でも霊との交流を信じていた者は、そのさらに半数ほどだった。しかし調査が進行するにつれて、残りの懐疑的な二十五名中の半数に近い

少なくとも十二名が心霊現象の存在を確信するに至り、その中の三名ほどは独自に研究を続け、徹底したスピリチュアリストになった。彼らがスピリチュアリズムを信ずる割合は、どの研究の場合でも言えることだが、調査に割いた時間と関心の度合いに釣り合っている[*9]」

彼はまた反対論者たちが好んで挙げる「集団幻覚説」を、普通以上の知性を持ち利害関係のないこれほど多くの人々が長い期間にわたって蓄積した証言が、すべて「集団幻覚」の産物だなどというのはバカげていると否定している。

ウォレスは終生変わることのなかったスピリチュアリズムの擁護者として知られている。何人かの霊媒たちが詐欺の疑いで裁判にかけられたときにも、進んで無実の証言をしたり、霊媒を支持する手紙を法廷に送ったりした。この寛容な心を持った博物学者は、ダーウィンと同じ時期に進化論の背骨となる「自然淘汰説」を発表して有名となったが、自然淘汰だけでは人類の精神的特質や進歩を説明できないと考えて、スピリチュアリズムに近寄ったのである。スピリチュアリズムの信条である、宇宙は神によって創造されたものであり、人間の霊魂は肉体が滅びた後も存続し、進歩するという考えは、ある高度な知性の働きによらなければ、人間のみに見られる精神的特質（善悪の判断、芸術的感受性、数学的思考能力など）の存在と進歩はありえないとするウォレスの考えを裏書きすると思われた。彼は個々の現象の真贋《しんがん》を問題にしたのではなく、その現象の背後にある思想を重視したのである。そういう意味では筋金入りのスピリチュアリストであったが、心

アルフレッド・ウォレス

霊研究家の中には、彼のあまりに寛容な支持に戸惑う者もあった。[*10]

✺「心霊研究の立役者」ウィリアム・クルックス

ホームがスピリチュアリズムの代表者とすれば、ウィリアム・クルックスは心霊研究の代表者と言っていいだろう。「心霊研究はクルックスからはじまる」と言ったのは、学生時代にクルックスを嘲笑し、後に後悔の言葉と共に著書を彼に捧げた、ノーベル賞受賞の生理学者シャルル・リシェである。リシェが笑ったのは、クルックスが妙齢の幽霊と並んで写真に納まったり（図版一〇一頁参照）、彼女の脈拍をとったと発表したりしたからである。だが、まさにそのことが、クルックスを心霊研究史上で最も有名な、そして最も論議の的となり続けてきた研究者にしたのだ。

ここで「心霊研究」と「スピリチュアリズム」の違いをはっきりさせておきたい。読者はもうお気づきになっていると思うが、「スピリチュアリズム」というのは、ハイズヴィル事件などに見られるような心霊現象と、それを霊的なものとして受け入れる思想とを指し、「心霊研究」とは心霊現象を科学的立場から調査、研究することを指す。日本では「スピリチュアリズム」を「心霊主義」と訳すので、「心霊研究」と混同することが多いが、この二つは似て非なるものである。したがって、スピリチュアリストであって心霊研究家である者もいる代わりに、心霊研究家は、必ずしもスピリチュアリストではない。むしろそうでない場合の方が多いのだ。後で詳しく述べる心霊研究協会（ＳＰＲ）などは、代表的なメンバーの多くが非スピリチュアリストたちによって占められていて、そのため長い歴史の中で何度も葛藤を引き起こしている。

ウィリアム・クルックスがスピリチュアリズムについての最初の論文を発表したのは一八七〇年で、ロンドン・ダイアレクティカル・ソサイエティの調査委員会が報告書を提出する前年である。この論文の冒頭でクルックスは、自分が心霊研究に手を染めたのは、スピリチュアリズムの詐術を見破り人々の迷妄を明らかにしたかったからだと述べ、文末では、スピリチュアリズムの無益なカスを魔法や降霊術の闇の中へ追い払うのだと、勇ましいことを言っている。この時、クルックス三十八歳。タリウム元素の発見者として、また王立協会のフェローとして、今後の活躍が期待される新進の化学・物理学者だった（当時化学と物理学との区別がはっきりしていなかったことについては前に述べた）。

ファラデイは三年前に亡くなり、彼によって開かれた新しい物理学の道はクルックスの目の前にあった。彼の野心と自負心はこの宣言の中にも読み取れるだろう。彼もまたファラデイと同じく実験に才能を発揮したが数式や理論には弱かった。しかしファラデイと違って裕福な仕立屋の倅《せがれ》として育ち、大学は出なかったが、化学の専門学校に入って実践的な知識や技術を習得した。卒業後は学者としての職を得ることはできなかったが、化学のコンサルタントとして、公的あるいは私的機関からの調査や実験の注文に応じて生計を立てた。この道では評判が高く、英国で最高の化学分析家と言われた。実験室での結果が世の中の役に立つものでなければならないというのが彼の信条で、したがって科学者は単なる書斎の人間ではなく世間に有用な存在である、ということを世人に知らしめるのに彼の活動は大いに役立った。心霊研究をはじめたのもこういう実際的な考えがあったからだと思われるが、この点、終生実験室から出ようとしなかったファラデイとは異なっている（ファラデイは死ぬ少し前まで王立研究所の屋根裏部屋で

ウィリアム・クルックス

暮らし、女王に言われて、やっと、前から下賜されていた邸に移った)。ただしクルックスが心霊研究を行ったのは、一八七〇年から一八七五年までの五年間という短い期間でしかない。

最初の論文は先ほど述べたように「迷信退治宣言」とでも言うべきもので、科学者の自信に満ちあふれていたが、二度目の一八七一年に発表されたものは少し趣《おもむき》が変わってくる。心霊現象による力の存在を認めているのである。D・D・ホームを実験の対象とし、アコーディオンが自動的に鳴るかどうか、物体の重量が変化するかどうかを調べ、それを図入りで説明している。銅線を巻き付けたかごの中に、ホームが片手でつかんでぶら下げたアコーディオンは、動き回ったり、音を出したり、メロディを演奏したりした。銅線に電流を流した場合も、他の者がホームに代わってアコーディオンをぶら下げた場合も、同じであった。いや、時間が経つにつれて動きは激しくなり、演奏は巧みに、美しくなった。

次の重量実験では、一端をテーブルの端で支えられ、他の一端は秤《はかり》の紐によって吊された細長い板の、テーブル側の部分にホームが手を触れると、軽く触れただけで、秤の目盛りが下がった。秤の側に触れたならそうなってもおかしくないが、テーブルの上に置かれた板の上にいくら重量を加えても秤は動かないはずだった。板の端の下には小さい木片の脚が付いていたから、もしそれがテコになったとすれば、目盛りは下がるのではなく、上がるはずだった。しかもホームは、テコの力が働かないようにマークされた部分にしか触れていなかった。試しにクルックスがホームが触れた部分に乗ってみたが、一四〇ポンド(約六三・五キロ)の重量が加わったにもかかわらず、ホームが動かした目盛りほどにも秤を動かすことはできなかった。それだけでなくホームは、秤を上にも下にも動かすことができた。

クルックスはこの実験を重視した。物理学の範疇に入らない新しい力があると思ったのである。「これらの実験は」と彼は言う、「人間の組織体と、ある未知の方法でつながっている一つの新しい力の存在を決定的に立証するものと思われる、それを便宜上、〝心霊力(サイキック・フォース)〟と呼ぶことができよう」[*11]。これは物理学者

図 1

図 2

ウィリアム・クルックスによる D.D. ホームのアコーディオン実験、1871 年。かごの中の片手でつかんだアコーディオンは動きまわったり、音を出したり、メロディを奏でたりした。図 1：鍵盤の反対側を親指と中指でつかんでいる。図 2：テーブルの下のかごにアコーディオンを入れるときも、手を隠すことはなかった

によって心霊現象に随伴する力に与えられた最初の定義であり、今まで誰も敢えてしようとしなかった大胆な発言だと言える。

この実験にはクルックスが所属している王立協会のメンバーを招待したが、元会長以外は誰も参加しなかった。参加した元会長も、後になって、起こった事象の原因に関して意見を述べることは控えると言ってきた。さらに、この論文を提出した先の王立協会は、受け取るのを断ったばかりでなく、協会の出版物に論文の題を記載することすらできないと言った。クルックスは、結局、前回同様、自分が主宰する季刊誌の『クオータリー・ジャーナル・オブ・サイエンス』に掲載したのだが、もし彼が自前の発表機関を持っていなかったら、これとこの後に続く重要な論文は日の目を見ることはなかったかもしれない。

✹クルックスとケイティ・キング

クルックスは、自分が関わった霊媒の中ではホームを最も高く評価していたが、ホームと共に他の多くの霊媒についても、叩音、物体の移動、人体の空中浮揚、発光物体の出現、自動書記など、さまざまな現象の観察や実験をし、それをまとめて「一八七〇年から一八七三年までの心霊現象調査覚え書き」として『クオータリー・ジャーナル・オブ・サイエンス』誌に発表している。そしてその後に発表した十五歳(実験をはじめた一八七一年当時)の少女霊媒フローレンス・クックについての実験が、彼にとっては最後の、そして運命的なものとなった。「ケイティ・キング」と名乗る若い女性の霊が数ヵ月間にわたって出現し実験に協力したというこの報告――クルックスと言えばすぐ思い出すこの事件ほど、心霊研究史上最大の謎として研究者の頭を悩ませてきたものはない。

クルックスがフローレンスについて初めて公に言及したのは、一八七四年に『スピリチュアリスト』誌に送っ

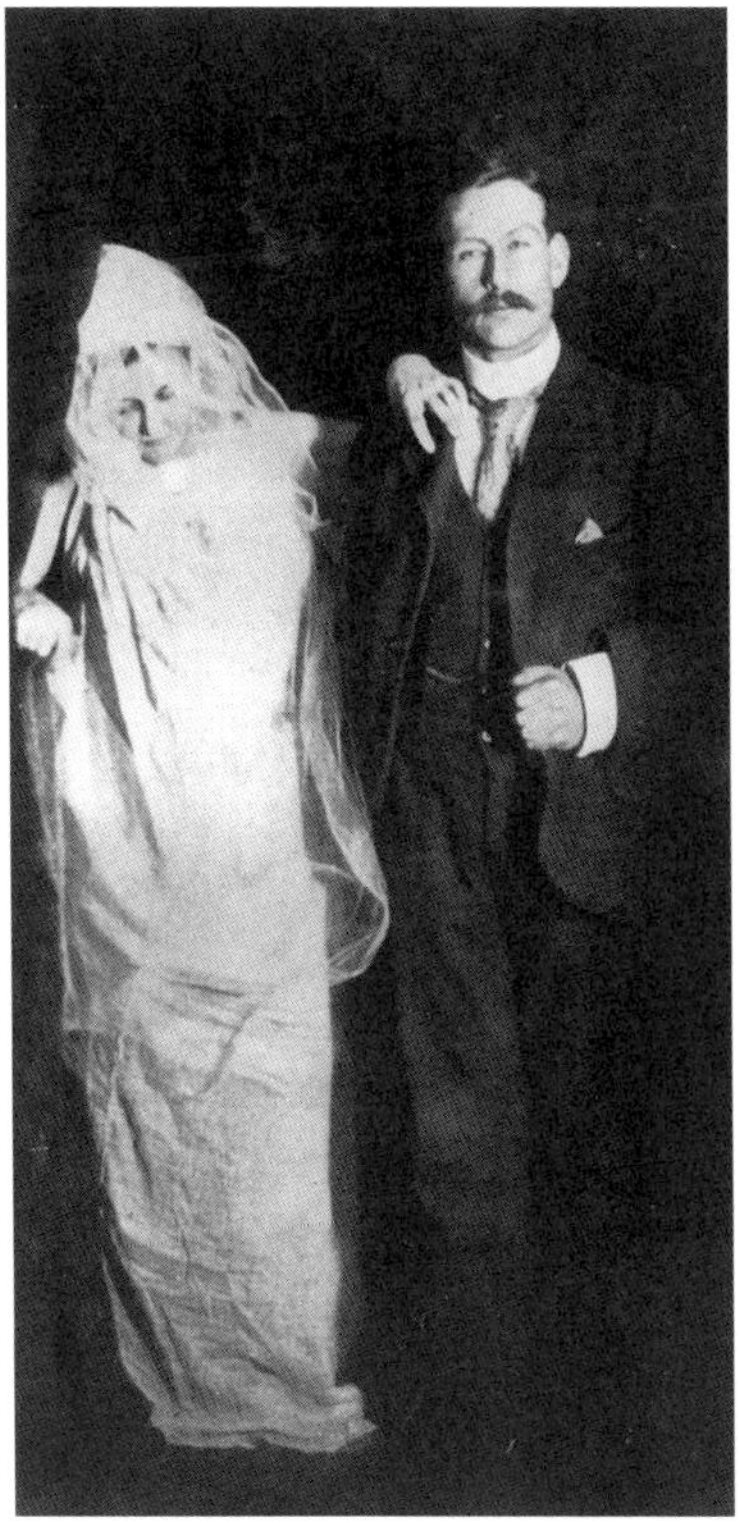

左ケイティ・キング（物質化霊）と右ウィリアム・クルックス、1874年

手前の椅子に横たわるフローレンス・クックと、うしろにケイティ・キング（物質化霊）。ウィリアム・クルックス撮影

た手紙の中だが、彼女の降霊会には三年ほど前から参加していた。しかし世間の噂をおもんばかって論文の中で取り上げようとはしなかった。ケイティ・キングの出現もしばらく前から知られていた。ところがある頑固な懐疑家が、出現中のケイティを取り押さえようとし、ケイティが腕の中から消えたのを、逃げたと言って騒いだことがあった。フローレンスはそのため健康を害し、精神的にも打撃を受けた（霊媒が入神中に人物や人体の一部を出現させることを「物質化現象〈マテリアリゼーション〉」というが、出現した人体やその一部を手荒く扱うと、霊媒自身の健康に害を与えると言われる。なぜなら、出現は霊媒の体から出た「エクトプラズム」と呼ばれる

「物質」によるものだからで、その「物質」は極めて敏感で繊細なために、少しの衝撃でも霊媒の肉体に大きく響くのだという。「エクトプラズム」については、第五章にもっと詳しく述べる。フローレンス・クックは英国で最初に現れた「完全物質化霊媒〈フル・マテリアリゼーション・ミーディアム〉」だった)。

フローレンスの両親は心配して、クルックスに、娘の名誉回復のための助力を求めた。クルックスが本腰を入れてフローレンスの実験をはじめたのはこういう理由からで、『スピリチュアリスト』誌に送った手紙には、すべて順調にいっているので、読者は性急に詐欺呼ばわりなどせず、結果が出るまで待っていてほしいと呼びかけている。

二ヵ月後に『スピリチュアリスト』誌に発表した論文では、フローレンスがケイティ・キングとは別な人物であることを示す「絶対の証拠」と思われる出来事を述べている。その一度目は、クルックスの家で行われた降霊会でケイティが参会者たちの間を歩き回ってしばらく話をした後、カーテンで仕切られた霊媒のいる部屋(クルックスの書斎)に入って行ったが、すぐにまたカーテンの陰から顔を出して、クルックスに、フローレンスが椅子からずれ落ちているから直してやってほしいと頼んだ。クルックスがカーテンを開けて入って行くと、なるほどフローレンスがソファから落ちかかっているので持ち上げてやった。ケイティはクルックスが入って行ったときに道をあけ、クルックスは彼女が白いドレスを着、頭にターバン状のものを巻いているのを、そして霊媒のフローレンスの方は黒のドレスを着て昏睡状態にあったのを、はっきりと見たという。

次にハックニーでの降霊会では、クルックスはケイティを抱いてみて、人間と同じ量感があることを確かめた。その後でケイティはクルックスをキャビネット(暗室)の中に招き入れた。クルックスが入って行き、燐光ランプで照らすと、黒のドレスを着たフローレンスが意識を失って床に倒れているのが浮かび上がり、その後ろに白い衣をまとったケイティが立っているのが見えた。

さらにクルックスは体の特徴の違いについても述べている。ケイティは、日によって違うが、フローレンスよ

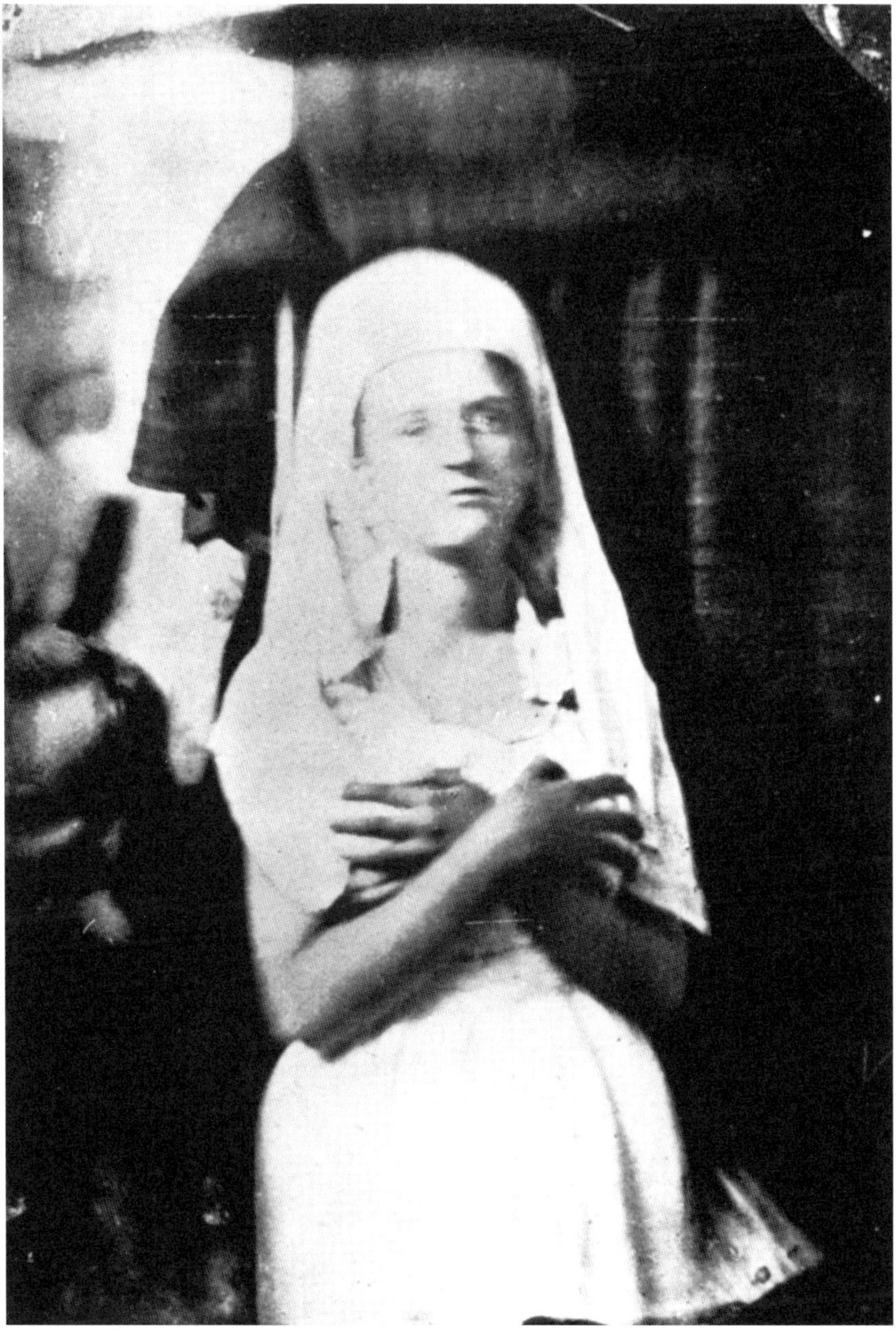

ケイティ・キング（物質化霊）、ウィリアム・クルックス撮影、1874 年

り四インチ半から六インチ（約一一センチから約一五センチ）背が高い。ケイティの皮膚はすべすべしているが、フローレンスの首には大きな水膨れがある。フローレンスの耳にはイヤリングの穴があるが、ケイティの耳にはない。ケイティの顔色は非常に白いが、フローレンスはダークである、等々。

それからさらに二ヵ月後、一八七四年六月五日の『スピリチュアリスト』誌に載った報告では、ケイティの写真を四十四枚撮ったと言っている。ケイティがクルックスを全面的に信頼するようになった結果である。その中には、ケイティとフローレンスが一緒にいる写真もあるし、クルックスと並んで写っているものもある。

クルックスを信頼するようになったのはフローレンスもそうである。彼女はクルックスの家に一週間も滞在することもあった。来るときはハンドバッグ一つ。いつも家人の目に曝《さら》され、降霊会のときには、夕食のテーブルから真っ直ぐ、キャビネットとして使うクルックスの書斎に入って行った。書斎はもちろんクルックスが念入りに検査し、準備する。だからインチキの入る余地などは全然ないのだと、報告書は言う。

クルックスはケイティの髪の毛を切り取ることも許された。それは金髪で、フローレンスの黒褐色の髪とはまったく異なるものだった。クルックスはケイティの脈を計ったが、脈拍は七十五。後で計ったフローレンスの脈拍は九十。胸に耳を当てることさえしたが、ケイティの胸の動悸《どうき》はフローレンスのよりもしっかりしていた。その時フローレンスは風邪を引いていた、と報告書は言っている。

このケイティ・キングについて最後の、そして彼の心霊研究においても最後となった報告書の題は、「ケイティ・キングの最後」である。クルックスはかなり感傷的な気分になっていたらしい。バイロンの詩「ドン・ファン」からの数行を引用し[*12]、ケイティの美しさと、表情の豊かさとを称えている。ケイティはクルックスの子供たちに、異郷での少女時代の思い出やインドでの冒険の逸話を、微笑みながら、時には悲しそうに話してくれた。ケイティは、海賊出身でジャマイカ島の総督になったジョン・キングの娘だと名乗っていたのである（コナン・ドイルによれば、「キング」というのはある霊のグループの総称で、彼女の本名は「モーガン」だという[*13]）。

ケイティの「最後」は一篇の詩になるだろう。ケイティは、残していくフローレンスの世話をクルックスに頼んでから、床に倒れているフローレンスを起こし、去るべき時が来たことを告げる。フローレンスがもう少し留まってほしいと言うと、ケイティは、「自分のなすべきことは終わった。神の恵みを」と言い、二人はしばらく話し続けるが、フローレンスは嗚咽して話を続けることができなくなる。ケイティはクルックスに合図してフローレンスを介抱させ、いつの間にか消えてなくなったのである。

✺「何も撤回することはない」

クルックスはこれ以後、降霊会には出たものの、心霊研究の成果を二度と発表しようとはしていない。非難の声があまりにも強かったし、他の霊媒やスピリチュアリストたちとのトラブルもあって、やる気を失ったらしい。彼はそれ以後、専門の研究に専念し、次々と栄誉を重ねていく。王立協会は三つのメダルを贈り、英国女王は彼をナイトに叙し、フランス科学アカデミーは金メダルと特別賞を贈った。しかし彼は心霊研究に背を向けたわけではなかった。一八九八年に英国学術協会の会長に就任したときの演説の中で、三十年前の心霊研究に触れ、今さら何も撤回することはない、あれはあれで正しいと思っているし、もっと付け加えることもできただろう、と述べている。

ケイティ・キングについては未だに議論の的になっているが、クルックスが社会的な地位を棒に振ってまで読者を騙すということはまずありえないとすれば、問題はフローレンスの側である。フローレンスとケイティ・キングが同一人物だったかどうかということについては、クルックスが写真まで撮って否定しているし、そもそも彼の実験はそれを調べるために行われたようなものだから、クルックスの証言を覆すことは難しいかもしれない。

もう一つの可能性としては、別な人物がケイティ・キングの役を務めたということだが、もちろんクルックスはその可能性を十分承知の上で、自宅で降霊会の準備をしている。そうなると、残るは、トレバー・ホールという人物が世間に流した、クルックスはフローレンスと恋愛関係にあったのではないかという疑いだ。[*14] これに関しては、フローレンスの恋人だった青年がその事実をフローレンスから聞いたという話もあるそうだが、しかしこんな噂はらちもないもので、信憑性という点から言えば、クルックスが名誉にかけて発表した論文とは比べものにならないだろう。要するに、この件についての疑惑はすべて憶測の域にしかないのである。

最後にクルックスが「心霊研究の謎を解く鍵になるかもしれない」と思っていた考えを紹介して、この章を終えよう。それは一八九七年にSPRの会長に就任したときの演説の中で「光線は思考を伝達できるかもしれない」と述べたことである。[*15] 光線か、それよりも周波数の高い光波が、脳の神経中枢に働きかけ、そこが発信地となって他人の脳へ伝わっていくという仮説である。思考は神経間のパルスの伝達によるという現在の脳科学を予見するものと言えよう。

第四章

心霊研究の黄金時代 II

霊能者たち vs. 研究者たち

✺「縄抜け」ダベンポート兄弟

D・D・ホーム、フローレンス・クックなどと期を同じくして活躍した霊媒は少なくはなかったが、ここではほかに二人の特色ある霊媒を挙げる。ダベンポート兄弟とヘンリー・スレードである。

アイラとウィリアムの二人のダベンポート兄弟は警察官を父としてアメリカのバッファローに生まれた。母は英国からの移民である。二人がまだ十代の初めだった頃にハイズヴィル事件が起こり、それに影響されて彼らと妹とが一緒になって降霊会のまねごとをしている中に、さまざまな現象が生ずるようになった。彼らもハイズヴィル事件の産物なのである。その現象というのは、叩音から家具の移動、自動書記、人体浮揚に至るまで多様で強力なものだったが、最も特徴的だったのは――彼らの特技とでも言うべきものは――縄抜けだった。どんなに堅く縛ろうとも、結び目をいくつ作ろうと、さらにそれを結び合わせようとも、降霊会が終わって明るくなると、彼らは自由の身となっていて、足下には縄が絡み合ったまま転がっているという具合だった。

彼らの伝記作家が伝えるところでは、[*1] ハーバード大学の教授たちが一八五七年に彼らを調査したときには、五〇〇フィート（約一五〇メートル）のロープを使い、兄弟たちをがんじがらめに縛り上げた上、彼らが入るキャビネ

ダベンポート兄弟

ットに開けた穴を通してロープを固定させ、さらに結び目をいちいち布で縛り、その上、一人の教授がキャビネットの中に入って兄弟の間に座り、降霊会の間中二人の縄目を確かめるということまでやった。だが、終わってみると、ダベンポート兄弟は自由となり、その代わりに、二人の間に座っていた教授の首に縄が巻き付いていたという変な結果になった。結局、教授たちは最終報告書を書かなかった。

ボストンの新聞は、この最後の部分――教授の首にロープが巻き付いていたという点については、「恥知らずな嘘だ」と攻撃したそうだが、これについては筆者にも興味深い体験があるので、脱線をお詫びしながら一言述べたい。一九九七年の秋に、筆者の関係する団体が英国の心霊団体「ノアの方舟協会」所属の物理霊媒として有名な「ミスター・リンカー

コリン・フライ（リンカーン）の日本での降霊会、1996年11月9日、日本心霊科学協会にて

ン（本名、コリン・フライ）」を呼んで降霊会を開いたことがあった。その時「リンカーン」氏と一緒に来た付き添い役の英国人が、共謀者となってインチキをするといけないというので、細い帯で彼を椅子ごと縛り、降霊会の間、後ろに座った日本人が紐の先を握っているということがあった。会が終わって明かりが点《つ》いて見ると、紐は解かれ、椅子の背に掛けられた彼の上着と、監視役の後ろの人間とが一緒にして結わえられていて、さらに実験のために置いてあった木のリングがいくつか紐に通っていた。なかなかユーモラスなことをすると思ったものである（本書巻末付録に「降霊会レポート」として所収）。

ダベンポート兄弟は一八六四年に英国に行っている。ちょうどヨーロッパで一仕事終えてアメリカに帰ったD・D・ホームと入れ違いである。二人はホームの不在を十分に埋めるだけの評判をとったが、ホームとは違って、別な社会層である大衆階級に人気を博し、ホームの手薄なところを補う形で、スピリチュアリズムの発展に貢献した。

最初の降霊会のいくつかはロンドンの著名な俳優の家で催され、名士たちが集まったが、まもなくロンドン市中のホールを借りて一般市民を対象に毎晩のように行うようになった。入場料を取って芝居の出し物のように連続して公演するようになったのは画期的なことである。それによってスピリチュアリズムが大衆にまで浸透していったのだ。

彼らが見せた心霊現象は、楽器が空中を飛びながら演奏したり、男や女や子供などの手が現れて参会者に触ったり、という前座的な出し物の後で、「縄抜け」が行われた。『タイムズ』紙が報じた興味深い報告がある。最初の頃の降霊会でのことだ。縄に縛られていたダベンポート兄弟の一人が上着を脱ぎたいと言い出した。明かりが消され、また明るくなると、シャツだけになった彼の姿が現れる。しかし前と同じように厳重に縛られたままである。次にダベンポートは参会者に、誰か上着を貸してくれる人はいないだろうかと訊く。会衆の一人が自分のをどうぞと言う。すぐに明かりが消され、ふたたび点けられると、上着を貸すと言った人はシャツ姿になり、ダベンポートはその人の上着を着けている。やはり縄に縛られたままである。

ハリー・フーディニ、1899 年頃

これを読むと、読者は手品の場面を思い出すかもしれない。そうなのだ。縄抜けにしろ、上着の取り替えにしろ、手品師のやりそうなことである。とくに「縄抜け」と言えば、達人として知られたハリー・フーディニを思い出す人も多いかもしれない。実際、ダベンポート兄弟は、フーディニを含む手品師たちから公然と攻撃され、妨害を受けた。商売敵というわけだ。最も執拗《しつよう》だったのが、霊媒というと敵意を燃やしたJ・N・マスクラインという当時評判だ

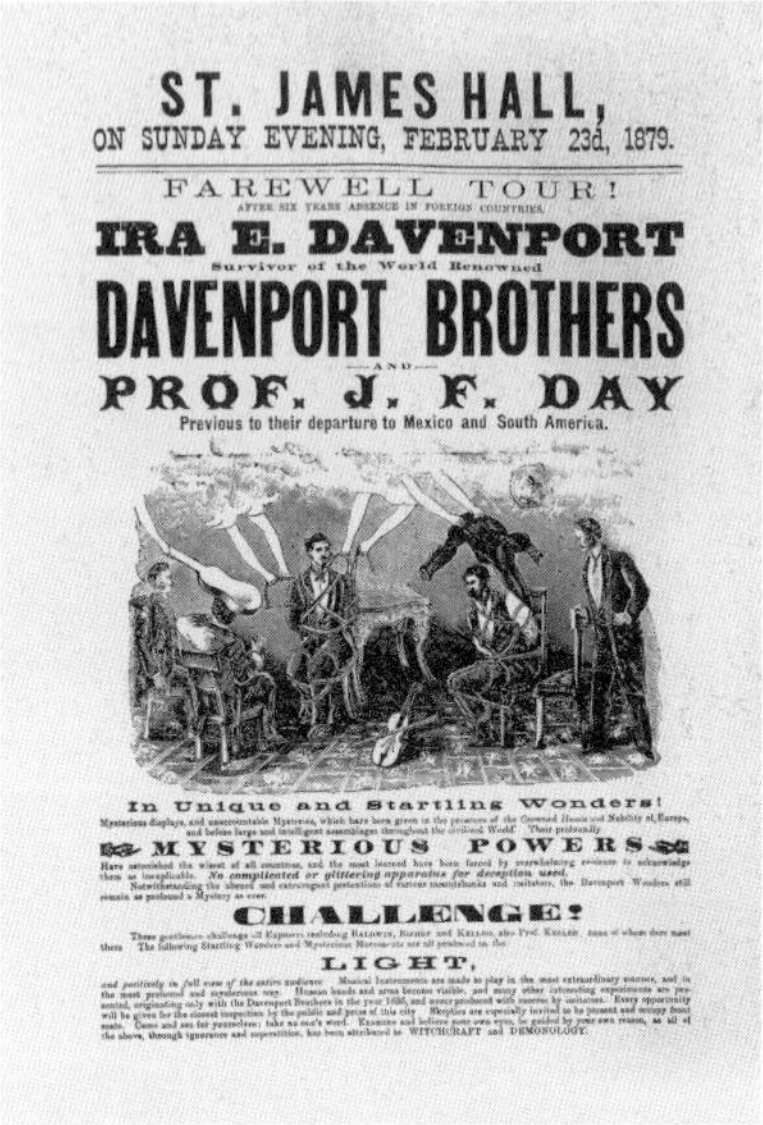

兄アイラ・ダベンポートによる追悼公演ポスター、1879 年

った手品師である。しかし手品には大仕掛けで重い装置（タネ）が必要なのに、ダベンポートたちは素手でやって見せたという点が大いに違っていた。だが、人気のあるマジシャン（マスクライン）が新聞と一緒になって行った攻撃は功を奏し、ダベンポート兄弟は詐欺師だという風評が大衆に拡がった。

兄弟たちは、ロンドンに着いた翌年の一八六五年には英国の地方都市を廻って公演したが、行く先々で妨害と迫害に遭った。リバプールでは会衆の中から手伝いに出た二人のボランティアが兄弟の手首を力まかせに縛ったために血が流れたので、兄弟の介添え役が抗議してロープをナイフで切り二人を自由にするということが起こった。兄弟たちはこれ以上、降霊会を続けることはできないと宣言したところ、会衆は激昂して壇上に殺到し、兄弟たちが入るために作ってあったキャビネットを破壊した。

次に訪れた二つの町では、反対運動は組織化され、妨害は暴力を伴ってもっと激しくなった。兄弟たちの一行はそれ以後の英国におけるいっさいの公演をやめざるを得なくなった。

その後、彼らはヨーロッパに渡ってさまざまな都市をめぐり、時にはフランスやロシアの王室に招かれて降霊会を行い、好評を博した。フランスでもある手品師が、キャビネットを検査する際、詐欺の証拠を見つけたと叫んで会場を混乱させたこともあったが、一方、別の手品師たちが連名でダベンポート兄弟に手紙を送り、彼らが見た現象にはなんの不自然なところも見られなかったと証言し、その手紙が雑誌に掲載されるということもあった。一八六七年の冬にサンクトペテルブルクで行った公開公演には一千人もの観衆が集まったと言われる。一八六八年にはふたたびロンドンに戻り、歓迎を受けたが、長くは留まらずに生まれ故郷のアメリカに帰った。

その後しばらくしてから二人はオーストラリアを訪れ、一年ほど滞在した後、一八七七年、弟のウィリアムがシドニーで客死した。三十六歳だった。兄のアイラはその後三十年以上生き延びて一九一一年に他界した。ロンドンの『デイリー・ニュース』紙は、「もし彼ら兄弟がいかがわしい心霊術者としてでなく、まっとうな手品師として生きたら、単に金をもうけることができたばかりでなく、尊敬さえも受けただろう」と述べた。たしかに、同じことをやっても「手品師」と名乗るか名乗らぬかによって、世間の受けがころっと変わるのだから、世の中の仕組みとはおかしなものだ。それに対してスピリチュアリズムの雑誌『ライト』は、「彼らがあれだけの非難攻撃に耐えたということは、手品師などよりも心霊術師であることを誇りに思っていたからだということがわからないのだろうか」という反駁記事を書いている。

✺「石板書き」ヘンリー・スレード

このアメリカ生まれの霊媒は「石板書き」という現象に能力を発揮した。二枚の石板《スレート》の間にごく小さい石筆を挟んで置く、または一枚の石板の表をテーブルの裏側に当ててその間に石筆を挟んで固定して置く、ということをやると、いつの間にか石板に字が書かれているというものである（図版一四四 - 四五頁参照）。このほかにも、彼は物品が壁などを通過して移動する「アポーツ」と言われる現象にも長じていたし、当時の他の霊媒たちのように、叩音から空中浮揚までいろいろなことができたが、この「石板書き」が彼の表看板であり、それがまた彼の命取りにもなった。

ヘンリー・スレードはヨーロッパに来る前に十五年間アメリカで活躍し、すでに名声を得ていた。その名声の

ヘンリー・スレード

おかげでロシアのサンクトペテルブルク大学に招聘《しょうへい》され、渡欧するようになったのである。橋渡しをしたのは、ロシア生まれで神智学協会創立者の「マダム・ブラバツキー」とオルコット大佐であった。

一八七六年、スレードはロシアに行く前に英国に立ち寄り、数ヵ月間滞在して数多くの降霊会を開いた。物理学者でノーベル賞受賞者のレイリー卿、前述のアルフレッド・ウォレス、フランク・ポドモアなどの著名人たちが参会し、みな非常に感銘を受けた。レイリー卿は念のため手品師を連れてきたが、手品師は現象を前にまったくお手上げの状態だったと言われる。懐疑家のフランク・ポドモアは、その時は自分の懐疑心よりも現象の方が強力であることを認めたが、著書の中ではその真偽について意見を保留している。スレードの成功に対してはD・D・ホームの後を補うものだという讃辞さえ聞かれた。

スレードの降霊会は昼だろうが夜だろうが、条件などにはこだわりなく行われ、参会者が席に着くやいなや現象が起こりはじめ、息つく間もなくという感じでどんどん進行し、あれよ、あれよ、と驚いている中に二十分間ほどで終わってしまうというものだった。アメリカ的なスピード感溢れる心霊ショーと言ったらいいだろうか。「ドクター・スレード」と名乗っていたのも、何の「ドクター」なのかわからぬながら、多分にショー的な宣伝を感じさせる。また彼はホームと違ってきちんと料金を取った。

事件が起こったのは英国に来てから二ヵ月ほど経った一八七六年の九月、スレードの名声が高まりロンドン中の新聞が次に何が起きるか注目していた時期だった。新進の博物学者であるランケスターという人物が友人のドンキン博士と一緒にスレードの降霊会に出席した。ナンダ・フォダーによれば、英国科学振興会の論文審査委員会メンバーであったランケスターは、ウィリアム・バレット教授のスピリチュアリズムに関する論文が委員会を通過するのを阻止できなかったことを遺憾に思い、なんとかして「スピリチュアリズムなる迷妄」を打破しようと、当時評判のスレードの降霊会に乗り込んできたという。ちなみに、バレット教授は物理学者であったが、同じ英国科学振興会のメンバーであったアルフレッド・ウォレスと共に、会員の間に心霊研究を促進しようとしていた。彼の論文は生物学の分会では拒否されたが、ウォレスが議長を務める人類学の分会で受諾されたのである。

さて、一回一ポンドの規定料金を払ってランケスターとドンキンとはスレードの「石板書き」を二回見に行った。おそらく一回目は下見だったのだろう。二回目の時に「石板書き」がまさにはじまろうとした直前、ランケスターは机の上に伏せてあった石板をひったくり、裏返すという挙に出た。石板にはランケスターの予想したとおり、すでに文字が書かれてあった。この時スレードは「霊がもう書いていたのだ」と叫んだが、勝ち誇ったランケスターやドンキンは聞く耳を持たなかった。[*2]

ウィリアム・バレット

ランケスターは早速『タイムズ』紙にこのことを報告、九月十六日の紙上に発表された。さらにランケスターは、金を取って詐欺を行ったという理由でスレードを裁判所に訴えた。世論は二分して大いに沸いた。ランケスターに与《くみ》する懐疑派には、同じゴースト・バスターズならぬスピリチュアリスト・バスター・トリオの仲間である生理学者のカーペンター教授と手品師のマスクラインがいた。また哲学者として著名であり後にSPRの初代会長となったヘンリー・シジウイック、ＳＰＲの初代名誉書記となった著名な心霊研究家のエドマンド・ガーニィなども加わった。一方、スレードの弁護に立ったのはアルフレッド・ウォレスや、Ｄ・Ｄ・ホームを世話して以来熱心なスピリチュアリストとして心霊研究に携わってきた弁護士のエドワード・コックス、その他であった。

結局ウォレスなどの証言は、その場にいたわけではないからとして容れられず、スレードは三ヵ月間の服役と労働を申し渡された。コナン・ドイルによれば、この裁判では手品師のマスクラインが、スレードの使ったテーブルに仕掛けがしてあったという証言をしたが、それを作った大工によって否定されたという。しかし裁判の行方に相当な影響を与えたであろうと言い、そのテーブルは今もロンドン・スピリチュアリスト同盟の事務所に置いてあるが、誰が見ても普通のテーブルなのに、こんなもので人を陥れようとは情けない話だと慨嘆している。[*3]ドイルはまた「石板書き」の場合にはいつ霊が書きはじめるかは微妙な問題で、書きはじめても石筆が板をこする音が聞こえることもあり、全然聞こえずに一瞬にして書き終える場合もある、ランケスターのような素人が判断するのは所詮無理な話だ、とも言っている。しかしそんな細かいことを問題にするには、ランケスターはあまりにもスピリチュアリズムの尻尾をつかむことに執念を燃やしていた。

スレードは控訴した。手続き上のごたごたがあって、ランケスターたちが次の裁判に手間取っている間に、スレードはヨーロッパへ逃れた。彼はプラハからランケスターに手紙を書いて、もしもう一度自分がロンドンの土を踏むことを許してくれるならば満足のゆくまで心霊現象をお見せしましょうと述べたが、ランケスターは返事を書かなかった。

この裁判のことはヨーロッパにも知れ渡ったが、高名な支持者たちの支援があったおかげで各地におけるスレードの降霊会はおおむね順調に行き、成功だった。その中ではドイツの物理・天文学者ツェルナーがライプツィヒで行った実験が注目されるものとなったが、これについては次章で述べる。

✺心霊研究協会（ＳＰＲ）の発足

ここで一時スレードについての話を中断して、この裁判が引き起こした心霊研究の新たな重要な流れについて述べたい。というのは、前述のバレット教授が計画していた、英国科学振興会のメンバーを集めて心霊研究を組織化しようとした案が、この事件によって挫折したため、彼はやがて、広く学会外から知識人や知名人を集めることを考えた。そうしてその後、心霊研究の最も重要な機関となり、百年以上経った今でも存続している「心霊研究協会（ＳＰＲ）」の設立へと動いていったのである。

著名な学者や社会の名士を集めて研究会を作れば心霊研究は世間の承認を得ることができると初めに考えたのは、スピリチュアリストとして活発に活動していたドーソン・ロジャーズだったと言われているが、それを実現したのはダブリン王立大学物理学教授のウィリアム・バレットであった。彼の提案に基づいて、"Society for Psychical Research"、一般に「ＳＰＲ」の名で呼ばれる世界初の心霊研究機関が一八八二年の二月二十日に設立された。会長はケンブリッジ大学の倫理学教授だったヘンリー・シジウイック。彼を会長に推した理由は、哲学者、古典文学者として知られた人物だったからというだけでなく、その公明、公正な人格に対する

ヘンリー・シジウイック

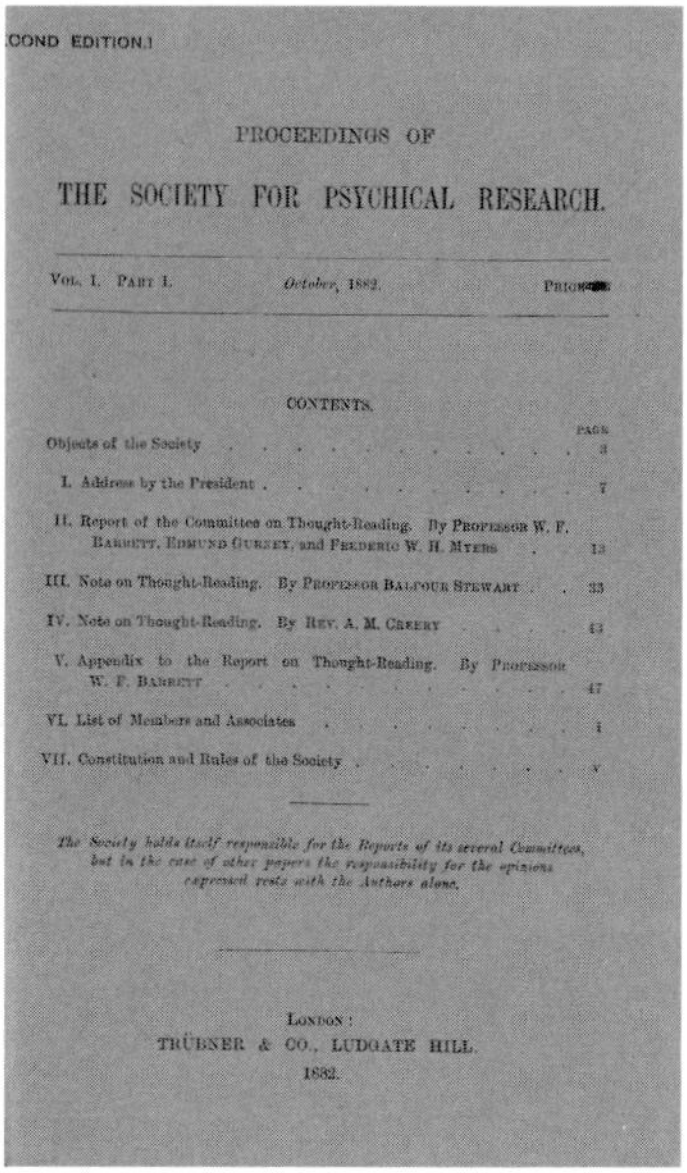
COND EDITION.]

PROCEEDINGS OF

THE SOCIETY FOR PSYCHICAL RESEARCH.

VOL. I. PART I. *October*, 1882. PRIC

CONTENTS.

	PAGE
Objects of the Society	3
I. Address by the President	7
II. Report of the Committee on Thought-Reading. By PROFESSOR W. F. BARRETT, EDMUND GURNEY, and FREDERIC W. H. MYERS	13
III. Note on Thought-Reading. By PROFESSOR BALFOUR STEWART	35
IV. Note on Thought-Reading. By REV. A. M. CREERY	43
V. Appendix to the Report on Thought-Reading. By PROFESSOR W. F. BARRETT	47
VI. List of Members and Associates	i
VII. Constitution and Rules of the Society	v

The Society holds itself responsible for the Reports of its several Committees, but in the case of other papers the responsibility for the opinions expressed rests with the Authors alone.

LONDON:
TRÜBNER & CO., LUDGATE HILL.
1882.

SPRの雑誌『SPR議事録』創刊号、1882年10月号

信頼と彼の持つ広い人脈とが、多くの人々を、うっかりすると敬遠されかねないこの会に惹きつけるだろうと期待されたからである。事実、彼が会長職を引き受けなければ入会しないと言った者もいたという。*4

そのおかげで、発足早々にしてSPRは、学問的分野ばかりでなく、政治的、社会的にも卓越した人物たちを擁することになった。たとえば副会長の中には二人の下院議員がおり、一人は後に首相となったアーサー・バルフォアである。学者としてはバレットのほか、王立協会会員の天文・物理学者のバルフォア・スチュアートがいる。女王の寝所付き係官で「閣下」と呼ばれた人物や、牧師で有名な霊能者であったステイントン・モーゼズなども副会長になっている。立場の違う人たちが安んじて集まったのは、科学的であることを標榜《ひょうぼう》したからでもあるが、後に脱会することになるスピリチュアリストのステイントン・モーゼズがいたことは興味深い。こういった混成集団は初期のSPRにしか見られないのである。

他の役員やメンバーの中にも読者はお馴染みの顔を見いだすだろう。ウォレスとクルックス、レイリー卿、その後継者で同じくノーベル賞を受賞したトムスン、やがて『レイモンド』の出版で有名となるオリヴァー・ロッジなどの科学者、『不思議の国のアリス』の著者ルイス・キャロル、美術や社会評論で名高いジョン・ラスキンなどの文学者。さらに成立後二、三年の中には、首相経験者のグラッドストン、詩人のテニスン、ツタンカーメン王の墓の発掘者カーナヴォン、アフリカで探検家のリビングストンと出会ったことで知られるスタンリーなどもメンバーに名を連ねる。

ついでながらシジウイックの後、ＳＰＲの会長職に就いた国際的知名人を挙げると、アメリカの心理学者ウィリアム・ジェームズ、フランスの生理学者でノーベル賞受賞者のシャルル・リシェ、哲学者アンリ・ベルグソン、文化人類学者のアンドリュー・ラングとギルバート・マレー、天文学者のカミーユ・フラマリオン、等々、まだまだ続く。ロジャーズやバレットの思惑は見事にあたったのである。

ただし、実際にＳＰＲにとって重要な仕事をしたのは有名人ではなく、会の中核を成した十人足らずの人間だったことは記憶すべきだろう。個人的な感慨になって申し訳ないが、こういう豪華絢爛《けんらん》たる名前を前にすると、筆者が三十数年前に実際に参加し、見聞したＳＰＲが思い出され、今昔の感に打たれる。一年ほどの英国滞在の間、知人にＳＰＲの名前を言っても誰も知らなかったし、ロンドン市の地理の試験を受けてパスしたはずの、あの黒塗りボックス型のタクシーの運転手さえ、どこにあるか、それが何ものであるか、知らなかったのだ。

✺フレデリック・マイヤーズとＳＰＲ

創立者の中で忘れることのできない人物はフレデリック・マイヤーズである。彼はケンブリッジ大学に在学中ヘンリー・シジウイックに師事し、古典文学や哲学を学んだばかりでなく彼を人生の師と仰いだ。ちょうど一八六〇年代後期、Ｄ・Ｄ・ホーム全盛の頃で、スピリチュアリズムの可能性に注目したマイヤーズはシジウイックと話し合って、ケンブリッジ大学内に「ゴースト・ソサイエティ（幽霊研究会）」なるものを作った。学生のサークル活動に毛の生えたようなものだったろうが、メンバーには後年カンタベリーの大僧正（主教）になったエドワード・ベンソンや、後の僧正二人、神学教授などがいた。このグループと、オックスフォード大学にもあった同様なグループ「ファスマトロジカル・ソサイエティ（妖怪研究会）」が合流して、ＳＰＲの大きな柱になる。マイヤーズと並んでSPR活動の中心となった、厳格さをもって鳴る研究家フランク・ポドモアは後者の出身だった。

　マイヤーズが書いた忘れがたい回想がある。一八六九年十二月三日という日付まで書いているので、彼にとっても忘れがたいことだったに違いない。当時二十六歳のマイヤーズはいつも頭から離れぬ人生の哲学的な諸問題——人はどこから来て、どこへ行くのか、あの世はあるのか、霊魂は不滅なのかなどの疑問——と、それを解決してくれそうに見える、世間で評判のスピリチュアリズムとの間に激しく揺れていた。彼は冬のその晩、シジウイックと二人で語り合いながらキャンパスの中を歩いていたときにその悩みを師に打ち明けた。「星明かりの中で震えながら」とマイヤーズは書いているが、震えたのは寒さばかりではなかったろう。若者の師への信頼と、学問への情熱が伝わってくる光景である。

フレデリック・マイヤーズ

　シジウイックの返答は「楽観的ではないが、希望の最後の拠り所を示してくれた」ように若者には思えた。この時シジウイックは三十一歳。師とはいえマイヤーズとは五歳しか違っていない。しかもシジウイックは筋金入りの懐疑論者で、とても「楽観的な」ことを言うような人物ではなく、それがまた彼の意見に重みを加えたのだろう。シジウイックも悩んでいたのだ。二人の悩みがその晩一つになった。マイヤーズはその夜以来彼のそばで心霊研究を続ける決意を固めたという。
　これは心霊研究の歴史の中でも最も美しい場面ではなかろうか。この場面があることによって、詐欺やスキャンダルや暴力沙汰や人間の滑稽さで、ほとんど茶番劇としか思えなくなってくるスピリチュアリズムの歴史も、生気を取り戻すように思われる。今から思えば信じられないことだが、その頃は霊媒たちが次々と見せる不思議な現象が、ダーウィニズムや共産主義の唯物論に追いつめられた人類の最後の希望のように思われたのだ。それをナイーヴだと言うかもしれないが、人類が近代科学の好奇心に目覚め、社会改革の情熱に燃えながら、近代人としての信仰の危機に初めて直面した時代だったのである。

ＳＰＲの最初の功績は、このマイヤーズが中心となって活動したグループが生んだものであった。『生者の幻像』[*5]という事象例収集の労作である。ＳＰＲにはいくつかの仕事の分担があって、マイヤーズたちは一番目の「観念（思考）伝達」を研究するグループだった。ほかにも五つのグループ（委員会）があるので、簡単に紹介しよう。

二番目はメスメリズム研究の委員会。この頃には「メスメリズム」に代わって「ヒプノティズム（催眠術）」という言葉が受け入れられるようになっていたが、両者の境界は曖昧だった。協会がとくに関心を持ったのは、メスメリズムに特有の透視などの現象である。

三番目はライヘンバッハ現象研究委員会。ライヘンバッハ現象というのは、メスメリズムを行っている際に物体から光が放射されているのを見る者が時々あり、ライヘンバッハ男爵がそれを一種の磁気と見なした現象を指す。当時評判だったために作られた委員会だったが、あまり活動しない中に終わった。

四番目は、霊媒などが引き起こす叩音、物体の出現や移動などの「物理現象」を研究する委員会。

五番目は、民間に起こる幽霊やポルターガイストなどの現象、及びそれを生ずると言われる「幽霊屋敷」研究の委員会。

六番目は、以上のさまざまな現象に関わる文献を収集し検討するための委員会。

これで当時研究すべきと思われた現象はすべて網羅されたことになるが、委員会はあくまでも科学的を標榜し、決して現象の背後の信仰に関わる問題にまで踏み込むことはなかった。ＳＰＲの第一回の総会で会長のシジウイックが、クルックスやウォレスやド・モーガンなど前人の研究の成果がどんなに優れたものであろうと、SPRはさらに大量の証拠を要求する、科学的懐疑は事実の積み重ねによってしか解決しないと、懐疑家シジウイックらしい言葉を吐いているが、それはまたSPRの基本的信念だった。

✺『生者の幻像』——最初の成果

さて『生者の幻像』に戻ろう。マイヤーズのほか、フランク・ポドモア、エドマンド・ガーニィの合作であるこの二巻の大著は、マイヤーズの言によれば、人が言葉や合図などによらずに他人に意志を伝える、いわゆる「テレパシー」現象の事例を扱ったものであり、この言葉自身がマイヤーズの造語である。彼はそのほかにも「スーパーノーマル（超常的）」などの今日にも使われている言葉を作ったと言われている。この本の特徴は七百以上にのぼる膨大な収集例であって、中でも、死の前後一、二時間以内に他人に見えた、死にゆく者、あるいは死んだ者の幻影、いわゆる「いまわの際の姿」[*6]の実例の収集が大きな特色となっている。その中の十三件ほどが体験者自身の報告に基づき、十分な調査の結果、事実であることが認定されたとされる。共編者であるガーニィによれば、SPRの調査票が約三万人に行き渡ったとして計算すると、この十三例が見つかる確率は百京分の一以下だという[*7]（つまりそれだけ事実の重みがあるというのである）。

本文全体の執筆の責任を負ったのはガーニィだった。ガーニィのようにSPRの書記以外に職業を持っていない者の方が、外部から攻撃されるようなことになった場合打撃が少なくて済むと思われたからだという[*8]。ガーニィはいかにも英国人らしい教養人で、ケンブリッジ大学で古典文学を修め、音楽や医学にも通じていたが、豊かな家庭の出身だったこともあって職業には就かず、無給のSPRの仕事に生涯を委ねた人物である。

この本に対する批判はやはり厳しいもので、寄せられた情報に誤りや作為がないということがどうしてわかるかというものから、ガーニィ自身の計算や推論に異議を申し立てる者などさまざまだった。もちろんガーニィは熱心に自説を弁護した。しかし、しばらく経って透視の実験を行ったとき、自分が信頼していた被験者兼助手であった男が、暗号を使うなどペテンを働いたことが発覚するという不祥事が起こり、その後、滞在中のホテルの一室でガーニィ自身が死んでいるのが発見された。顔面神経痛緩和と睡眠用のクロロホルム摂取過剰のためだということだが、自殺か過失かということについては未だに定説がない。

ついでながら、この本の編纂に関わったもう一人の心霊研究者フランク・ポドモアも、一九一〇年の夏にプールで不慮の死を遂げている。この死についても、自殺説が取り沙汰されている。因縁話めいているが、本の発行から二十四年も後のことである。

✴『人間個性とその死後の存続』

一方マイヤーズは一九〇一年に病死したが、死後もう一冊の本を出している。『人間個性とその死後の存続』(*Human Personality and Its Survival of Bodily Death*)という題で、仕事仲間でSPR会員のリチャード・ホジソン等により出版された。SPRそのものの仕事ではないが、彼は死の一年ほど前にSPRの会長に就任していて会を代表する人物であったから、SPRの業績に数えてもいいと思われる。

この本は出版当時から評判が高く、大学の心理学の教科書にも使われた。[*9] マイヤーズは人間の意識を顕在意識と潜在意識とに分けて考察した最初の人間の一人である。顕在(supraliminal)と潜在(subliminal)という用語を心理学上に使いはじめたのも彼だった。とくに潜在意識については独特の「潜在自己」論を展開し、人間意識の暗黒部に潜む多様な可能性こそが人格の主要な部分を形成するものであり、われわれが日常的に考える統一的、連続的な人格などは存在しないと考えた。

自分が参加した数多くの催眠の実験や降霊会などの実際の体験からこのような理論を引き出したのは注目に値する。われわれが異常または超常と考える現象、たとえば夢遊病や多重人格、悪霊の憑依《ひょうい》など精神病の範囲に入るものや、死者についての幻覚、幻聴、透視、未来予知など、超能力に関するものなどをひっくるめて、潜在意識に潜む普通の現象と見なした。人格はこういう「複数潜在意識」による重層的で変化しやすいものだというのである。つまり、一人の人間の中には何人もの人間が住んでいるとも言え、霊媒たちが声や仕草を通して見せるあの世の住人も、その霊媒の人格の一部であると同時に、われわれが日常の意識で認める霊媒その人の人格とは別なものであってもおかしくはないのである。つまり、マイヤーズの説は心理学の言葉を巧みに使いながら、死者の意識が生者の意識と混在する可能性を排除してはいないのだ。この「複数潜在意識」説は、今日の心理学の人格の相対性や意識の多重性に先駆ける独創的な考えであった。

当時の心理学者たちはマイヤーズの説をほとんど問題にしなかったし、心霊研究家たちの中にも疑問を抱く者もあったが、何人かの熱心な賞賛者もいた。たとえばウィリアム・ジェームズは、「科学の歴史の中でいつまでも記憶されるだろう」と言い、やはり心理学者で心霊研究家であったテオドア・フルールノアは、マイヤーズは心理学におけるコペルニクスやダーウィンに比すべき者だとの最大級の賛辞を送った。物理学者のオリヴァー・ロッジは、今まで不明瞭だった人間能力の領域に学問的な統一をもたらし、「個性」の意味に一つの光を投げかけた彼の理論は、時の試練に耐えて残るだろうと述べている。また、心理学者として超心理学への道を開いたウィリアム・マクドゥーガルは、マイヤーズの「潜在自己」の理論を批判しながらも、彼の類推のすばらしさ、高雅で力強い思索を褒め、人類の知的進歩の歴史の一こまを担う人物であるとしている。[*10]

マイヤーズの顕在、潜在を含めた「複数の意識」に対して、そういった通常自己と見なされる意識以外の暗黒の部分にある意識は、どこから、どうやって入ってきたのか、また、多くの意識を抱えながらわれわれが統一ある人格として日常生活を送ることができるのは、何によってであるのか、というような問題が生ずる。それについてはマイヤーズはいくつかの概念を用意して答えている。[*11] それはたしかにマクドゥーガルが言うように、必要以上に複雑化したものとなっているという批判はあるものの、マイヤーズが心霊研究を物理学や化学の実験の範囲を越えて、心理的、形而上学的な統一へ向かって一歩進めた功績は大きいと言えよう。

✵ＳＰＲの葛藤と分裂

「誤りに対して仮借のない態度をとる最も冷静な学術雑誌を一つ挙げよと言われたら、躊躇なく、ＳＰＲの報告書であると言う」と述べたのはウィリアム・ジェームズである。それほどＳＰＲは科学的であることをモットーとして作られた研究機関であったが、当然こうした厳正で懐疑的な態度は、会員内のスピリチュアリストたちとの軋轢を生んだ。その対立が顕在化したのが、ウィリアム・エグリントンの霊能に関しての評価だった。

エグリントンは当時三十歳になるかならないかの英国生まれの霊媒で、すでに十年間ほど活躍し、一八八〇年代後半には英国における最も有名な霊媒の一人になっていた。首相だったグラッドストンが彼の石板書きの霊能に感心してＳＰＲに入会したほどである。その時は、石板にスペイン語、フランス語、ギリシャ語で書かれた質問に対して、それぞれの言葉で返事が返ってきたと言われる。また白昼野外で数人の「霊」を出現させたこともあった。「霊」たちは参会者の間を歩いたり、話しかけたり、相手の帽子を取って他の者に渡したりした。はじめの頃はこういう霊の物質化現象や自分自身の人体浮揚などをやっていたが、そのうち石板書きを主力にするようになった。その方が実験や研究にとって便利だったからだというが、物質化現象や人体浮揚は霊媒の肉体に多

ウィリアム・エグリントン

大の負担をかけるので、手軽に、しかも結果をきちんと残せる石板書きに移っていったのだろう。ところが、それがかえって仇《あだ》になった。ヘンリー・スレードのときのように、彼も不正を行っていると言われたのである。一八八六年のSPRの機関誌に、ヘンリー・シジウイックの妻であるエレノァ・シジウイックが、「エグリントンの石板書きは巧妙な手品以外の何ものでもない」と告発したのである。

　エレノァは、夫と同じゴースト・ソサイエティのメンバーで後に首相となったアーサー・バルフォアの妹で、夫や兄と同じケンブリッジ大学出身の数学者だった。後のレイリー卿、ジョン・ストラットの主任助手を務め、夫と共に女性の教育や地位向上に熱心で、夫が創立に努力した英国初の女子大学「ニューナム・カレッジ」の初代学長になったほどの女性である。彼女の姉はレイリー卿の妻であった。こうやってみると初期のSPRの指導者層は家族間の結びつきが強く、これにマイヤーズやガーニィなどを加えると、大部分がケンブリッジ大学卒業生で占められていた。厳正な科学的態度をとろうとする懐疑派のシジウイックを中心としたこのケンブリッジ・グループは、SPRの進路に大きな影響を与えたと言えよう。

　似た者夫婦と言うべきか、エレノァの遠慮会釈のない科学的厳正さは有名だった。コナン・ドイルは『スピリチュアリズムの歴史』の中で彼女をSPR内部の厄介者のように扱っている。「彼女は実際に（エグリントンの降霊会を）体験もしないで書いているのだ」とその論文を批判している。そのほか、ジェンケン夫人（ケイト・フォックス）が白昼テーブルの下に参会者によって置かれた紙に、手を使わずに文字を書いたときには、エレノァは「彼女は足を使って書いたのかもしれないと言った」とか、ヘンリー・スレードについては、「十回降霊会に出席して得た印象は、現象はトリックによって起きたということだ」と頭から決めつけているのだ、という調子で書いていて、ドイルの憤激が伝わってくる。

しかしエレノァには強力な仲間がいた。一人はやがてSPRの「審問官」として名を響かせるオーストラリア出身のリチャード・ホジソンで、もう一人は手品師のS・J・デイヴィである。ホジソンはメルボルン大学出の法学博士で、ケンブリッジ大学で研究を続け、シジウイックから倫理学を学び、不正やトリックに対する仮借ない態度によってシジウイック夫人の有能な相談役となった。

手品師のデイヴィははじめはエグリントンの霊能に大いに感心していたが、やがて、こんなことなら自分にもできるのではないかと思いはじめ、実際に降霊会と称する集まりを二十回も開き、自分流の石板書きを披露しただけでなく、物品の移動や空中浮揚、さらには霊の物質化現象までも見せた。SPRの準会員であった彼はそれを会報に発表し、石板書きでは、あらかじめ書いておいた石板をすり替えたとか、指ぬきの中に小さい石筆を隠しておいて、それで書いたとか、さまざまなトリックを披露した。エレノァの告発文はデイヴィのこの報告に基づいている。

SPRは騒然となった。エグリントンはエレノァの文書を個人攻撃と見なして、知人の会員たちに自分と共に脱会することを勧めた。彼を弁護する者も多く、例によってアルフレッド・ウォレスはSPRの機関誌にエグリントンに好意的な意見を発表、デイヴィの報告書を批判した。彼によればデイヴィのトリックの説明は不完全で、彼が行った現象の中にはトリックでは説明しきれないものがあり、実際にはデイヴィのやったことは霊媒の仕事だった。デイヴィは手品師を職業とする霊媒なのだ。にもかかわらず、すべてをトリックだと言うことは、SPRの会員や他の読者をたぶらかす行為である、と言うのである。お互いに手品を見せ合っているような応酬だが、スピリチュアリストたちの中には、デイヴィは変節した霊媒だという見方をするものも多かったのである。

多くの者はエレノァの告発は慎重を欠いていると思ったが、エレノァは動ぜず、むしろスピリチュアリストたちの退陣を望んだ。神学志向は科学には向かない。彼らこそスピリチュアリズムの真実の解明を妨げていると言うのである。しかしながら『英国心霊主義の抬頭』を書いたジャネット・オッペンハイムによれば、SPRが創立五十周年に八十七歳になったレディ・エレノァ・シジウイックを会長に選んだ際、弟のジェラルド・バルフォアが彼女の就任演説を代読し、その後でこう言ったという。「自分はレディ・シジウイックの許しを得て皆様にお伝えしますが、彼女は死後の生と、生者と死者の間の交信を堅く信じているのです」

とはいえ、それは半世紀近くも後のことである。一八八六年には、数人の脱会者を出しただけでこの件は収まったが、その中にはステイントン・モーゼズという、副会長を務めていた大物がいた。人的な損失ばかりではなく、この事件はSPRに潜む矛盾を露呈し、それからも続くことになる会の性格上の弱点を示したことになったと言えよう。SPRは霊媒たちにとって芳しからぬ印象を与え、厳格さは狭隘《きょうあい》さに通ずることになった。

私事にわたって恐縮だが、それからほぼ一世紀経った一九七〇年代の後半にSPRは初めて世界大会を開き、筆者もその第二回大会に参加した。その時SPRが広く門戸を開放しようとする態度が好感をもって迎えられ、また霊媒に対しても前ほど厳しい態度はとらないだろうという期待の声を聞いたが、その翌年に少数の役員が脱会するという事態が起こった。秘書のエレノァ・オキーフ嬢から聞いたところによると、やはり霊媒の取り扱いに関する会の態度をめぐってのことだったようである。ところで、それから二十年ほど経った一九九八年に、前述の「ミスター・リンカーン」の所属する「ノアの方舟協会」の大会が英国のカーディフであった。筆者は一席の話をするよう頼まれて参加したのだが、驚いたことに一緒に講師として出席したのがSPRの現会長と元会長だった。いかに著名な霊媒であろうと、その関係する会にSPRの会長が、新旧二人までも、公式に出席して話をするなどということは、創立当初ならまったく考えられぬことだったろう。

✺「ＳＰＲの審問官」リチャード・ホジソン

さて話は戻るが、この頃ＳＰＲの中で霊媒の不正摘発係として頭角を現してきたのがリチャード・ホジソンである。彼の法学者としての経歴、日常生活における廉潔さと不正追及への情熱、ケンブリッジ大学でゴースト・ソサイエティのメンバーであった頃からの心霊研究に対する熱意などが、彼を適役にし、「ＳＰＲの審問官」の名を生んだのである。ＳＰＲの協議会は一八八四年にマダム・ブラバツキーの率いる神智学運動を調査するために、彼をインドへ送った。これが彼の名を一躍世間に知らしめることになった。

リチャード・ホジソン

彼はほぼ五ヵ月間インドに滞在し、マドラスに本拠を置く神智学協会を持ち前の執拗さで調査した。滞在中に英国ＳＰＲへ送られてきた中間報告の段階からホジソンの見解は厳しいもので、それまで神智学協会に対して好意的だったＳＰＲの調査委員たちを驚かせた。彼が帰国後提出した最終報告書の結論は、神智学協会は組織ぐるみで大規模な詐欺をやっているというものだった。

ホジソンは運良くマドラス本部の幹部で協会から離反した夫婦者の協力を得ることができたのである。それによって暴露された数々のトリックは驚くべきもので、報告書は「今までＳＰＲが出した出版物の中で最も劇的でおもしろい」と評判になったほどだった。たとえば、ぬいぐるみを着た人物が神秘的な現象を演出したり、前もって用意された「聖者」からの手紙が天井のわずかな裂け目から糸に操られてタイミングよく落ちてきたり、神殿の奥の壁が開くようになっていて、壊れた神聖な陶器の盆が、すばやく差し入れられた新しい盆と入れ替わるようになっていたり、ということなどが明るみに出たのである。調査委員会は、マダム・ブラバツキーは「歴史上最も成功した、巧妙で興味深い詐欺師である」という判定を下した。

マダム・ブラバツキー、シャルロッテ・ウェグナー撮影

この一撃によって倒れてしまうほど神智学協会は弱いものではなかったが、マダム・ブラバツキーのいかがわしい怪物的な性格を際立たせるのに役立ったことは確かである。神智学協会は東洋の叡智への魅力的な窓口としてキリスト教に満足し得ない人々をなおも惹きつけ、その中には詩人のW・B・イェイツや社会改革家でインド独立運動の指導者でもあったアニー・ベザントなどもいた。神智学協会の運命に関心のある読者にはまことに興味深い話題だが、ここではリチャード・ホジソンとSPRの話を続けることにする。

✺パイパー夫人への調査

SPRは一八八七年にホジソンをアメリカに送った。アメリカ心霊研究協会（ASPR）のテコ入れのためだっ

ウィリアム・ジェームズ

レオノア・パイパー夫人

たが、ホジソンには別な目的もあった。レオノア・パイパー夫人の調査である。パイパー夫人はボストン出身の主観霊媒（入神状態でメッセージを伝える霊媒。奇しくも、同じボストン出身であるハイデン夫人もそうだった）で、ウィリアム・ジェームズに見いだされ、その調査報告が一八八六年から八九年にわたってASPRの会報に報告された。

ASPRは、SPRの創始者の一人ウィリアム・バレットが一八八五年に渡米し、ハーバード大学教授だったウィリアム・ジェームズの協力を得てボストンに作った組織である。会長にはジョーンズ・ホプキンズ大学の天文学の教授になってもらい、四人の大学教授が副会長となってはじまったが、活動は思わしくなかった。そこで実務家で研究熱心なホジソンが送り込まれたのである。ジェームズのパイパー夫人に関する報告を読んでいたと思われるホジソンは、ボストンで早速ジェームズと会い、パイパー夫人の調査をはじめた。この二人の傑出した研究家はお互いを認め合い、その友情は一九〇五年にホジソンが突然死ぬまで、いや、ある意味では死んでからも、続いたのである。

ホジソンにとってパイパー夫人との出会いは、運命と言っていいものだった。読者は心霊研究家の典型的な例の一

かつてのASPRの本部。リチャード・ホジソンの事務所内にあった

つをここに見いだすことができるだろう。調査は十五年間続いた。ホジソンは一八八九年にＡＳＰＲの会長に進言してその組織をロンドンのＳＰＲの支部とし、自身はボストンに腰を据え、二、三の大学からの教職の誘いも断って、ＡＳＰＲ主事（セクレタリー）の薄給に甘んじながらパイパー夫人の研究に没頭した。

　彼が「腰を据えて」やった調査は厳格を極めていた。パイパー夫人の履歴や日常生活の細部に至るまで洗い出したばかりでなく、探偵を雇って尾行させ、彼女が自分の降霊会に来る者に関する情報を何らかの手段で手に入れるかどうかを監視させた。パイパー夫人はこうしたテストにすべて合格したのである。新聞を読むのを禁じられたり、降霊会の参会者は全部「スミス」という名で紹介されたり等、秘密漏洩防止のためのあらゆる手段を尽くしても、彼女のメッセージは正確で、その内容はしばしば周囲の者の知識を超えるほどだった。もちろん彼女にとっても得意、不得意の分野はあり、日時や姓では間違えることもあったが、人の呼び名や、病名を言ったり、性格や特徴を述べたりすることで誤ることはなかった。

　正確に言うと、情報を伝えたのはレオノア・パイパーではなく、「ドクター・フィニュイ」と名乗るフランス人医師をはじめとする彼女の「支配霊（コントロール）」と呼ばれた者たちである。彼らは降霊会に参加した人々の生活や習慣上の詳細な情報を伝えたばかりでなく、彼らの亡くなった親戚や友人についても細かく語ることができた。たとえば、ウィリアム・ジェームズは、ある日、自分の息子にはロバート某という名前の遊び友だちが霊界にいるということを知らされた。「某」というのは遠い町に住む彼の妻のいとこ夫妻の名であった。ジェームズは妻に、ドクター・フィニュイは間違っている、死んだのは男の子ではなく、女の子のはずだ、と言った。ところが後で確かめたところ、やはり男の子だったという。パイパー夫人が参会者からテレパシーで情報を得ているのではないことを示す一つの例である。

ドクター・フィニュイは荒っぽい声の持ち主で、パイパー夫人の声とはまったく違っていた。彼のコントロールとしての独占的な役割は九年間続いた後、ホジソンの友人でその頃事故死したジョージ・ペラムという人物がパイパー夫人の背後に加わり、自動書記を通じてメッセージを送ってくるようになった。それが五年ほど続いた後、「インペレーター・グループ」と言われる背後霊団が夫人をコントロールするようになり、情報伝達のほかに霊界や人生についての談話を伝えてくるようになった。パイパー夫人の心境が高まると共に、背後の状況もより精神的、霊的なものへと変わっていったように見える。

✺調査はイギリス本部でも

ホジソンは一八八九年にパイパー夫人を英国に送った。どうしても自分の手では尻尾をつかむことができない相手を、本部の目で確かめてもらいたいと思ったのである。外国に行けば、周囲から孤立するので、調査の条件はさらに厳しくなるという考えもあった。いつもさっさと結論を出す鬼検査官の彼にしては珍しい選択だ。後に彼が調査にあたったユーサピア・パラディーノの場合、最初から「詐欺師」だという報告を送ったことと比べると、その差は歴然としている。

オリヴァー・ロッジ

英国ではロッジとマイヤーズが待っていた。ケンブリッジのマイヤーズの家では、田舎から新しい女中を雇い、パイパー夫人と、一緒に来た二人の子供たちの世話をさせた。女中は監視役でもあった。次に行ったリバプールのサー・オリヴァー・ロッジの家では、女中全員を入れ替えてしまっていた。その上、ロッジはパイパー夫人から、彼女の許に来る手紙を閲覧できる許可も得た。

こうして一八八九年の十一月から一八九〇年の二月に至る約三ヵ月間にパイパー夫人は八十八回の降霊実験を行った。移動の日を除けば、ほぼ一日一回という強行軍である。

一八九〇年にロッジが出した報告書の序文でマイヤーズは、どんなに辣腕《らつわん》の探偵でもパイパー夫人の作為の跡を見つけることはできないだろうし、夫人が提供した膨大な情報を実際に集めようとしたら莫大な費用がかかるだろう、と述べている。これは単なる推測ではない。実は、ロッジが実際に探偵を雇って、パイパー夫人が降霊実験で明かした彼の二人の伯父／叔父の少年時代についての事実をどの程度まで把握できるか調査させたのである。探偵の報告は、とても夫人（ドクター・フィニュイ）が述べたほどの事実を探し出すことができなかったと敗北を認めるものだった。

余談になるが、パイパー夫人が英国に来た翌年、マイヤーズはパイパー問題についてちょっとした演出を思いついた。ウィリアム・ジェームズに報告書を書いて送ってもらい、SPRの研究集会で読み上げるというものである。ジェームズは要請に応えて「トランス（入神状態）の諸相」という書簡体の文章を送ってきた。マイヤーズはそれをウィリアム・ジェームズの弟で英国に滞在中の作家ヘンリー・ジェームズに代読してもらうことを思いつき、頼んだところ、引き受けてくれた。ヘンリーとウィリアムの間には手紙のやりとりがあり、ヘンリーは、自分は門外漢だが兄のためになることなら尻込みするつもりはない、と書き、兄の方は、きみが僕の書いたものを朗読するなんてひどくおもしろいことだ、マイヤーズが一流の事業家であることがよくわかる、と返事を送った。会が終わった後、ヘンリーからの手紙では、自分は「ボストニアン中のボストニアン」(『ボストニアン』は彼の長篇小説の名)と紹介され、会場は大いに沸いた。あなたの文章は当日の「呼び物」で、会場は満員、マイヤーズはご満悦でした、[*12]とあった。ヘンリーは自分は「門外漢」だと述べているが、それから数年後に幽霊小説の『ねじの回転』が書かれている。「門外漢」どころではなくなっているのだ。

✺ホジソン、自らもスピリチュアリストへ

さて、パイパー夫人はアメリカに戻り、ふたたびホジソンの調査がはじまった。

一八九二年にホジソンの最初の報告がSPRの会報に載った。パイパー夫人が起こす現象は疑う余地のないものであることは認めていたが、まだ、現象の背後に霊的存在の可能性を想定するところまでには至っていない。しかし、五年後の一八九七年に送られてきた二度目の報告では、さしもの彼も力尽きたというか、疑うことに耐えられなくなったというか、パイパー現象の背後における見えざる存在を認めている。しかも、今までの疑惑と逡巡を償おうとするような強い調子で、「夫人の主たる送信者たちは、まさに彼ら自身が述べているごとく、われわれが死と呼ぶ変化を生き延びた者たちに間違いない」と言い切っている。この変化は、彼の友人だった弁護士のジョージ・ペラムが事故死し、パイパー夫人の自動書記によってメッセージを送ってくるようになってから

起こっている。ホジソンはその膨大で正確な情報に強い印象を受けたと言われる。

ホジソンは三度目の報告を準備中、ハンドボールに興じた後で急死した。享年五十。一九〇五年のことだ。彼が残した原稿は降霊会の参会者たちの個人的な事実に溢れていたので、彼らの希望によってすべて該当者に送られた。彼らはホジソンほどにはSPRの委員たちを信頼していなかったのである。こうして重要な研究は失われたが、ホジソンが二回にわたってロンドンに送った報告書だけでも、SPRが公表した研究成果の中では最良の部類に属すると言われ、ウィリアム・ジェームズはじめ関係した研究者による「パイパー文書」はSPRの最も重要な資産の一つとなっている。また、ジェームズに超能力の実在を確信させ、ロッジに死後の世界への疑念を払拭させたレオノア・パイパーは、SPRにとって記念すべき人物になったと言えよう。

ホジソンが最後に確信的なスピリチュアリストに変貌したことは彼を識《し》る者にとっては驚くべきことだったが、ペンシルヴァニア大学の化学教授だったロバート・ヘアのように前例がないわけではない。ホジソンもヘア同様に、晩年には自身に霊能が発現したと言われる。彼はあまりにもパイパー夫人に密着して追求したために、ついに夫人の背後霊であるインペレーターその他が彼に乗り移るようになった。晩年の彼は修行者のような生活をし、自室には誰も入れなかった。霊たちとの会話を楽しみながら彼らの世界に行くのを待っていたということである。

ホジソンの死後、今度はホジソン自身がパイパー夫人を通してメッセージを送ってくるようになった。死んで八日目のことである。生前彼は、自分が死んだらパイパー夫人を通して上手に通信するんだが、と実験のもどかしさを託《かこ》つことがあったが、それを実行した形になった。この現象を報告書にまとめたウィリアム・ジェームズは、その冒頭に、「ホジソンが出て来ない日はなかった」と書いている。[*13]

ホジソンはまた英国のホランド夫人の許にも現れ、夫人の自動書記を通じてメッセージを伝えて寄越し、その中に自分を証明するための謎めいた文字を残した。その後、同じような文字が彼の遺品のノートブックの中に発見されたが、結局その意味を解く鍵は見つからなかった。英国、アメリカ、双方の研究者たちは、パイパー夫人やホランド夫人などを通じていろいろな質問を出したが、返事が返ってこないことも多く、すべてがホジソンからのメッセージであるかどうかを確かめることはできずに終わった。

✺クロス・コレスポンデンス

この頃、SPRでは、霊媒たちの伝えるメッセージによる謎解きが流行りはじめていた。これを「クロス・コレスポンデンス（Cross correspondence：交差通信）」と呼び、死んだフレデリック・マイヤーズからの示唆だと言われている。マイヤーズは一九〇一年に亡くなったので、この流行は二十世紀初頭のことであり、「心霊研究の黄金時代」とは少しずれる。しかし初期SPRにとっては重要な業績なので、ここに書いておくことにしよう。

フレデリック・マイヤーズの死の直後から、彼の名のもとに、数多くのメッセージが霊媒たちを通じて伝えられるようになった。とくに前述のホランド夫人や、著名な古典学者の妻で自身大学講師でもあったヴェラル夫人、及び、ふたたびロンドンに呼ばれたパイパー夫人などが主な伝達者となった。

マイヤーズは生前にも、異なった地域にいる霊媒にまったく同じメッセージが伝われば、それは霊媒の主観によるものではなく、第三の人格による交信であることのより強い証拠となるのではないかと考えていたと言われるが、実際にはもっと複雑な方法でメッセージが送られてくるようになった。たとえば、別々な地点にいるAとBの霊媒が、それぞれ違った、それだけでは意味不明なメッセージを受け取り、両者がそれを突き合わせてみて、はじめて意味が通るという具合である。この可能性を発見したのはSPRの調査担当委員だったアリス・ジョンソンという未婚の女性で、SPRに集まったさまざまなメッセージを調べていて気がついたのだった。そしてこの実験のためにパイパー夫人がふたたびアメリカから呼び出されたのである。

実験は延々三十年の長期にわたって繰り返され、膨大な資料が蓄積された。メッセージの送り手もマイヤーズやホジソンばかりでなく、マイヤーズの仕事仲間で以前に変死したエドマンド・ガーニィ、実験をしている最中に亡くなったヘンリー・シジウイックやヴェラル夫人の夫のアーサー・ヴェラルなどが加わった。謎を解く側はロッジ、ポドモア、シジウイック夫人、ジェラルド・バルフォア（首相となったアーサー・バルフォアの弟で伯爵）、それにアリス・ジョンソンなどSPRの中枢メンバーであった。送り手の「霊界」側はマイヤーズやシジウイックなどの古典文学の専門家をはじめとする古典の教養を持ったグループであるだけに、出される謎は高度な古典的知識を必要とするものが多く、「あの世」と「この世」とが一緒になって高級クロスワード・パズルを楽しむような趣があった。長続きし、複雑化していったのはそのためでもある。それを邪道だと言って嘆く者もあった。

例を挙げると、[*14] 一九〇七年三月のある日の未明、パイパー夫人が起きがけに「すみれ」という語を記録した。同じ日の昼頃、ヴェラル夫人が「すみれの蕾《つぼみ》の冠を戴く」と自動書記。さらにラテン語で“Violaceae odores（すみれ色の香り）”と書き、英語で「すみれとオリーヴの葉、紫色と灰色」「すみれの都市」と書く。それからほぼ一ヵ月後の四月上旬に、マイヤーズと名乗る霊がパイパー夫人を通してシジウイック夫人に、「ユーリピデスを知っているか。『霊』と『天使』を知っているか。私が今日与えたメッセージの多くは、V夫人を通じて伝えていることに関係している」と通信してきた。実は「V夫人」即ちヴェラル夫人は、これらの通信に先駆けて、三月上旬に、ラテン語で“Hercules Furens（怒り狂うヘラクレス）”と“Euripides（ユーリピデス）”という語を得ており、「ユーリピデスのヘラクレスについての戯曲の中に鍵がある」と言っていたのである。

これだけ聞いても、戯曲を読まぬ限り何のことやらわからないが、たしかに、霊媒以外の何者かによって意図されたものであるという印象は受ける。しかし、なんとまだるっこしいことか。こういう調子でだんだんエスカレートしてゆき、ついには誰にもわからないものもたくさん出てくるようになる。そうなると一種の末期的症状である。

「ディオニュシオスの耳」という話がある。これなどは今の例とは違って、送り手が二人で、受け手（霊媒）が一人である。W夫人という霊媒が「ディオニュシオスの耳。耳たぶ」というメッセージを受けた。その席にいたヴェラル夫人は、早速、著名な古典学者である夫に尋ねたところ、それは古代シラクサにあったロバの耳のような形の巨大な石切場の跡で、僭王ディオニュシオスがアテネとの戦いの後で、そこに捕虜たちを閉じこめ、耳の形を利用して彼らの会話を盗み聞きしたという、ツキディデスの歴史に出ている話だとわかった。それからまもなくヴェラル博士は亡くなったが、W夫人の許には「ディオニュシオスの耳」に関するメッセージがたくさん来るようになった。「あなたの古典の知識の不足をぼくが嘆いたことを覚えているかね」というような、博士から来たと思われるもののほか、別な学者からと思われる言葉も混じるようになった。「別な学者」とは、一九一〇年に亡くなったエディンバラ大学教授のブチャー博士で、生前親交があり、後から「霊界」に来たヴェラル博士のはじめた知的遊戯を黙って見過ごすわけにはゆかなくなったらしい。

こんなに長く続いたのは、一つには、これが死んだ人間からだという決め手に欠けたからである。どうしても霊媒たちの潜在意識が得た情報ではないかという疑いが残るのだ。シャルル・リシェはここぞと、自説である「クリプトテシア（Cryptesthesia：超感覚的認識）」（リシェの造語）の好例だと主張した。つまり、人間の思考作用は肉体を超えたわれわれの知らない仕組みを通して、音波や電波などのように一種の波動によって伝達されるものであり、霊媒たちが死者からの通信だというのも、そうやって他人の潜在意識から得たものだというのである。それはともかく、なんといってもその回りくどい証明法は「ブチャー博士霊」が通信中しびれを切らして言ったように「藪の周りを杖で敲《たた》く」ようなもので、懐疑家たちを納得させるものでは決してなかった。しかし一方、ロッジやコナン・ドイルのように、霊媒以外の人格からの通信であることを強く信じた者たちもいたのである。少なくともこうやって得たメッセージは霊媒が勝手に作り出したものではなく、日常認知し得る以外の通信手段によるものであることを明らかにした点で、これをＳＰＲの大きな功績と考える者も少なくはない。

第五章

心霊研究後期

英国以外の研究者たちとその成果

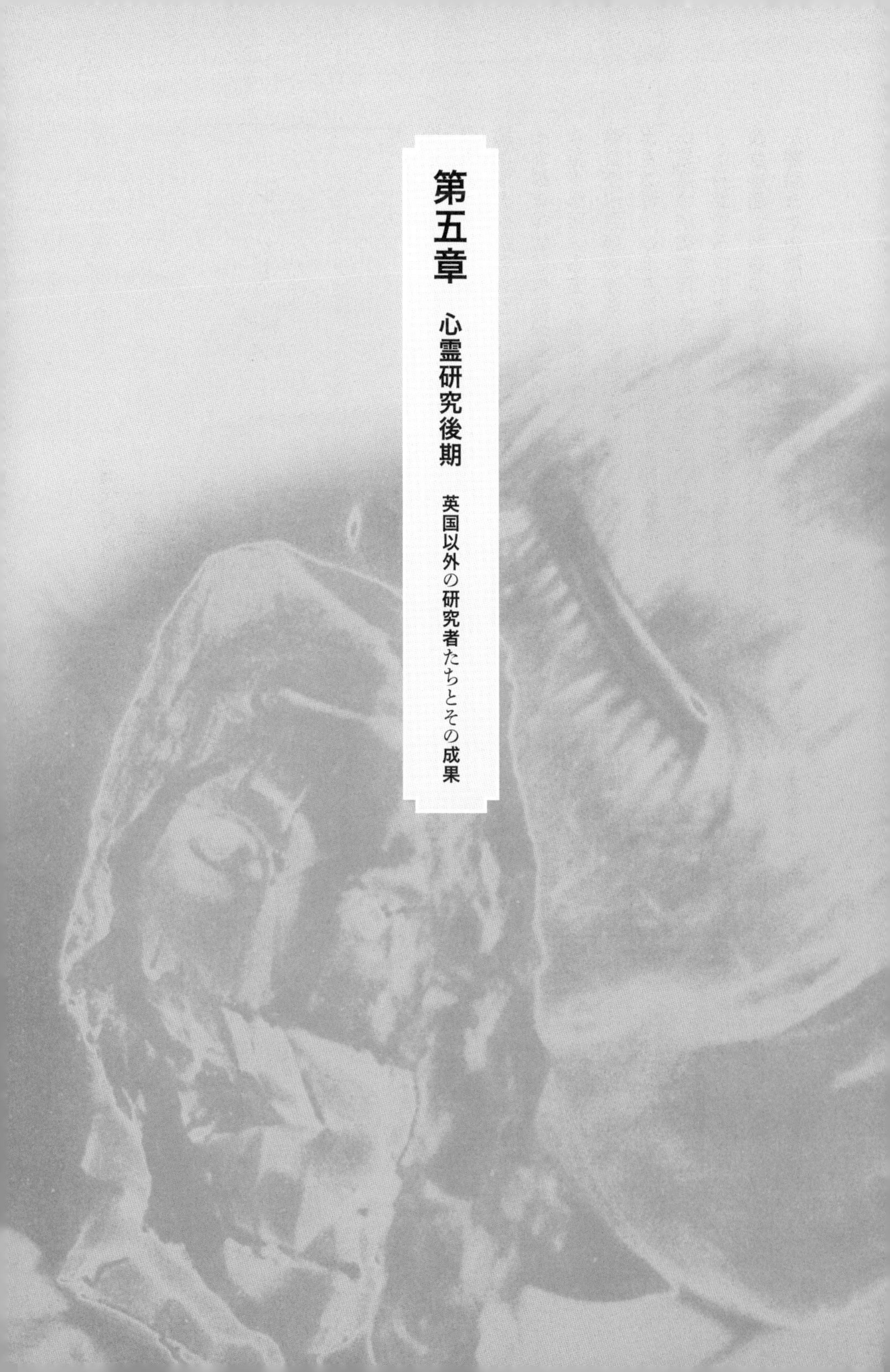

✺ツェルナーによるスレードの実験

この章では目を転じて、英国以外の研究者たちの様子を眺めてみたい。

まずドイツである。ここでわれわれは、前章のはじめに裁判を逃れて英国から脱出したヘンリー・スレードの姿をふたたび見ることになる。

ハーグで成功を収めたスレードは一八七七年十一月、ベルリンへ行き、ここでも大成功を収める。ドイツ語を知らないにもかかわらず石板に十五世紀ドイツ語のメッセージが現れたこともあった。また、ドイツ皇帝付きの魔術師が一週間無料でスレードの実験的降霊会に参加した後で、公証人のところへ行き、実験はすべて公正であったという証言を書いたことも名誉挽回に役立った。

当時の研究家たちに注目され、スレードにとっても幸運だったのは、この年の十二月に、ライプツィヒ大学の物理学と天文学の教授であったヨハン・ツェルナー主催の実験に協力できたことである。物理学者ヴィルヘルム・ヴェーバー、数学者シャイプナー、物理学者で博物学者のフェヒナー等、著名な学者たちが参加し、後には心理学者で哲学者のヴント、哲学者フィヒテ、哲学者ウルリッツィなど当時のドイツの最高の知性も加わった。

ツェルナーが後に出版した『先験的物理学』によれば、「すべての詐欺行為や手業の可能性を除去することができ、研究者たちはみな観察した現象が真実なものであることを得心した」とある。実験は明るい中でスレードが静止した状態で行われ、円環状の紐の途中に結び目ができたり、ツェルナー教授のベッドルームにある衝立に突然亀裂が生じたり、小さいテーブルが消え失せ、しばらくして天井から下りてくるなどの現象が観察された。ベッドルームの衝立が裂けたことについて、ツェルナーはこう述べている。

大きな爆裂音がして振り向くと、衝立が真っ二つに割れていた。スレードはその時背を向けて、五フィート（約一・五メートル）ほど離れていた。参加者は皆驚いて、これはどういうわけかとスレードに訊くと、彼はただ頭を振って、時々こういうことが起こるのだと言うだけだった。その時、テーブルの上に伏せてあった石板に文字が書かれていた。石板は自分（ツェルナー）が買ってきて、何も書かれていないことを確かめてから、石筆を下にして置いたものだった。スレードが開いて見ると、「害をしようとしたわけではない。起こったことをお許しください」というメッセージが書かれていた。

ヨハン・ツェルナー（右）とヘンリー・スレード

ツェルナーはほかにも、スレードによる実験を何回か行っている。中が空の金属球が裏返しにされたとか、両端を固定して張った紐に結び

右図　ヨハン・ツェルナーによるヘンリー・スレードの石板書き実験、1878年。ツェルナーは買ってきた石板2枚でテーブルを挟み、上の石板とテーブルとの間に石筆の欠片を入れ、右手をスレードの両手にのせた。すると文章が書かれるのを感じ、下側の石板に文字が現れた
左頁　翌日、手を触れずして文字が書かれるかの実験を行った。2枚の石板の間に石筆の欠片を挟んで留めおくと、文字が書かれた。石板には「盲目の人間は太陽を見ながらも日光などないとさえ言う、これが真実ではないという者は、このめくるめくような真実が見えていないのだ……これは真実だ」とあり、霊界からのメッセージの真実性を訴えている

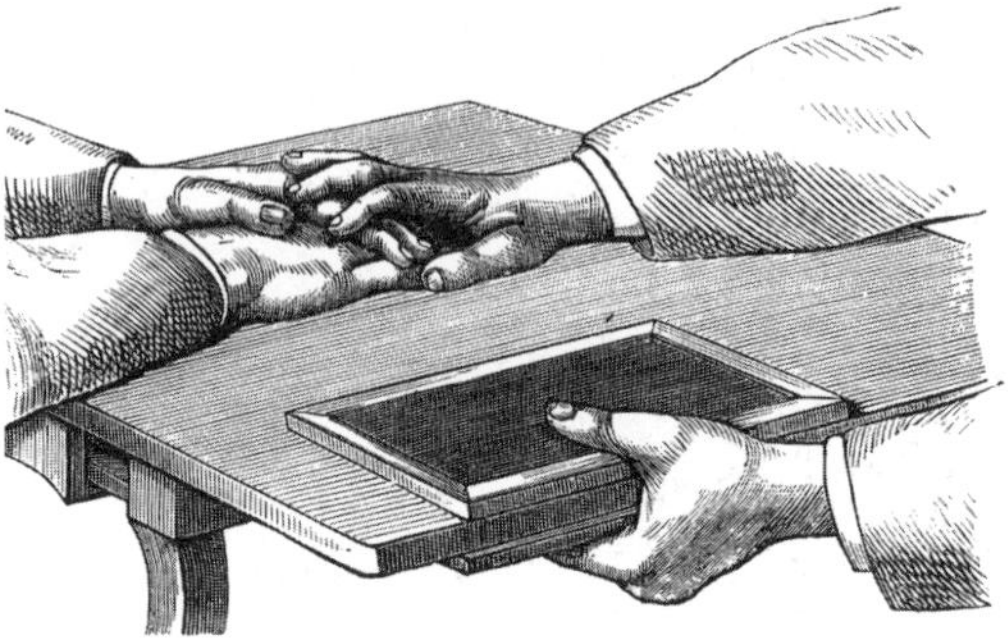

目ができたとか、二つの金属の輪が組み合わされたとか、いろいろなことが起きた。[*1]

それに対して厳しい批判が寄せられたが、ツェルナーはこう言った。

もしこの事実が疑われるとするならば、その理由はただ一つしかない。それは、実験に携わった自分を含めて、名誉あるライプツィヒの市民達がすべて詐欺師であるか、あるいはスレードが詐欺を行った時に精神に異常を来していたか、どちらかだということだ。しかしそうなると、問題は科学の分野ではなく、社会的良心の問題になってしまう。

ツェルナーは「第四次元」の概念を導入して心霊現象を説明しようとした。それによれば、霊や霊界からの通信などの神秘的な事象は、すべて次元の異なる領域における物理現象として理解できるというのである。しかし、この仮説はかえって彼の綿密な実験の価値を低めるものだという危惧の声や、傾聴に値するが、実験の対象である霊媒（スレード）が十分に信頼の置ける人物でなかったのは残念だ、という声などが起こった（今日では「異次元」という概念は天文・物理学で重要課題となりつつある＝筆者註）。

スレードは、その後、呼ばれていたサンクトペテルブルクでの実験に成功した後、一八七八年にロンドンに戻った。裁判の余燼を恐れたのか、

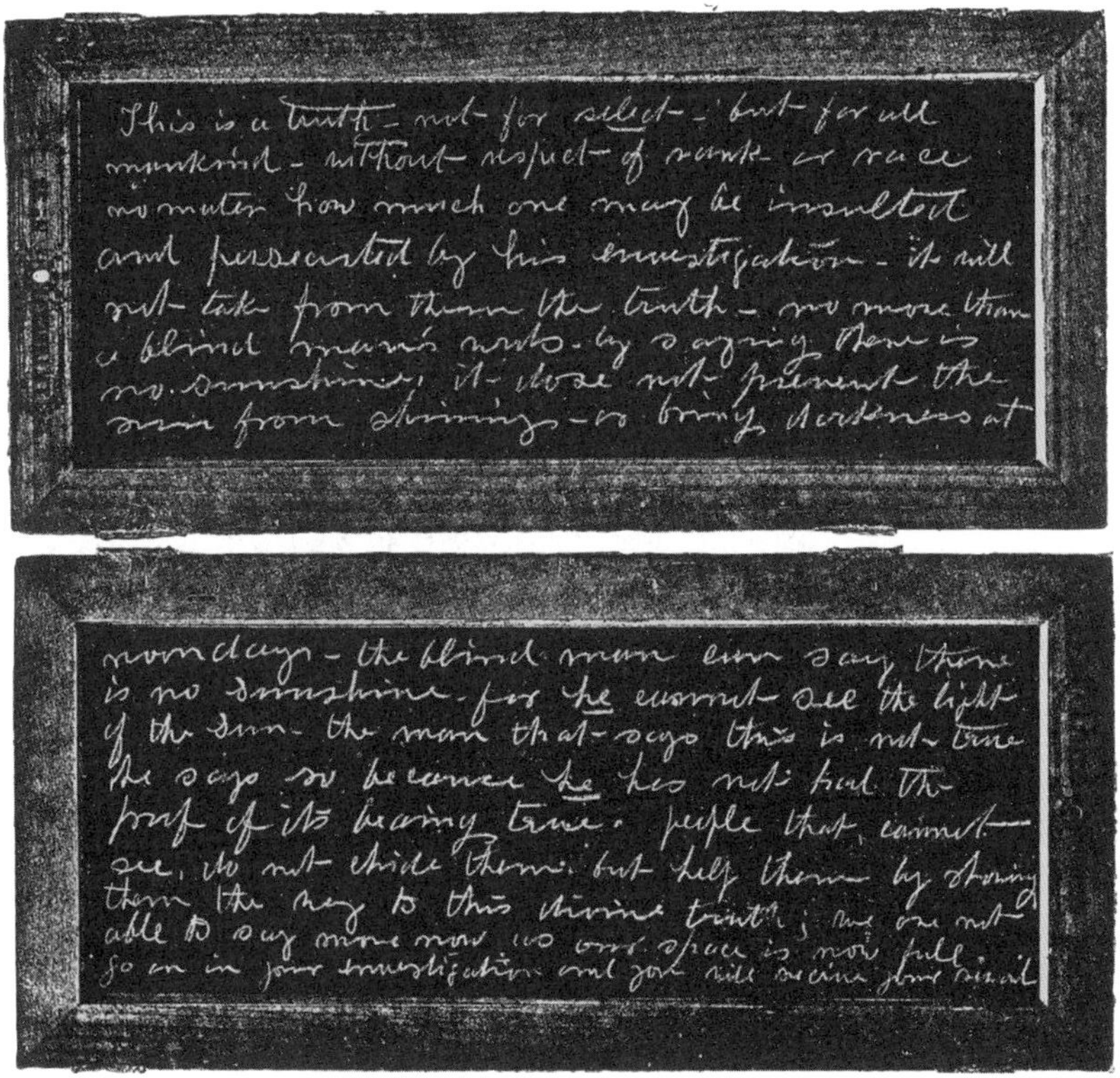
This is a truth - not for select - but for all
mankind - without respect of rank or race
no matter how much one may be insulted
and persecuted by his investigation - it will
not take from them the truth - no more than
a blind man's words - by saying there is
no sunshine, it does not prevent the
sun from shining - or bring darkness at
noondays - the blind man can say there
is no sunshine - for he cannot see the light
of the sun - the man that says this is not true
he says so because he has not had the
proof of its being true. people that cannot
see, do not chide them - but help them by showing
them the way to this divine truth; we are not
able to say more now as our space is now full
go on in your investigation and you will receive your

わずか二、三日留まった後でオーストラリアへ行き、石板書きのほか、見事な物質化現象を見せたりしてから、アメリカへ帰った。

　ところで、将来を嘱望されていたツェルナーはスレードを調査した五年後の一八八二年に、働き盛りの四十八歳であっさり脳溢血のため死亡した。ツェルナーは脳の疾患のため精神異常を起こしていたという風聞がまもなく流布した。アメリカでスレードを対象とした実験を行ったセイバート委員会は、すぐにドイツに調査委員を送った。この委員会は、ツェルナーが論文に書いたような結果が得られなかったばかりでなく、スレードが実験中に足を使ったという疑いを持ったのである。調査の結果、ツェルナーと実験を共にした学者たちの中、ヴントは、実験中のツエルナーは正常ではなかったと言い、シャイプナーは、精神障害の初期だったかもしれないと述べた。しかし、ウェーバーだけはそれを強く否定した。

一八八六年二月二日付の『ボストン・ヘラルド』紙は、ウエスト・バージニア州ウエストンの町で行われたスレードの詐欺について報じている。降霊会の時、石板がテーブルの下の彼の膝の上にあり、かつテーブルと椅子とを足先で動かしたというのである。出席した者たちは気づかなかったが、隣の部屋でドアの下から覗いていた者たちがいたというのだ。この頃はそういうことがちょいちょい目撃されたらしく、スレードを攻撃する者にはスピリチュアリストも加わっていた。あるホールでの石板書きの公開実験では、スピリチュアリストと称する男がスレードの詐欺行為を公衆の面前で暴露したこともある。その時スレードは黙然としたままだったが、最後に一言、「みんなが騙されたとすれば、自分も騙されたのだ」と言ったという。気がつかずにそうしたというのである。

スレードのマネジャーは、時々テーブルの上に手が出ることには気がついていたが、それはスレードの手とは違ったものだったと言っている。彼はスレードと共に逮捕されたので（後に二人とも保釈され、その後二度と罪に問われることはなかったが）、彼の説に説得力はないとしても、彼が言ったことは後に述べるユーサピア・パラディーノを思わせるものがある。いずれにせよ、スレードが虚偽を行ったことはスピリチュアリストたちも断定している。あまり頻繁に降霊会を行ったため、健康に支障を来し、それによって霊能力も低下し、それを補うために詐欺に頼るようになり、最後は酒に溺れた。

スレードは、アメリカのスピリチュアリストたちの好意により、ミシガン州の療養所に送られ、一九〇五年、そこで最期を迎えた。

✷セイバート委員会

ここでスレードを調査したセイバート委員会について簡単に説明しておこう。この委員会は、歴史的に言うと、心霊現象を調査する目的で作られた三つの代表的なグループの中の二番目のものである。最初の一つはロンドン・ダイアレクティカル・ソサイエティが作った委員会で、これについては第三章で詳しく述べた。三つ目はフランスの汎心理学協会（Institut Général Psychologique）によるもので、次に述べるユーサピア・パラディーノの調査に四十三回にわたって従事したが、それ以外の霊媒の調査はしておらず、パラディーノについても、総合的な報告書を出していない。セイバート委員会もそれに劣らず不満足な結果に終わっている。その成立の経過は次のようなものである。

一八八四年に、フィラデルフィアの資産家であったヘンリー・セイバートの遺言により、ペンシルヴァニア大学に寄付された六万ドルを資金として、主としてスピリチュアリズムの調査研究を目的としてできた委員会で、学長をはじめ十名のペンシルヴァニア大学教授のほか、遺言主のヘンリー・セイバートから委嘱された「妥協を知らないスピリチュアリストとして全国に知られた」トーマス・ハザードという人物が顧問として加わった。この人物は「研究に対して取るべき方法を指示し、対象となる霊媒を選定し、『霊側との調和』を妨げるような者の出席を拒否するように」とヘンリー・セイバートから依頼されていたという。*2

しかし経過はセイバートの遺志のようには行かなかった。また「妥協を知らないスピリチュアリスト」であるハザードが、とうてい満足できるようなものでもなかった。詳述は避けるが、委員会はヘンリー・スレードを含めて五名の霊媒と、彼らとの比較のために、類似の現象を起こすことのできる一人の奇術師を調査した。スレードについては委員の一人が渡欧までして、研究者のツェルナーの精神状態を調べ、否定的意見を引き出したことは前述したが、奇術師の実験の方は成功したらしい。フランス語、スペイン語、オランダ語、中国語、日本語、インドの方言、などによる自動書記のメッセージが現れ、最後にはドイツ語で、「ぼくは霊だ。生ビール大好き」という言葉まで出てきた。結局委員会は、すべての実験においてどこまでも懐疑的態度を失わず、あらゆる現象を虚偽か、その可能性をもったもの、または研究の対象としてまだ不十分なものと見なし続けたのである。

これに対して研究顧問のハザードはもちろん大いに不満で（大学当局に抗議したと思われるが、記録は残っていない）、ついに地元フィラデルフィアの新聞に投書し、スピリチュアリズムの徹底的で公平な研究に適さない人物たちが委員の大部分を占めていると述べ、大学当局が一般市民の中から任意に選んだとしても、これよりはましな委員会ができるだろうとまで言った。そうして、ツェルナーの調査にヨーロッパへ行った者を含む三名の委員を名指しして除名を求めた。

不幸なことに、と言うか、委員たちにとっては幸せなことに、ハザードはまもなく死去した。委員会はその後しばらく経って報告書を公刊したが、その序文には、「妥協を知らないスピリチュアリストとして国中に知られていた故トーマス・ハザード氏を助言者として持ち得たことは、われわれの幸せであった」とあった。

✺ユーサピア・パラディーノの多彩な霊能

これまでに述べた霊媒たちはすべてアメリカ人か英国人だったが、ここに初めてヨーロッパ人で国際舞台に立った一人の霊媒がいた。ユーサピア・パラディーノ。イタリア、ナポリに育った女性で、ヨーロッパの研究家たちによって広くテストされるに至った最初の物理霊媒である。同じ物理霊媒として有名だったD・D・ホームは、

ユーサピア・パラディーノによるテーブル浮揚

ユーサピア・パラディーノ

ヨーロッパの宮廷で数々の実験をして見せたものの、専門の研究家の実験にこれほど何度も応じたことはなかった。ユーサピアの場合は、研究家の言いなりに厳しい条件下で「テスト」を受けたのである。

D・D・ホームがいわば「名士」であったのに対して、彼女は貧しい家の出で、およそ教育というものを受けたことがなかった。一八五四年に生まれた時、出産によって母親を失い、十二歳の時には父親が盗賊に襲われて死んだ。孤児になった彼女は、ナポリの裕福な家の子守に雇われた。ところが家族と一緒にいると、テーブルが浮き上がったり、椅子が動いたり、カーテンが脹らんだり、テーブルの上のグラスや酒瓶が踊り出したりする。はじめは誰の仕業かわからなかったが、そのうちユーサピアが原因だとわかる。その噂が近所に広まると、あちこちの家から食事に来てくれと声が掛かるようになった。孤児として施設に入れられないためにも、彼女は積極的に要求に応え、こうして彼女の評判は高まっていった。

彼女の霊能を初めてスピリチュアリズムの観点から評価したのは、ナポリ在住の熱心なスピリチュアリストであったダミアニという人物である。ダミアニ氏の夫人は英国人で、後にユーサピア自身が話したところによると、夫人が英国で降霊会に参加したとき「ジョン・キング」と名乗る霊が出て、ナポリに自分の娘の生まれ変わりで、優れた霊能を持つユーサピアという女性がいる、自分は彼女を通じてこの世に働きかけたいので探すようにと言われ、彼女の住む街の名前と家の番号を教わったという。ダミアニ夫人はそれまでユーサピアの噂を聞いたことはなく、訪ねて行ってはじめて彼女の存在を知った。

ユーサピアはダミアニ家で降霊会を開くようになり、それ以来ジョン・キングがずっと彼女の支配霊となった（ジョン・キングはイタリア語を喋るようになったのだ！）。ユーサピアがスピリチュアリズムなるものを知ったのはこの時が最初であり、はじめてダミアニたちからスピリチュアリズムの教育を受けることになったのである。ちなみにジョン・キングというのは、第三章に登場したフローレンス・クックによる物質化霊のケイティ・キングの父親で、ジャマイカ総督、元海賊のジョン・キングと同名だが、彼はあちこちの霊媒にも背後霊と名乗って登場している。一説によれば、個人名ではなく、霊のグループを指す名だとも言う。

やがてユーサピアは、ナポリ在住のキアイア博士の研究の対象となる。彼女が国際的に認知されるようになったのは、キアイア博士が犯罪心理学者として著名なチェザーレ・ロンブローゾの論文「文明の天才に及ぼせる影響」を読み、ロンブローゾがスピリチュアリズムに関心を持っていることを知って、彼にユーサピアを調査するように求める公開状を書いて発表したからである。その手紙の中でキアイアは、ユーサピアの人物と霊能とについて報告している。要約してみると、「ユーサピアは最も貧しい階級に属する病身の女性で、三十歳に近いが極めて無学です。顔立ちは整っていませんし、現代犯罪学が言うところの『抵抗しがたい』容貌でもありません。しかし、彼女が望めば、一時間やそこいら、極めて驚くべき現象によって人々の好奇心を釘づけにすることができます。椅子に縛られていようが手をつかまれていようが、自分の周りにある家具類を引き寄せ、持ち上げ、モハメッドの棺のように

チェザーレ・ロンブローゾ

空中に留め、それからまるで自分の意志に従わせるように、徐々に地上に降ろすのです」。

そのほか、好きなように体重を変えることができたり、体から閃光のようなものを出したり、人が手で持っているカードに指先を伸ばすだけでカード上に字や絵や数字や文章を出現させたり、部屋の隅に置いた平たい粘土に人の顔型や手形を出したり、自分自身が空中に浮遊したり、オルガンや鈴やタンバリンを触れずに鳴らしたり、自分の背丈を伸ばしたり……と続く。この多彩な霊能は他の霊媒たち、とくにD・D・ホームなどにもあるものだが、ユーサピアらしい点と言えば、次の千手観音のような技である。


彼女はインドのゴム人形のように奇妙な人体部分を作り出す新種の自動創生装置です。いったい彼女には幾つ手足があるのでしょう。われわれが彼女の手や足と思われるものを押さえていると、別のところから手や足が生えてくるのです。（それが彼女の足と違うのは）彼女の靴は小さくてその（出てきた）足では履けないのです。


さらにもう一つの彼女の特徴は、念力による物品の移動である。彼女の強い性格が現れていると言ってよい現象で、彼女の一睨みによってテーブルが引き寄せられたり、遠ざかったりすると言われた。

ロンブローゾは手紙をもらった二年後の一八九一年に数人の科学者と共にナポリを訪れ、ユーサピアの霊能を調査した。その結果彼は、「自分が今までスピリチュアリズムの事実に対して、あまりにも頑固に抵抗していたことを恥ずかしく思う」という手紙を公開した。

この時ロンブローゾが見た現象は、ユーサピアから一ヤード（約九〇センチ）離れたところにある小さいテーブルの上の鈴が空中に浮かんで鳴り、その後ベッドの上に着陸したというものである。ユーサピアの両手と両足はロンブローゾと他の実験者によって押さえられていた。実験は暗闇の中で行われたが、鈴が浮かんでいるのが見えたのは、マッチを擦って確認したからである。

✺科学者たちの調査

ロンブローゾが保証したことによって、英国を含むヨーロッパ中の第一線の科学者たちがユーサピアの実験に参加することになった。場所もミラノ、ナポリ、ローマ、などのイタリアの都市から、パリ、オウトゥイユ、ボルドー、などのフランスの都市へ、さらに英国のケンブリッジ、スイスのジュネーヴから、アメリカへも渡って降霊会を開くなど、めまぐるしく移動した。

一八九二年のミラノ委員会の調査はその中でも大がかりなもので、ロンブローゾがナポリでユーサピアを発見した翌年、彼の主唱で行われた。参加者は火星の「運河」の発見者であるミラノ天文台長のスキアパレリ、ロシア宮廷の顧問官で心霊研究家として著名なアクサコフ、お馴染みのフランスの生理学者シャルル・リシェなどのほか、イタリア、ドイツの学者たち三名であった。実験は十七回にわたって行われた。その内容は、ユーサピアの体やテーブルが浮き上がるのを調べるのが中心で、ユーサピアが両手を置いたテーブルが浮上したときにどのくらいの浮力が掛かったかを測定したり、秤《はかり》に乗ったユーサピアの目方の変化を測定したりした。ユーサピアの体が浮かび上がってテーブルの上に乗ったこともあった。そのほか例によって手の出現が何度もあり、時には手から微光を発することもあった。

やがて、ユーサピアの霊能の是非について、国際的な論議が起こる。

一八九四年にシャルル・リシェのルボー島の別荘で実験会が行われた際に、オリヴァー・ロッジも招待されて参加した。彼はその報告を英国のＳＰＲへ送った。その中でロッジは今まで心霊現象に対して抱いていた疑惑が解消されたと述べた後で、誰でも自分と同じ経験をすれば、不可能であると思っていたことが実際に起こるのを見るだろう、これまで異常だと思われていたことも自然の秩序の中に入ることを自分は認識したので、自然現象に興味を持つ研究団体はユーサピアを調査してほしいと書いた。[*3]

これに対して異議を唱えたのはリチャード・ホジソンだった。彼は、ロッジの報告では、ユーサピアが自分の腕や手を使った可能性は否定できないと言った。

シャルル・リシェは、ミラノとローマでの十五回の実験の中で、そういうことは一度もなかったと主張したが、結局、アメリカからホジソンが、イタリアからユーサピアが呼ばれて、ケンブリッジのフレデリック・マイヤーズの家で実験が行われることになった。一八九五年の八月と九月のことである。実験には、例の徹底した懐疑家のシジウイック夫人や、スレードの「虚偽」を暴いた手品師のマスクラインも加わった。

このいわゆる「ケンブリッジ実験」は、想像し得るように不満足な結果に終わった。ホジソンらははじめからユーサピアの詐術を見つけることを念頭に置いて、彼女を自由にさせておいたのである。ユーサピアは腕や手を使って繰り返し詐欺を行ったとホジソンは宣言した。

この報告に関しては、ユーサピアを信ずる者と、信じない者の両陣営から激しい応酬があった。

SPRの研究員、ヒヤワード・キャリントンからの指摘は興味あるものだ。彼が言うには、ケンブリッジの連中はおそらく「エクトプラズムの腕や脚」の存在に無頓着だったのだろう。つまり、もしユーサピアが第三の腕を生じさせ、現象を起こし、終わったときにその腕を引っ込めていたとすれば、シジウイック夫人が指摘するような虚偽の問題は起こらなかっただろうと言うのである。

これについてコナン・ドイルは『スピリチュアリズムの歴史』の中でいくつかの「エクトプラズムの腕」の実例を挙げている。

たとえば、ボッタッツィ教授の場合では、降霊会の最中に不思議な手が自分の右腕に置かれたので、触ってみて人間の手と腕であることを確かめた。その後、腕は弧を描くようにパラディーノの体の中に消えていったという。彼女の左手かと一瞬思ったが、左手は自分の手と握り合わされていたというのだ。

一九〇五年七月に行われたある降霊会では、ヴェンザノ博士や他の降霊会出席者たちが、「黒い袖に覆われた腕が、ユーサピアの右肩から前に突き出てきた」と証言した。[*4]

モルセリ博士の場合はさらに奇妙である。降霊会の最中にユーサピアがテーブルの上のトランペットを手を伸ばして取ろうとしたので、博士がこれを妨げると、トランペットは自分で浮き上がって博士とユーサピアの間を通ってキャビネットの中に入ってしまった、というのだ。トランペットが自分で浮き上がるなら、なぜユーサピアはそれを取ろうとしたのだろうか。仮に取ることができたとしても、キャビネットはユーサピアの後ろにあったから、後ろ向きに投げない限りトランペットをキャビネットに入れることはできないはずだ。そんな、誰にもわかることをなぜしたのだろうかという疑問が残る。

ヒヤワード・キャリントン

これについて、オコロヴィッツ博士の興味深い証言がある。それによれば、ユーサピアは頭に障害があり、頭痛に苦しめられていたので、実験中もしばしば手を頭にやったと言うのである。そうしてみるとモルセリ博士は、彼女が無意識に自分の頭に手をやろうとしたのをトランペットを取ろうとしたと勘違いしたのかもしれない。また、オコロヴィッツ博士が言うには、ユーサピアの脳から心霊現象のための腕を出す指令が出る場合、その腕は彼女の肉体から出るためにしばしば肉体の腕の方が先に動いてしまうことがあるのだとも言っている。

その後ヨーロッパでは、ユーサピアはシャルル・リシェやキュリー夫妻など有力な研究者たちを集めた汎心理学協会による調査委員会の研究対象となり、名誉も回復されるようになった。ロンブローゾ、フラマリオンなどが、彼女が起こす現象の真実さを認め、スピリチュアリズムを信ずるに至ったことも大きく貢献した。リシェの言によれば、これほど多くの「良心的懐疑家」である研究者たちが一人の霊媒について、これほど綿密に研究したことはなかったという。

✺ユーサピアは詐欺師か？

ユーサピアの霊能力について重要な証言をしているのは前述のA（アメリカ）SPR所属の研究家ヒヤワード・キャリントンである。イギリス生まれの彼は十九歳の時からSPRの会員となり、アメリカに渡って生涯を心霊研究に捧げた生粋のSPR育ちの研究家であり、彼の著書『ユーサピア・パラディーノとその現象』は彼の信仰告白の書でもある。

SPRは最初にユーサピアを調査した一八九五年には彼女を詐欺師と決めつけ、二度と彼女の調査をしないと公言したが、ヨーロッパの研究家たちがその後も研究を続け、ユーサピアに有利な研究発表をしたので、一九〇八年にふたたび調査をすることを公表した。担当者として選ばれたのが、キャリントンを含む、SPRでも名だたる三名の懐疑家で（そのうち一人は奇術師）、三人とも長い心霊実験のキャリアがあるにもかかわらず（一人は三十五年）未だかつて信用できる心霊現象にお目に掛かったことがないと明言していた者たちだった。

しかし『ユーサピア・パラディーノとその現象』の中で、キャリントンはこう述べている。「この降霊会の体験によって、ついに私は正真正銘の現象が起こることを確信するに至った。そうすると当然その解釈が求められるが、私はスピリチュアリズムの仮説が単に便宜上の説にとどまらず、事実を合理的に説明することのできる唯一の説であると考える」

もっともキャリントンはその後、一九二四年にマージェリ・クランドンをテストした結果、信念に揺るぎが生ずるが、一九三三年にアイリーン・ギャレットを調査してふたたび信念を取り戻すという遍歴をする。

ユーサピアがインチキを行うことに対して、もちろんキャリントンは準備を怠るようなことはなかった。当時、ユーサピアの降霊会に出るには、奇術師のトリックを心得た者でなければだめだという説があった。キャリントンは、アメリカでその頃有名だったハワード・サーストンという奇術師を連れて行った。サーストンは弟子を使ってユーサピアがトリックをしないようにと彼女の手足を縛らせた。しかしテーブルは浮上。サーストンは数回にわたる降霊会の後で、ユーサピアの起こす現象が真実であることを認め、こう言ったという。「もしユーサピアが、トリックを使わずにはテーブルを持ち上げることができないということを証明する者がいたら、慈善事業に一〇〇〇ドル寄付してもいい」

キャリントンは、アメリカの降霊会に来る客たちに、ユーサピアがどんなインチキをするかを書いたチラシを会のはじまる前に配っておいた。慣れない観客が騒ぎ立て、すべてがインチキだと思わないためである。キャリントンによれば、アメリカでユーサピアは、そういう類のいつもの癖は別として、すばらしい現象を見せたし、新しいインチキを試みるということはなかったという。

ユーサピアがインチキをするからといって、彼女の現象のすべてを否定するのは妥当ではない、とコナン・ドイルは言う。彼女を中心に初めて本格的な心霊研究を行ったロンブローゾ自身が、ユーサピアのインチキを認めているのだ。「物品を動かしたり、参会者に触るために押さえられていた手を振りほどこうとしたり、膝や脚を使ってテーブルを持ち上げようとしたり、髪を撫でるふりをして髪の毛を引き抜き、秤《はかり》の上にそっと載せたり、庭の花を摘み取ってきて暗闇の中に置いたり、そんなことは彼女はちょいちょいやった。しかし彼女を悲しませたのは、別な手足が伸びてきてちゃんと仕事をしているのに、参会者みんなが彼女のほんとうの手足を監視してばかりいるということだった」

一九〇九年に彼女がアメリカに行ったときには、その霊能にかなりなかげりが見えてきていた。彼女は何度かインチキをやり、参会者を怒らせ、もうユーサピア・パラディーノは終わった、と言う者も出てきた。ユーサピアが成功したときの奇術師のサーストン氏の場合は、彼女を徹底的に縛り上げ、辛抱して待ったために、かえっていい成績が上がったのである。また、テーブルの上の品物をユーサピアが手を出して動かしたので観客が非難の声を上げたら、ほかに置いてあった品物が動き出したという報告もある。

インチキの現場を押さえられたことがありますか、というアメリカの新聞記者の問いに対して、ユーサピアはこう答えている。

「インチキをやっただろうと言われたことはたくさんあります。それはこういうわけなの。わたしがきっとインチキをやるだろうと思っている人たちがいるんです。それを望んでいると言ってもいいくらい。私が入神状態になるでしょう。それでも何も起こらない。そうするとみんないらいらしてくるんです。インチキをやるだろうと思いはじめ、そのことしか考えなくなる。そうするとわたしは自然にそれに応えてしまうの。いつもそうだというわけじゃないけどね。みんなの気持ちがそうさせるの」

ユーサピアは頭頂骨に陥没があった。D・D・ホームに結核性素質があり、パイパー夫人が内蔵の手術を二度行ったように、頭の故障が彼女の強力な霊能とも関係があったのかもしれない。また、陥没による頭部の圧迫が、彼女の気の短さや、ヒステリー、気まぐれなどを引き起こしていたのかもしれない（彼女は自分の霊能にけちをつける者があれば、飛びかかっていき、相手を殴りつけることもあった）。しかし、ロンブローゾによれば、彼女は心底はやさしい気持ちを持ち、貧しい者に対してはとくに親切で、霊能で得た金品を惜しげもなく分かち与えたし、老人や弱者に対しても同情心が強く、夜中に彼らのことを考えると寝られなくなることがあると述懐した、と書いている。

✴マージェリ・クランドンと霊の指紋

十九世紀末から二十世紀初頭にかけてヨーロッパまたはアメリカで活躍した霊媒たちは、スレードやユーサピアのほかにも、マダム・デスペランス、オズボーン・レナード、などまだまだたくさんいるが、それぞれ特色はあるものの、だいたいこれまで述べた霊媒たちで代表させてもいいと思う。ところでここでちょっと紹介しておきたいのは、マージェリ・クランドンとジョージ・ヴァリアンタインである。日本の心霊研究の基礎を作った浅野《あさの》和《わ》三郎《さぶろう》が初めて欧米のスピリチュアリズムに触れることになったのが、この二人の霊媒だった。

マージェリ・クランドン

　マージェリはハーバード大学医学校の外科教授の妻で、ボストンに住んでいた。夫がアイルランドの心霊研究家クロフォード（第五章に後述）の著作を読み、心霊現象に興味を持ち、自宅でも降霊会のまねごとをしてみたところ、霊能が開発されるに至ったのである。

　彼女の霊能は叩音からはじまって、テーブル・ターニング、霊の談話、自動書記と進み、霊の物質化現象まで見せるようになっ

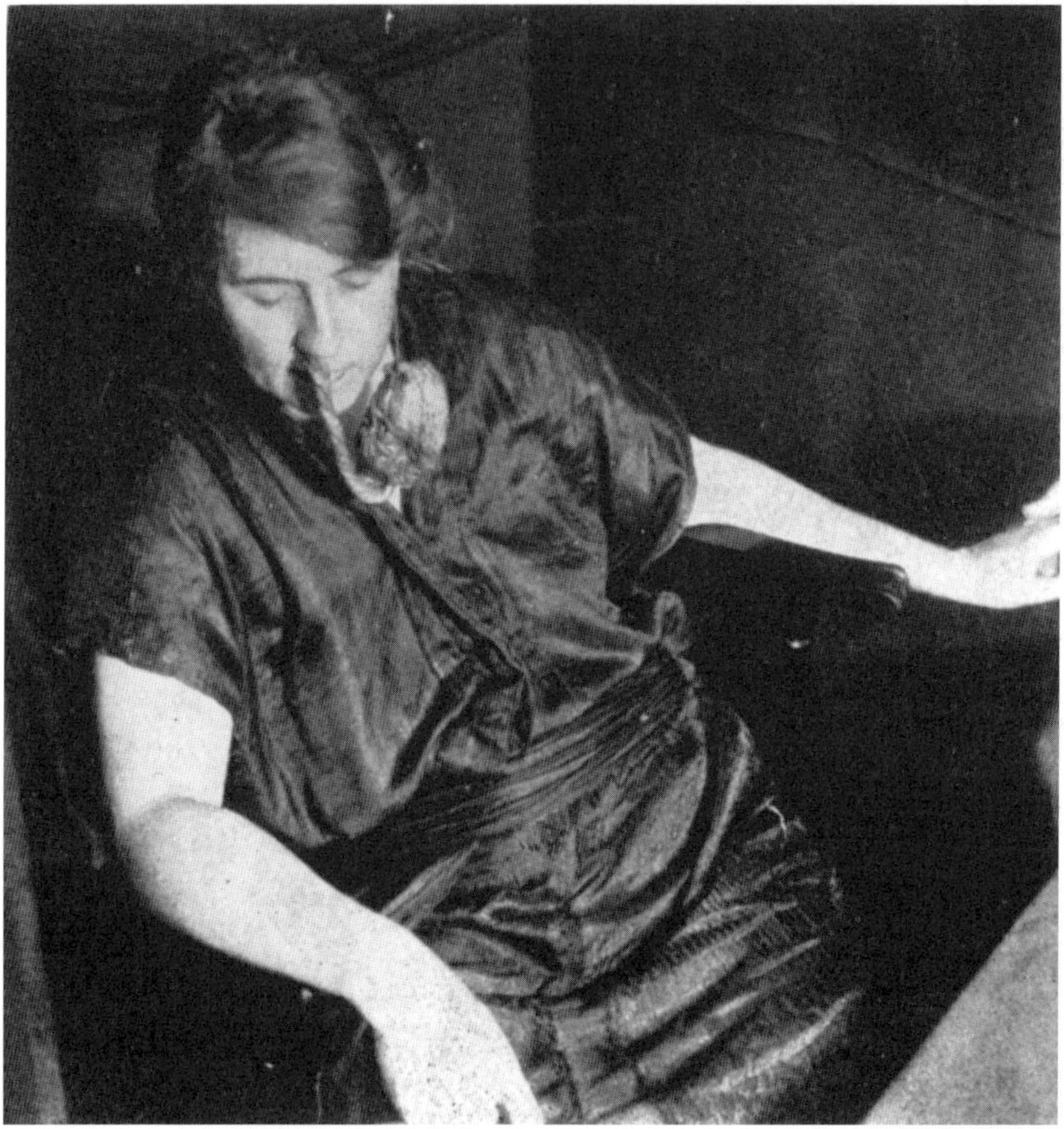

マージェリ・クランドンの鼻から出るウォルターの声のエクトプラズム

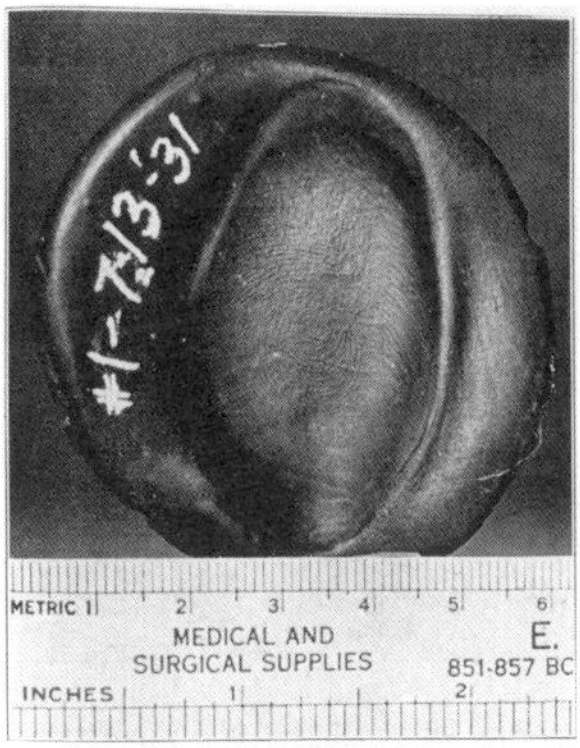

ウォルターが残した指紋

マージェリ・クランドンからウォルターのエクトプラズムの手が伸びて蠟に手を浸す

た。彼女には以前に鉄道事故で亡くなった兄のウォルター・スティンソンがはじめから支配霊として付き、自動書記の送り手となったり、霊たちが出現する順番を取り仕切ったりした。

彼女は早くから学者たちの実験の対象となった。ハーバード大学のウィリアム・マクドゥーガルとコロンビア大学のガードナー・マーフィのグループや、一九二三年に渡欧した際には、リシェやギュスタヴ・ジュレーなどの世界的な研究家や、SPRの第一線のメンバーなど、厳格をもって聞こえる連中の目に曝《さら》されながら、多くの成果を上げた。ロンドンの心霊研究家のハリー・プライスが、インチキができないように作ったとされるテーブルを、明るみの中で二回、床から六インチ（約一五センチ）浮上させたこともある。

その後注目を浴びるようになったのは、早逝した彼女の兄のウォルターの霊が蠟に押したとされる指紋である。それはウォルターの遺品であるかみそりの刃に残っていた指紋と一致することがわかり、死後生存の強い証拠と見なされた。ウォルターは蠟に指紋を残すのを何年間か続けたが、一九三一年頃ボストンのASPRのメンバー数人は、指紋はマージェリの降霊会に来ていた人物のものとそっくりだという報告を機関誌に発表している。

マージェリの現象の真偽については例によってかなりな応酬があった。その最大なものは『サイエンティフィック・アメリカン』誌

フーディニが持ち込んだ函に入るマージェリ、1924年8月3日

が行った調査である。『新霊交思想の研究』の著者である田中千代松によれば、その経過は次のようなものだった。[*5]

　同誌は一九二二年、誌数拡大のための宣伝に物理的心霊現象を起こすことのできる者を募り、それが純粋なものであることがはっきりすれば賞金として二五〇〇ドルを贈ることを約束した。審査員として選ばれたのは、ハーバード大学心理学教授で前ASPR会長のウィリアム・マクドゥーガル、マサチューセッツ工科大学教授で発明家のダニエル・F・コムストック、ASPR会長のウォルター・F・プリンス、生え抜きの心霊研究家であるヒヤワード・キャリントン、それに名だたる奇術師であるハリー・フーディニ、さらに主催者である雑誌社の編集委員マルコム・バードが、表決権なしの幹事役として参加した。

　公表後一年あまりの間に三件の応募があったが、審査委員会はいずれも意識的、または無意識的、詐術と断定した。これは物理的心霊現象はすべて奇術によって行うことができると考えていたハリー・フーディニの意見に強く影響されたと言われる。その後、応募者がなかったので、一九二四年に『サイエンティフィック・アメリカン』誌は、判定のいかんにかかわらず応募の際の費用を負担するという条件を加えたが、それでも反応はなかった。幹事役のバードが心配した結果、白羽の矢を立てたのがボストンのマージェリだった。交渉の末、夫のクランドンは大学を退職して開業医となっているので多忙のため夫妻ともボストンを離れられないが、もし調査委員たちが来てくれれば、実験に応じてもいい。その際の費用は夫妻が負担する、という返事だった。

委員たちが出張し、極めて厳重な監視下で実験が行われた。密封したガラス瓶や、蓋をした容器の中に入れた鈴、秤などを使い、さまざまな現象が起こった。パラフィンによる「霊」の手の塑像も取ることができた（これは、温めて軟化したパラフィンの中に「霊」が手を差し込み、その手を消滅させた後、固まったパラフィンの中に石膏を流し込んで取った塑像。手を消滅させない限り、型を壊さないでパラフィンから手を抜き取ることができないので、肉体の手によるものではないとされる）。

しかし、判定が出る前にフーディニが実験に異議を唱えた。幹事役のバードがマージェリの現象に手を貸して人為的に成功させているというのである。委員たちは判定を保留していったんニューヨークに帰った。バードは、判定が出ないまま、『サイエンティフィック・アメリカン』誌にマージェリの実験記事を掲載しはじめた。それにはマージェリの現象は真実らしく書かれていたので、委員のウォルター・プリンスとフーディニは記事掲載を中止するように申し入れた。雑誌社はそれに従い、バードは幹事役を辞任した。

雑誌社は委員会に統一見解を要請したが日が経つばかりなので、やむを得ず各委員に個別の意見を求め、それを一九二四年十一月の誌上に公表した。委員の中で現象の真実性を認めたのはキャリントン一人で、フーディニは反対し、後の三人は、興味ある現象だがもっと観察しなければ断定できないと言った。なお、マクドゥーガルとプリンスの二人はその後もマージェリとの実験を続けたが、断定するまでに至っていない。

実験が重ねられるにつれてマージェリに対する要求が厳しくなり、さまざまな不正予防の道具が考案された。たとえば周囲の人声を遮断して霊の声だけが聞こえるようにする装置とか、ガラスをはめた電話ボックスのようなキャビネットの両側に穴を開けて針金を通し、中にいるマージェリの手と首と足首とを結びつけるようになったものだとかである。

✺マージェリとヴァリアンタイン、そして浅野和三郎

浅野和三郎がマージェリを訪れたのは、この『サイエンティフィック・アメリカン』誌の調査が終わって四年後の一九二八（昭和三）年で、彼はクランドン家に保管されていた実験道具を見せられ、こういう感想を述べている。

クランドン博士邸の、三階の実験室を覗いてみると、いろいろな詐術防止装置の多いのには、何人も呆れるくらいです。ガラス製の霊媒監視箱（たぶん前述のキャビネットであろう＝筆者註）、巧妙なる手枷、足枷、首枷、口枷、そんなものは監獄にだってありません。

霊媒の詐欺行為に対する当時の極端なほどの警戒の様子が見えて、興味深い。浅野は続いて、公平な実験のためには手間と費用を惜しまず、できる限りの対策を講ずる欧米の実験家の積極的な態度を褒めている。浅野の胸中には日本のまだ未熟な心霊研究の状況が去来しただろう。

浅野がクランドン家に招待されたのは十一月十七日の夜で、降霊会には、霊の直接談話、とくに「孔子」の談話や筆記で有名だったもう一人の霊媒、ジョージ・ヴァリアンタインも参加した。浅野は当時の二大霊媒が同席したことに満足している。彼の手記からの抜粋を読んでみよう。[*6]

十七日午後八時三十分一同実験室に入りて着席。クランドン夫人は正面の小卓子を前にして座り、その左

ジョージ・ヴァリアンタイン

手にはヴァリアンタイン、それから浅野、ロージャース博士（スミス大学の心理学教授）、キャノン判事、同夫人、ジョンソン博士、クランドン博士等の順序で卓子を囲んで座る。列外にも数人加わる。赤灯にかわるや否や、司配霊のウォルタアの口笛先ず空中に起る。霊媒の口辺から約三呎乃至四呎の距離にある。つゞいて、「ハアロー！」とやゝ錆のある、元気な青年らしい声で呼びかける。列席者の大部分は懇意な人間に対すると全然同一気分で、ウォルタアと挨拶を交換する。私は初対面なので多少丁寧に「ウォルタアさん、お目にかかるのは今晩初めてゞすが、雑誌や書物の上であなたの事はよく存じて居ます。私の為に実験に応じてくだすって誠に有難う……」「イヤ、アサノさん、よくお出掛けくださいました。今晩は日本人の霊魂も数人爰《ここ》に現われることになっています……」。まるで生きたアメリカ青年と問答するのと少しも変らない。ウォルタアがかく活動している間に、いつしか霊媒のクランドン夫人は深き入神状態に入り、軽き鼾がきこえる。ヴァリアンタインは平常の通り談笑自在、その中ヴァリアンタインの司配霊達も、すてきに大きな声で空中から怒鳴り出す。「日本人の霊魂達が近づきつゝあります」などゝいう。

少々長いが、降霊会の経験のない読者に雰囲気のいくらかでも知っていただきたいと思って引用した。「霊」というと影のようでおどろおどろしく、声なども細々と恨みがましいと思っておられる方も多いと思うが、降霊会で聞く声は普通の人間とまったく変わらない。

この夜浅野に話しかけた霊は長南雄吉という、一年前に大阪で亡くなった人の霊であった。ただし、この場合は直接談話ではなく、「喇叭《らっぱ》」（アルミ製のメガホン）を通じてで（これも一種の直接談話には違いないが）、「ワタクシ」「オサナミ」「オホサカ」「アリガトウ」「サヨナラ」などの言葉以外はよく聞き取れなかったと言っている。

霊媒が自分の知らない言語で通信するのは時々あることだが、マージェリは中国語で自動書記をすることで知られ、ヴァリアンタインも、中国語を含む数ヵ国語による直接談話をすると言われた。参考までに日本語の場合をもう一つ挙げよう。

これは浅野の書いた『心霊講座』に載っている話である。当時英国の文学者として声名のあったデニス・ブラッドレーの自宅で行われた降霊会の席で、浅野自身が出席したのではないが、駒井権之助という人物の身の上に起こったことである。浅野は出典を明記していないが、おそらくブラッドレーの著書からの引用だろうと思われる[*7]。駒井権之助という人は当時ロンドンで詩人として知られた人だったそうで、浅野も面識があったというから、この話は本人から聞いたことかもしれない。

一九二五年三月十日と十八日の二回降霊会があり、二晩とも日本人の霊が日本語で語りかけたという。最初の晩は切腹して果てた武士の霊だったそうだが、二度目の場合はもっと劇的だった。どちらも霊媒はヴァリアンタイン――ニューヨーク州の片田舎の小工場主で、日本語どころか、英語さえ満足に喋れない無骨な男だったという。駒井のほかに出席者はコナン・ドイル夫妻、ジャーナリストで著述家のハネン・スワッファーなど。降霊会の途中で蛍光塗料を塗った喇叭が動き出し、駒井権之助の顔の前に来て、「権之助！　権之助！」と呼んだ。そのうち喇叭の主は「大谷」と名乗り、駒井は自分の実兄であることを確認したという。兄は弟に自分の子供たちのことを頼んだそうである。会が終わってから駒井は参会者に、日本では肉親以外はファースト・ネーム「権之助」を呼び捨てにしないので、この夜の声の主が肉親であることを示すよい証拠だと述べて、一同の感銘を誘ったという。

✺エクトプラズム研究①——ノティングによる化学分析

一九三〇年頃までに心霊研究上の問題はすべて出尽くし、基礎的な考察は終わったと言っていいだろう。この時期において最も人目を惹いたのは人体浮揚などの物理的現象であるが、現象の再生ができないとか、暗闇が必要であるとか、方法上詐欺の入り込む余地が多いとか、実験の対象としては解決できない難点が残った。一方、主観的現象としての直接談話や自動書記などは、死後生存の証拠を示す、より可能性の高いものとして重要視され、追求されたが、これとても決定的な問題解決には至っていない。しかしながら、この時期の心霊研究を締めくくるものとして、叩音、物体浮揚、直接談話などの現象を物理的に説明するものとしての「エクトプラズム」

アルベルト・フォン・シュレンク・ノティング

ジュリエット・ビッソン夫人

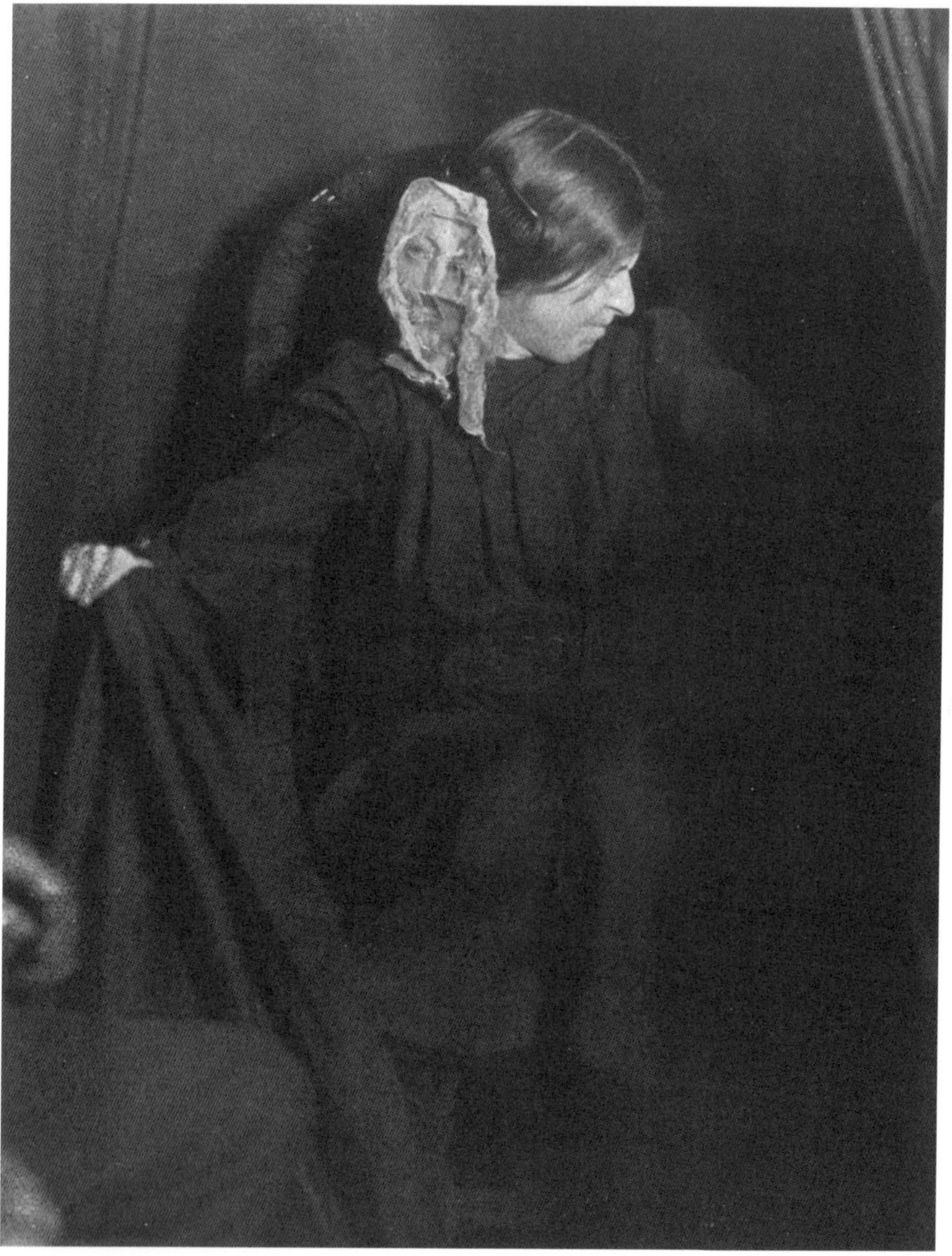

エヴァ C. の右肩に出現したエクトプラズム。シュレンク・ノティング撮影、1912 年 5 月 8 日

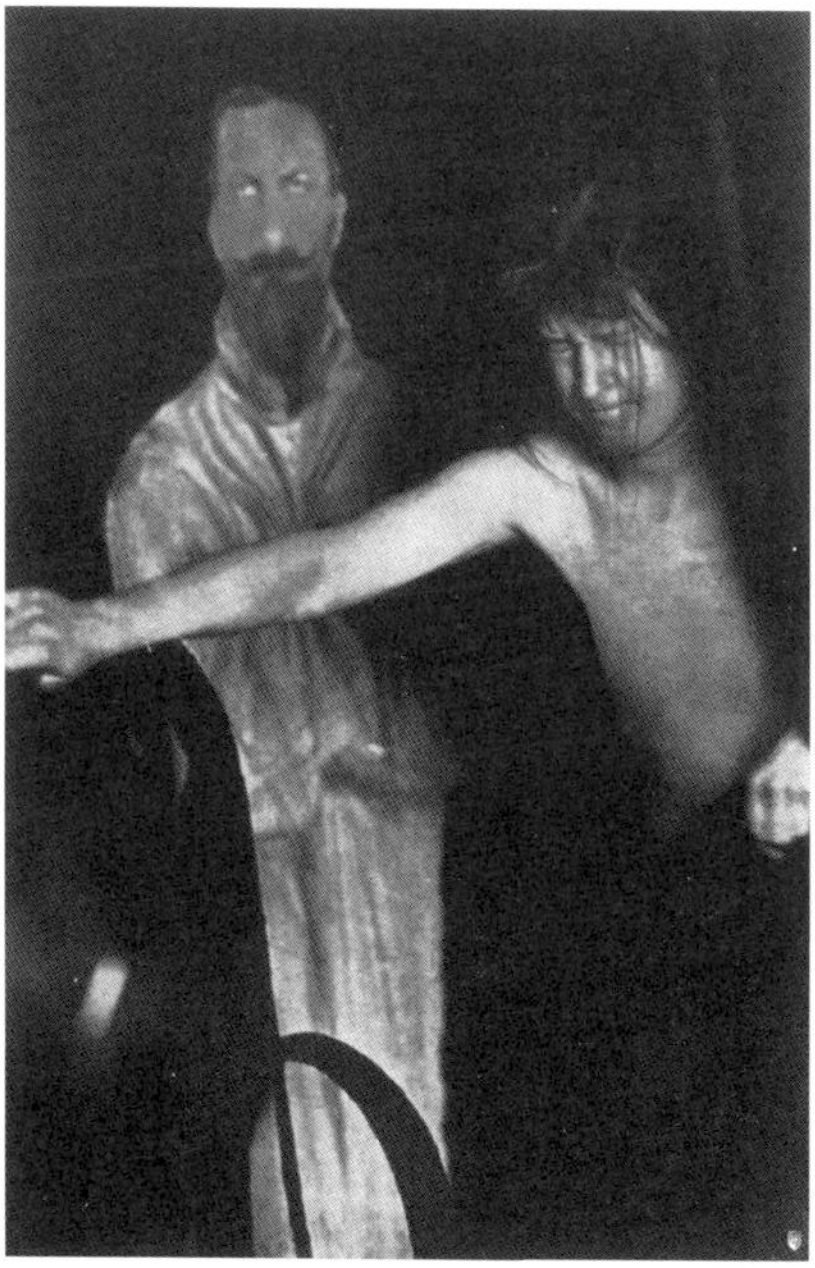

エヴァ C. と物質化した髯の男。ビッソン夫人撮影、シュレンク・ノティング、1913年2月23日

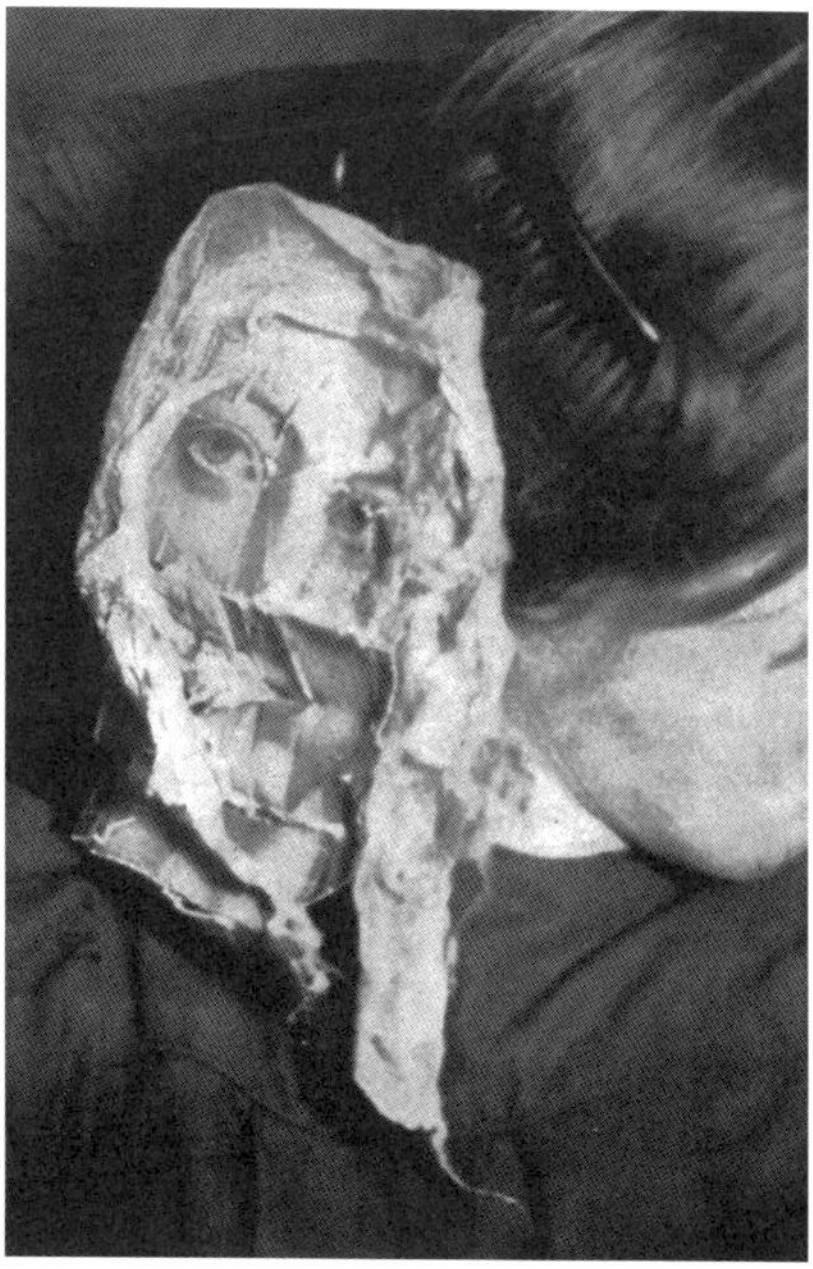

右頁図拡大

が大きく注目を浴びるようになり、何人かの科学者の独特な研究の成果が残されたことは特筆すべきことである。

　ドイツの医者で精神病理学の専門家であるアルベルト・フォン・シュレンク・ノティングは青年時代に夢遊病の研究に興味を持ち、人格の多重性を発見、さらに思考の移動（テレパシー）や感覚の他の部位への転移などを研究しているうちに、心霊研究に深く関わるようになり、とくにエクトプラズムの臨床的研究で前人未到とも言える業績を挙げた。

　彼は、フランスの社会的名士の寡婦でビッソン夫人という研究者と共に、エヴァ・C、実名マルト・ベローという女性霊媒を使って綿密な実験を行った。ビッソン夫人は、コナン・ドイルによれば、キュリー夫人に匹敵する研究者であり、エクトプラズムの実験経歴から言えば彼女の方が先輩である。彼女は、それまでシャルル・リシェなどによって厳しい科学的実験に曝《さら》されたマルトを自宅に引き取って、精神的、物質的な庇護の下に実験を行った。ちなみに、マルト・ベローは、シャルル・リシェが霊の物質化現象の原因物質を「エクトプラズム」と名づけるに至った、一連の実験の対象となった霊媒である。ビッソン夫人の配慮のおかげで夫人とマルトとの間に信頼関係が生まれ、マルトはエヴァ・Cと名を変え、実験によい結果をもたらすようになった。シュレンク・ノティングと協力して夫人は一九〇八年から一九一三年の間、主としてエクトプラズムについて研究を進めた。エヴァ・Cは、とくにこの微妙な物質のために作られた、前にボタンがなく、体の動きを止めるために後ろでぴったりと閉じ、手と足だけが自由になる衣装に着替えさせられ、さらに、エクトプラズムの霧を包み込むために、頭の上と両脇をカーテンで覆い前方だけが開いている「キャビネット」に入れられた。実験の結果を二人の研究者はそれぞれ『物質化という現象』『物質化現象』という二冊の本にまとめた。

シュレンク・ノティングの功績は、エクトプラズムを実際に採集し、それを顕微鏡で見たり成分を調べたりしたことにある。彼はエクトプラズムが霊媒の鼻の穴や口から出ている写真を何枚も撮ることに成功した。彼がシュワルム商会実験室やパリのアントワーヌ病院などに依頼した化学分析の調査によれば、エクトプラズムは粘液性の皮膜の上皮物質などに含まれる有機物の組織と類似しているという。強いて言えば女性の生殖器や口、喉などから分泌する物体と似たようなものである。しかし彼がさらに生化学的に詳細に観察したところでは、それ以外にも判定しがたい生物学的機能を持っている。即ち、ある種の造形能力があり、霊媒の意志により、また自己発生的に、手足や頭など人間の姿をとる（最近、大いに注目されるようになった「万能細胞」を思わせる＝筆者註）。これを焼いてみたところ、動物の角を焼いたような臭いがし、その灰から塩化ナトリウムと燐酸カルシウムが検出されたと報じている。

以上の化学分析は、空中の塵埃や研究者の衣服から偶然に混入する夾雑物《きょうざつぶつ》を厳重に排除した結果であり、したがって現象を人工的に作り出すための繊維製品、紙、またはゴム状のものなどは使用していない、とノティング

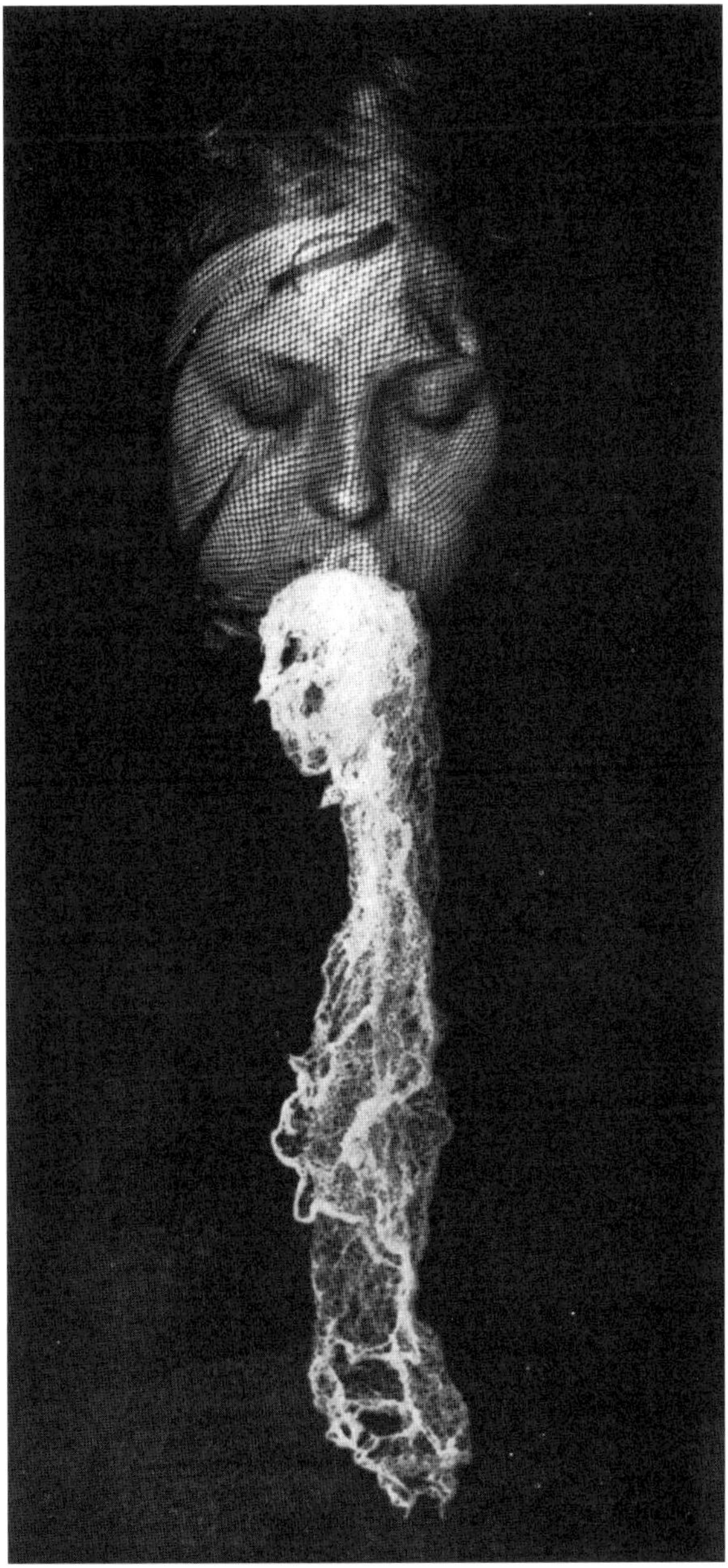

スタニスラワ P. の口から出るエクトプラズム。シュレンク・ノティング撮影、1913 年 7 月 1 日

は述べている（「ゴム状のもの」と言えば、ユーサピア・パラディーノの発生する腕についてのキアイア博士の記述を思い起こさせるが、世間では、何かゴムで作ったものを使っているのではないかという疑惑が常につきまとっていた）。

ノティングはこの物質についての断定は避けているが、こういう自発的に造形する性質を持った物体が、人体の外に出てゆき、消失するときには細胞の破片を残す、ということは認めざるを得ないと言う。ものを作る特性があるので無形態の「プラズム」と言い得るが、霊媒の体の外で――最初は皮膚の上で、次には衣服の上で、最後にはそれらを離れて――働くものであるから、「テレ（＝遠隔）プラズム」と呼ばれるのが妥当だろうと、リシェが命名した「エクトプラズム」に対して「テレプラズム」という呼称を提唱している。

✺エクトプラズム研究②――ジュレーと霊の手の塑像

前にマージェリ・クランドンについて述べた際に、ウォルターの霊の手形を取ったことを述べたが、霊の手形を取ることに先駆的な役割を果たし大きな功績を挙げたのが、フランスの医師で、リシェやフラマリオンなどと並ぶ心霊研究家のギュスタヴ・ジュレーである。彼は、フランス政府によって作られた代表的知的機関であった「メタフィジック協会」の会長であり、エヴァ・Cやクルースキー（ポーランドの詩人、霊媒）などの研究を行って、哲学的思索に裏打ちされた『無意識なるものから意識あるものへ』の著者として知られている。この研究家を単に霊の手形のみで取り上げるのは正鵠を失するものだが、ここではその特色ある研究についてのみ触れることにする。

ジュレーはクルースキーによる霊の手の塑像取りを何度も行い、そのうちの十一件を一九二一年の「メタフィジック協会」機関誌に発表している。そのやり方は次のようなものだった。

霊媒クルースキーの手を二人の研究者が左右から握って動かないようにする。部屋には薄ぼんやりした照明が点《つ》けてある。霊媒の前には蠟を入れた桶が置かれ、ちょうど溶融点になるように湯で温められてある。霊媒の知らないところで蠟には化学性の油脂が混入されている。霊媒が自分が持ってきた蠟とすり替えないためである。部屋の中は現象が見えるほど明るくはないが、液状化した蠟の中に物体を突っ込む音がするので、何かが起こったことがわかる。二度、三度と音がする。いったん抜き出された温かい蠟に覆われた手が、実験をコントロールしている者（ジュレー）の手に触れ、さらにもう一度蠟の中に入れられる。しばらくすると、まだ温かいが、形を成すほど固くなっている蠟の手袋が実験者の掌の上に置かれる。

このようにして、手の型が七つ、足の型が一つ、顎と唇の型が一つ、合計九つの型が得られた。検査の結果、型になった蠟にはあらかじめ入れた油脂が混入されていること、したがってすり替えられたものではないことが確認された。ジュレーはすべての型と、その型に石膏を流し込んで作った塑像の、合計二十三枚の写真を公表している。

ギュスタヴ・ジュレー

塑像には皮膚の皺《しわ》、爪、血管の形があり、霊媒クルースキーのものとははっきり違っていた。人間の手や足の部分を作ってつなぎ合わせるやり方では、このような全体の型を造ることは不可能である。ジュレーはさらに次のように述べている。

ゴムの手袋を使って作ったかもしれないと考えるのは無理である。できたとしても粗雑なもので、その違いはすぐに見分けることができる。また最初に型を造

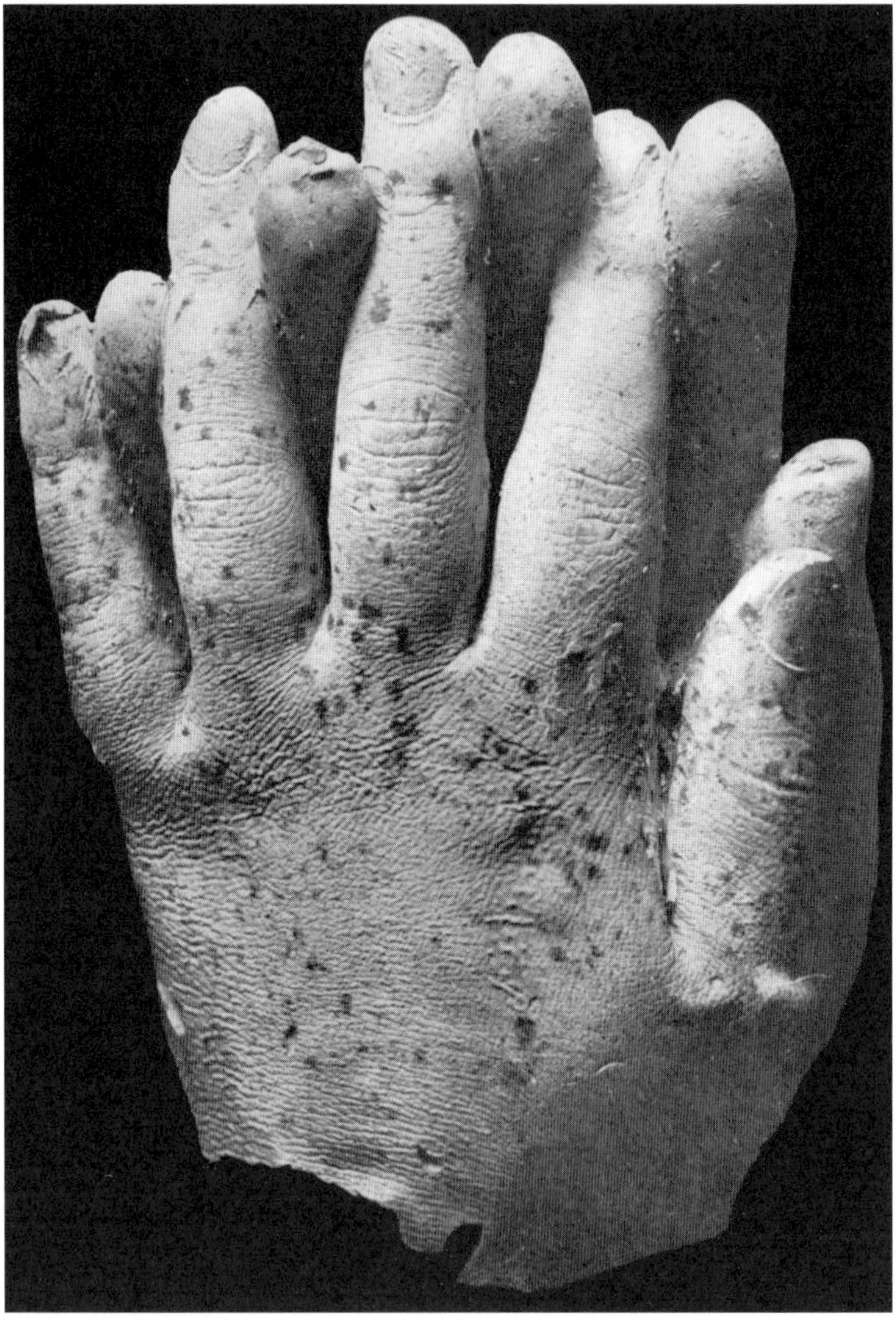

クルースキーによる霊の手の塑像。ギュスタヴ・ジュレー、1922年

っておくのは、やってみればいかに困難かということがわかる。また溶融可能な物質によってあらかじめ塑像を造り、蠟で型を取った後、塑像を溶融させるという方法は、溶融した物質が発見されるし、それを水槽にでも流すというのは、水槽など使わないわれわれの実験においては不可能である。また誰か人間の手によるものだろうという疑いは、型を壊さずに手を抜くことができるのでなければありえない。さらに人間の手によるものより、われわれの得た型の方が小ぶりで繊細にできているし、実験に参加した誰の手にも似ていない。

ジュレーは一九二四年に、ワルシャワでクルースキーから新しい「テレプラズマ」のサンプルをもらって帰国する途中、飛行機事故で亡くなった。五十六歳であった。

✺エクトプラズム研究③——クロフォードの「心霊の杖」論

英国、ヨーロッパなどの研究者たちが、協力し合って研究したのとは違って、独力で成果を上げた一匹狼的な研究家がいた。アイルランド、ベルファースト在住の、クイーンズ大学機械工学科教授、ウィリアム・J・クロフォードである。

クロフォードは、後に「ゴライアー・サークル」と呼ばれるようになったゴライアー家の家族七名（父親と四人の娘、一人の息子、及び娘婿）の協力を得て、降霊会による実験を続けた。彼は家族全員と極めて親しい関係を作り、彼自身の指示によって実験の進行を決めることができるようになったと言われる。情緒や他の精神状態によって左右されやすい心霊研究においては極めて有利なことで、研究者として幸せな状態であった。彼自身「実験は楽

キャサリーン・ゴライアー

ウィリアム J. クロフォード

しいものだった」と述べている。

　彼が実験のテーマとして最初に関心を抱いたのは、現象と霊媒との体重の関係だった。座れば目方がわかる椅子を考案して霊媒の体重の増減を計った。「霊媒」はゴライアー家の末娘のキャサリーンで、彼女が現象を起こす中心であることがわかってから、家族は時間をかけて彼女の霊能を育てたのである。スピリチュアリズムの基本単位としての「サークル」はだいたいこのようにして作られることが多い。

　この実験により次のようなことがわかった。机が持ち上げられたとき霊媒の体重は増加していた。何度も調べた結果、その割合は机の重さの五パーセント以内であることが判明。机が床に押しつけられ、周りの人間が持ち上げようとしても持ち上がらない場合、霊媒の体重は逆に軽くなった。これは霊媒の体と机とが何らかの方法で連結していることによって起こるからであるとクロフォードは考え、霊媒から出ている霧のような物体、即ちエクトプラズムが、それを連結するものであることを突き止めた。彼はこれを「心霊の杖」[*8]、後に「心霊構造物」[*9]と名づけた。「心霊の杖」は、軽い机の場合は霊媒の体から直接机の下に伸びて支えるが、重い机になるといったん床に着いて折れ曲がり、肘をついたようにして机を支える。

現象と体重との因果関係は霊媒だけに起こるのではなく、参加者の体重もまた増減することを彼は突き止めた。キャサリーン・ゴライアーの実験中の体重の損失は、最大五二ポンド（二三・六キロ）だったが、その時、「サークル」の他のメンバーたちにも体重の減少が起こっていたとクロフォードは述べている。つまりエクトプラズムは霊媒からのみ出るのではなく、降霊会に出席している者全員からも大なり小なり寄与されるのである（降霊会中眠くなるという現象が起こるが、筆者の聞いたところでは、それは参加者の体内からエクトプラズムが流出し、エネルギーの低下が起こるからだそうである）。

クロフォードはまた、叩音の場合にも「杖」が働いているのに気づいた。つまり「杖」が壁や天井などを叩いて音を出すというのだ。クロフォードは霊媒の衣服に紅の粉末を塗ってみたところ、叩音が起こった後で壁に紅が点々と付着しているのを発見した。また叩音が起こっている最中に霊媒の体の前を手で横切ってみたところ、音が止まり、腕にはひんやり、じめじめとした感触が残ったという。

また、紅を霊媒の衣服に塗っておくと、「心霊の杖（エクトプラズム）」の流れる方向がマークされる。また床に塗っておくと、机を持ち上げる際に「杖」が床に触れた場合、降霊会が終わった後で霊媒の体に赤い部分が残るので、その作用を知ることができる。

クロフォードは紅のほかにもメチレン・ブルーや煤《すす》などいろいろな染色材を試みたが、紅（洋紅：カーマイン）がいちばん良いことを発見した。この方法はいろいろな用途に使えるので、心霊研究者には是非勧めたいと言っている。

ところがこれに刺激されて、クロフォードの死後、同じ霊媒（キャサリーン）を使って二十回も降霊会を行った心霊研究家がいたが、ほとんど満足すべき結果を出すことができなかった。[*10] 研究者と霊媒、またはその周囲の者たちとの親密な協力関係があるなしでいかに違った結果になるか、心霊研究がいかに扱いにくいものであるかを示す一つの例であろう。

クロフォードは、あらゆる物理的心霊現象は「心霊構造物」、つまりエクトプラズムによるものだと言っているが、霊媒によっては同じ結果が出ない場合もあるだろうし、叩音や机の浮上の際に霊媒の前を横切っても、現象が妨害されない例もある。たとえばD・D・ホームの場合、彼が浮上したときにその下を手で払ってみて、何も仕掛けがないことを確認したという報告もある。

とはいえ、クロフォードの研究の独自性は大いに評価されている。彼はその研究結果である三冊の著書(最後は遺著)を残し、一九二〇年に自殺した。遺書によれば、原因は心霊研究そのものではなく、「自分は十分に楽しんだ」と、わざわざ書いてあり、自殺の動機は心因性のもの(ひどい鬱状態)だったようである。

✺エクトプラズム研究④——フィンドレーの「直接談話」のしくみ

次に述べるのは専門家による研究ではないが、素人が執拗に一人の霊媒を通して、降霊会において追求した記録に基づくものである。興味深いので紹介する。その「素人」とは実業家で経済や財務、心霊問題について数多くの著作を残した(サー・)アーサー・フィンドレーである。彼が自分の館を寄贈してできた「アーサー・フィンドレー・カレッジ」は、現在も活発なスピリチュアリストの活動の拠点として知られている。

彼の心霊に関する著作中『エーテル界の縁で』[*11](*On the Edge of the Etheric*)は、一九三一年の発売以来ほとんど毎年、はじめの頃は年に十回以上も、増刷され続け、二十ヵ国以上の言葉に翻訳された大ベスト・ロングセラーである。これはジョン・C・スローンという、直接談話に優れた霊媒による降霊会の詳細な報告だが、フィンドレーの飽くなき好奇心が数多くの質問となり、それに対してスローンの守護霊から多くの心霊上の秘密が明かされるという構図になっている。科学的に調査されたことではないが、その中でとくにエクトプラズムに関する談話が、今までこの本で述べたことを裏書きしたり、補足したりする効果があるので、読者の参考までに一応ここにお伝えしておく。

ちなみに、霊媒のジョン・C・スローンはグラスゴー出身の大工で、はじめは倉庫で、息子たちが大きくなってからは大西洋航路の船の上で働いた。降霊会は仕事の合間に行い、そうすることが天から自分に与えられた義務であるかのように、いっさい報酬を受け取らなかった。フィンドレーは、はじめはスピリチュアリズムに対して極めて懐疑的だったが、スローンの降霊会に出て、彼自身も知らなかった仕事上での亡くなった父と自分との関係を明かされ、彼の霊能を信ずるようになった。スローンの支配霊は「ホワイトフェザー」というネイティヴ・アメリカンで、その言うところによれば、クロフォードが説くように、すべての物理的心霊現象はエクトプラズムによるものだという。叩音、「トランペット」の浮遊、テーブルの浮上、霊の物質化など、みなそうだが、「ダイレクト・ヴォイス（直接談話）」にもこの霊的物質が大きく関わっているという。この点をクロフォードは見逃しているが、クロフォードだけではなく、リシエもシュレンク・ノティングもジュレーも、その他あらゆる研究者たちが見逃してきた。彼らはまた、エクトプラズムが霊媒や降霊会のメンバーなどの人体から出るだけではなく、霊界（フィンドレーの言う「エーテル界」）からも供給されるということに、当然ながら言及していない。その成分についてはホワイトフェザーは、地上の言語で説明することができないと言う。

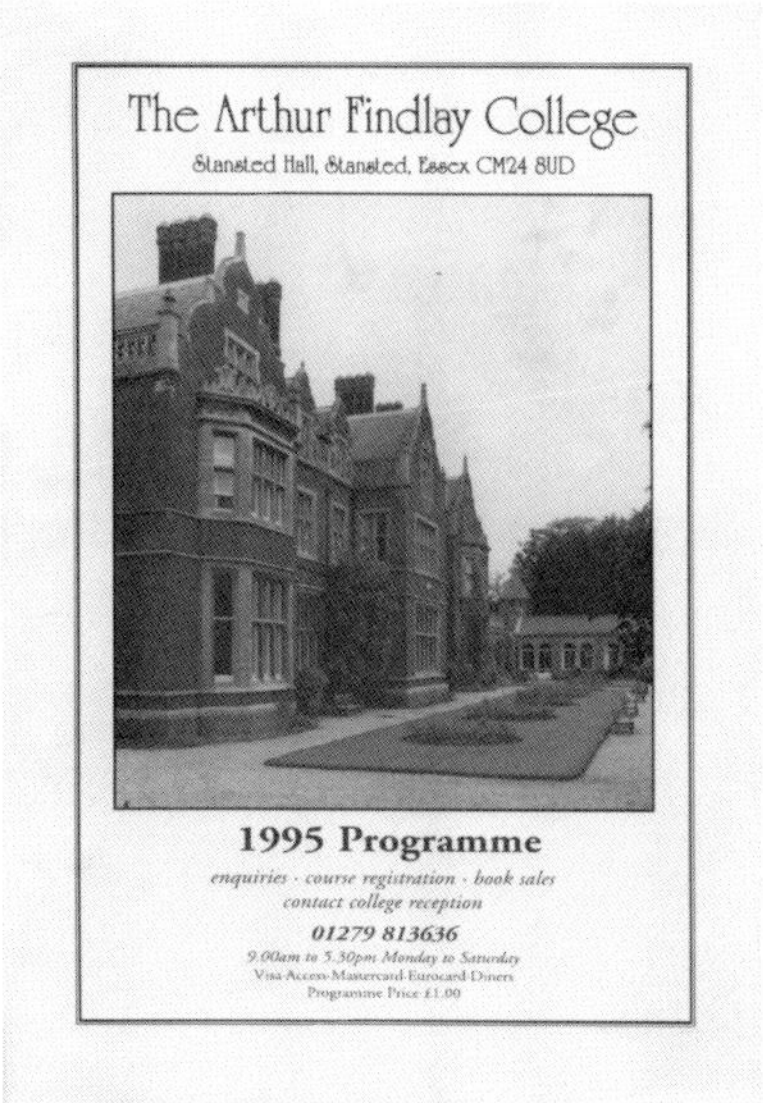

アーサー・フィンドレー・カレッジのパンフレット

「直接談話」の場合、エクトプラズムの使い方には二通りの方法がある。一つはエクトプラズムが直接霊人（「エーテル界の住人」）と霊媒の発声器官とを繋いでいる場合で、霊人が話すとその振動がエクトプラズムを伝わって霊媒の器官を動かし、声となって出る。[*12] これは心霊研究上「異言」と言われるものである。もう一つは「直接談話」の場合で、「エーテル界の化学者」が霊媒や参会者、エーテル界から集めて作ったエクトプラズムを使って、まず手を造り、次にその手によって口や舌などを持つマスクを造る。それから「直接談話」をしようと思う「エーテル界の住人」がそのマスクに顔を突っ込み、口や舌や喉が自分に合うように調整してから話しはじめる。最初は物質界のマスクが重く不自由で、話し方はぎこちないが、そのうち慣れてくるとスムーズに話せるようになるという。

クロフォードによれば、エクトプラズムをどのように使うかは霊媒の意志によるものであるように書かれているが、ホワイトフェザーは、マスクの造成、使用はすべて「エーテル界の住人」の意志によるもので、霊媒はいっさい無意識だという。

話し手の霊人は降霊会のサークルの真ん中に位置して話すが、エクトプラズムが足りないときは床に近い位置になり、たくさんあるときは天井に近くなる。

以上がフィンドレーが伝えるエクトプラズムと直接談話との関係の大要だが、人間の側からの研究や推理だけではわからない「向こう側」の事情が、説得力をもって語られている点が独特である。

✺心霊写真家の誕生――W・マムラー、F・ハドソン

心霊写真は心霊研究では傍系的な扱いを受けてきたが、日本人の研究と唯一接点のある事柄であるだけに、こ

ウィリアム・マムラー《メアリー・トッド・リンカーン、背後に夫のリンカーン大統領らしい姿》1872年頃

ウィリアム・マムラー《ウィリアム B. クッシング司令官 (1843-1874)、亡霊とともに》1870年頃

ウィリアム・マムラー 《ジョン J. グローヴァー》1869-1878年

ウィリアム・マムラー 《モーゼズ A. ダウ(ウェイバリー誌編集長)、背後にメイベル・ウォーレンの霊》1871年頃

こでどうしても述べておきたい。

　最初の心霊写真家（スピリット・フォトグラファー）として知られているのは、ボストンの宝石商の店で彫金の仕事をしていたウィリアム・マムラーである。彼はスピリチュアリストでも写真家でもなかった。事の起こりは、一八六一年のある日曜日、友人の写真屋のスタジオに遊びに行って自分で自分の写真を撮ろうとしたときのことだ。まず椅子に写真機を向け、ピントを合わせ、シャッターを押してから飛び込んでいって椅子の横に立つ。こうして撮ったところ、誰もいないはずの椅子に、十二年前に死んだ従妹が写っていたのである。彼女が腰掛けた椅子も、右腕を載せたテーブルも、彼女の体や腕を透き通して見え、裾の方はぼやけていた。

　このことが評判になり、多くの人から写真を撮ってくれと言われるようになった。はじめのうちは断っていたが、断りきれずにやってみると、その場にいない人物の写真（「エクストラ」と呼ばれた）が次々と撮れ、大いに喜ばれた。やがてマムラーは彫金の仕事をやめ、心霊写真に専念するようになる。

　そのうち噂を聞いてあちこちの写真技師たちが疑いの目を向けはじめ、真偽を確かめるためにマムラーを訪れるようになった。中には騙されないようにと自分の写真器具や現像液を持参する者もあった。この頃、第二章で述べたスピリチュアリズムの先覚者で、当時ニューヨークの週刊誌『進歩のヘラルド』の出版者だったアンドリュー・ジャクソン・デイヴィスも、専門のカメラマンを派遣して調査したが、何ら不正は見つからなかったという。

　マムラーの店は、文字通り「門前市を成す」ありさまで、大臣、市長、から一般市民に至るまでさまざまな階層の人々が訪れ、その成功に刺激されて、ほかにも心霊写真家たちが輩出するようになった。ところが一八六三年に、マムラーの写真に現存する人々の「エクストラ」（いわゆる「生き霊」）が写るようになって、風向きが変わった。ある者は、マムラーが死者だと偽って生きている人間の写真を付け加えていると言って非難した。しかも、撮り直しても同じ人物が出てくるのだ！（滑稽な話だが、死者を期待している人にとっては腹立たしいことだったに違いない）

フレデリック・ハドソンによる心霊写真。座っているのはレイビィ・ウートンで、彼はフレデリック・ハドソンの降霊会に呼ばれ、そこでハドソンの操作なしに仲間と写真を撮り、現像すると霊が写っていた

フレデリック・ハドソンによる心霊写真、1872年11月。写真の裏に手書きで「裏側にあるのは知るひとぞ知る10年前に亡くなったいとこで、座っているのは私だ。F. Dixon MD 59 Great Ormond St, London」とある

マムラーはとうとうたまらなくなって、一八六八年にボストンからニューヨークに移住する。そこでしばらく仕事は繁盛したが、やがてある新聞記者に「身元不明」の人物の写真を売りつけたという理由で訴えられ、逮捕された。長い裁判の結果、無罪放免されたが、それ以後、仕事はさっぱり来なくなり、一八八四年に貧困の中で死を迎えるに至る。

一方、英国で最初の心霊写真は、一八七二年、フレデリック・ハドソンの写真館で、霊媒として有名なガピー夫人とその夫を写したものだと言われる。その時ハドソンは六十歳。最初の写真にはガピー夫妻の上に白い固まりが写っているだけだった。経験を積むに従ってはっきりした人物の姿も写るようになり、アルフレッド・ウォレスなどの有名人も客となった。ウォレスは二枚の様子の違う母親の写真を得たと言われ、霊界における異なる状態を示すものだろうと解釈された。しかしハドソンには、衣装を付けて幽霊になりすましたり、二重撮りをやったりするという噂もあった。

マムラーやハドソン以降にも多くの心霊写真家が現れた。まれに、写真に写った人間のダブル（「生き写し」）とか、その場にいない生きている人間の姿などを写す者も出たが、基本的には「死者」の写真を撮るということに変わりはなかった。その中で二十世紀初頭に最も注目された心霊写真家はウィリアム・ホープである。彼は我が国初の国際的心霊研究家、福来友吉が訪れて親しく実験に参じた記憶すべき人物でもある。

✺ウィリアム・ホープの心霊写真

ホープが心霊写真を撮るようになったのは、マムラーと同じくまったく偶然からだった。英国クリューの大工であった彼は、勤めていた工場の友だちの写真を撮ったときに、背景になった煉瓦《れんが》塀に友だちと並んで一人の若い女性が写っていて、女性の体を通して壁が見えたということがあった。若い女性は、彼の友だちのかなり前に亡くなった妹だったということが判明。近所の人にその話をしたところ、スピリチュアリスト教会（スピリチュアリズムに基づく教会）のオルガン奏者であったバクストンという人物の提案で、六人ほどの人間が集まってサークルを作り、心霊写真を撮るようになった。これが「クリュー・サークル」と呼ばれたグループである。やがてホープばかりではなくバクストンの妻にも同じような才能があることがわかり、この二人が活動の中心となっていった。霊能がなければ心霊写真を撮ることはできないのである。

彼らが自分たちの楽しみのためだけに写真を撮っていた間はネガを全部捨てていた。カトリックの信条から言えば、写真に現れる「エクストラ」は悪霊だと見なされ、持っていると不吉なことが起こると思われたからである。しかし一九〇八年にコリーというカトリックの助祭長が写真を撮りに訪れてからは事情は変わった。コリーは自分の持ってきた写真機をホープに与え、「心霊写真」を撮ることを奨励し、ネガを保存するように言った。

ウィリアム・ホープ

バクストン夫人

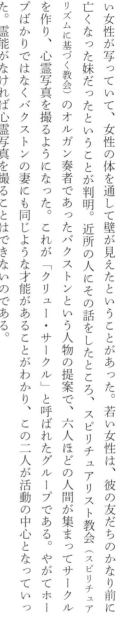

ウィリアム・ホープの心霊写真、1922年。コナン・ドイル夫妻、アブラハム・ウォラス、ジェームズ・コーツなど超常現象写真研究会の面々の手前に、横向きの顔の男の霊

コリーに見いだされてからホープの心霊写真家としての名が広まり、ウィリアム・クルックスのような名士も訪れるようになったが、ホープは撮影に必要な実費と、職工としての時間給に相当する金額以上のものを決してとろうとしなかった。また彼の態度は開けっぴろげで、訪れる者が自分のカメラや写真の乾板を持ち込んだり、彼に撮影してもらった後、訪問者自身が現像したりするのを妨げなかった。

ホープの心霊写真には他の写真家のものにはないいくつかの特徴があった。その一つは、亡くなった人物が写るだけでなく文字なども写った。大英博物館に保管されているギリシャの古文書が写ったこともある。しかも一字だけ違っていただけだった。ということは、これは写真によってコピーしたものではなく、誰かが視覚に記憶し、一字だけ間違えて写真の乾板に転写したということにはならないだろうか、というのがコナン・ドイルの推測である。[*13]

コナン・ドイルはほかにもホープの特徴として、

ウィリアム・ホープの心霊写真、1924年。バクストン夫妻と息子の前に、1923年に亡くなった息子の霊

ウィリアム・ホープの心霊写真、1924年9月。W. F. バーレットたちの上に、1921年に亡くなったレティ・ハイドの霊

ウィリアム・ホープの心霊写真。座る妹のところに現れるW.T. ステッドの霊

写真に写った顔の周りにエクトプラズムのヴェールができることを挙げている。最初は繭《まゆ》のような白い煙の固まりができ、その中からだんだんと顔が現れてくる。そのプロセスのいくつかの段階が写真に撮られている。もっとも、エクトプラズムの煙の中に顔が見えるというのはホープの写真ばかりではないが、コナン・ドイルは、顔の両側にヴェールが垂れ下がるのがホープの特徴だと言っている。この「エクトプラズムの繭」について指摘したことをドイルは、心霊写真の重要性を理解するための自分のささやかな貢献だと言っている。つまり、暗闇の中で霊媒の心身を消耗させて霊の物資化現象のような大騒ぎをやらなくても、心霊写真術がそのプロセスを自ずから明らかにしてくれるのではないか、ということらしい。

もう一つドイルは注目すべきことを言っている。これは必ずしもホープばかりではなく、当時の心霊写真家たちに共通することだが、封を切らない写真の乾板を両掌に挟めば、多くの場合、同じように心霊写真が得られるというのだ。これはほぼこの頃に福来友吉が発見した「念写」の方法に非常に近い。違う点は、念写では乾板を両手に挟んだ者が何かのイメージを写し出そうとして念ずるのに対して、ドイルは「念ずる」ということは言っていない。ただ両手に挟めば写真が――本人が予期していない写真が――写るというのである。「念ずる」と「念じない」との差は大きいが、写真術の可能性をドイルはさすがに慧眼に見ていたと言うべきだろう。ちなみに福来が四国、丸亀で念写を発見したのは一九一〇年、右の写真術を記述したドイルの『スピリチュアリズムの歴史』が出版されたのが一九二六年である。

✺ホープと福来友吉による念写実験

ここで一九二八年（コナン・ドイルが死ぬ二年前、ウィリアム・ホープが死ぬ五年前）に福来友吉がホープの許を訪れたときのことを書いておこう。福来は九月十九日と二十九日の二回訪れている。最初は通常の心霊写真を撮ってもらうためで、ホープは「極めて無邪気なニコニコした態度で」福来を迎えた。福来は自分で買った乾板を持っていった。その乾板をテーブルの上に置き、ホープと福来のほか、バクストン夫人と、山本という福来のロンドンでの知人の四人が周りに座って、手を繋ぎ、手の一部でテーブルに触れ、五、六分ほど瞑想した。このプロセスは降霊会に似ている。

その後、暗室で乾板を「スライド」に入れ、それを持って撮影場所に行き、スライドをカメラに嵌《は》め込む。ホープは左手でバクストン夫人に触れ、右手でレンズの蓋をとり、その手を額に当てて精神統一を行った。この辺が普通の写真撮影と違うところだ。

福来友吉を撮ったウィリアム・ホープの心霊写真、1928年9月29日。福来の上に横向きの男の顔とともに「Je connais ce, monsieur.（私はそれを知っている。君よ）」の文字が

こうして四枚の写真を撮り、現像はホープと山本立ち会いの下で福来が行った。最初の二枚には福来以外の何者も出てこなかったが、後の二枚には福来の頭の上に「西洋婦人」の顔が現れた。福来には誰なのかわからなかったようだ。

二回目の実験のときには、二枚の乾板による写真のうち一枚に「横向きの男の顔」が現れ、その上に“Je connais ce, monsieur.”というフランス語が出た。福来の解釈によれば、

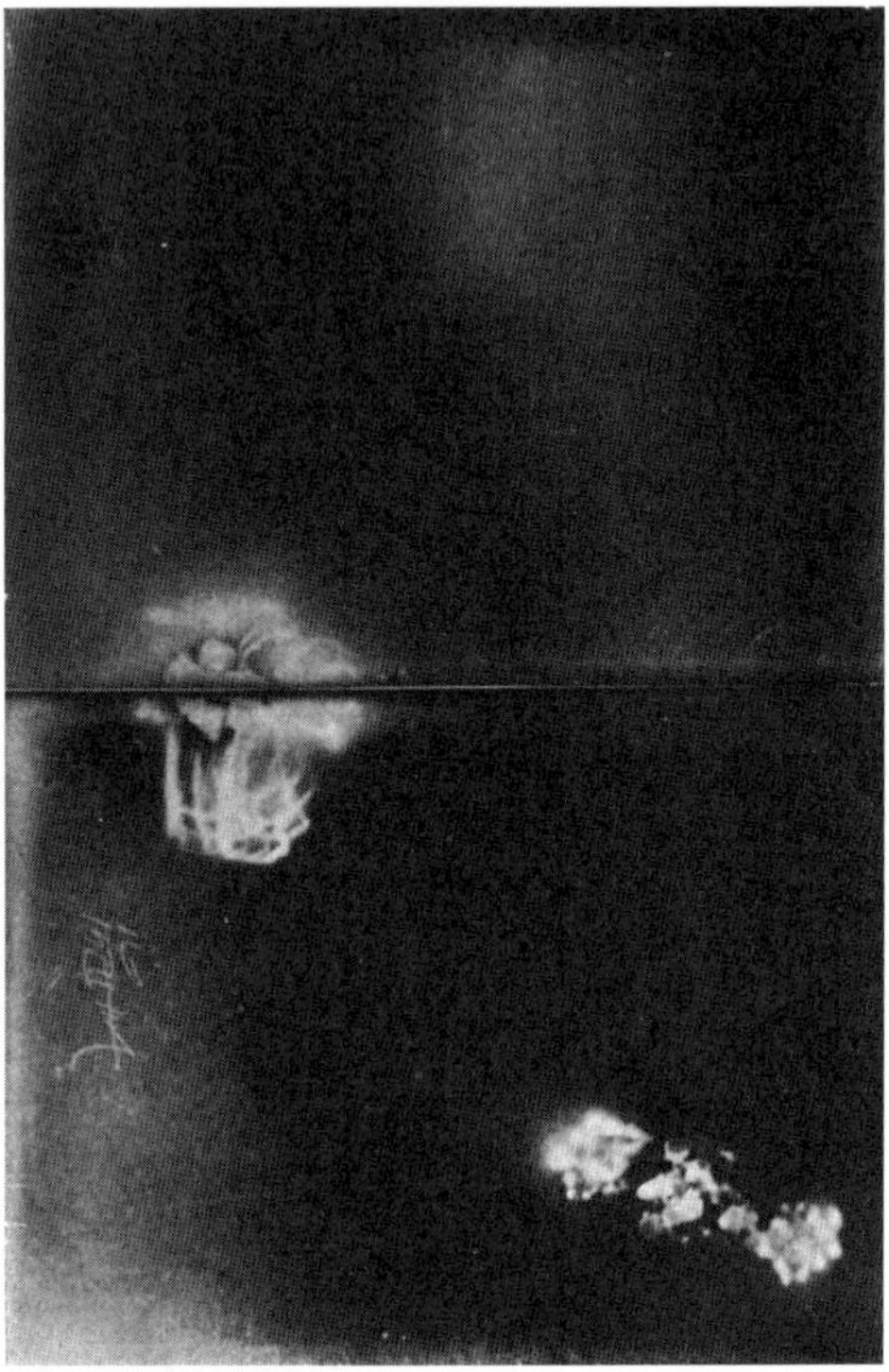

ウィリアム・ホープによる念写、1928年9月29日。2枚の乾板を繋ぎ合わせると「一つの草花」となった

「私はそれを知っている。君よ」ということで、「それ」というのは後に述べる念写の実験を指すそうだが、[*14]これについて筆者にはある経験がある。もう三十年ほど前のことだが、この福来の体験を引用した後藤以紀《ごとうもちのり》という工学博士の英語の論文（最後の章で述べる）を、筆者が英国で行われたスピリチュアリストの会合に持って行ったときに、あるフランスの婦人が読んで、これは「私はこの人を知っている（Je connais ce monsieur.）」ということではないかと言った。そう言われてみると、ce monsieurを「,」で区切るのはおかしい。「私はそれを知っている」なら、"Je le connais." か "Je connais ça." であろう。もし福来がこのことに気づいていたら、彼はこの写真に出てきた人物にもっと注意を払ったかもしれない。

福来はほかにも福来らしいやり方でホープに念写を頼んだ。福来が乾板を両手に挟んでいる（前述のコナン・ドイルの言を参照）ときに念を送ってほしいと言ったのだ。ホープは「そんな実験はやったことが無いが、兎に角やって見よう」と言って、左手で福来の右手に触れ、右手を自分の額に当てて数秒間精神統一を行った。その結果、二枚中一枚にエクトプラズムの煙らしい輪が現れた。さらにもう一度やったときには三枚の乾板を福来が両手に挟み、その真ん中の一枚に念写するよう求めたところ、一枚目と二枚目に像が現れた。一枚ずつでは何の像かわからなかったが、二枚繋げると「一つの草花」になった。最初の希望とは違ったが、福来はむしろ喜んだ。彼は実はもう一度来て三度目の実験をするつもりだった。その時、二回目と三回目を合わせると一つのものになるようなものを考えていたのだが、ホープが旅行に出かけるので、三回目はできないと言われた。それでこの二回目に、三回目の分も合わせてできたような結果になって喜んだのだ。自分の熱意が霊媒（ホープ）の背後霊に通じたからであろうと、喜びを隠していない。彼が"Je connais ce, monsieur."を「私はそれを知っている。君よ」と解釈した「それ」は、このことを指していたのだとも言っている。

ドイルの期待にもかかわらず、欧米では写真技術の心霊研究への応用は前進せず、今見たように、東洋の一小国に先を越されてしまった。理由は、写真はあまりにも容易に人工を加えることができたため、心霊写真だと詐称する者が続出し、それを警戒する周囲の目も厳しかったからだ。ホープの場合も決して例外ではなかった。SPRの機関誌で厳しく告発されたことがあり、ドイルはホープを熱心に弁護した。ホープ自身はあまりにしょっちゅう非難されたために、かえって平気になってしまい、わざとインチキをやるふりをして研究者をからかったと言われる。研究者の心霊写真に対する評価はそれほど低かったのである。心霊写真に心霊研究の未来があるなどとは誰も思わなかったのだ。暗室とか、カメラのフードとか、写すときに技師が被る覆いとか、乾板をスライドに入れたり出したりすることとか、あまりにも抜け穴がありすぎた。それらのマイナスの条件がクリアされ、心霊写真（念写）が復活するには、一九六〇年代のポラロイドカメラの出現まで待たなければならなかったのである。

第六章　スピリチュアリズムの発展と挫折

✵フランス人アラン・カルデックの伝道

そろそろスピリチュアリズムの話に戻らなければならない。これまでずっと心霊研究について語り続け、ついに十九世紀を越えて二十世紀もかなりのところまで来てしまったが、この辺で一応、欧米における心霊研究の話を、いや、後にそう言われるようになる「心霊研究の古典時代」の話を終えることにしよう。

スピリチュアリストたちはどうなっただろうか。彼らが心霊研究家たちと袂《たもと》を分かったＳＰＲの分裂のところまで戻る必要があるが、その前に、英国以外でスピリチュアリズムの発展に貢献した重要な人物二人を見ておきたい。

その一人はフランスのアラン・カルデック、本名イポリット・レオン・デニザール・リヴェイユである。イポリットは一八〇四年に弁護士の息子としてリヨンで生まれた。アメリカではじまったスピリチュアリズムの波がフランスにも押し寄せた一八五〇年頃、彼は非常に興味を持って友人の二人の娘を霊媒として研究した。彼の変名「アラン」も「カルデック」も、それぞれ彼の前世の名前として降霊会のときに示されたものである。

霊媒の一人は再生（生まれ変わり）説を自動書記によって伝えた。また、高級霊たちが、カルデックに重要な宗教的役割を与え、指導するとのメッセージを送ってきた。カルデックはさまざまな質問を用意して霊との対話を繰り返し、二年後に新しい宗教観とそれを伝道すべき自分の使命とを確信するに至った。そうして一八五六年に、以後彼の教えのバイブルとなる、霊との対話の形をとった『霊の書』(*Le Livre des Esprits*)を刊行した。この本はたちまち二十刷を数え、翌年には改訂版を出すに至る。カルデックはその後十年ほどの間に四冊の主要な著書と二冊のハンドブックを出版した。

近代スピリチュアリズムのバイブル的書物としては、まず『自然の原理』を含むアンドリュー・ジャクソン・デイヴィスの著作を挙げることができるが、カルデックの本はそれから十年も経たない出版であり、次に重要なステイントン・モーゼズの『霊訓』よりも二十年以上も早い。まさにスピリチュアリズム初期にふさわしいタイムリーな出来事だったと言える。

アラン・カルデック、1870年以前

彼の教義は再生が中心である。したがって米英流のスピリチュアリズムとは異なっている。カルデックは自分の教義を「スピリティスム(Spiritism)」と名乗った。これは「スピリチュアリズム」という言葉が、一般的な「精神主義」にも通ずる紛らわしいものであるという考えからだったが、次第に米英流の「スピリチュアリズム」とは一線を画する言葉として通用するようになっていった。

再生説はわれわれ東洋人には親しいものだが、彼の説が仏教など東洋の「生まれ変わり」説と大きく違う点は、決して犬や牛や魚などの動物に生まれ変わることがないことだ。人間は必ず人間に生を受け、地上での生活を繰り返すことによって霊的に進歩してゆく。「地上の生活による進歩」という考えは、スピリチュアリズムと共通するものである。

スピリチュアリストたちの中には、再生説に頑強に反対する者が多い。主な理由は、それが霊の物質化現象のように形として証拠を示さないことと、今までに米国、英国の霊媒たちが彼らの支配霊を通じてそれに関する通信を何も受け取っていないということなどが挙げられる。つまり、カルデックの再生説は単なるドグマに過ぎないというのだ。カルデックはカルデックで、物質化現象に対しては深い疑惑の目を向けていて、米英流のスピリチュアリズムを思想性を欠く低俗な見せ物と見なしていた。D・D・ホームが再生説を揶揄して、今まで何人ものマリー・アントワネットやアレクサンダー大王に出会ったが、ただの一人のジョン・スミスに出会ったことがない、と嘆いた話はよく知られている。

アラン・カルデックはもともと教育家、著作家として活動していたので、宗教的指導者となる素地は持っていた。極めて論理的な頭脳の持ち主で、しかも神秘主義者にありがちな曖昧さや情緒的なところはまったくなく、考え方も行動も徹底して現実的だった、と聞くと意外な気がする。彼の最大の特徴は、自分の信念に対する一歩も譲らぬ確信と、そこから生ずる威厳のある態度だった。しかし、人と話していて強圧的になることはなく、ゆっくりと丁寧に、飾らぬ率直さで語り、時には微笑みで顔を明るくすることもあったが、決して笑うことはなかったという。多くの訪問者を分け隔てなく迎えて談論し、ナポレオン三世に呼ばれてチュイルリー宮の客になったことも何度かあった。

彼の教義はフランスのスピリチュアリズムの基本になったばかりでなく、南米にも伝播されて、とくにブラジルに信奉者が多く、その数はブラジルだけで三百万人を超えると言われている。

✵「スピリチュアリズムの女パウロ」エマ・ブリテン

スピリチュアリズムの初期に最も活発に伝道者の役割を果たしたのがエマ・ハーディング・ブリテンである。英国に生まれた彼女は、英国のみならず、アメリカ、オーストラリア、ニュージーランドにも熱心にスピリチュアリズムを広め、スピリチュアリストの多くの組織や家庭でのサークルを作るのに成功した。

十一歳の時にすでに音楽教師であったエマは、生まれながらに音楽と弁舌の才を持っていた。その才能を伸ばそうと劇団に入り、公演のためニューヨークに渡ったが、そこでスピリチュアリズムの熱風に曝《さら》された。彼女ははじめ熱心な新教徒で、最初の降霊会に出たときには、キリスト教の信条に反する霊媒の言葉に腹を立てて飛び出したほどだったが、やがて受け取ったメッセージの真実性を信ずるようになる。まもなく自分自身が強力な霊媒であることを自覚するに至り、母親と共にアメリカに残ってスピリチュアリズムの伝道のために奔走するようになった。一八五六年のことである。彼女はニューヨークで最初に作られたスピリチュアリストの組織「心霊知識普及協会」（第一章参照）にもケイト・フォックスなどと共に参加している。その頃彼女の母国英国では、最初のアメリカ人霊媒ハイデン夫人が来訪したり、D・D・ホームが活躍しはじめた時期で、英国人の彼女が逆にアメ

エマ・ブリテン

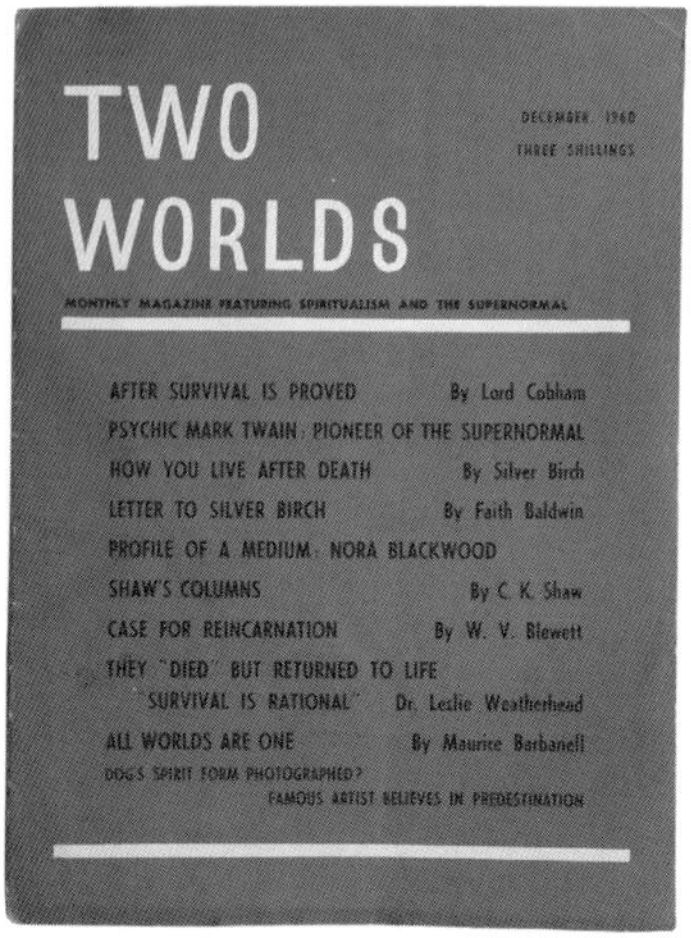

雑誌『二つの世界』1960年12月号

リカで働きはじめたことは興味深い。

　まもなく彼女は、劇団の一員として磨かれた天性の雄弁と、優れた公平な判断力、不屈の精神と疲れを知らない行動力、それに文筆の才とによって、「スピリチュアリズムの女パウロ」と言われるほどの第一流の伝道師になってゆく。

　一八八七年にエマは長年住み慣れたアメリカから英国に居を移した。その翌年に彼女はスピリチュアリストの雑誌として今日でも著名な『二つの世界』（*The Two Worlds*）をマンチェスターで発刊し、以後五年間、主筆として編集と雑誌の発展に腕をふるった。当時は週刊だったが、現在は月刊誌として、依然英国内外の高い評価を受け、発行部数もスピリチュアリストの雑誌の中では最高を数えている。発刊当初からこの雑誌はスピリチュアリストたちに強い影響を与え、一八九〇年にエマの呼びかけによる「スピリチュアリスト国民連合（NFS）」創立への道を開いた。この組織は、当時あちこちに群生していたスピリチュアリストの団体を統合するものであり、エマの優れた組織力を示すものであった。エマは余勢を駆って二年後の一八九二年にアメリカでも「全米スピリチュアリスト連合」を設立している。

　文筆家としてのエマは二冊の記憶すべき著書を残している。『アメリカのスピリチュアリズム』と『十九世紀の奇蹟』で、十九世紀のスピリチュアリズムの動向をたどる歴史的な資料として貴重な文献である。もう一つエマの功績として忘れてはならないことは、スピリチュアリストの綱領を作ったことだ。この綱領は彼女が自動書記によって、亡くなった社会改革家のロバート・オーエンから受け取ったメッセージによるものだと言われている。それは、彼女が創設に努力した「スピリチュアリスト国民連合」の綱領として採用されたばかりでなく、今日に至るまで「スピリチュアリズムの七綱領」として認められている。次のようなものである。

（1）神はあらゆるものの源である。
（2）人類はみな同胞である。
（3）人間の個性は死後も存続する。
（4）この世とあの世とは交信可能であり、人間は天使（守護霊）の指導を受ける。
（5）各人にはそれぞれ果たすべき責務がある。
（6）生きている間も死んでからも、行ったことには必ず報いがある。
（7）人の魂は永遠に向上することができる。

以上は現在もスピリチュアリストの団体、たとえば「国際スピリチュアリスト連盟（ISF：International Spiritualist Federation）」などによって公認されているが、スピリチュアリズムがキリスト教国以外に広まるにつれて全部を容認できないスピリチュアリストも出てきたために、現在では最も基本的な二つの綱領、「人間の個性は死後も存続する」と「この世とあの世とは交信可能である」を認めることが、スピリチュアリストである条件と考えられている。

✺SPR分裂後――ステイントン・モーゼズの活躍

一八八六年にSPRを脱会した中心人物の一人ステイントン・モーゼズは、初期のスピリチュアリストの中で

ステイントン・モーゼズ

は最も著名な人物である。

モーゼズはキリスト教の牧師であると同時に強力な霊媒だった。この二つが相まって、彼の代表的な著作であり「スピリチュアリズムのバイブル」と言われている『霊の教え』(*Spirit Teachings*)（日本では『霊訓』と訳されている）が生まれた。

モーゼズはオックスフォード大学を卒業後、聖職者としての資格をとり、マン島で教区の牧師となったが、二度大病をして職を離れ、しばらく個人教授をした後、ロンドンの大学の教員となった。この仕事もまた十八年後には病気のために辞めなければならなくなり、その三年後に五十三歳で亡くなっている。見たところは恰幅《かっぷく》のいい堂々たる風貌だが、痛風持ちで、風邪を引いたり神経衰弱にかかりやすく、霊媒にありがちな「巫病《ふびょう》」持ちと言うべき体質だったようだ。

幼時から霊能のしるしがあり、モーゼズ自身の言では、学生時代に山中の修道院で半年過ごしたことが霊能発現の基となったということだが、それは後の回顧談の中で語られていることで、はじめのうち彼は、聖職者という立場からスピリチュアリズムをまったく無視していた。変化が起きたのは一八七一年にロンドンの大学で職を得た翌年、三十三歳の時である。そのきっかけは彼の主治医であり生涯の親友となった医者の奥さんの勧めで降霊会に出席したことだ。その後彼は、D・D・ホームなどの降霊会にも出るようになり、やがて自分自身の上にもさまざまな現象が起こってくる。

叩音があちこちに鳴り響き、家具や部屋が揺れたり、大の男が二人がかりでも持ち上げることのできない八脚のマホガニーのテーブルが浮き上がったり、モーゼズ自身が浮き上がり、テーブルの上に落とされた後、ソファに転がったり、物品が部屋を越えて移動したりした。中でも奇妙だったのは、どこからともなくやってきた小さい品物——象牙の十字架、珊瑚《さんご》、真珠、宝石——などがベッドの上に十字架の形に並ぶことだった。これは、後になって、意味のあることだったのが判明する。

そのほか芳香が漂ったり、音楽が聞こえたり、あらゆる種類の心霊現象が起こったと言われるが、最も重要だったのは自動書記である。これは一八七二年から五年間ほど頻繁に起こり、それからだんだんと少なくなっていって一八八三年まで続いた。さまざまなメッセージの送り手が現れ、その数は四十九名になったが、それを統括するのは「インペレーター」と名乗る者であった。いわゆる「背後霊団」がこの事業を組織的に行っていたということになる。インペレーターはいつもは他の者のメッセージの中で意見を伝えたが、時には自分で文章を綴ることがあり、署名に添えて十字の印を残した。前述のベッドの上のアポーツ（物品移動・出現）によって作られた十字は彼のしるしだったのである。

この「背後霊団」のメンバーは、本が出版されたときにはすべて本名ではなく仮名で表されたが、モーゼズは彼らが誰なのかは知っていたという。しかし、書けば疑われるか、嘲笑されるに違いないと思い、あえて書かなかったということだ。メッセージはすべて二十四冊のノートブックにモーゼズの手で、時には送り手の直接手記によって書かれ、彼の死後、一時フレデリック・マイヤーズによって保管された後、モーゼズが創立に尽力したロンドン・スピリチュアリスト同盟に移管された。現在はその後裔である「心霊研究大学（The College of Psychic Studies）」に残っているが、一冊欠けて、

ステイトン・モーゼズ『霊訓』1883年（1949年）

二十三冊になっている。

その後、ある研究家によって明らかにされたところによると、インペレーターは『旧約聖書』に出てくるユダヤの預言者マラキで、他にエリヤ、ダニエル、バプテスマのヨハネなど『旧約聖書』（または『新約聖書』）中の人物七名、またソロン、プラトン、アリストテレスなど古代の賢人、学者たち、ロバート・オーエン、ベンジャミン・フランクリンなど近代の碩学を含む十四名の名が、メッセージの送り手として挙げられている。

当然、モーゼズ自身の意見が投影したものではないかという疑問が起こるが、それについて彼は、送られてきた内容は牧師としての自分の意志にまったく反するものであり、しばしば反対意見を述べたが、それに対してさらに強い意見が送られてきた。そのため、書きながらほかのことを考えるようにしたり、わざと難解な本を読んでみたりしたが、それでも自分の手は動き続けた、と言っている。

この本も、したがって、アラン・カルデックの『霊の書』と同様、対話体で書かれている。その重要な主題は、現存するキリスト教の錯誤や迷妄を正そうとするところにあり、まさにモーゼズのような熱心なキリスト教徒なら飛び上がりかねないような内容であった。

「人類はイエスの教えの周りに、ちょうどパリサイ人がモーゼの法に対してしたように、だんだんと推論や予測や物質論的な意見の壁を廻らしてきた。……われわれの仕事は、イエスがユダヤ教に対してしたと同じことを、キリスト教に対してすることである。形骸化した内容を精神的なものとし、新しい生命を吹き込むのだ」[*1]というのが、霊団の賢人たちの趣旨である。

したがって内容は宗教論的であり、既存の教会の規範や聖書の文字にとらわれることなく、自己の良心の「光」によって判断し行動すべきであること、あらゆる行為は絶対不変の因果律の支配を受けるがゆえに、「地獄」とは自分の行為がもたらす魂の苦悩の状態であり、それが即ち「罰」なのであって、神が下す復讐の鞭などではない。日常の幸福は、神に対して、同胞に対して、自分自身に対して、責務を果たすことによってもたらされるもので、その人間の持つ宗教的信条とは関わりのないものである……等々、スピリチュアリスト的信条が説かれている。

モーゼズはSPRの設立にも大きな役割を果たした。ドーソン・ロジャーズのアイデアをバレット教授が実行に移したのがSPRだが、バレットはモーゼズに協力を依頼、モーゼズは快諾して、シジウイック、マイヤーズ、ホジソン、ガーニィほか数名の学者たちを説いてSPRに入会させたと言われる。彼が副会長に就任したのもそのためであるし、エグリントンの事件（第四章「SPRの葛藤と分裂」参照）の際に辞任したことは、たとえそのとき辞めたのが彼とドーソン・ロジャーズの二人だけだったとしても、SPRにとっては衝撃的であり、象徴的な出来事であったことは確かである。

モーゼズは辞任する二年前の一八八四年に、当時、最も重きを成していたスピリチュアリストの組織で改名したばかりの「ロンドン・スピリチュアリスト同盟」の初代会長に就任し、死ぬまでその職にあった。この職の重みがSPRを辞任する決意を加速させたとも言える。時代を代表するスピリチュアリストだった。

彼の功績はもう一つ、ドーソン・ロジャーズと共に一八八一年に『ライト』誌（*Light*）を刊行したことだ。この週刊誌は「ロンドン・スピリチュアリスト同盟」の機関誌の役目を担い、エグリントン事件においては、モーゼズによるSPR批判の舞台となった。現在も『二つの世界』と並んで、スピリチュアリズムの代表的な雑誌として宣伝と啓蒙に中心的な役割を果たしている。

"LIGHT," JULY 28, 1933.

Light

A Journal of Psychical, Occult, and Mystical Research

FOUNDED IN 1881 · Editor: GEORGE H. LETHEM. · Past Editors: Rev. W. STAINTON MOSES. (M.A. Oxon.) EDMUND DAWSON ROGERS. E. W. WALLIS. DAVID GOW.

No. 2742. VOL. LIII. (Registered as a Newspaper) FRIDAY, JULY 28, 1933. PRICE FOURPENCE

PRINCIPAL CONTENTS

The Visions of Swedenborg. By Rev. G. A. Sexton	465-6
Humanity and Time. By Horace Leaf, F.R.G.S.	466
"Fear" Complaints and Psychic Healing	467
Foreign Notes	468
Curious Ancient Burial Mound in Mexico. By Thomas Gann, F.R.G.S., and Mary Gann	468
Dr. Glen Hamilton on Trance Personality	469
Scientific Philosophy of To-day: Telepathy. By C. Wickstead Armstrong	470
The Law of the Herd	472
Book Review. By H. F. Prevost Battersby: Reincarnation in Romance	473
An Edinburgh Ghost. By Jean M. Speedy	474
Importance of Psychic Fiction. By Dr. Nandor Fodor	475

THE VISIONS OF SWEDENBORG

HIS POWER OF COMMUNICATING WITH THE SPIRIT WORLD

By the REV. G. A. SEXTON

(Minister of the New Church)

OF all the visions of the Spiritual World that have been granted to men on this earth, there is none so complete as that of Emanuel Swedenborg. For twenty-eight years of his life he lived in both worlds at once—seeing, hearing, and touching the things of the Spiritual World, as sensitively as the things of this world; talking with people in that world, including nearly all those whom he had known in his earth life, who had passed on, and giving many proofs that he did converse with those who had passed death.

It is difficult to have an absolute proof of conversation with those in the other world. To hear a voice that is recognised may be helpful to some, but is not proof, because a voice might be imitated. To derive information that is known to be correct by some person present is not proof, because it might be derived by telepathy from the mind of that person. Even to obtain information that is only known to someone in a distant part of the earth is not absolute proof, because telepathy might act at a distance, and without the consciousness of the person. But, to derive information that was known to no person on earth, but only to persons in the other world, would be proof that those minds which held the knowledge were still existent, and were directly or indirectly the source from which it was derived.

Amongst the evidences given by Swedenborg was at least one such incident which, providentially, took place before about thirty witnesses.

A lady whose husband was "deceased from this world" was very troubled for want of an important document, and Swedenborg, hearing the trouble mentioned, said that he would see her husband and ask him about it. A short time later he went again to the house, and said to the lady that he had seen her husband, who said that the document was in a drawer in his desk. The lady said that that could not be true, because that desk had been thoroughly turned out; but Swedenborg replied that the husband had said that there was a secret chamber in the desk, and described not only how to open it, but the other papers that would be found there. Then the whole company, of whom there happened to be about thirty present at the time, went to the study, examined the desk, and found the secret chamber, and the other papers in it exactly as described.

In that case the information could not have been known to anyone else on earth. Even if the maker of the desk had been alive, and known of the secret chamber, he would not have known what other papers were in it.

This incident, however, does not stand alone. Swedenborg's life was full of such confirmatory happenings; and it may be useful to quote one or two examples.

There was the case of Queen Ulrica of Sweden, who asked Swedenborg to give her remembrances to her brother in the other world, possibly scarcely thinking that he could do so; and at their next meeting, Swedenborg brought a message from her deceased brother which very much astonished the Queen, who is reported to have said, "Only God and my brother know what he has told me."

Again, there is a case that was put as an intentional proof. A man came to Swedenborg and, after introducing himself, said that he had heard about Swedenborg's gift of talking with those in the other world, and asked if Swedenborg would mind giving him a proof that it was so. Swedenborg replied that it would be very unreasonable if he were to be offended at such a request; whereupon his visitor asked if he could find a friend of his who was now deceased, and find out from him what was the subject of their last conversation together. Swedenborg said that he would try; and in due course he brought greetings from the man to his friend along with a detailed account of that conversation.

We cannot take time now to extend these descriptions,

(*Continued at foot of next page*)

『ライト』誌、1933年7月28日付

✺ジョージ・ヴェール・オーエン牧師『ヴェールの彼方の生活』

モーゼズの『霊訓』と並んで高く評価されているのが、ジョージ・ヴェール・オーエンの『ヴェールの彼方の生活』(*Life Beyond the Veil*) である。彼もまた聖職者であり、「霊団」の指示による自動書記によってこの本を書いたことなど、モーゼズとよく似ている。

ジョージ・ヴェール・オーエンの生涯のはじめは比較的平穏で、大学を卒業後、いくつかの教区で経験を積んだのち、イングランド北西部の工業都市、ウォーリントン近くの町の副司祭となった。彼はこの町に新しく教会を建て、二十年間勤めて教区民の信用は極めて厚かった。この間、彼はしばしば霊的体験をするようになる。最初は亡くなった母からメッセージが伝えられたが、そのうち母に代わって何人もの「霊」が通信してくるようになり、一九一三年には「ザブディール」と名乗る人物がメッセージを送ってきた。彼によれば、彼を含む高級霊たちの一大階層があり、自分は彼らの代表者としてオーエンに霊界の真実を伝えるのだという。

オーエンは常に机の上に紙とペンを置いて、いつでも通信を受け取ることができるようにしていた。通信の内容は散発的に発表されたが、それをたまたま読んだジャーナリズム界の大物、ノースクリフ卿が感銘を受け、自分の日曜週刊紙『ウイークリー・ディスパッチ』に連載した。一九二〇年のことである。同紙は売り上げを急速に伸ばしたが、オーエンはいっさい原稿料を受け取らなかった。有力紙による掲載は、スピリチュアリズムが民間に浸透するのを大いに助けたが、それがオーエンにとっては仇となり、英国国教会はこれを快く思わず、陰に陽にオーエンに圧力を加えた。オーエンはついに副司祭の職を辞し、その後はスピリチュアリスト教会の牧師として生活するようになった。

彼はこのほか十冊近い本を出しているが、最も重要でよく読まれているのがこの五巻本の大著『ヴェールの彼方の生活』である。モーゼズの『霊訓』と違う点は、各層に分かれている霊界の構造とそれぞれの状況が、詳しく、色彩豊かに、目の前に浮かぶように書かれていることだ。それと共に宇宙創造の過程を視野に入れた想像力の広さや、鉱物界、植物界、動物界、人間界などに関する知識の豊富さ等の点でスウェーデンボルグの記述が彷彿され、この巨人の霊的な影響下で書かれたのではないかという憶測を生んでいる。また、古典的な文章の美しさも第一級のものだ。

読者は、全宇宙が各界における高級霊団によって組織され運営されていること、至高の界からの霊的エネルギーによって各界が創造され統一されていること、存在の原理である「光」と「波動」が物質や霊にどのように作用し、その進歩にどのように関わっているか等を知ることができる。また地獄や極楽の様相についても、実際にその場にいるかのように生き生きと書かれている。さらに霊界の上には光も届かぬほどの遥かな高みがあり、個々の霊の無限の進歩が続いていることを知るのである。

✳その他のスピリチュアリズム重要文献

『ヴェールの彼方の生活』を挙げた以上、フレデリック・マイヤーズが通信霊となって書かれたと言われる『永遠への道』（*The Road to Immortality*）も挙げなければ不公平であるように思われる。さらに、現在でも非常に多くの読者を獲得している「シルバー・バーチ」という古代霊からの通信（モーリス・バーバネルという新聞編集者による自動書記）にも触れなければならないだろうし、そうなると、同じように人気がある『ジュリア通信』（タイタニック号と共に海底に沈んだ新聞編集者のウィリアム・ステッドが生前自動書記で書いたもの）などが頭に浮かんでくる。読者には不満かもしれないが、ここでは『ヴェールの彼方の生活』に似た性格のものとして、『永遠への道』を挙げるにとどめる。

この本は、自動書記霊媒として有名なジェラルディン・カミンズという女性の四番目の作品として一九三二年に発表された。高級霊や古代の賢人などからの通信ではなく、まだ知己も地上に残っている、いわば霊界の新参者であるフレデリック・マイヤーズからのメッセージだが、七層に及ぶ霊界の構造や、各界の仕組みを説く構想力の壮大さと、重厚な文章による説得力は、『ヴェールの彼方の生活』に劣るものではない。長年心霊研究の苦難を共にしたオリヴァー・ロッジは序文を寄せ、死後三十年間にこれだけの理解に達した親友の、なおもやまぬ情熱と研鑽を讃えている。

全体の構造や状況はスピリチュアリズムに特有なものだが、死者がこれから先の霊界生活の準備のためにしばらく滞在すると言われる「サマーランド」の記述は、マイヤーズ自身の体験を感じさせる印象深いものになっている。そのほか、類似の霊魂が集まって一つの魂を作るという「類魂」説は、生前彼が、一人の人間の中にいくつもの人格が現れる現象を理解するために苦労した結果、彼の著『人間個性とその死後の存続』の中で展開するに至った「複数潜在意識」説を思わせるものである。霊界に至って、やっと彼はその証拠を見つけたと言うべきか。

✺フォックス姉妹晩年のスキャンダル

ここで一度現実に戻ろう。
私たちはスピリチュアリズムの歴史が決して平坦な道ではなかったことを見てきた。華やかな現象が世間の目を敧《そばだ》たせ、喝采を浴びた反面、多くの、いや、すべての、と言い直していいが、霊媒たちが疑惑の目で見られ、嘲罵され、迫害を受け、そしてある者は実際に不正へ走った。スピリチュアリズムの歴史は、一面、霊媒たちの受難の歴史であり、心霊研究は、その反面、霊媒たちのあら探しの歴史となった感がある。

十九世紀の末に起こったフォックス姉妹のスキャンダルこそ、そういう状況を象徴する出来事だったと言えよう。とくに、彼女たちがスピリチュアリズムを発足させた当の本人たちであったことを考えれば、いっそうその感が深い。

事の起こりは姉妹たちの争いであった。当時のアメリカの田舎娘三人ともが、普通なら望み得ないような社会的地位のある男性と結婚し、安定した人生を約束されたように見えたが、次女のマーガレットだけが夫を早く失い、アルコールに耽溺するようになった。もともと彼女は酒好きで、夫から日頃厳重注意されていたのである。亡くなった夫のケーンは北極探検で有名な冒険家で、医師でもあった。彼はまた、マーガレットが霊能を公開するのを快く思わず、彼女の姉のリーに利用されているのではないかと疑っていた。また宗教上の理由からもそんな悪魔の所行は早くやめて敬虔なキリスト教徒になるようにと戒《いまし》めていた。

夫の死後、ふたたび霊能によって生活するようになったマーガレットは、酒浸りの生活から抜けきれず、いつも貧乏だった。賞金稼ぎにセイバート委員会（第五章参照）の懸賞に応じ、ガラスのコップの上に立たされて音を出してみせたが、受け入れられなかったということもあった。「五ドルも出せば、母親でさえも裏切っただろう」と、後になって言われたような状態だった。[*2]

彼女の生活態度は、姉のリーからも厳しく非難されていた。リーは裕福な保険業者と結婚していて三人姉妹の中では生活は最も安定していたし、妹たちよりはるかに年長だったので、マーガレットとケイトに対しては母親のような保護者的態度をとっていたと思われる。

争いが表面化したのは、末娘のケイトの二人の息子の養育についてリーが干渉したためである。ケイトは弁護士と結婚していたが、夫を失い、その後も霊能活動を続けていた。リーはケイトを厳しく批判し、ケイトから息子の養育権を取り上げようとしたため、ケイトは大いに反発し、マーガレットと共にリーに敵対行動を取るようになった。

一方、この頃ふたたびロンドンに帰っていたマーガレットは熱心なカトリック信者になっていた。死んだ夫の影響だろう。これが彼女のスピリチュアリズムに対する態度を変化させていた。彼女はケイトと一緒に姉のリーに報復することを誓った。早速『ニューヨーク・ヘラルド』紙に手紙を送り、「悪魔の所行」であるスピリチュアリズムを弾劾し、そのインチキを自分がばらしてみせると公言した。この手紙は一八八八年五月二十七日の紙上で公表された。マーガレットはニューヨークに戻り、「ニューヨーク音楽アカデミー」で、どうして叩音を出すか実演してみせ、スピリチュアリズムはまったくの詐術であると訴えた。

しばらくしてケイトもニューヨークに来て、姉と一緒になってスピリチュアリズム暴露の公演を行った。彼女が少女霊媒だった頃、彼女から亡くなった妻のメッセージを伝えられて慰められ、そのお返しに彼女を貧困と周囲の嘲罵の中から救ってくれたニューヨークの銀行家をはじめ、それまでに彼女を支持してくれた人々のことを考えると、スピリチュアリズムの真偽はともかく、狂気の沙汰には違いなかった。

一方、反スピリチュアリズムの面々は大いに活気づいた。『スピリチュアリズムに対する死の一撃』（Reuben Biggs Davenport, *The Death Blow to Spiritualism*）という本まで刊行され、世間の反響の大きさを物語っている。

しかし話はそれだけでは終わらない。ナンダ・フォダーによれば、それから約一年後の一八八九年の十一月二十日にマーガレットはインタビューを受けて、自分がしたスピリチュアリズム非難の告白を撤回している。告白をした頃、彼女は極めて貧しく、わずかな収入でも欲しかったこと、スピリチュアリズムに反対する人々の敵意に耐えられなかったこと、などを述べたと言われる。また彼女は公開の手紙を書いて、同じ趣旨のことを一般の人々に伝えようとした。

しかしスピリチュアリズム非難の声はやまなかった。スキャンダルの余燼のまだ収まらぬ五年後の一八九三年までに、リーをはじめとしてケイト、マーガレットと続いて他界した。

ふたたびフォダーの言うところに耳を貸せば、死の床にあったマーガレットを看取った女性医師の証言が一九〇五年のニューヨーク法医学会の会合であったそうで、それによれば、手も足ももはや動かすことのできぬマーガレットの霊界への問いかけに対して、天井から、壁から、叩音が鳴り続けたという。

その音は、フォックス姉妹によってはじまり、D・D・ホームやクルックスやマイヤーズなどによって頂点に達したスピリチュアリズム黄金時代の最後を告げる「鐘」、いや「杖」の音だったと言えよう。

しかしスピリチュアリズムそれ自身は、それで終わりを告げたのでないことはもちろんである。マーガレットやケイトのスキャンダルは「最後の一撃」にはならなかった。彼女らの死に代わって、ユーサピア・パラディーノの霊能が世間の話題を攫《さら》うようになり、リチャード・ホジソンはボストンで依然としてパイパー夫人の調査に余念がなかった。世紀が変わると、SPRはクロス・コレスポンデンス研究に力を注ぎはじめる。ウィリアム・ホープの心霊写真能力が発見され、ヨーロッパではシュレンク・ノティング、ギュスタヴ・ジュレーの両科学者がエクトプラズムについて貴重な研究や実験の成果を上げる。一方、英国の隣の島アイルランドでも、W・J・クロフォードがエクトプラズムについて画期的な発見をもたらした。

こうしてみると、十九世紀末から二十世紀初頭にかけては、スピリチュアリズムは初期の華々しさや熱気は失ったものの、まだまだ役者には困らなかったし、また、心霊研究の方面では、初期の大看板だった物理的霊現象（霊の出現と霊が行うとされる叩音やテーブル・ターニングなどの物理現象）の学術的収穫期だったと言えるだろう。

様子が変わったのは一九一四年に第一次世界大戦がはじまってからである。

✺第一次世界大戦の影響――『レイモンド』ベストセラーに

スピリチュアリズムは、一部の社会的に余裕のある人間や好事家や研究者の対象ではなくなり、生活上の必要事となっていったのだ。つまり、戦争で家族のメンバーを失った人々が、なんとかして戦死した肉親と交流したいと願い、霊能者の許を訪れるようになったのである。その傾向に拍車をかけ、象徴的な出来事となったのが、オリヴァー・ロッジの書いた『レイモンド、または生と死』(*Raymond or Life and Death*) の出版だった。

ロッジは、前にも言ったが、英国を代表する物理学者であった。理論物理学の功績で「サー」の称号を授与され、また英国における心霊研究の重鎮としてこの本にも何度も登場している。

『レイモンド』は戦死した彼の息子のレイモンドとの、霊媒を通じての対話を柱として書かれたものである。陸軍少尉であったレイモンドの死は一九一五年九月十七日付の公報で知らされた。その一ヵ月ほど前に、後に「フォーヌス通信」と呼ばれるようになる奇妙な伝言がロッジ宛にあった。これはクロス・コレスポンデンスの典型的な例である。

伝言を受けたのは米国ニューハンプシャーの自宅にいたパイパー夫人である。その時ロッジは大西洋を隔ててロンドンにいた。パイパー夫人はある女性のために降霊会を開いていたのだが、その女性へのメッセージが済むやいなや、唐突にリチャード・ホジソンと名乗る人物が「おい、ロッジ」と言いはじめたのである。

「マイヤーズが、君は詩人の役をやれ、自分はフォーヌスをやると言っているぞ。フォーヌスだ。マイヤーズがさ。護るんだよ。彼は分かってる。どうだ、ロッジ。ヴェラルに聞いてみたらいい。彼女は分かるよ。アーサーがそう言ってる」

ヴェラルは第四章に出た古典学者のヴェラル夫人。アーサーは亡くなったその夫。この様子だと、ホジソンとマイヤーズとアーサー・ヴェラルの三人が霊界で集まって、ロッジに何事かを伝えようとしているように見える。「詩人」とか「フォーヌス」とかは、その時は謎だった。

このメッセージを、ある人を介してロッジが知らされたのが九月上旬。彼は、謎は古典に関するもので、彼の身に何かが起こるのを警告しているのだろうと推測し、すぐにヴェラル夫人に手紙を書いた。ヴェラル夫人から返事があったのは九月十七日。レイモンド戦死の公報が発せられたのと同日である。手紙によれば「謎」はホラチウスの詩の一節にあるもので、詩人（ホラチウス）に大木が倒れかかってくるのをフォーヌスの守護のおかげでかろうじて避けることができたという内容だとのこと。ロッジは自分に災難が降りかかってくるが、なんとか逃

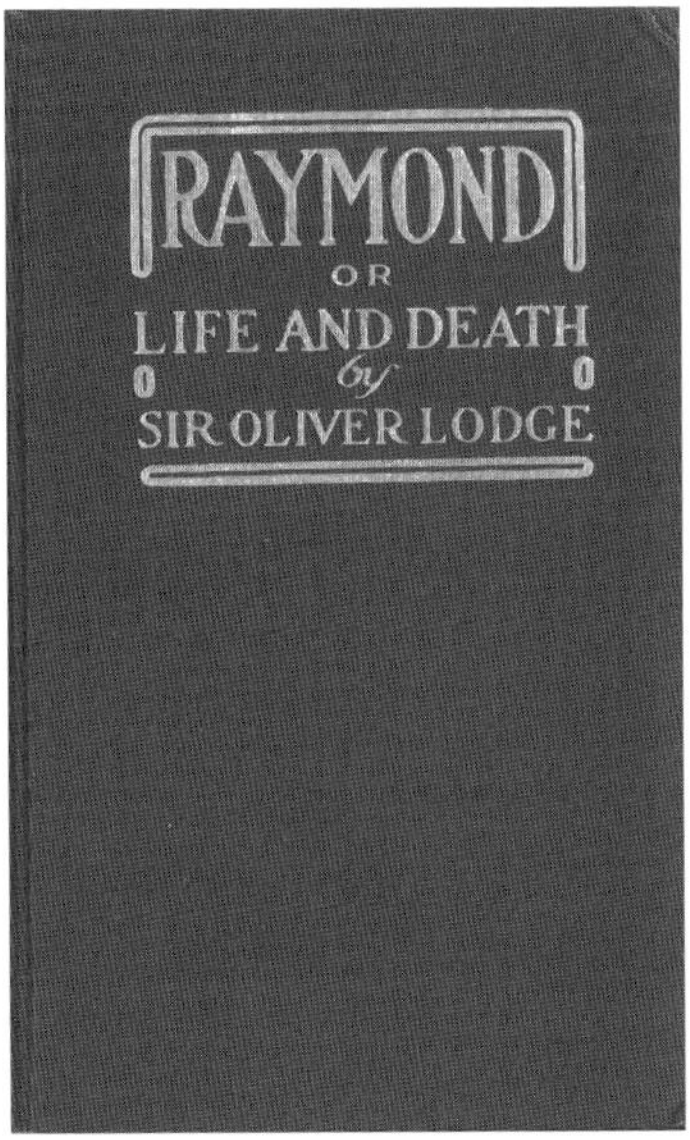

オリヴァー・ロッジ『レイモンド』1916年

出征前のレイモンド

れることができるという意味だろうと推測。「災難」とはたぶん金銭的な問題だろうと考えた。

その二日後の九月十九日に、公報が届いたのだ。「木が倒れる」というのは、聖書によれば「死」を意味するのだということは後で気がついた。レイモンドの死の打撃からロッジが立ち直るためにマイヤーズが手を貸す、ということだったらしいのだ。レイモンドはロッジの末の息子で、少年時代の行動や考えが自分に似ているのでロッジはずいぶん彼を愛し、将来を期待していたらしい。

この本は単に親子の愛情の物語ではなく、霊界におけるレイモンドの身元証明と、霊界で彼が見聞したことを父に伝えるというもので、それを通じてロッジ自身が信ずる死後の世界の存在の具体的な証拠を示そうとするものである。通信を媒介したのはレナード夫人やパイパー夫人という当時最高と言われた霊媒たちだった。レイモンドの身元証明というのは、彼が家族と一緒の生活を思い出して伝えると、受け手のロッジが判断する、というもので、時にはロッジが忘れてしまっていて、レイモンドにたしなめられたりした。レイモンドが謎を掛けて楽しんだりすることもあり、そのやりとりがユーモラスである。

またレイモンドはたしかに親譲りの科学者らしい関心を持っていて、霊界での様子を具体的に生き生きと伝えている。たとえば、霊界にある木や花が、彼が地上にいたときには想念で作られると思っていたのに、霊界に来てみると実質感があるのはなぜだろうか、どうも、地上から一種の化学的成分が絶えず上昇してきていて、それが変化して霊界に定着しているようだとか、彼が住んでいる家は煉瓦で造られているとレイモンドが言うと、ロッジが、どういう煉瓦かと訊く。レイモンドは、それは大気中からどう原子を取り込むかの問題で、その専門家がいるのだと言う。彼が見たものは、火花を立てて回転している車輪のようなもので、そこから滴《したた》り落ちるものが下にある長い装置を伝わって出てくると「煉瓦」としか呼びようのないものになっている、と言ったりする。

そのほか、霊界にあるシガー（葉巻）やウイスキーやソーダなどについてあまりにも具体的に書いてあるために、ロッジは世間から嘲笑され非難を受けた。親子の情がこういうものを書かせる免罪符となっていいものだろうか、と皮肉る科学者もいた。ロッジはしかし、自分の心霊研究は長い経歴を持つものであり、以前は他人の経験を対象としたのだが、今回は自分自身の経験に代わっただけに過ぎない。自分の立場に変わりはない、と述べている。実際『レイモンド』によって、彼は霊魂説を受け入れる立場を今までになく明確にしたのである。

✺コナン・ドイル、「スピリチュアリズムの宣教師」となる

戦争によって子息を失い、スピリチュアリズムに傾斜していったもう一人の重要な人物はコナン・ドイル、あのシャーロック・ホームズの生みの親であり、また、今私が書いているこの本の最大の貢献者の一人でもあるヴィクトリア朝の医者・作家である。

コナン・ドイル

彼の行動は、当然、学者であるロッジとは大いに違っていた。「スピリチュアリズムのパウロ」と言われたほどに（これで男女の「パウロ」が出揃う。「女パウロ」と言われたのは、読者も覚えておられるだろうが、エマ・ハーディング・ブリテンである）、精力的に世界各地を行脚して回り、講演に、討論に、執筆に、スピリチュアリズムこそは人類の福音であり、愛する者を失った人々の最大の慰めであることを説き続けた。

彼の息子、キングスリー・コナン・ドイル大尉

は一九一六年にソンムの戦いで重傷を負い、一九一八年に除隊したが、翌年亡くなった。ドイルは一九一六年にはすでに「死者との交流を信じる」一文を書いているが、『新しい啓示』と『生命の言葉』を出版して、はっきりとスピリチュアリズムのために闘うことを明言し、伝道の行脚をはじめたのは一九一八年、息子が死の床にあった年のことである。

彼の決意表明は、もちろん、世人を驚かした。シャーロック・ホームズ物語の作者として人気の頂点にあったときのことである。人もあろうに、あの良識家の手本であるはずのコナン・ドイルが、と、裏切られたような気分になった人が多かったらしい。一方、『デイリー・クロニクル』や『デイリー・ニュース』のような新聞はむしろ彼の決意を賞賛し、世間に与える影響は大きいだろうと書いた。

ドイルが心霊研究に興味を持ちはじめたのは三十年ほども前の、まだ開業医だった二十歳代末の頃だ。患者であったドレイソンという将軍の家に招かれ、降霊会に出席したときのことである。この時の現象はもっぱらアポーツ（物品の出現）だった。あまり奇抜なので、かえってばかばかしく思われ、もっと調べてやろうという気が起こったという。この辺は、好奇心と研究心の強いドイルらしい。そこでSPRに入会して研究をはじめた。

世間は彼をシャーロック・ホームズのような冷静な合理主義者と見なしていたようだが、実はその合理精神が彼を含む英国の知的エリートたちをして心霊研究に赴かせたのだということは、第三章のはじめに述べたところである。それ以外にも彼には旺盛な好奇心、探偵小説家らしい原因追及の精神、世間の陽のあたらない部分に対する同情心、社会の不公平や人々の虚偽や怯懦を見逃すことのできないヴィクトリア朝英国人らしい正義感と侠気、などがあった。たしかに、彼のシャーロック・ホームズ物語には、トリックとしてのほかはいっさい心霊現象は出てこないが、今挙げた彼の特徴はすべて「ホームズ物語」の中にあるものである。

さて、書斎人から伝道者へ転身を決意したのは、彼の言によれば、戦争の不幸に悩む人々に対する同情心からと、心霊研究を単に知的な趣味や魅力的で風変わりな研究にとどめておいてはいけないという認識からだったという。さらにこうも言っている。

これ（スピリチュアリズム）が心の底から受け容れられると世界の全思想に徹底的変化を与えて練りなおすことになるに相違ないと知った瞬間から、私は、このことのために働くのはよいことだと思い、またこれと比べれば、私の過去の仕事は無にひとしい、と知った。[*3]

「無にひとしい」とはまた思い切った言葉だが、人類が最初に手にした探偵小説、未だに毎年何万人もの愛読者を世に送り続けている超ロングセラーを「無」と言い切るだけの彼の決意は、単に文学者の気まぐれとは言えない重いものがあっただろう。

ドイルはまず手はじめに英国の各都市を回り、ついでオーストラリアとニュージーランドへ行き、さらにアメリカの東海岸から西のカリフォルニア州にまで至り、いったん帰国してから南アフリカへ、続いて北ヨーロッパ諸国へと、その足跡は文字通り世界中に及んだ。一九二二年には、前に述べたように、心霊写真家のウィリアム・ホープをＳＰＲの非難に対して強く弁護した。

一九二五年には、スピリチュアリストの国際グループ「国際スピリチュアリスト連盟（ＩＳＦ）」の第二回会議がパリで開催され、コナン・ドイルは名誉会長に選ばれた。三年後のロンドンでの会議には日本から福来友吉、浅野和三郎が出席し、コナン・ドイルの姿を壇上に見ている。この会議は、はじめ三年に一回だったのが、後に二年に一回となって、スピリチュアリストたちの親睦行事として現在も続いている。

彼はまた「ロンドン・スピリチュアリスト同盟」（本章「ＳＰＲ分裂後――ステイントン・モーゼズの活躍」参照）の会長であったが、会に専属する霊能者が「占い法（Fortune Telling Act）」に違反したとして八〇〇ポンドの罰金を科せられたとき、敢然として『タイムズ』紙に投稿してその非を訴えた。さらに「占い法」改正のための運動を起こし、一九三〇年七月一日に共鳴者を率いて内務省に乗り込み、大臣と交渉した。その六日後の七月七日に心臓発作のために死去している。

心臓病が悪化したのは、その前年の十月に寒気の厳しいスカンディナビア半島で講演旅行をして回ったときだったというが、その後も、あるスピリチュアリストの名誉がＳＰＲの機関誌によって傷つけられたことに強く反論し、ＳＰＲとの三十六年間の縁を絶ち切る手紙を病の床から書いて送り、世間を驚かせた。死の四ヵ月前のことである。まさにスピリチュアリズムの闘士にふさわしい最期だったと言えよう。

✺スピリチュアリズム再考①——科学との関係

さてこの辺で今まで話してきたスピリチュアリズムについての考えをまとめ、言い足りなかった部分を補っておこう。また、その後どうなったかについても簡単に触れよう。

スピリチュアリズムについて考えるとき真っ先に思うのは、これは新しい時代の科学だった、少なくとも科学の仲間入りをしようとした、ということである。十九世紀の科学の誕生と発展を抜きにしては考えることができないことだ。

ナンダ・フォダーは彼の『心霊科学事典』の中の「スピリチュアリズム」の項で、スピリチュアリズムの最も簡潔な定義はかつて全米スピリチュアリスト連盟が採択した「スピリチュアリズムとは、霊媒が霊界の住人たちとの交信によって一般に提供した事実に基づく科学、哲学、宗教である」と、真っ先に「科学」を挙げている。

さらに「スピリチュアリズムが『科学』になるのは、霊媒によって提供される事実や幽霊やポルターガイストなどの自然発生的霊現象を調査し、分析し、分類するからである」と言う。

彼が考えている「科学」は現在われわれが「心霊科学」と呼んでいるもので、人によってはそれを「疑似科学（科学とは似て非なるもの）」と呼ぶかもしれない（現代アメリカの歴史家ジャネット・オッペンハイムは彼女の『英国心霊主義の抬頭』の中でその言葉を使っている）。多くの科学者はそう考え、そのためいまもって「心霊科学」の後身である「超心理学」が科学の仲間入りができない理由だろう（アメリカでは一九六九年に初めて学会の一員として認められるようになった）。

心霊科学が科学であるかどうか、ここで論議するつもりはないが、スピリチュアリズムの誕生が当時発展途上にあった科学（とくに物理学と化学）と密接に結びついたことは疑いのないことである。叩音（壁や床を叩く音）と共に霊界からの通信が送られてきたというのは、当時はじまったばかりのモールス符号による電信になんとよく似ていることだろう。実際霊媒たちが叩音と共に降霊会をはじめ、「叩音霊媒」という名さえもらったのはこの頃だけで、今ではほとんど稀な現象である。また科学実験の対象として有名な、人体や物品の空中浮揚や幽霊の出現などのいわゆる「物理現象」が盛んに起こったのも、D・D・ホームが活躍した一八五〇年代から七〇年代にかけての初期の頃である（その後一八九〇年代初頭にユーサピア・パラディーノが出ているが）。そのうえ最初にこうした心霊現象に夢中になったのは科学者たち、しかもクルックス、ロッジ、リシェ、W・ジェームズなど当時の科学の最先端にいた者たちである。

ナンダ・フォダー

彼らはなぜ夢中になったのか。

「人間はどこから来てどこへ行くのか、という今まで人類が解けなかった疑問を解決する鍵になるかもしれない」とスピリチュアリズムに期待したのは古典学者のフレデリック・マイヤーズだが、ほかの研究者たち、とくに大部分の科学者はクルックスやリシェのように、スピリチュアリズムの迷妄を科学の力で暴いてやろうと思って心霊研究をはじめたのである。そうしてミイラ取りがミイラになってしまい、ある者は世間の嘲笑を浴びながらもなんとか現象を究明しようと死ぬまで続けることになった。

なんといっても彼らは、十九世紀初頭に生まれたばかりの、「科学者」という言葉さえ目新しく、物理学と化学の区別さえ定かでなかった「科学」の力に絶大の信頼を置いたのである。ナイーヴだと言ってしまえばそれまでだが、それだけ冒険に満ちた時代だったのである。「今や新しい時代の曙が来たのだ」（第一章参照）と思ったのはスピリチュアリストだけではない。科学者もそうだったのだ。彼らの努力はかばかしい結果は生まなかったが、彼らの徹底した合理精神のおかげで、科学にはまだわからない広大な領域があるということをわれわれに伝えてくれた。三十年もの研究の後で言ったシャルル・リシェの言葉を借りれば、「私たちを包む宇宙のことを、私たちは何も知らないと思わざるを得なくなった。私たちは一種の夢の中に住んでいて、その夢の動揺や激しい動きについてはまだ何もわかってはいないのである」（第一章参照）。

しかもこの言葉を理解するのに現代まで一世紀以上の歳月がかかっている（「あとがき」を参照）。

✺スピリチュアリズム再考②――英国の風土と英国人の気質

スピリチュアリズムが科学と手を結んだもう一つの理由は、英国という国の風土及びそこに住む英国人との関わり合いである。スピリチュアリズムがはじまったのはアメリカだが、それが科学と結びついたのは英国で、フランスでもドイツでもロシアでもなかった。これはなぜだろう。一世紀近くにわたるパックス・ブリタニカを築いた英国の繁栄、産業革命の原動力となった科学技術の発展、とくにファラデイ等による実験物理学の発達など

左隅の椅子に座る、カンバーミア館の幽霊

ヴィクトリア朝の心霊写真

がその背景になったことは、第一章でも述べたので、ここで繰り返すことはしないが、もう一つ是非挙げておきたいのは、英国の風土と英国人の気質である。

英国ほど幽霊の多い国はないと今でも英国人が言うが、世界の主要都市で「ゴースト・ツアー」があるのは英国の首都ロンドンだけだろう。筆者がいた一九七〇年代の末にはロンドン旅行案内所公認のツアーが月に三回あって、素人研究家に率いられてそれぞれ違った区域を廻って歩いていた。ロンドンにはロンドン塔をはじめとしてウエスト・エンドの劇場街、ソーホーの古いパブ、セント・ジェームズ公園など、至る所で王侯貴族、役者、野盗、尼僧などあらゆる階層の幽霊が出没する（と言われる）。『*Haunted London*（幽霊のロンドン）』、『*Haunted Britain*（幽霊の英国）』などという書物は、いつでも本屋の店頭にあって観光客に人気があった。幽霊はもちろんロンドンばかりでなく、英国中の古い僧院とか古城とか町とかの観光案内書に出てくる定番の呼び物である。

筆者がある時ＳＰＲの会合に出席した際、講演者が聴衆に「この中に幽霊の出る家に住んでいる人はいませんか」と尋ねたところ、すぐに一人の紳士が手を上げた。幽霊が階段を上がる姿などを見かけることがあるのだという。別に怖がっているような様子もなく、家族の一員のような気持ちで暮らしているらしかった。また幽霊《ゴースト》ハンターという人たちがいて、幽霊が住むという家を借り、いろいろ工夫を凝らして幽霊の姿や痕跡を捕らえようとすることなどもよく聞く話である。したがって幽霊屋敷はプレミアムが付いて結構いい値段になるらしい。日本などのように（たいがいの国ではそうだろうが）誰も住まずに荒れ果てたお化け屋敷になるというのとは話が違うようだ。

こういう気質や生活態度の違いはどこから来ているのだろうか。

英国は幽霊の住みやすい国だということは言えると思う。日本などに比べて冬が長く暗く霧がよく出るので、街を歩く生きている人間さえもぼんやりして幽霊のように見えるという気象的な条件もあるが、最大の理由は家にあるのではないかと思う。ロンドンの街を歩いていて見る煉瓦造りの重厚な建物は地面に根が生えたようにが

階段を降りる、レイナム館の幽霊「茶色の貴婦人」、1936 年

っしりしていて、それそのものがヴィクトリア朝の幽霊のような感じだが、そのほか各地で文化財として保存されている貴族の館だとか僧院、古城など、百年ぐらい経っているのはあたりまえで数百年を越えるものも珍しくなく、中にはヨーク、ケンブリッジ、ライなどのように町全体が歴史の記念碑のようなところもあちこちにある。

　ただ古いからいいと言うのではなく、英国人は昔から自分の住むところを大事にする気質がある。われわれ日本人のように新しい便利なところに憧れて頻繁に住居を変えたり、家を建て直したりすることはあまりない。むしろ歴史を感じさせるような古い家に好んで住む。イギリス人にとって自分の家は城のようなものだ、と言われるが、彼らが庭に薔薇を植えたり窓をゼラニュームで飾ったりして大事にしようとする情熱は相当なものだ。その情熱が死んでから執着となって家を離れないのである。英国の幽霊は家に憑《つ》く（住む）場合が多いのだ。現代英国の霊媒マシュー・マニングによると、彼の家に出た老紳士の幽霊に「どうしてここにいるのだ」と尋ねたところ、「ここは自分の家だ、お前こそどうしてここにいるのだ」と逆に訊かれたそうである。その老人はヴィクトリア朝時代に穀類か何かの商売をしてその家を建てたという。第一章で触れた「エンフィールド」のポルターガイストの場合は、尋問したＳＰＲ調査員のモーリス・グロスに対して霊と思われる相手が何度も「出て行け」と言い、レゴの積み木を投げつけ（飛んできて当たり）さえした。そもそもポルターガイスト現象というものが家についての現象（天井や壁の叩音、ドアの自然開閉、家具の移動など）からはじまるのだ。

　とにかく年間百五十件ぐらいの幽霊出現の報告があるという英国は心霊研究には最適の土地である。霊媒も多い。全国で二千人はいるだろうと言われている。

　もう一つ忘れてならないのは、英国人の実証的精神と珍奇な物好きである。この二つが結びつくと幽霊を研究しようというようなおかしなことがはじまる。これは英国にいたときに友人から聞いたことだが、英国人の最大の褒め言葉は「おれはおかしな人間だが、君はぼく以上におかしい」というのだそうである。

　実験物理学のような、理論よりはまず実験、という学問が発達したのが英国だというのは頷けるし、その第一人者だったマイケル・ファラデイがろくに学校にも行っていなかった印刷工あがりの人間だったということは非常に象徴的である。理論よりも技術というのが、英国を産業革命の先頭に立たせた現実重視の英国人精神である。幽霊のような超現実的なものを英国人の現実精神と結びつけたのが彼らの最も得意とした実験物理学であり、それによって英国が心霊研究の中心となったということは十分納得できることである。

一方、アメリカではどうだったか。スピリチュアリズムの生みの親であり霊媒たちが輩出したのに、重要な霊媒はみんな英国に行ってしまった。国の比重がその頃は英国に大きく傾いていたということもあるが、アメリカの風土やアメリカ人の気質が心霊研究のような密室向きではなかったのである。広大な未開拓の荒野を有し、若々しく発展途上にあったアメリカにとっては、スピリチュアリズムの研究よりも、その実践の方が重要だった。それが社会の発展と結びついて、社会改革の方面に向かったのである。アンドリュー・ジャクソン・デイヴィスが降霊会の流行に嫌気が差して、「調和社会《ハーモニアル・ソサイエティ》」の実現を目指して社会改革運動を推進したのもその一つの現れであるし、また、ニューヨーク州のレバノン山におけるシェイカー教徒や、ヴァージニア州コーヴ山でのスピリチュアリストの団体などの、原始キリスト教に基づく理想郷建設運動などをも生んだ。しかし前者は厳しい禁欲、後者はフリー・セックスや財産の共有化など、極端な規律や制度のために脱落者が続出し、短い期間で瓦解した。アメリカにおけるこういうカルト集団化したユートピア建設は、歴史上出たり消えたりしながら現代にも続いている。

✺スピリチュアリズム再考③——宗教との関係

スピリチュアリズムが当時の宗教観に与えた影響は無視できないものがある。

スピリチュアリズムとキリスト教とは非常に微妙な関係にある。スウェーデンボルグのようにキリストを絶対視する敬虔なキリスト教徒がスピリチュアリズムの始祖となったということでもわかるように、両者は切っても切れない縁で結ばれている。スピリチュアリズムは死後の世界を具体的に示すことによって、即ち神の光である霊界の太陽や、何層にも重なる霊界の構造を明らかにすることによって、キリスト教に「科学的」根拠を与える援軍であると思われた。この援軍は、当時発表されて社会に大きなセンセーションを起こし、人々の唯物思想を助長し、科学発達の原動力となった「進化論」と戦う強力な戦力であった。科学に対しては「科学」をというわけである。牧師などの中にもスピリチュアリズムを歓迎する者もかなりいた。

当時の思想的危機は今日の人々（ことに非クリスチャンである大多数の日本人）の想像を上回るものだったと思われる。唯物論が盛んになって、今まで平穏だったキリスト教社会を揺るがせはじめたのだ。唯物論を推進した最大の原動力は進化論だった。人間と猿とは同じ先祖から進化した動物だという考えは社会を震撼させ、これを話題にしない者はいなかった。それに加えて『共産党宣言』や『資本論』の発表、労働者階級の出現やそれに伴うさまざまな社会改革運動の活発化などが絡み合って、世はまさに唯物思想一色になるのではないかと思われた。これに真っ向から立ち向かったのがスピリチュアリズムである。人間の魂は肉体とは異なり霊界に根拠を持ち、霊的に進化したものだという考えは、同じ「進化論」でも根本的に違う。

一方スピリチュアリズムはキリスト教会に不満を抱く者の福音ともなった。その最大の理由は神の罰がないことである。スピリチュアリズムの説く死後の世界では同じ考えや好みを持つ者同士が集まって社会を作る。したがって悪い考えを持つ者は悪い考えの者のグループに入り、お互いに苦しめ合う、それが地獄であって、教会が今まで説いてきたような、地獄の番人たちがいろいろな責め道具を使って罰を与えるという場所ではない。人間自身が地上の思いを死後まで引きずってきて自分で作り出す因果応報の世界なのである。したがって「最後の審判」のような神の怒りと罰などはない。神は常に愛の心を持って人間を救おうとしているというのがスピリチュアリズムの霊界である。

死後の世界でも人間はすべて自分に責任を持たねばならない。神の指図ではなく、自分の考えと行為とが霊界における自分の立場を決める。その人間の魂の精進によってより高い世界に行くことができるので、神の世界に近づこうと永遠に努力を続ける。これがスピリチュアリズムの「進化論」である。

筆者は一九七〇年代の末にアメリカにある禅のコミュニティで数日過ごしたことがある。その時そこに来た若者たちにどうして禅に興味を持ったか訊いたところ、ほとんどの者がキリスト教会の現状に対する不満を挙げ、その中の数名が神の罰とか怒りとか地獄の責め苦などから逃れたかったと言った。自分の努力によって悟りを開くという禅の自己責任の教えはスピリチュアリズムの自己責任と共通している。

こういう、死後の生活のすべては人間個人の責任であるという人間中心の平等論は、キリストは「神の子」であるとか、神と精霊とキリストの三位一体説とか、キリストはこの世の終わりに肉体を持って復活するという復活論などとは相容れないから、教会はやがてスピリチュアリズムを異端視し、降霊会を悪魔の所行だと非難したりするようになったのである。

ナンダ・フォダーは『心霊科学事典』の「スピリチュアリズム」の項でコナン・ドイルの次の言葉を引用している。


「スピリチュアリズムは、どの宗教の中にも入って行けない者のための宗教である」

「どの宗教を信じていても、その信仰を強める働きがある」


この言葉の確信を裏づけているのはスピリチュアリズムの得意分野である霊界の詳細な具体性である。宗教が死後の世界観に基づくものである以上、スピリチュアリズムのようにそれを具体的に説明してくれれば、信ずるものにとっては「宗教」になるし、既成宗教にとってもその霊界観を補う便利なものになるだろうというのである。しかしそう簡単にゆかないのは見てきたとおりである。キリスト教でもそうだが、禅宗でもそうである。禅宗の場合は、降霊会のようなことをいくらやっても悟りが開けるわけではない。よけいなことをするな、死後の世界に安心を見いだすなどとは最も空《むな》しいことだ、ということになる。

✺スピリチュアリズム再考④——大衆化

第一次世界大戦後スピリチュアリズムは大きくその姿を変えてゆく。その実用性が世間で評価され重宝がられるにつれて、心霊研究からは遠ざかっていくのである。

戦争中スピリチュアリズムに起こったことは、戦争の犠牲者の家族が霊媒を通じて戦（病）死した肉親や友人とコンタクトをとるということだった。その代表的な例がオリヴァー・ロッジが戦死した息子のレイモンドと霊媒を通じて長期にわたって連絡を取り、彼との会話を記した『レイモンド』であり、またコナン・ドイルが自分の息子ドイル大尉が死んだのをきっかけにスピリチュアリズムの伝道に熱心に取り組むようになったことである。これほど人々の慰めになることを黙って見過ごすわけにはゆかない、もっと人々にスピリチュアリズムを知ってもらいたいというのが、コナン・ドイルが社会の人気者だったシャーロック・ホームズを見捨てる動機であった。

戦争が状況を大きく変えた。戦争が終わると、戦勝国英国でももはや心霊研究に対する往年の熱意は冷めていた。わずかに大陸においてフランス人医師のギュスタヴ・ジュレーが霊媒のクルースキーを使って霊の手形取りに成功したぐらいがめぼしい成果である。むしろ心霊研究では二番手と見なされていたアメリカにおいて『サイエンティフィック・アメリカン』誌によるマージェリ・クランドンの調査が行われた（一九二四年）ことなどが、相変わらず大した結果は出なかったが、言うに足るものだったと言えよう。

ここで一つ読者の注意を喚起しておきたいのは、ロンドンやニューヨークから遠く離れた太平洋側の田舎町に設立されたスタンフォード大学で、創立者のリーランド・スタンフォードの一族が一九一一年に五万ドル、一九二三年に四〇万ドルもの大金を心霊研究のために寄付したことである。この寄付はやがて大きく実を結び、スタンフォード大学は第二次大戦後、心霊研究の後身である超心理学の拠点の一つになるのである。

風はアメリカに向いて吹きはじめていた。一九二〇年にSPRの会長に就任したウィリアム・マクドゥーガルが、その年にハーバード大学の心理学の教授に招聘され、さらに一九二七年にノース・カロライナ州のデューク大学に赴任する。このことが心霊研究に大きな変化をもたらすのである。彼の許で学んだJ・B・ラインがその指導の下で妻と腹心の研究者J・G・プラットと共に実験心理学を進め、やがてそれが新しい心霊研究である超心理学として花開く。「ライン革命」と言われ、心霊研究の地勢を一変するのである。今までのように霊媒に頼るのではなく、普通の人間（彼の場合は学生）を使ってでも研究はできるということが示される。「心霊研究のアマチュア化」とも言われるが、これについては次の章で詳しく述べる。

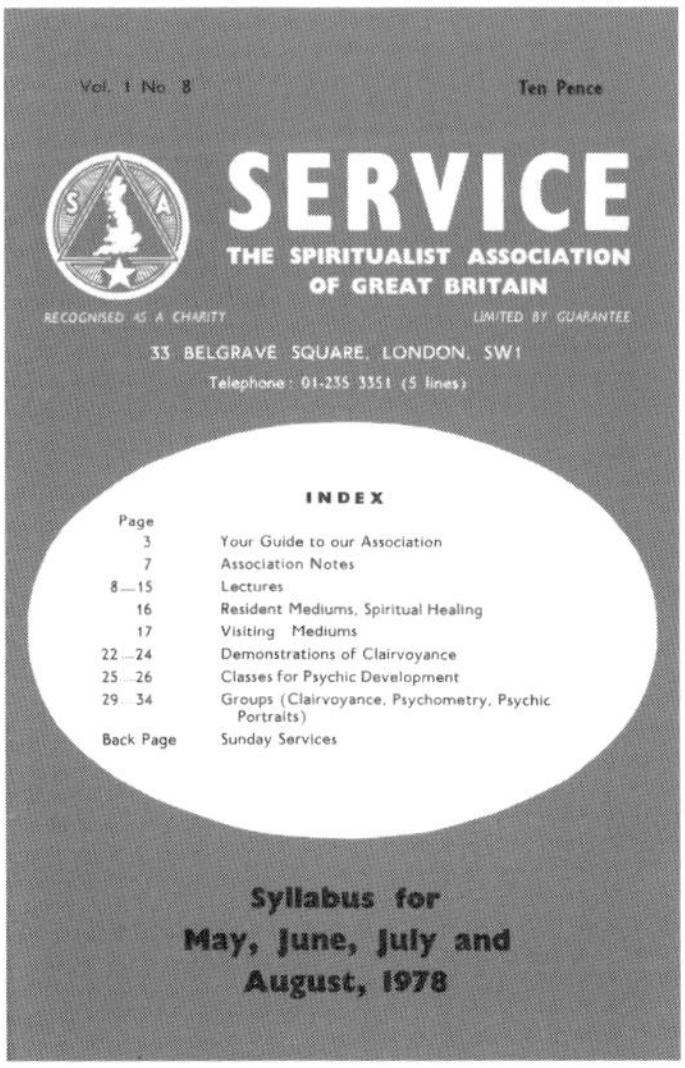

SAGBのパンフレット、1978年

心霊研究が学園に入り大衆化の時代を迎えたように、スピリチュアリズムも大衆化、カルチュア・センター（英国では成人大学）化の時代に入っていく。超心理学のおかげで「霊能は万人のもの」という考えが広まり、単に霊媒の心霊ショーに満足するだけでなく、自分も霊能を開発したいと思う人々が増えてくる。

筆者が英国に滞在した一九七〇年代末には、ロンドン・ベルグレーブ・スクエアにある、スピリチュアリストのカルチュア・センターであり「霊能のデパート」とも言うべきＳＡＧＢ（Spiritualist Association of Great Britain：大英スピリチュアリスト協会）が、一般の心霊ファンのために講演や霊能開発、心霊治療など、一ヵ月に五百時間ものプログラムを提供していた。ＳＮＵ（Spiritualist National Union：スピリチュアリスト・ナショナル・ユニオン）が経営するアーサー・フィンドレー・カレッジ（アーサー・フィンドレーが提供したロンドン北東の郊外にある広大な館において行われるスピリチュアリズム啓蒙活動の拠点。第五章参照）は、年に四十回もの一泊から七泊にわたる心霊セミナーのプログラムを提供するが、予約はいつも満員になる。大衆とは縁遠かったＳＰＲでさえ、年に一度レクチャーとディナー・パーティをセットにした数日間の国際大会を開くようになった。

大衆化のもう一つの新しい特徴は心霊治療の流行だろう。ＳＡＧＢに行けば一週間を通じていつでも治療を受けることができる。しかも料金は払わなくてもいいし、献金したい者は懐の許すだけ置いて行けばいい。英国全体で約二千人の治療師がいると言われ、全国的な組織である心霊治療師全国連盟は国民保険に加入するために政府に働きかけている。これを書いていた頃にはまだ実現には至っていなかったが、医者や病院との間に協力関係が進んでいて、共同で治療にあたる例も少なくはない。そういうことが可能なのは、一つには心霊治療がボランティアか低料金で行われるからである。[*4]

心霊研究やスピリチュアリズムはもはや貴族や上流階級や一握りの学者研究家のものではなくなったのである。一世紀以上前テーブル・ターニングに興じた王侯貴族や上流人士の代わりに、今は心霊治療を受け、霊能を開発しようとして教室に通う多くの勤労者たちがいるのである。

✺スピリチュアリズム再考⑤——研究の対象となる心霊現象[*5]

最後に参考までに心霊研究の対象となった心霊現象をまとめてみよう。一概に心霊現象と言ってもたいへん多様であることがおわかりになるだろう。

一、物理的心霊現象

（1）音響現象

叩音、空中音声、超常的音楽現象（たとえば死者が憑依して演奏また作曲する）

（2）物体の出現、消失、物体を他の物体が通り抜ける、人の意思によらぬ人体移動、物品引き寄せ（アポーツ）、遠隔移動（テレポーテーション）

（3）自動書記（トランス状態でメッセージなどを書く）、直接書記（霊が直接書く）

（4）生物への作用（たとえば掌を向けると植物の生長が促進されるなど）

（5）化学的現象（発光する、芳香が漂う、心霊写真）

（6）火熱を感じなくなる（耐火現象）

（7）浮揚現象（人体や家具などが浮かび上がる）

（8）物質化現象（幽霊、人体の一部などの出現）、非物質化現象（物体が他の物体を通るときなどに起こる）

（9）物体自身による移動や振動（テレキネシス、ポルターガイスト）、物体の重量の増減

（10）塑型（霊の手や足の痕跡、またそれによる型取り）

（11）霊の手による接触、杖占い

（12）人体の変化及びそれに属する現象（身長の伸び縮み、身体に傷などの跡の出現、幽体離脱、聖痕、オーラ、エクトプラズムの出現）

（13）熱力学的現象（物体の温度の上昇、原因不明の空気の動きや風、冷気現象）

二、心理的心霊現象

霊視（千里眼）、霊聴、霊言（トランス状態で話す）、異言（トランス状態で本人の知らない言語を話す）、水晶球画像、予言、未来予知、心霊治療、憑霊現象、サイコメトリー（物を通してそれにまつわる事実を語る）、テレパシー

第七章　超心理学の時代

✺二十世紀・超心理学時代の到来

シャルル・リシェの言うようにウィリアム・クルックスが初めてD・D・ホームを対象に実験した一八七一年を心霊研究元年とすると、一九三〇年代に超心理学がはじまるまでに約六十年、それから現在までさらに八十数年が経っている。超心理学の時代の方が心霊研究の時代よりも二十年余も長いことになるので、それを一章にまとめてしまうのは理不尽のように思えるかもしれない。これは、紙数のためということもあるが、後の八十数年は研究対象とその成果の多彩さ、社会的反響の強さの点ではじめの六十年に及ばないことは認めざるを得ない。

その最大の原因は、なんといっても優れた霊媒の激減である。D・D・ホームやパイパー夫人やユーサピア・パラディーノのような超一流の霊媒たちが毎日のように活躍し世間を沸かせていた大舞台は、ある日を境に、突然、退屈な素人演劇に変わってしまったのである。とくに空中浮揚や死者の出現などのできる「物理霊媒」と言われる霊能者がまったく出てこなくなってしまったのだ。

なぜ十九世紀末の短い期間に彼らが集中して現れたのか、まったく不思議である。これは単なる流行というようなものではない。音楽や絵画や文学などが、ある時期に集中的に大作家を出し、流行を作ることはあるが、それはそれまでの文化的蓄積が優れた才能に影響を与え、花開くからである。しかし、体が浮き上がったり、幽霊を出したりする霊能は、いったいどういう文化的蓄積が花開いたものなのだろうか。むしろ文化的蓄積のないところから突然出現するのが、霊能である。アンドリュー・ジャクソン・デイヴィス、フォックス姉妹、ユーサピア・パラディーノなどみなそうだ。「霊能」とは（これをトリックや奇術の一種と見なす者は別として）、霊能者自身の言葉を借りれば「神からの贈り物」、つまり、人間が作る文化や社会とは関係なく現れるはずのものなのである。

「霊媒の時代」が出現したのは、スピリチュアリストたちが言うように宇宙を統一する知性が人類に真理を告げようとしてはじめたためなのか（はじめたのはいいが、人間たちがあまりに頑迷なので、一時中止して次の機会を待っているとも言われているが）、それとも、カール・ユングの言う「共時性《シンクロニシティ》」という宇宙意識の潜在力の働きなのか、それとも単なる偶然でしかないのか、筆者には断言することができない。

しかし、一九三〇年代を境として舞台ははっきりと回ったのである。「霊媒の時代」は去り、誰でもが実験に参加できる「一般能力者の時代」となった。暗室の中での「心霊現象」から、明るい部屋の中でのＥＳＰカードやサイコロによる「サイ（ＰＳＩ）」の時代へ、現象があればそこへ出かけてゆく「臨床的心理学」から実験室の中で現象を起こす「実験心理学」の時代へ、一言で言えば、「心霊研究」から「超心理学」の時代へと移っていったのである。

✺ライン革命――「超感覚的知覚（ＥＳＰ）」

一九三四年に『超感覚的知覚』（*Extra-Sensory Perception*）という論文がアメリカ、ノース・カロライナ州、デューク大学の心理学の若手教員、ジョゼフ・バンクス・ラインによって出版された。やがて「超心理学（Parapsychology）」

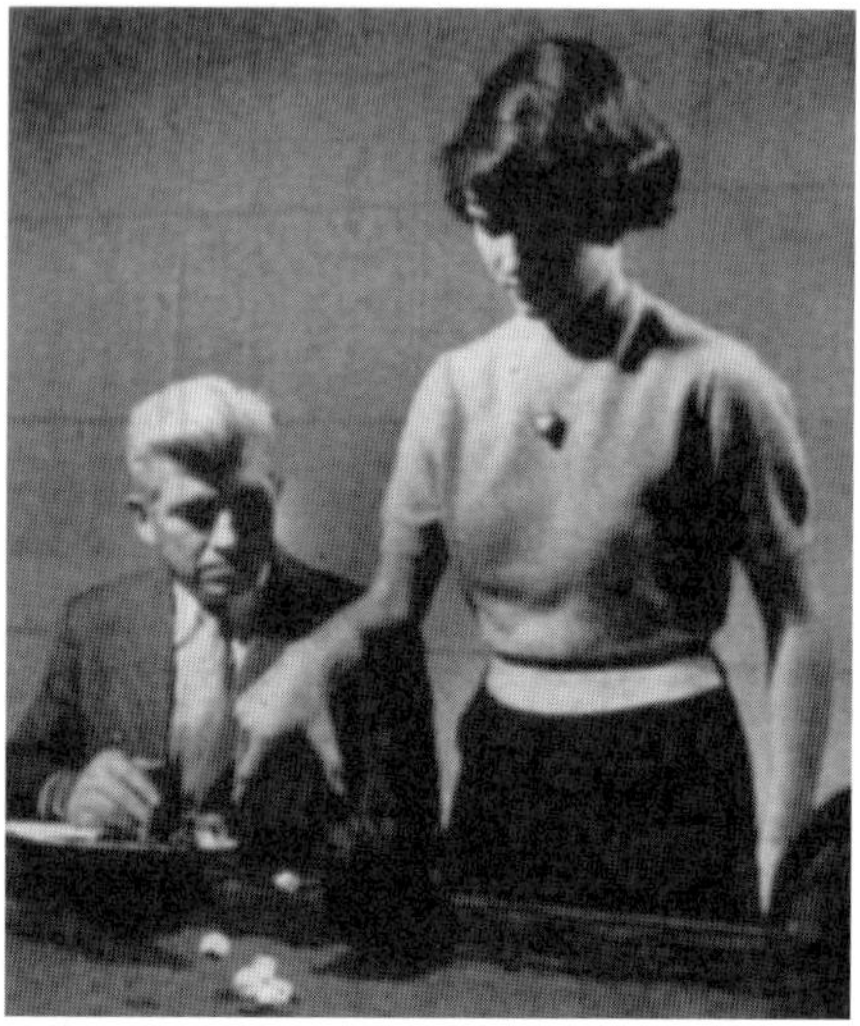

ジョゼフ・バンクス・ライン。オルダス・ハクスリー「A Case For ESP, PK and Psi」（『ライフ』誌、1954年1月号より）

と呼ばれて、たちまち「心霊研究」の古い呼び名をアカデミズムから駆逐し、タイトルの頭文字（ＥＳＰ）が「テレパシー」や「透視」に代わって新しい学術用語となる、学問の新分野（既存の心理学にとっては鬼子のような存在）の誕生を告げるのろしが上がったのである。

　この論文を出版したとき、ラインとその周囲の者はまだその重要性を十分には認識していなかった。カードによる実験はラインが初めてではなく、それ以前にもトランプを使って行われたことはあった。今回、ラインは新しく考案された「ＥＳＰカード」を使って集中的に実験を行い、その結果についてはかなり満足し、ＥＳＰの存在を裏づけるものと自負していたのではないかと思われる。しかし、論文を受け取り出版したボストン心霊研究協会は、わずか九百部しか印刷しなかった。[*1]

　ところが論文への需要が急増したために、翌年、ボストンの別の出版社から一般向けに発売され、版を重ねる。二〇〇六年に亡くなった現代を代表する超心理学者ジョン・ベロフはその著『超心理学史』（*Parapsychology: A Concise History*）の中で、「心霊研究の歴史全体を通して見ても、ここまで広い範囲で歓呼して迎えられた出版物は、他にはひとつもないと言っても過言ではあるまい。〈ＥＳＰ〉という略語が、今や英語の単語になったし、ライン自身も国民の英雄のようになった」との賛辞を送っている。オリヴァー・ロッジの『レイモンド』やアーサー・フィンドレーの『エーテル界の縁で』など、心霊関係の本でベストセラーになったものはあるが、学術書でこれほど世評に上ったのは珍しいのだ。

ESP カード

ラインは、今まで心霊研究には不可欠であった霊媒を一人も使わず、すべて彼の周辺の学生たちによって実験を行った。霊能力は一般の人間の中にもあるはずだというのが、彼が信じ、証明しようとしたものだった。それを彼は、特別に作られたカードを使うことによって、自分が作り出した条件の下で実験室内で行った。今までの心霊研究のように、霊媒が部屋を暗くしてくれとか、話をしないでくれとか、歌を歌ってくれとか、条件を出すのではなく、明るい室内でカードを使うなど実験者が決めた条件の下で、実験者がすべてをコントロールする状態で行った。そうして、その結果はすべて統計的に数値によって表された。数字ほど正直なものはないというのが誰しもが考えることだろう。これでは、今までの心霊研究で最大の障害とされた詐欺の入り込む余地はまったくないように思える。どうしたら心霊現象につきものの詐欺を防御したらいいかと日夜苦心していた心霊研究者たちが、これほど明快な解決法を示されて小躍りしなかったはずはない。

カード、数値、統計、そして大学の実験室、まさにアメリカでなければ生まれなかった学問的方法である。英国ではじめのうち、それほど歓声を上げて迎え入れたわけではない。自分らの方にこそ心霊研究の伝統があるという自負もある。しかしアメリカにおける圧倒的成功は、「ＥＳＰ」という旗印の下に、新しい心霊研究の姿として、ヨーロッパにも徐々にその影響を拡げていった。「心霊研究アメリカの時代」がはじまったのである。やがて二つの世界大戦を越えて、政治的、経済的な実力を蓄えてゆくアメリカは、この分野でも先駆的な役割を果たすようになってゆくのである。

一九七〇年代の末に英国とアメリカの心霊研究協会（ＳＰＲとＡＳＰＲ）のオフィスを訪れた筆者は、両者の違いに感慨を禁じ得なかったのを覚えている。百年近く（当時）心霊研究に君臨してきた英国ＳＰＲは、ロンドンの西のケンジントンの繁華街から離れた路地奥にある木造二階建ての借家住まいで、一階にある図書室こそ心霊研究資料の宝庫ともいうべき貴重な存在だが、建物自体は公証人とか不動産屋とかが入りそうなごく普通の事務所であった。一方ニューヨークのＡＳＰＲの方は、ゼロックスの創始者チェスター・カールソンが寄付した邸宅で、簡素ではあったが二階建てのゆとりのある造りで、二階には実験用の機械がいくつか置いてあった。その一つは「霊魂体外離脱体験（ＯＢＥ：Out of Body Experience）」のためのもので、会長のカーリス・オーシス博士（故人）の説明を聞きながら、そのいかにも単純な原理と、そのためこんなにも大がかりなものを造らなければならないことの奇妙さを感じつつも、英国から来たばかりだったこともあって、アメリカの新しいものに対するチャレンジ精神と経済力とを身近に感じたのである。

さて、話を一九三〇年頃に戻すと、ラインが行った実験は、同じデューク大学の心理学教授カール・ツェナーの工夫した、丸、四角、星、十字、波線の五種類のカードを五組使用し、それを学生に当てさせるという極めて簡単な作業の繰り返しで、容易に統計的処理のできるものであった。もし偶然しか作用しないとすれば、（つまり同じカードを「コール」し続ければ、五回中一回は当たるわけだから）、期待しうる的中率は二〇パーセントである。しかし一九三〇年から一九三一年にかけてラインとツェナーが行った最初の実験では、二六パーセントほどの結果が得られた。これに力を得たラインは、カードの当て方を、純粋な透視ができるようにいろいろ工夫しながら、一九三四年までの間に続けて高得点を得ることができた。実験に協力した者たちの中、高得点をマークした学生が八名もおり、その中の二人ほどは実に四〇パーセント近い的中率を示したのである。

これは、その後の実験や、他の研究者などの追試の結果と比べると、驚くほどの成功であったということがだんだんとわかってくる。デューク大学に突如としてＥＳＰ能力を持つ学生たちが出現したのだ。まさに大霊能者たちが輩出したスピリチュアリズム初期の縮小版である。これについてラインは、三十年後に出した『超感覚的知覚』新版の序文の中で当時を回顧して、デューク大学における研究者たちの新研究にかける熱気と緊密なチームワークが、ああいう並はずれた好結果を生んだのだろうと言っている。ちなみに、ラインには生涯にわたる忠実な協力者であった妻のルイザのほか、二人の有能な助手がいて、そのうちの一人は早死にしたが、もう一人のゲイザー・プラットは、その後ラインから離れていったものの、超心理学を担う学者の一人になってゆく。ラインは彼らを含めたグループの強い意志が働いたためだと言うのだが、これこそはたしかにラインやその仲間たちが証明しようとしていたＥＳＰの存在を裏書きするものだ。ベロフはこれについて「実験者効果」または「場効果」という超心理学者らしい言葉を使って、こういう事態が起こり得るということは今では「超心理学の常識」であるとさえ言っている。[*2]

✺サイ（ＰＳＩ）研究

ラインはこの成功に続いて、予知と念力の二つの分野でも精力的に実験を進めた。ターゲットのカードが出てくる前に当てる「予知（precognition）」は、すでにターゲットが選ばれていて当てる「透視」に比べて、感覚的な手がかりの入り込む余地が少ないだけに、ラインにとっては好ましいものだった。ＥＳＰは肉体（脳）的なものではなく心の働きだというのがラインの信念だったのである。

念力（ＰＫ＝psychokinesis）についての実験はサイコロの目が出るのを念じながら行うものだが、賭け事の好きなある学生が示唆したものだと言われている。手や投げ方による影響を排除するためのいろいろな装置が開発されながら、サイコロ投げはＰＫ実験の定番となっていく。予知は心の認識に関わる力、念力は心が物体に及ぼす力という、同じ心という作用の二面性を示す働きであるというのがラインの考え方だった。

やがて予知と透視を表すＥＳＰと、念力を表すＰＫとを一緒にして「サイ＝ＰＳＩ」というギリシャ語の言葉が、英国で最初にサイコロ投げを行った心理学者ロバート・Ｈ・ソーレスによって提唱され、広く使われるようになっていく。今では「心霊研究」と言えば少々古臭く、いかがわしい感じがつきまとうが、「サイ研究」ならば現代的、科学的な響きを持つ語として一般に受け入れられている。

しかし「超心理学」また「サイ研究」が、いかに科学の衣をまとい「心霊研究」から遠ざかっていったとしても、ライン自身は自分を心霊研究の伝統を継ぐ者として考えていた。彼は『超感覚的知覚』に続いて『心のニューフロンティア』（*New Frontiers of the Mind*）（一九三七年）、『心理の領域』（*The Reach of the Mind*）（一九四七年）、『心理学の新世界』（*New World of the Mind*）（一九五三年）という著書を著して、問題が単に超感覚の計量可能な領域にとどまらず、「心（mind）」の広大な深淵にまで及ぶものであることを示唆し続けた。『心のニューフロンティア』には、彼が心霊研究に関心を持ちはじめたシカゴ大学の大学院生だった頃に、妻のルイザと共にアーサー・コナン・ドイルのスピリチュアリズムについての講演を聴きに行った思い出が記されている。はじめは少々バカにしていたものの、やがてドイルの熱意とスピリチュアリズムに対する幸福とも思える確信に感銘を受ける。細かい点で問題があるにせよ、これほどドイルを夢中にさせるものの中には何か重要なものがあるのではないかと思ったということが、科学者らしい慎重な言い回しながら、述べられている。

ラインは牧師になろうと思ったこともあるだけに人間存在の根本義に対する倫理的欲求があり、「科学的に健全で、しかも人間の本質と自然界における人間の立場に関する根本問題に答えることができるような人生哲学」[*3]を求めていた。在来の宗教観に失望し、これこそはと思った唯物論哲学にも満足し得なかったラインは、最後の可能性として、たとえ科学者にはタブーであろうとも、心霊研究に賭けてみようと思ったのである。この点、SPRの創立者の一人のフレデリック・マイヤーズが師のヘンリー・シジウイックに語ったと言われる、心霊研究に対する期待とよく似ている。

『心理学の新世界』においてラインは、サイ研究（超心理学）がもたらす成果は断片的であまり重要には思えないかもしれないが、「それらは、いわば、霊的な実在という、大陸の所在を示す外縁の小島群であるにすぎない。……本土を明らかにするのは時の問題であり、研究継続の問題である」[*4]と述べて、超心理学の目的を明確にしているばかりでなく、超心理学は人間精神のある部分を数量化することによって、今まで「魂のない科学」であった心理学にそれまで失われていた人間的部分に対する考察を可能にするものであるという、極めて強い自信を覗かせている。また「人間が単なる物質的存在以上のあるものであるという証拠の発見は、すべてこの宗教理論における最も基礎的で、最も一般的なこと、すなわち、人間は霊性を有するものであるということを支持する」[*5]と述べて、超心理学が宗教に対しても貢献しうる学問であることを強調している。その基本的な証拠として彼は、時間と空間の影響から自由であるサイ能力（ＥＳＰやＰＫ）の今後の研究の成果が、同じく時間も空間もない霊的世界の存在を裏づけることになるだろうと期待していたのである。

✺二つの不祥事

しかしながらラインの期待はそう簡単には実現するはずはなかった。彼のやり方を真似た各地の研究者たちからは、同じような結果が得られないという不満の声が上がったし、やがてデューク大学の実験そのものに対しても疑惑の目が向けられるようになる。そして一九七四年に彼の名声を汚す出来事が彼の身近で起こった。ラインの側近とも言えるウォルター・J・レヴィという若手の研究者が不正を行っていることが発覚したのである。レヴィはジョージア大学の医学生だったが、超心理学に強い関心を抱くようになり、その熱意と才能をラインに認められて、彼が設立した超心理学研究所の研究部長になっていた。レヴィは今まで超心理学の研究から取り残されていた動物に関するサイ能力に注目し、後に「動物サイ」と言われるようになる分野に積極的に取り組んだ。とくにネズミなどの予知やPK能力などをテストする新しい装置を開発するのに非凡な才能を発揮し、次々と実験を成功させて、ラインがマクドゥーガルと共に創刊し今日も名声を維持している『超心理学雑誌』（*The Journal of Parapsychology*）に、驚異的と言っていい肯定的な結果を発表し続けたのである。

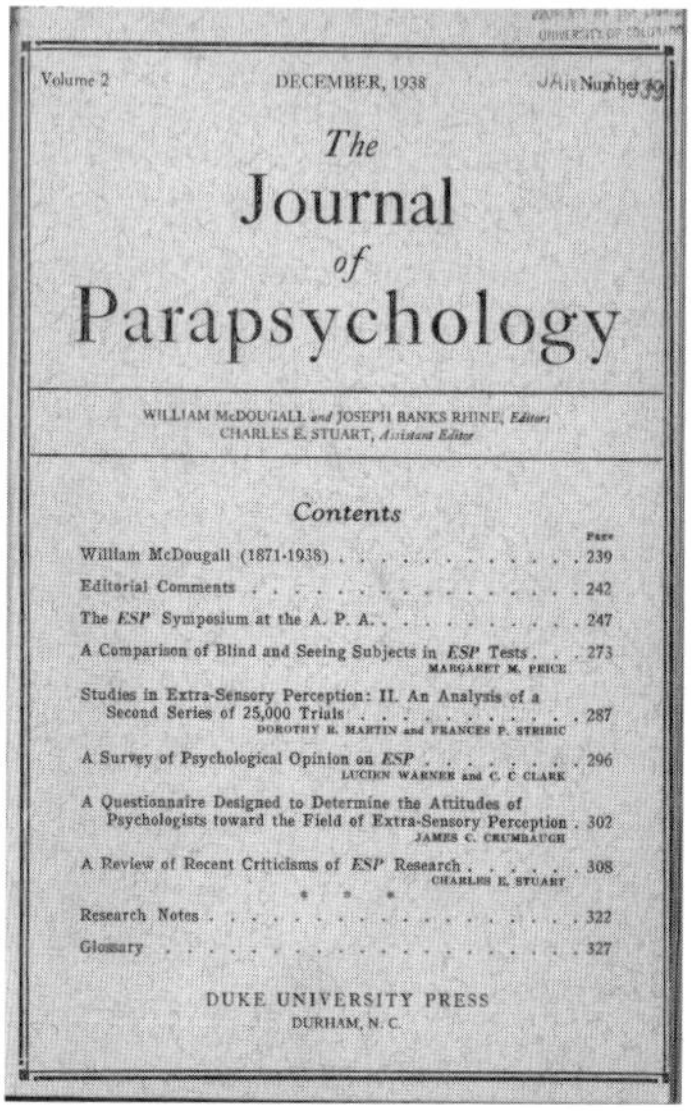
Volume 2 DECEMBER, 1938 Number 4

The
Journal
of
Parapsychology

WILLIAM McDOUGALL and JOSEPH BANKS RHINE, Editors
CHARLES E. STUART, Assistant Editor

Contents

	Page
William McDougall (1871-1938)	239
Editorial Comments	242
The *ESP* Symposium at the A. P. A.	247
A Comparison of Blind and Seeing Subjects in *ESP* Tests — MARGARET M. PRICE	273
Studies in Extra-Sensory Perception: II. An Analysis of a Second Series of 25,000 Trials — DOROTHY R. MARTIN and FRANCES P. STRIBIC	287
A Survey of Psychological Opinion on *ESP* — LUCIEN WARNER and C. C. CLARK	296
A Questionnaire Designed to Determine the Attitudes of Psychologists toward the Field of Extra-Sensory Perception — JAMES C. CRUMBAUGH	302
A Review of Recent Criticisms of *ESP* Research — CHARLES E. STUART	308
Research Notes	322
Glossary	327

DUKE UNIVERSITY PRESS
DURHAM, N. C.

雑誌『超心理学雑誌』1938年12月号

超心理学界は、今まで無視していた人間以外の動物の研究が、意外にも人間対象の研究以上に再現性（同じ実験を繰り返せば、同じ結果が得られる割合）の高い結果を生むことに驚き、今まで気まぐれな人間を相手にして時間を無駄にしていたのではないかと疑いはじめたと、『超心理学史』の著者のジョン・ベロフは揶揄混じりに述べている。

不正がわかったのは、皮肉にもレヴィが作った高度な装置のおかげだった。完全自動化されたはずの機械の傍にレヴィが不必要と思われるほどうろついていることを不審に思った同僚の一人が、そのコンピューターの記録を別のコンピューターに盗み取りして見たところ、レヴィが動物の正解数に手を加えていたことが判明したのである。

次に起こった不正は直接ラインに関わるものではなかったが、ＥＳＰ実験の信用を大きく傷つけるものだった。ＥＳＰの実在を裏づけるものと考えられていた実験結果が、実験者の死後否定されたのである。

疑いを持たれたのはロンドン大学数学講師のサミュエル・ソウルという「英国で最も根気強いカード当て実験の推進者」[*6]だった。彼には奇妙な経歴があった。研究をはじめてからかなり長い間、苦心を重ねたにもかかわらずよい結果が得られなかったため、ラインの超心理学研究所の業績に対して極めて批判的な態度をとっていたのだが、ある時、実験方法を変えてから高得点が続くようになり、名声も高まっていったのである。その実験方法の変化とは、英国の他の研究者が彼に示唆したもので、あるターゲットが被験者に与えられた場合、それに対する回答の一つ前か後の回答に正解が出ていることがしばしばあるから、実験結果をもう一度見直してみるといいというものだった。

ソウルはこれによって二人の有能な被験者を見つけることができ、その最初の一人は英国の他の研究者たちによっても追確認が行われた。

ソウルの業績は高く評価されたが、彼が不正を行ったという告発は生前二度ほどあり、最初の場合は言い出した女性研究員が、訴訟を起こすとソウルに脅されて口を閉じた。もう一つの他の研究者の論文による告発の場合は十分な証拠とは言えないものだった。ソウルは一九七五年に死亡。三年後の一九七八年になってソウルの実験結果をコンピューターによって検索してみたところ、彼が同じ被験者に対して乱数表を再度使用した際、当たりやすいように数字を改竄《かいざん》していたことが明白となった。ソウルは英国においてはラインに次ぐほどの高名な研究者だったから超心理学界に与えた衝撃は極めて大きかった。

しかしながら、超心理学はこれらの不祥事をなんとか生き延びていった。

一九八〇年にラインは亡くなったが、彼は晩年に至るまで、超常能力（サイ）が存在することは証明されたと信じていた。しかし彼の意見に同調する者ばかりいたわけではないし、事実、ラインが初期の研究で挙げたような好結果を期待することが極めて難しいことは現在の常識である。再現性が乏しく、常に実験者や被験者、及び実験状況に左右されるのがサイ研究の特徴であり、古典的心霊研究以来の負の遺産であるとも言える。

このように実験に携わる者や実験状況などの付帯的条件を考慮しなければならないことは、超心理学に限らず現代科学一般の負うに至った運命であり、ある意味では超心理学はその先端的な役割を担う学問であるとも言える。研究者自身が客観的存在たり得ず、いわゆる「実験者効果」としての参与が考慮され、時には求められなければならないのである。

筆者は前述したＡＳＰＲの会長だったカーリス・オーシス博士に会ったときに、彼が時々ニューヨークの禅堂に行って坐禅をしているという話を聞いた。「実験者効果」を高めようという考えからである。「なかなか難しくてねえ」と、照れたような、困ったような顔をしたのを思い出すが、彼の村夫子風な顔に刻まれていた多くの皺は、現代超心理学者の苦労を偲ばせるものだった。

苦難続きの超心理学ではあるが、その実験方法や研究領域は間違いなく進化し発展している。方法論に関わる優れた発見としては、ＥＳＰを信じている者と信じていない者との間に結果の違いがあるとするガートルード・シュマイドラーの「羊と山羊効果」、被験者を照明や音響などを使って実験に有利な状態に導く「ガンツフェルト法」などを挙げることができる。

また、時代と共に新しい科学の成果を取り入れた実験は電子機器化され、研究範囲はその名のとおり心理学を超えて、電磁気学、生理学、脳神経科学、動物行動学など、人間知性の広い分野を取り込みつつある。ここでは簡単ながらライン以後のいくつかの成果を紹介することにしよう。

✺マイモニデス夢実験室

睡眠中に眼球が急速に動くことがあるが、このとき人は夢を見ている。その眼球運動をＲＥＭ（Rapid Eye Movement）と言い、一般にも知られるようになったことはご存じの読者も多いだろう。これは一九五三年に二人の精神生理学者によって発見されたものだが、これを超心理学に応用して夢の実験を行おうと考えたのがニューヨーク市ブルックリンにあるマイモニデス医療センターの精神科医モンタギュー・ウルマンだった。

非日常的な意識の状態、たとえば催眠術にかかったときや瞑想中、またはトランス（入神）状態にあるときなどには、サイ実験の成功率が高いことはよく知られていた。夢を見る場合も当然そうであろうと思われるところからこの実験が計画された。つまりカード当てを夢の中で行おうというのである。

実験が成功するためにはかなりの準備が必要だ。実験をする者（実験者）とされる者（被験者）、実験者からの指示を待って、カードの絵なり文字なりを念じ、眠っている者に送り届ける者。被験者がゆっくり眠れる静かな部屋と、被験者の脳波を観測する機器を備えた実験者のいる部屋、さらに実験者からの合図を待つイメージの送り手のいる部屋、などであるが、何よりも、何日間かにわたって慣れない部屋で頭に電極を付けられ、電線に繋がれて眠り、一晩に五、六回も起こされては見た夢について報告させられるという苦行を堪え忍んでくれる辛抱強い協力者、できれば超能力者が必要なのである。

最初に協力に応じてくれたのはアイリーン・ギャレット。第五章でヒヤワード・キャリントンが調査して霊的実在に対する信念を回復することができたと述べた、一九三〇年以降の数少ない有能な女性霊能者の一人である。一九六〇年に行われた実験は大成功で、そのためマイモニデス医療センターには夢研究の実験室が設けられ、一九六四年から組織的な研究がはじまった。

　実験の様子をもう少し具体的に言うと、眠っている被験者から離れた一室で記録装置に刻々と送られてくる被験者の脳波を観察している実験者は、被験者がREM期に入ったことを確認すると、別室で絵を前にして待機している送り手に念を送るようにサインを出す。ターゲットとなって送られる絵は乱数表を使って無作為に選び出された絵はがきの美術作品である。やがて被験者がREM期を終えたことを脳波の変化によって知った実験者は、インターフォンによって被験者を目覚めさせ、見た夢の内容をテープに吹き込ませる。このような過程を一晩に何度か、被験者がREM期に入るごとに繰り返す。ターゲットの絵は一晩に同じ絵が用いられるのが普通である。

　翌朝目覚めた被験者はターゲットとして用いられた絵を含む八枚から十二枚ほどの絵を見せられ、それぞれの絵が自分が夢の中で見た絵（ターゲット）にどれだけ近いかを一から百までの数で表すように求められる。

　以上の過程を一試行（RUN）と言い、一ヵ月以上続けられたこともあった。実験の結果は、別に依頼しておいた何人かの判定者に送られる。判定者は被験者による録音テープの内容が書き出されたものを参考にしながらそれぞれの絵と比較して、被験者の判断がどの程度正しいかを判定する。たいへん時間と手間のかかる実験である。

　マイモニデスでの実験には見るべきものがあったが、これはラインのカード当てと同じく初期の実験に見られる特徴だったとも言える。遺憾ながらその後アメリカ各地にできた夢実験室では、とくに言うべきほどの成果は上がっていないようである。

✺「念写」――福来友吉の研究

「念写（thoughtography）」という言葉が心霊研究の一分野を示す語として認められるようになったのは、一九三一年に東京帝国大学心理学助教授だった福来友吉が『透視と念写』(*Clairvoyance and Thoughtography*)という本をロンドンで出版してからである。彼はその後、thoughtographyという語を、「エネルギーを持った観念」を表す「念」を含むnengraphyという造語に置き換えようとしたが[*7]、これは現在欧米圏で使われることは稀である。

福来ははじめ催眠心理学を研究、それによって博士の学位を得たが、研究が進むうちに催眠状態で起こる異常な現象に興味を持つようになった。催眠中に夢遊病や透視、トランス・トーク(入神状態で喋る)など、さまざまな異常現象が起こることは第二章の終わりに述べたところであり、催眠は心霊研究の入口とも言えるものである。福来はとくに透視を研究対象とし、当時評判の「千里眼」御船千鶴子や長尾郁子を使って実験を行った。その経過や「千里眼」霊媒たちの不幸な死、及び福来が東大の職を追われるに至ったいきさつについては次章に譲るとして、ここでは長尾郁子を使っての実験中に福来が念写を発見したことを言うにとどめる。

福来友吉

一九一〇(明治四十三)年十二月に福来は写真乾板に撮影したまま現像していない文字を、二度にわたって長尾郁子に透視させた。最初は自分で四国丸亀まで持参した「高」の文字で、次は東京から送った「哉天兆」の文字であった。未現像のまま乾板を透視させるのは、霊媒による不正を防止しようとする一策だったが、これが念写発見の糸口となった。長尾は見事に両方の文字とも当てたが、福来は送り返されてきた乾板を現像してみて、二枚ともに予期しなかった現象が起こっているのを発見した。乾板全体が感光していたのだ。「高」の方は字が見えないほどで、「哉天兆」の方は斜め半分以上が白くなっていた。自然の光が入る可能性はなかったので、福来

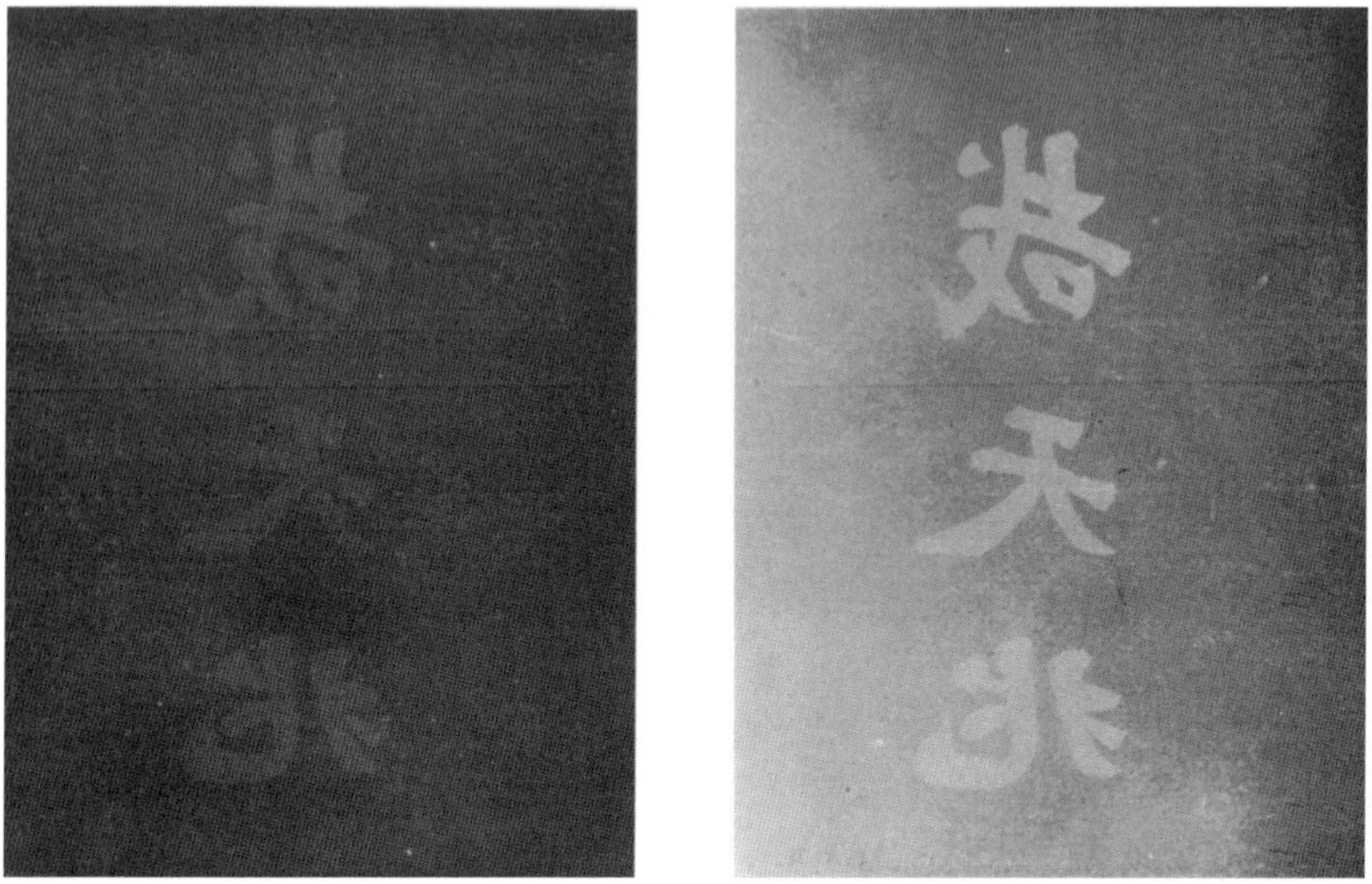

長尾郁子の念写のきっかけとなった「哉天兆」の文字。右は透視実験後に福来友吉の許に送り返された乾板で、現像すると感光していることがわかった。左は比較のための実験に使用していない乾板。1910年12月15日現像

は霊媒自身の「精神の働き[*8]」がそうさせたのだと推論。それならば霊媒が精神を乾板に向かって凝集させたならば感光させることができるに違いないと考えた。その際、霊媒の「物質的放射能」による感光ではないことを明確にするために、乾板を重ねて、その中の指定した一枚だけに感光させようと考えた。「放射能」なら他の乾板にも感光するだろうという予測からである。

この考えに基づいて福来は長尾郁子に実験を依頼。はじめはただ乾板が黒くなるだけだったが、すぐに文字を写すようになっていった。念写が初めて歴史的事実となったのである。これが世間に発表されると、成功の喜びは、やがて起こった反対派の猛烈な攻撃、実験の妨害、さらに長尾郁子の死によって消されてしまう。しかし福来はそれにめげずに他の霊媒たちを使って実験を続けるが、ついに学内上層部からの婉曲な勧告を受けて東大の職を辞任せざるを得なくなる。

長尾郁子の名は念写の歴史と共に後世に残るだろうが、福来はほかにも有能な霊媒を発見し、優れた

成果を上げた。中でも武内天真と三田光一は特筆すべきだろう。武内天真の念写は、福来は二回しか行っていないが、「人の運」の文字を念写させたときにおもしろい現象が起きた。この文字は武内が愛読していた大町桂月《おおまちけいげつ》の著書の表題で、本の扉に書いてあったものである。武内はこれを鮮明に念写しただけではなく、頼んでいなかった次のページの桂月自筆の序文までも、ちょうど背景のように重ねて写してしまったのである。もちろん武内が意識的にやったわけではなく、福来の説明によれば、武内霊媒の「潜在観念」が為《な》した業《わざ》だという。念というものの複雑さを示した念写であった。

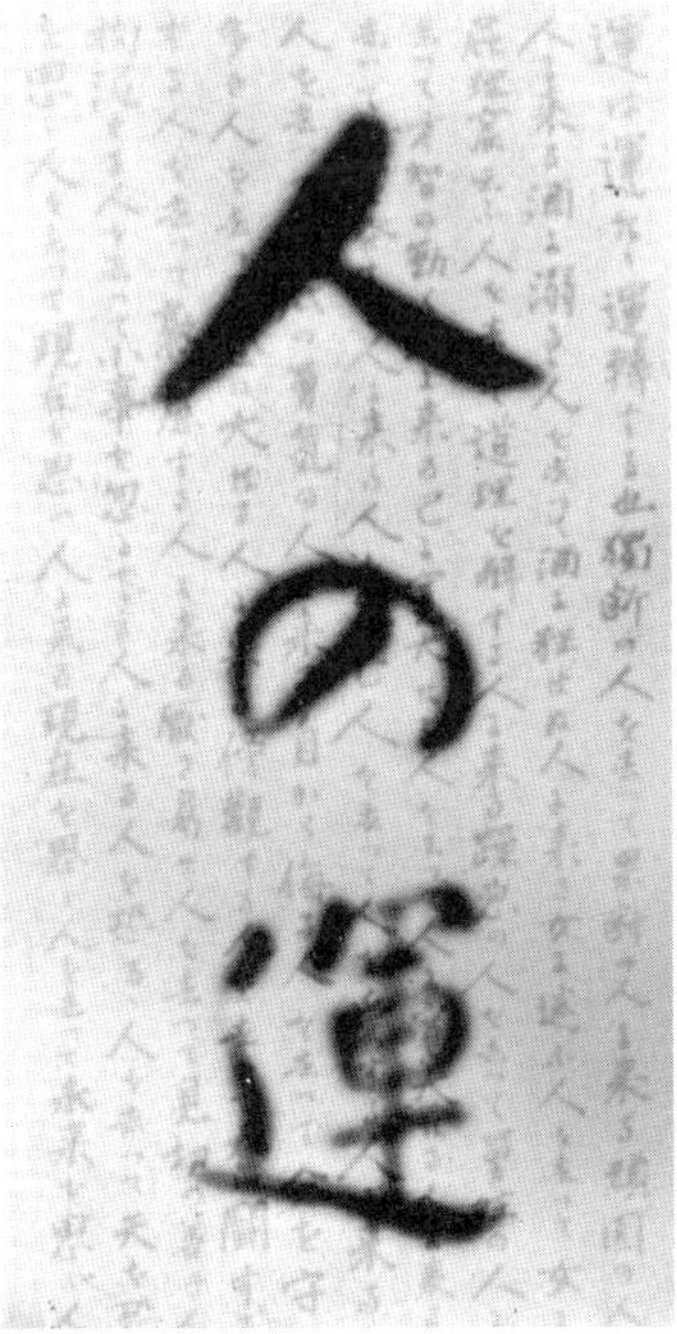

武内天真の念写「人の運」1914年3月21日

三田光一について福来は「日本において自分が出会った最高の霊媒だ」*9と言っている。単に与えられた文字や絵を念写しただけでなく、目の前にないもの、たとえば、亡くなった人物、遠くにある絵や額、外国に住む特定の人物、異国の景色、などを乾板に写し出すことができた。さらに、念写の対象となった事物や人物に関する背後の事情も透視することができた。透視した人物の中には、牧野伸顕《まきののぶあき》（政治家、二・二六事件でかろうじて難を逃れる）、ウィリアム・ホープ（心霊写真家、第五章参照）、弘法《こうぼう》大師などがある。遠隔の地では、英国のある郊外、月の裏側、などが写真として残っている。

福来の『心霊と神秘世界』にはそれらに関する多くの興味深い挿話が語られている。ことに弘法大師の肖像にまつわる話などは『日本霊異記《にほんりょういき》』にでも出てきそうなものだ。簡単に紹介しよう。京都市嵯峨《さが》の御陵の傍の四百坪ほどの土地に「船形屋敷」と呼ばれる家があった。一九二八（昭和三）年の暮れ頃からそこに住む者に不思議なことが起こるようになった。最初の住人は脳病を患い、次の住人は母親が精神病となり、次に頼まれて住んだ心霊治療師は二晩続けて庭に白光を見た。そこで家の持ち主は三田光一に頼み、来て霊視してもらったところ、光一は次のようなことを書面に書いて依頼主に送った。そこは弘法大師が、脳病を患った嵯峨天皇の病気快癒を祈って祈禱を修行した地だというのである。不思議なことに三田光一が霊視した日は、最初予定したのとは違って、依頼主の都合によって変更した一月二十一日の初大師の日だった。ほかにもいくつか不思議なことがあったが、省略して言うと、この事件を一般に知らせようと二ヵ月ほど経って嵯峨町の公会堂で講演会が開かれた際、三田光一の念写が行われた。そして四百人ほどの公衆の前で彼が念じた乾板の一つに、弘法大師の半身像が現れたのである（はじめは感光しすぎて真っ黒だったので失敗したと思ったが、もう一度液を薄めて現像したところ立派な像が現れた。この像については福来が非常に興味深い解釈をしているので、関心を持たれた方は彼の『心霊と神秘世界』を読まれるといい）。

ここでどうしても挙げておきたいのは月の裏側の念写である（図版二七六頁参照）。『心霊と神秘世界』には載っていないが、一九三一（昭和六）年に福来の発案で、大阪箕面《みのお》の福来の家に置いた乾板に、須磨《すま》の家にいる三田が念写するという形で行われ、さらに一九三三（昭和八）年には岐阜の公会堂で四千人の大観衆を前に行われた。両方とも寸分違わぬ画像が出たのも不思議だが、後の公開実験の方が前の個人的に行われたものよりも画像は鮮明である。当時は、もちろん、誰も月の裏側などというものは知らず、永久に謎として残ると思われていたが、一九五九年にソ連の宇宙船が、さらに一九六九年以降に米国のアポロ十一号から十七号までが月の裏側を撮影して、その実態が明らかになった。それと三田の念写写真を比較した日本人学者の貴重な報告があるので、後で述べたい。

福来の研究は画期的なものだったが、いかんせん写真の乾板を使う方法はいろいろな段階で詐欺の入る余地が多く、それを攻撃者に利用されて福来自身が窮地に陥ったこともあるくらいで、世界的にも問題の多い手法であると言われていたことは第五章の最後にも述べたとおりである。その問題の解決へ一歩前進したのが、ポラロイ

三田光一の念写「弘法大師」1930年3月16日

ドカメラの登場だったことも述べたが、それを使って最初に念写に成功したのが、シカゴのホテルのエレベーターボーイだったテッド・シリアスである。

✺テッド・シリアス、ポラロイドカメラでの念写

公平に見て、シリアスの業績は、福来が実験した長尾郁子や三田光一が行ったものに比べるとずっと見劣りすると言わざるを得ない。画像が出るか出ないかは、いわば出たとこ勝負だったし、画像自身もぶれたり、意味不明のものが多い。これは彼が大の酒好きで、[*10]しばしば酔って仕事をしたこととも関係がある。遠い場所にあるものを写す場合でも、何が写るかは彼の（彼の守護霊の）気分次第なのだ。自分が行ったこともないところを指定されてそれを的確に写すというような、三田光一には可能であった離れ業などは彼のレパートリーにはなかった。それでも彼が名声を得たのは、即時現像可能な新発明のカメラと、ジュール・アイゼンバッドというデンバーの精神科医の熱心な研究とそのバックアップ、及び彼を実験した他の超心理学者たちのおかげである。

テッドが念写をはじめた動機は、またもや催眠術が絡んでいる。彼が仲間の中でいちばん催眠にかかりやすかったので、一人の友だちがテッドに埋もれた宝探しをさせようと思いついた。昔海賊だった（したがって宝探しには最適の）ジャン・ラフィットという名前をその男が名乗って、催眠中のテッドにいろいろ問いかけてみたが、はじめはなかなかうまくゆかなかった。するとある時、写真を撮ればジャン・ラフィットの望む場所が写るだろうという言葉が、トランス状態にあったテッドの口から漏れた。そこで覚醒したテッドが友だちに言われ、カメラを壁に向けてシャッターを切ってみると、いつもというわけではないがいろいろな建物や場所が写る。はじめテッドは仲間が仕組んだ悪戯だと思った。そのうち周囲の評判になり、不思議なものが写る回数も増えてきた。テッ

ドは普通のカメラではもどかしくなり、ポラロイドカメラに換えて、人々の前で即興の技を披露するようになった。やがてジャン・ラフィットは彼を岩窟の宝ではなく、超心理学者たちのところへ連れて行くということになったのである。

テッドの念写は、福来の場合と違って、ターゲットとして与えられた絵や文字をフィルムに写すという性格のものではない。むしろ未知の映像を得ようとしての努力からはじまったのは前述のとおりで、それが彼の仕事全体を特徴づけている。彼がカメラを睨みつけ（壁を写すのではなく自分自身にカメラの向きを変えた）、自分がシャッターを切るか、他人に切らせるかして、運がよければフィルムに何ものかが写るのである。多くの場合（ジャン・ラフィットが約束したごとく）建物や場所が写るが、絵だったり飛行機だったりすることもある（テッドは飛行機が好きだっ

テッド・シリアスのポラロイドによる念写

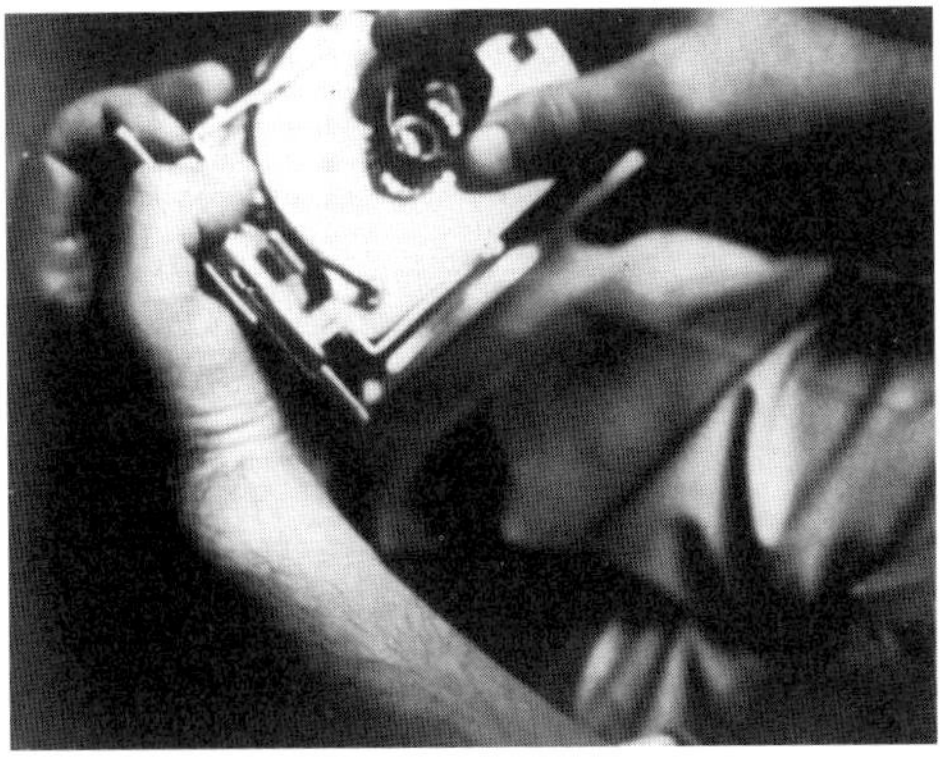

レンズの前にギミックの円筒、「ギズモ」を付ける

た)。それらの大部分は形が崩れたり、流れたり、何かよくわからなかったり、黒い部分、白い部分に浸食されたりしていた。全部黒かったり、白かったりしたものも多い。運がよければ、そのいくつかは既存の絵なり建物なりに類似点を見いだすことができたが、判定するには実験者側のかなりの努力と時間とを必要とした。

テッドの念写には一つの問題があった。小さい円筒をカメラのレンズの前に置いて、それを覗き込むようにして念写したことである。はじめはフィルムを入れたケースの底を抜いたものだったが、そのうち専用の円筒を使うようになった。テッドの言い分では、周囲からの光線を遮断し、自分の気持ちを集中させるのに役立つという、言ってみれば幼い子供が愛用のタオルを持たなければ眠れないようなもので、彼自身「ギミック(手品などの仕掛け)」と呼んでいた代物《しろもの》だが、研究者たちにとってはその名のごとく厄介な物だった。彼を専門に研究したアイゼンバッドが最初にテッドの勝手を許したのがそのまま続いてしまったのである。と言っても、霊媒に気持ちよく仕事をしてもらわなければ良い結果は出ない。研究者にとっては痛し痒しだ。テッドのもう一つの弱点は、アルコールに目がないことで、しらふで実験をすることなどほとんどなく、実験中酔って騒ぎを引き起こすこともあった。

この円筒は彼を攻撃する者の格好の餌食となった。円筒の内部にマイクロフィルムでも入れてレンズで拡大して写せば、簡単にインチキができるのである。もちろんそういう物が発見されたことはなかったし、テッドは円筒を実験者に自由に調べさせ、実験者が保管する場合もあった。しかしそれだけでは科学実験としては十分に厳正だとは言えない。せめて円筒の底に紙でも貼って光の透過を防ぐべきではなかったかと、ジョン・ベロフは日本で福来友吉が封をしたままの乾板を使って念写を行った周到さに言及して述べている。

テッドは人は善かったが頑固なところがあり、その頑固さが命取りとなった。ある写真誌のスタッフ――一人はプロの写真家であり、その一人はアマチュア奇術師であった二人が、高名な統計学者を伴ってテッドの許を訪れたことがあった。この統計学者は優れた奇術師でもあり、超常現象に否定的な人物だった。予想されるように実験は極めて不満足な結果しか生まず、来訪者たちは不信感を隠そうとはしなかった。彼らはテッドに円筒を渡して見せるように要求したが、頭にきていたテッドは、どうせ実験は失敗だったのだから見せる必要はないだろうと反発した。同席したアイゼンバッドが、つまらぬ意地は張らない方がいいと、なんとかテッドをなだめようとしたが、訪問者側は、「もう結構」と言って帰ってしまった。その後この写真誌はテッドがあたかも詐欺をやったかのような報告を発表し、そのためテッドの信用ががた落ちになったばかりでなく、テッドを扱ったアイゼンバッドの著書も信用を失い、大量の返本が出たという。

この事件を境に、テッド・シリアスの霊能は急速に失われていった。

✺死後生存①——臨死体験

「ライン革命」以後の業績の中で特筆しなければならないのは「死後生存」に関する研究だろう。新たに導入された統計的、実験室的研究方法によって、いったんは断ち切られたと思われた死後の問題がふたたび研究者の関心を惹くに至ったのだ。しかも超心理学の得意技である事例採集と統計的処理とによって。

最初にこの問題に興味を持ったのはヴァージニア大学で哲学と医学の博士号を取った精神科医のレイモンド・ムーディである。彼はノース・カロライナ東部の大学で哲学を教えていたときに、学生から祖母の臨死体験の話を聞き、それが以前にヴァージニア大学の医学の教授が話してくれた内容とよく似ていたので感銘を受けた。その後、積極的に事例を集めて研究を続け、その成果を一九七五年に『かいまみた死後の世界』[*11]（*Life After Life*）という本に発表した。本人や出版社の予期しなかったことだが、この本はたちまちベストセラーとなった。

その後一九八二年に行われたギャラップ世論調査によれば、死にそうになった人間が意識を失っている間に不

レイモンド・ムーディ『かいまみた死後の世界』1975年

思議な世界を体験するのは、成人百人中三人から四人というかなりの高率であるらしいが、ムーディが発表するまでは社会の意識には上らなかった。経験者が自分の体験を特殊なものと見なし、公表することを躊躇したことが大きな理由である。そのタブーを破り、隠されていた問題を超心理学の新たな課題としたことはムーディの功績である。この本の登場以後、次々と研究成果が発表され、研究者たちの国際的組織である「国際臨死研究協会（ＩＡＮＤＳ：International Association for Near-Death Studies）」が設立され、専門家向けの機関誌も発行されるようになった。さらに臨死体験は限られた学問分野の対象にとどまらずに、医学や宗教界の問題ともなっていったのである。

臨死体験の大きな特徴は、世界の異なる地域における異なる人間による体験がすべて似通っているということである。ムーディの次に注目すべき研究成果を発表したコネティカット大学心理学教授のケネス・リングは、その著『いまわのきわに見る死の世界』（*Life at Death*）の中で、面接調査をした百二名中四十九名の臨死体験の共通点を四段階に分けて、それぞれの特徴を示している。[*12] 段階が高まるにつれてそれを体験する人の割合が減ってゆくことも示されていて、他界へ行く道程の困難さに見合っているようにも思える。

第一段階は、それまで感じていた不安、恐れ、心配、欲求不満などが消えた心の安らぎの状態で、四十九名の臨死体験者の中の六〇パーセント近くが認めている。

第二段階は、自分の魂が肉体を離脱したように感じる体験、即ち「肉体離脱体験（ＯＢＥ）」と言われるもの、及び切り離された魂が自分の肉体を見る「自己視体験」と言われるものが起こる状態で、三七パーセントが認めている。

第三段階はいわゆる「トンネル現象」で、暗いトンネル状の場所の中をたいへんなスピードで通り抜けてゆく。二三パーセントが体験している。

最後の第四段階ではトンネルを抜けて光の中に入る体験をする。出たところが花園や自然の原だったり、美しい場所が多い。そこで前に亡くなった親族、友人、あるいは霊的な指導者に出会うこともある。約一〇パーセントの者が合意している。

そのほかリングは、高速写真のように自分の過去の出来事を見ることや、新たな状態にとどまるべきか元へ戻るべきかの選択を迫られることも、共通体験として挙げている。

以上はムーディも指摘していることで、臨死の際の共通体験の要約と言っていいだろう。リングの後、大規模な面接調査を行った心臓病専門医のマイクル・セイボムが、一九八二年に発表した著書『死の回想』（*Recollections of Death*）もこれを裏づけている。

臨死体験が本当に死後の世界を意味しているのかどうかということについては、まだ合意が成立していない。これを死に瀕した者の脳の酸素不足による幻覚症状だとする見解もある。個人的な症状なら、どうして万人に共通する状況が起こるのか、また、誰か苦しむ者がいてもいいのに、常に喜びの、時には涙まで流す至福の状態になるのはどうしてなのか、というようなことは依然として謎である。

✺死後生存②——生まれ変わり（再生）

「生まれ変わり（Reincarnation）」は古典的心霊研究で調査の対象となったことはなかった新しい分野である。第六章で述べたごとく、アラン・カルデックの「スピリティスム」は再生を重要視したが、米英系の「スピリチュアリズム」では、自分は何者かの生まれ変わりであると主張する者が時折現れることはあっても、それはせいぜい揶揄の対象になるか（第六章「スピリチュアリズムの発展と挫折」参照）、一種の突然変異的な現象としか考えられなかった。これを真剣に扱う研究者などはいなかったし、扱うべき方法もわからなかったのである。

二十世紀後半になってから、ジャーナリズムの拡大と研究範囲の国際化が、そしてアメリカの風土が、この問題を超心理学の前面に押し出すことになった。

一九五六年にコロラド州の実業家モーレイ・バーンスタインが、過去生を記憶しているコロラド州の主婦についての記録『ブライディ・マーフィーを探して』を出版した。レイモンド・ムーディの場合と同様、この本は本人の予想を超えてベストセラーになった。「ブライディ・マーフィー」というのは十九世紀のアイルランドのクイーンズ大学法律学教授の妻で、一七九八年に生まれ一八六四年に亡くなったという女の名前である。コロラド州の主婦の記憶の中で蘇ったブライディは、生前のアイルランドの生活に関する詳細で広範な情報をもたらした。バーンスタインはこれを、催眠術によって被験者の主婦の記憶にある年齢を遡行させ、出生以前に遡らせることによって得たのである。この方法は十九世紀においてもメスメリズムによって行われていたことだが、今回はマスコミが加わって大いに世間を沸かせることになった。

この本が刺激となって数多くの類書が出版された。新聞もこの問題に参加し、『シカゴ・アメリカン』紙は、この主婦による情報はすべて近所に住んでいたアイルランド人から得たものにほかならないという暴露記事を連載した。一方『デンバー・ポスト』紙は特派員をアイルランドに派遣して情報の裏づけ調査を行い、特集の増刊号を発行した。ブライディ・マーフィーやその親族の存在を裏づけることはできなかったが、彼女が語った生活上の細部は部分的に確認することができたのである。これはブライディ・マーフィーの存在をめぐる論争には有力な証拠となった。

催眠術ではなく、事例収集と現地調査によって「生まれ変わり」の事実を世に問うたのが、ヴァージニア大学精神科主任教授だったイアン・スティーヴンソンである。

スティーヴンソンは一九六〇年に「過去生の記憶とされるものから得られた死後生存を裏づける証拠」という論文によって、ＡＳＰＲ主催による論文コンテストに優勝した。この時点ではまだ世間の目を惹くところまで行かなかったが、霊能者で超心理学財団の設立者であるアイリーン・ギャレット（本章「マイモニデス夢実験室」参照）がこれを読んで、スティーヴンソンに、彼の論文の実地調査とさらに踏み込んだ研究のためにインドへ行くつもりがあるなら援助しようと申し出た。スティーヴンソンはこれを受け、二度インドとセイロンを訪れ、論文で扱った事例の関係者を訪ね、さらに多くの事例を収集して帰国。その成果である論文『生まれ変わりを思わせる二十例』は、ＡＳＰＲの会報として一九六六年に出版された。その後一九七三年にヴァージニア大学から改訂版が出版され、七ヵ国語に翻訳されて国際的な関心を集めた。さらに一九八七年には一般読者向けの『前世を記憶する子どもたち』が刊行されて世界的な名声を確かなものにした。

彼はインドから帰って最初の著書を出したときには六百例ほどの事例を持っていたが、一般読者向けの本を書いた一九八七年には二千例にまで増えている。そのうち二百例ほどは報告書などの間接的手段によらずに、直接自分で同僚の研究者と共に調べている。さらにその中で四十例ほどは「生まれ変わり」の有力な証拠として自信を持っていると言う[*13]。

予想されるように、六百例の中、アメリカやカナダからの事例はほとんどなく、大部分はアジアからのもので、インド、セイロン、タイ、ビルマが最も多く、約半数を占める。「生まれ変わり」の事例の数はそれを信ずる社会の信仰の厚さを反映しているのである。

この本に対しては、考えられるように、多くの批判が寄せられた。子供たちや家族が共謀して芝居をしているのだろうというのにはじまって、子供が以前どこかで覚えたことが潜在意識として残っているのだろう（「クリプトテシア」――シャルル・リシェの造語。第四章末参照）とか、種族的にインプットされた記憶によるものだろうとか、ESPによって記憶が伝達されたのだろう、などである。

たしかに、子供たちの記憶は五歳から八歳までの間に周囲の環境に適応するにつれて消えてゆくし、言語的能力が発達するにつれて自分の前の記憶をなぞるようになる。加えて、生まれた社会の信仰が考え方に影響することも考えられる。スティーヴンソンは反対論の一つ一つについて念入りに検討しているが、有力な証拠として、前世の記憶よりは前世の人物より受け継いだ動作や身体上の特徴が重要であると述べている。たとえば今では忘れられてしまっている古風な踊りを踊るとか、過去の人物の死因となった傷を受け継いでいるとかなどである。

いずれにせよ、スティーヴンソンの努力なしには、「生まれ変わり」が学問の研究対象として登場することはなかったし、人格とは何かという哲学上の問題に、予想外の方角から照明が当てられることもなかったのである。また『超心理学史』の中でジョン・ベロフは、スティーヴンソンの調査によって人間の記憶が大脳以外にも保持される証拠を得たことを高く評価している。[*14]

以上が主だった成果だが、それ以外にも注目すべき研究はいくつかある。動物サイ、スプーン曲げ、キルリアン写真、心霊治療、などだ。これらはいろいろな理由で、超心理学の中心的な課題であるとは言いがたいが、いずれも特色のある分野であり、将来ここから超心理学をリードする研究が生まれないとは言えない。

✺動物サイ

これについては前述の「二つの不祥事」の項でも触れた。もともと動物には超能力があるのではないかというのは昔からの考えであり、それを裏づけてみようと試みたのは自然であるが、それが人体実験の代わりに動物を使うという医学の発想に結びついたのはユニークだと言えよう。人間を被験者にするより遥かに扱いやすく、実験装置の設定が容易で実験志向の超心理学向きだと言える。

ネズミが危険が起こる場所から逃げ出したり、鳩が遠くからでも巣に帰ったり、馬や猫や犬が人間の気持ちに感応したり、事前に何事かを察知したりすることなどはすべて実験の対象となり、それぞれプラスの反応が出ている。最も画期的なのは一九六八年にフランス人生物学者が助手と一緒に発表したネズミの予知能力に関する実験である。彼らは一匹のネズミを、真ん中に低い仕切を入れて二分した檻の中に入れ、仕切のどちらか側かの床に無作為に電流を流し、ネズミが電流の流れるのを予知して事前に反対側の床に逃げるかどうかを観察した。装置はすべて自動化され、ネズミの動作も、人間ではなく光電管が監視した。驚いたことに、ネズミは偶然を上回る頻度で危険を回避したのである。

そのほか計算問題を解いたり、単語の綴りを示したりする馬や、伏せたカードに書かれた数字を、前足を叩く回数によって示す犬、人間が念じる方向に動く猫、などの実験が行われたことがある。

残念ながらこれらの実験は十分な追跡調査が行われていない。動物サイの存在が証明されたとしても、それがそのまま人間にあてはまるとは言えないし、医学と違って人間に応用できるわけでもない。しかし、前述のネズミの予知能力の報告は生物学の常識を脅かすのに十分であるし、実験者の影響を排除しようとして電子機器化され自動化された実験装置の進歩は、超心理学の近代化に貢献している。

✺スプーン曲げ

「ユリ・ゲラー現象」とも言える「スプーン曲げ」の大流行は、テレビなどのマスコミが超心理学の一課題を、

一般化したスプーン曲げ（日本心霊科学協会・渡辺道子提供）

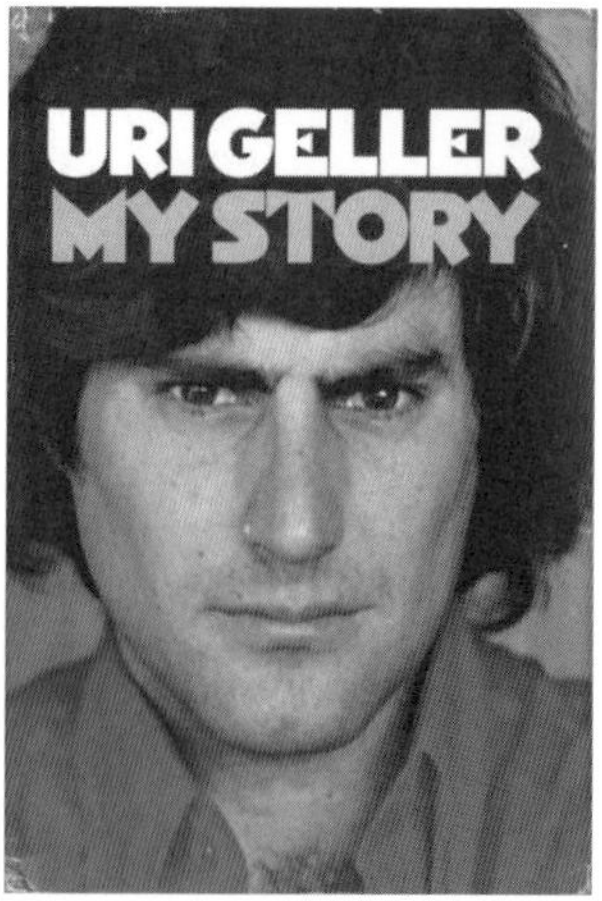

ユリ・ゲラー『マイ・ストーリー』1975年

いかにバランスを失って拡大して見せるかの良い見本である。多くのミニ・ゲラーたちが輩出し、日本でも清田少年がテレビの人気者となり、アメリカの超心理学者（ジュール・アイゼンバッドなど）によって実験の対象とされたことは、記憶している読者もあるかもしれない。たしかに「スプーン曲げ」は今までにない超常現象の一つ（奇術師に言わせれば、レパートリーの一つ）であるが、これによって得られた超心理学の成果は、マスコミが作り出したイメージに比べて、あまりにも小さいと言わざるを得ない。真剣な研究者たちは何人かいるが、厳しい条件の下ではなかなか成功しないし、実験に協力する子供たちが何か小細工をするのではないかという疑惑が常につきまとっていた。ベロフは『超心理学史』の中で二人の英国人研究者を挙げているが、一人ははじめの頃の熱意を放棄して懐疑論者の仲間入りをしたという。もう一人の物理学者ジョン・ハステッド教授の場合は、金属片の微少なたわみを検出する計測器を考案したことを褒めてはいるが、たわみを起こす力が人間のサイ能力なのか、空中に生じた電気的な力なのかを突き止めることは困難であると言っている。[*15] いずれにせよ、スプーンを曲げる力が何であるかは依然として謎のままである。

✺キルリアン写真

人体の周辺には「オーラ」と呼ばれる放射帯があり、特殊な能力を持つ者だけがそれを見ることができると言われてきた。これを科学者として最初に主張し、その放射力を電気や磁気や化学物質との関係で調べ、「オッド（Od）」と名づけたのが十九世紀のドイツの科学者カール・ライヘンバッハ男爵である。ライヘンバッハ理論は当時の大部分の科学者たちから冷笑されたものの、大いに世間の注目を惹き、ＳＰＲはこれを創立当時の研究課題の一つとした。その後、彼の考えに関心を持った科学者の中には人体のオーラを見る方法を開発したとするウォルター・キルナーや、「オッド」に極めて似た「オルゴン・エネルギー」の理論を発表したヴィルヘルム・ライヒなどがいる。

木の葉のキルリアン写真
The Kirlian Aura: Photographing the Galaxies of Life, 1974

キルリアン写真もこの流れの中で考えることができる。一九五八年にソ連の二人の科学者、キルリアン夫妻が、十三年間の努力の末に、二つの電極の間に物体を挟み高周波放電を起こさせることによって物体の周辺から出るオーラのようなものの撮影に成功した。読者の中には、木の葉の周囲に、同じ葉形の拡大された感光帯の写っている写真を見たことがある方もいるだろう。ソ連政府はこの研究を歓迎し研究所を設立、当時ソ連圏だった東欧諸国で大評判になった。研究者たちは、オーラのようなものは物体の持つ一種のエネルギーによる放電帯だと主張している。

✺心霊治療（治療能力：生体ＰＫ）

人間の持つＰＫ（念力：前述「サイ（ＰＳＩ）研究」の項を参照）の働きの中で、最も重要と言っていいのは治癒能力だろう。患部に手を当てたり、遠くから念じたりするだけで病気や傷の治療に効果を上げることができることは、有史以来知られてきたことである。近代スピリチュアリズムが起こってからも多くの霊能者たちは同時に治療者でもあったが、他の心霊現象の陰に隠れて、この能力が研究されたり、論議の対象になったりすることはなかった。しかし現在、英国には治療者（サイキック・ヒーラー）たちの組織がいくつかあり、それに属する者の数だけでも二千人を下らないと言われる。医療の現場でも医者と提携して治療にあたることが今では不自然でなくなっている。

この重要な能力の研究が遅れているのは、他の心霊現象と比べて地味であることのほかに、人体に及ぼす影響を測定することが極めて難しいためでもある。食べ物や場所などのさまざまな条件のほか、患者の治ろうとする意志や、周囲から受ける暗示などの影響を排除して、治療者の能力だけを測定することは極めて困難である。

二十世紀後半になって、初めて一人のカナダ人生化学者、バーナード・グラッドがこの分野に挑んだ。彼は「動物サイ」実験の方法を用いて、皮膚の一部を切り取った多くのネズミをかごに入れ、プロの治療者であるオスカー・エステバニーに、一回十五分、五時間おきに一日二回かごを持たせ、それを二十日間続けた。そのネズミたちの傷の大きさを、他のかごに入れた同じように処置したネズミと比較したところ、わずかではあるが治療の効果が確認された。

グラッドは次に植物を用いて同様の実験を行った。大麦の苗に、エステバニーが手に持ったフラスコの水を掛け、その伸び具合を調べたのだ。エステバニーは一パーセントの塩分を含む水を入れたフラスコを毎日十五分間、十四日間両手で持つように指示された。結果は、普通の水を掛けて育てた苗よりも育ちがいいことがわかった。

グラッド以後も何人かの研究者たちがこの問題に取り組んできたが、最近この種の治療に対する需要が増え、必要性が高まってきている現状を考えると、今後この分野の研究は重要性を増してくるように思われる。

✺ブレークスルーにむけて

このように「ライン革命」によってはじまった超心理学の流れは予想もしなかった分野にまで及んでさまざまな結果を生んできた。今日の超心理学は、いろいろな研究領域に跨《また》がる極めて学際的な学問であり、科学の最後に残された分野であるとさえ言われている。しかしながら、その源流であるところの古典心霊科学の目的とした「死後も個性は存続するのか」という問いに対しては、何ら新しい展望をもたらしてはいない。むしろ、その問題からはできるだけ遠ざかろうとし、ただ藪の周りを敲《たた》いているだけのように見える。また超心理学の売り物であるESPやPKの存在についても(ラインはESPを証明済みだと考えてはいたが)、まだ学問的な合意に達しているとは言いがたい。

ジョン・ベロフは『超心理学史』の最後で、再三にわたって超心理学の追求する真実の捉えにくさを強調している。彼の言葉を借りれば、単に「とらえにくいだけでなく、積極的に捕捉を免れようとするかに見える」と言う。私のような素人が言うのも気が引けるが、この言葉には非常な重みがある。「積極的に捕捉を免れようとする」という言葉には、長年この分野に携わってきて、思わしい結果を出すに至っていない研究者の無念さがにじみ出ている。

なぜそうなのか。具体的には「状況的要因に極度に左右されやすい」からである。つまり、この本でも何度も言っていることだが、同じ結果を出そうとしても、その時どきの霊能者（被験者）の気分や体調などによって、また実験をする側が好意的であるか懐疑的であるかによって、さらに極端なことを言えば、霊界側の都合によっても（こんな考えは科学者にとっていちばんのタブーだろうが）大いに変わり得るのである。こんなことは物質を相手にしている物理学や化学の実験ではまず起こらない（量子力学の分野になれば別だが）。人間を相手にしているから起こるのである。人間にはまだまだ科学がわかっていない要素がたくさんあるのだ。このことは超心理学という学問の性格を考えるときに忘れてはならないことである。

心霊研究や超心理学の実験結果は「再現性がない」と言って非難するのをよく聞くが、このような非難は今述べたような超心理学の複雑さを理解していないところからくるのである。「同じ条件で実験したのに、同じ結果が出ないではないか」と言う代わりに、「本当に同じ条件なのだろうか」と見直す必要があるのだ。どの科学実験でも、まったく同じ条件というのはあるまい。実験する人間や、器具や、場所によって、多少の違いは出るものだ。超心理学の場合は、一回一回がすべて違う条件の下で行われていると言ってもいいくらいなのである。

このような複雑な影響を避けるために、超心理学者たちはあらゆる知恵をしぼって実験を電子機器化し、コンピューターでコントロールできるようにしてきた。それでもどこかに抜け穴が見つかり、研究者と現象との競争はイタチごっこが続いている。

この複雑さを単純化しようとする動向に対して、複雑な要素をいくつか認め、それを実験の際に考慮に入れるという方法もあるだろう。たとえば、スプーン曲げの場合に、場所が実験者に与える影響（家庭と実験室では明らかに違う）や、立会人（肯定的な人間と、否定的な人間）の実験に対する態度、実験者自身のやる気、等である。だが、どうやってそれを測定するかということはたいへんな問題だし、たとえ測定できたとしても、その組み合わせを考慮することは実験者には頭痛のタネになるに違いない。

そういう実験室内の作業に対して、レイモンド・ムーディやイアン・スティーヴンソンなどが採ったフィールドワークによる事例収集と統計的処理の方法は、今後も重視されるに違いない。将来どういう研究対象が出てくるか、楽しみな分野である。ただし、ムーディやスティーヴンソンの場合と同様、問題提起にはなっても決定的証拠として認められることは期待しにくい。

実験される側についての方法論に対して、実験する人間自身をなんとかしようという考えもある。つまり「実験者効果」をいかに高めるかということだ。カーリス・オーシス博士が坐禅をしていたことは前にも述べたが、これは実験者自身のサイに対する感受性を高めることによって、被験者の能力に好影響を与え、実験を有利に導こうというものだ。初期の研究家のロバート・ヘア教授やSPRのリチャード・ホジソン博士のように、最後には自分も霊能者になってしまうということも大いにあるかもしれないが、そこまでゆけば実験者冥利《みょうり》に尽きるというものだろう。

最後に、超心理学者にとってはとんでもないことだろうが、スピリチュアリストの立場を借りて言えば、先ほども言った「霊界」側の協力を取りつけることができれば、事態は大いに改善されるだろう。ブレークスルー（大発見）も夢ではあるまい。アイルランドの研究者のウィリアム・クロフォードが霊媒キャサリーンの背後霊と相談しながら実験を進め、エクトプラズムについての驚くべき発見をした例もある。どうやって「霊界」側の協力が得られるかは問題だが、「実験者効果」を高めることも一つの有力な方法には違いあるまい。

第八章

日本の事情

✺心霊研究後発国——平田篤胤から福来良友吉の登場まで

今まで見てきたように、世界の心霊研究史の中で言えば日本は後発国で、クルックスによる心霊研究がはじまってから四十年後、やっと二十世紀初頭に福来友吉の登場によって歴史の脚光を浴びるのである。彼の念写研究は心霊研究史にユニークな一分野を拓くものだが、全体から言えば一分枝である「心霊写真」の部に属するものであり、写真乾板を使う古典的なものであった。ポラロイドカメラの出現によって研究に前途が開けたかに見えたが、テッド・シリアスの退場以後この分野は停滞したままである。

人によっては、十八世紀後半から十九世紀にかけて活躍した国学者の平田篤胤《ひらたあつたね》を日本の心霊研究の先駆者だと言うが、彼の著書『仙境異聞《せんきょういぶん》』は霊界探訪の貴重な資料だとしても「仙童寅吉」からの聞き書きであり、十九世紀心霊研究の特色である科学的厳密性に近づこうとする努力からは遠いものである。強いて類似を求めるとすれば、スウェーデンボルグの霊界訪問記、アンドリュー・ジャクソン・デイヴィスやステイントン・モーゼズ、ヴェール・オーエンなどの自動書記による霊界通信などだろうが、篤胤の場合は二次資料である点で一歩を譲っている。しかし、日本的スピリチュアリズムの近世における先達の一人として篤胤の名は記憶されるべきである。

再生の実話を調査した「勝五郎再生記聞」などは、日本における唯一の生まれ変わりの記録として重要である。

明治に入ってからは、第三章で触れたように、哲学館（のちの東洋大学）の創始者井上円了が明治十七（一八八四）年に「妖怪学研究」に興味を持ち、その二年後に会員を集めて「不思議研究会」をはじめたり、事例を収集して『妖怪学講義』を著したりしたのが日本における心霊研究のはじめだとされる。明治十七年はロンドンでSPRが創設された二年後のことであり、そこに吸収合併されたケンブリッジ大学の「ゴースト・ソサイエティ」、オックスフォード大学の「ファスマトロジカル（妖怪）・ソサイエティ」の存在も円了は知っていた可能性がある。「不思議研究会」は、田中館愛橘《たなかだてあいきつ》、箕作元八《みつくりげんぱち》、坪内逍遥《つぼうちしょうよう》、三宅雪嶺《みやけせつれい》など錚々たるメンバーを集めたものの、円了の病気のためにさしたる成果も挙げないうちに休会となってしまった。一方『妖怪学講義』は、「全国の有志」に依頼して集めた事例四百六十二件、円了自身が「実地について研究した」事象数十件のほか、「古今の書類」約五百冊の「妖怪に関する」事項に基づいて書かれたものである。事例収集と言えば、マイヤーズ、ポドモア、ガーニィによるSPR最初の業績『生者の幻像』（第四章参照）を想起させるが、（おそらく円了はそのことも知っていただろう）、マイヤーズらが言葉や合図などによらずに人が他人に意志を伝える、いわゆる「テレパシー」現象の事例を中心として集めたのに対して、井上の場合は、「コックリさん」「催眠術」「魔法」「白狐」など巷間の俗信を含む、いわゆる「妖怪」の事例収集であり、それに対する井上の態度は、「世に妖怪多しと雖《いえど》も要するに一片の迷信に外《ほか》ならず其《その》迷信を去れば道徳革新の功亦《ま》た自ら期すべし」という、科学

平田篤胤像

者というよりも、道徳家、啓蒙家のものであった。

したがって、近代科学精神に基づいた心霊研究を最初に行ったのは、間違いなく福来友吉である。彼の著『心霊と神秘世界』には「吾が日本では京都大学の今村新吉博士と私とが心霊研究の元祖であると言うを憚らぬ」[*1]と書いてあるが、これは福来の自己宣伝ではない。今村新吉は福来と共に研究に参加したが、次に述べる「念写事件」の結果、遠ざかっていった。業績上福来一人を本邦初の心霊研究者と認めて差し支えない。海外の文献、たとえばジョン・ベロフの『超心理学史』、ベンジャミン・ウルマン編纂の『超心理学ハンドブック』などを見てもそうである（もっとも福来だけが日本を代表しているのはさびしい話だが）。

その福来が、まさにその研究のために、奉職していた東京帝国大学を追放された（婉曲な勧告を受けて辞職したのだが、同じことである）のは、我が国の心霊研究史上重要な意味を持つ出来事であった。心霊研究は官学から認められないということであり、官学を頂点とし文部省の管轄権の強い我が国の教育研究のヒエラルキーの中では、呼吸困難であるということを示した事件であった。その影響は今に至るまで続き、現在、国立の大学ではもちろんのこと、私立大学においても、超心理学としての講座が開かれているところはないのである（心理学、宗教学の中で、それに触れる授業をしているところは二、三ある）。

✷長尾郁子念写事件

福来辞任の発端とも言える長尾郁子の念写にまつわる怪事件は、福来の念写というと必ず取り上げられる有名な出来事で、すでに知っている読者も多数おられると思うが、一応概略を述べる。

明治四十四（一九一一）年一月八日に四国丸亀の長尾家に福来をはじめとする七人の学者、研究者が集まって長尾郁子の念写実験に臨んだ。[*2] この日の主賓は前東京帝国大学総長の山川健次郎《やまかわけんじろう》であった。彼の願いで行われた実験で、福来も長尾郁子も特別の思いで成功を祈っていた。山川、福来のほか、福来の助手の東京大学院生、山川が東京から連れてきた東京理科大学講師と東京大学院生、地元からは丸亀中学校校長と教頭、それに郁子の夫の裁判所判事長尾与吉も加わった。

　写真乾板は山川側が用意した。乾板の入ったボール箱の上に鉛の十字架二個を載せ、木箱に入れる。鉛の十字架を入れたのは、もし念者がラジュームのような放射性の物質を使えば、鉛はそれを通さないからその影が乾板に写るはずだという詐欺防止のためである。念写のターゲットは山川に敬意を表して名前の一字の「健」と決まった。それを墨で書いた半紙を床の間に張り、郁子はその前に座ってじっと眺めてから乾板を入れた箱に向かって念を送った。

長尾郁子

　ところが少しすると郁子は一礼し、立ち上がって隣の部屋に行ってしまった。一同何ごとならんと思っていると、郁子は福来の助手を呼び、乾板が入っていないと告げた。鉛の十字架が二つ見えるだけでいくら念を送っても反応がない、これはきっと山川が何か仕掛けをしているのだろう、実験はもうやりたくない、と語気を荒らげて言った。

　それを聞いた山川は、そんなはずはないと驚いて箱を開けてみると、たしかに乾板がない。一同騒然としていると、山川の助手役の藤という大学講師が席を外してどこかへ出て行った。不審に思った郁子の夫が、どこへ行ったのか山川に尋ねると、乾板を入れたのは彼なのできっと探しに行ったのだろうと言う。

しばらくすると藤が帰ってきて、東京から一緒に来た大学院生を玄関に呼び、乾板はあった、自分は入れたと思ったが間違いだったので山川先生にそう伝えてくれと言っただけでまた出て行った。山川はそれを聞くと「やれ、やれ」と言い、郁子の前に手を突いて、あんな粗忽者《そこつ》を連れてきて申し訳ないと謝った。郁子も「あなたさまのような方にそんなにしていただいてはすみません」といったんは機嫌を直した。

それで済めばよかったのだが、そうはゆかなかった。

三日後に『大阪時事新報』が「千里眼の正体遂に現る」と題して、山川の実験によって郁子の千里眼がまったく無価値なものであることが判明したと報じたのである。その上、夫の長尾与吉はそれを恥じて山川を宿舎に訪れ、将来郁子にいっさい千里眼の行為をさせないと誓ったとまで書いた。長尾が山川を訪れたのは確かだが、それは乾板の行方について真相を聞こうと藤に会いに行ったものの二度とも会えなかったので、同じ宿舎にいた山川に会って尋ねたが要領を得ず、念写の実験は打ち切らせていただきたいと告げたのである。

誰がこんないい加減なことを新聞社に知らせたかについて、福来は、同じく郁子の念写を研究していて自分に恨みを持っている京都大学の大学院生某の仕業だろうと言っている。

この記事を読んだ山川健次郎は驚いて、早速手紙を大阪時事新報社に送り取り消しを要求したが、実行されなかったらしい。その代わりに社から二人の役員が長尾宅に来て詫びたということである。この記事の影響は大きかった。

一方、藤は一月十六日に東京で記者会見し、その内容は翌日の『東京朝日新聞』に「いく子の念写は手品」として発表された。郁子の念写はボール紙を切り抜いて写したようなところがあり、字の中に隙間のあるべきところがないのはそのためだと思われるとか、隙間がある字は郁子は念写するのを断るとか、念写する前に実験用の乾板を隣の部屋に置くのはおかしいとか、すべてにおいて疑わしいから手品だと断定すると言うのである。

これに対する福来と長尾の反論は早速翌十八日の同じ『東京朝日新聞』に掲載された。彼らの怒りと藤の「妄断」に対する反論の内容はここに書くまでもないだろうが、郁子は、再度の念写実験による藤との対決を望み、両者とも短刀を懐に実験に臨んで負けた者は自害しようと言っている。ちなみに郁子は徳山藩家老の娘で、母は藩の剣道師範の家から嫁し、女ながら師範の腕前だったそうで、娘の郁子にもその気概は伝わっていたのだろう。

　郁子と夫は山川も疑っていた。山川は丸亀に出発する前に次のような趣旨の談話を発表していたことが後でわかったのである。

「最近千里眼がもてはやされるようになってから、それまで影を潜めていた迷信熱が再燃しているのは寒心に堪えない。自分はこれまで国定教科書、修身書の編纂に関わり、迷信にまつわる事実を極力排除してきた。したがって千里眼の問題は国民教育上見逃すことは出来ない」

　山川は明治初期の教育界を代表する人物と考えていい。会津出身で、白虎隊に入ったが年少のためやめさせられたという経歴がある。明治政府が最初に欧米に送った留学生の一人であり、アメリカで物理学を学び、帰国後、東京帝国大学の最初の日本人教師となった少数の中の一人である。妹は大山巌《おおやまいわお》の妻で鹿鳴館を舞台とする社交界の中心だった大山捨松《すてまつ》で、中央との繋がりも深く、貴族院議員、枢密顧問官を歴任、男爵を授かっている。明治の教育行政の中枢にいた人物で、大正二（一九一三）年、丸亀での念写実験の二年後には、東大の綱紀粛正、制度改革のためにふたたび総長として戻ってくるのである。

　こういう風に見てくると、福来たちの千里眼研究がどんな目で見られていたか想像がつく。ところが福来の山川批判を含む『透視と念写』という本が、まさにその最もタイミングの悪い大正二年、山川が東大に戻ってくる年に出版されたのである。しかもその冒頭に彼は有名な「雲霞《うんか》の如く蔟《むらが》る天下の反対学者を前に据え置いて、余は次の如く断言する。透視は事実である。念写も亦《また》事実である」という宣言を行ったのだ。

「あれはまずかったよ、きみ。本を出す前に相談してもらいたかった」と福来は学長の上田《うえだ》万年《かずとし》に呼ばれて言われたそうである。[*3] 福来は本を出してから他の学者に共同実験を申し込んでも断られるのを訝《いぶか》しがっていたが、そ

御船千鶴子

れでも、もしあの「思想公平、人格高潔な」山川博士が実験を申し込んでくれたらどんなにいいだろうなどと言っている。皮肉でないとしたらよほどのお人好しか「学者バカ」とでもいうような性格だったのだろう。山川は福来について、あの男は「信じすぎる」と言っていたという。

福来はこの年辞表を提出し、東大を辞めた。

気の毒だったのはこの件で犠牲となった人々である。ここでは取り上げなかったが、長尾郁子の前には、最初の千里眼として評判になった御船千鶴子が服毒自殺している。彼女も福来の実験の有力な対象であった。自殺の原因については、一人にならないと念じられないという実験態度を世間から疑われたことと、透視能力の衰えと、ライバル長尾郁子の出現とが重なった結果だろうと言われている。

長尾郁子は事件後二ヵ月も経たない中にインフルエンザをこじらせて急逝した。心労が病を重くしたことは十分に考えられる。以前は丸亀市民から「神仏」のように尊敬されていたのに、事件が公表されてからは外を歩くと子供たちから「ラジューム、ラジューム」と言われて石を投げつけられたという。夫の長尾与吉は「山川博士の実験に対する意見」の一書を福来に託して、妻の死後一年ちょっとで胃の腫瘍のために亡くなった。彼の場合もストレスによる死と考えていいだろう。

以上は福来辞任に至る丸亀念写事件の経過だが、事実はもっと複雑でここでは説明しきれない。詳しいことを知りたい方は、一柳廣孝著『〈こっくりさん〉と〈千里眼〉』（講談社選書メチエ）を読まれるといい。念写をめぐって立場の分かれる新聞社間の熾烈な報道合戦や、背後にある学者たちの反目や抗争など、この事件を多角的に理解するのに役立つと思う。

✺三田光一が念写した月の裏側

この千里眼騒動は、それより五十年前の欧米のスピリチュアリズム・フィーバーを思い出させる。しかし欧米に比べるとその期間が線香花火のように短かったのは、欧米の「スピリチュアリズム」が「死者との交流」をめぐって宗教と科学の対立という市民生活上の深刻な問題を引き起こしたのに対して、我が国の「千里眼」は新奇な科学上の論争にとどまり、国家の教育行政によって簡単に排除されてしまったからである。日本人の精神生活にまでは届かなかったのだ。その後ふたたび念写が問題となるのは五十年後の、第二次世界大戦後もしばらく経った一九六〇年代に、テッド・シリアスがポラロイドカメラを持って登場してからである。日本の心霊研究は超心理学の到来までじっと鳴りを潜めることになる。

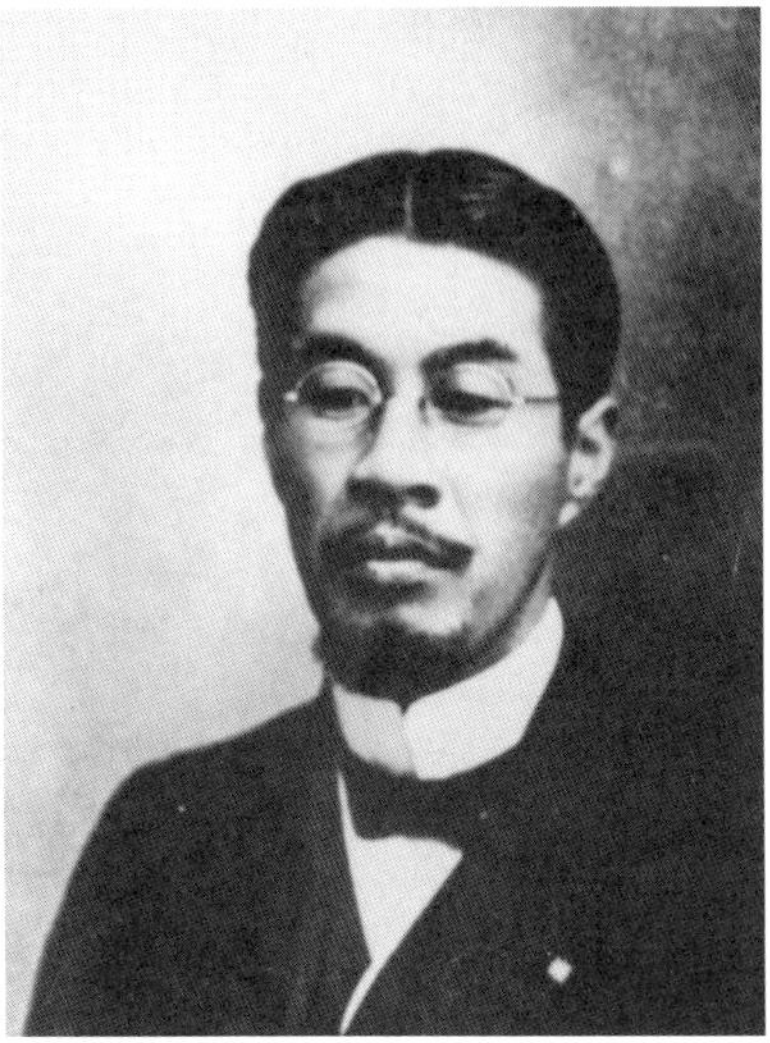
三田光一

しかし福来の研究は無駄ではなかった。日本発の独自な研究方法を世界の心霊（超心理）学界に認めさせ、新たな研究分野を拓いたばかりではなく、今後も問題となるような業績を残していったのである。その一つが前章で述べた三田光一による月の裏側の念写写真である。

昭和六十（一九八五）年、福来の死後三十三年後に、元東大教授で日本心霊科学協会常任理事の後藤以紀が『月の裏

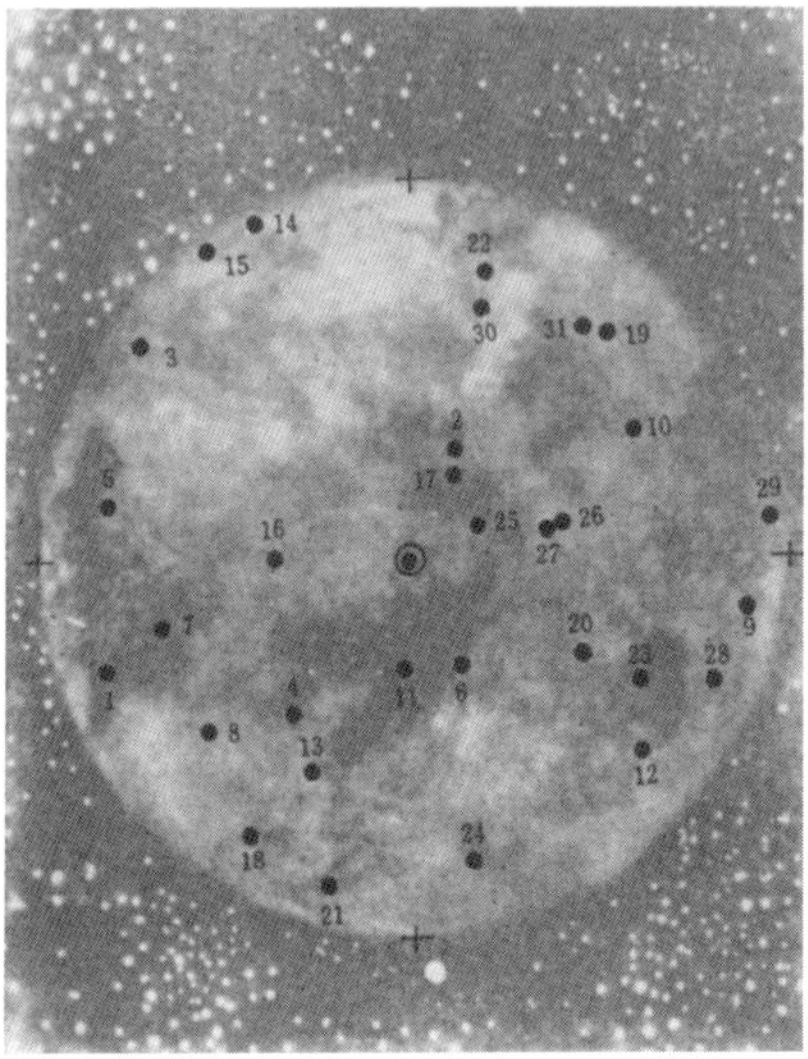

NASAの観測表による月のクレーターと海の位置を入れたもの

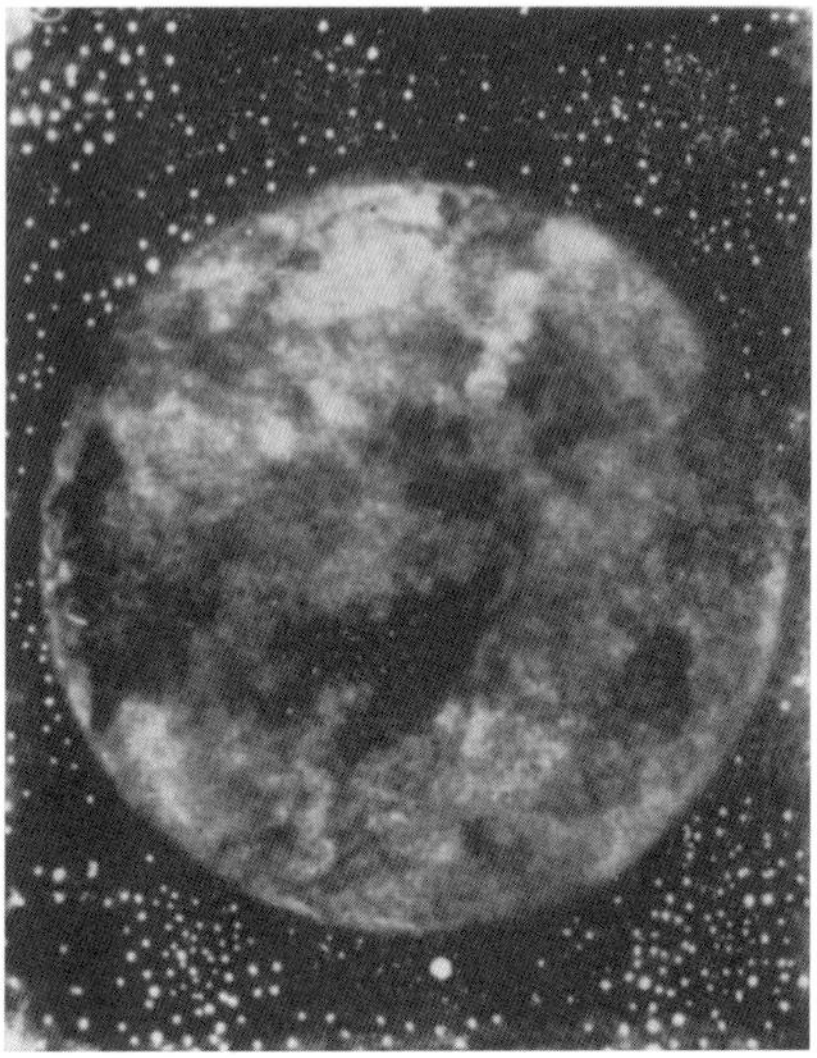

三田光一による月裏面の念写（1933年11月12日）。後藤以紀『月の裏側の念写の数理的検討――宇宙船による新月面図との照合』（日本心霊科学協会研究報告、第2号、1986年）

側の念写の数理的検討――宇宙船による新月面図との照合』を同協会研究報告の第二号として出版した。後藤は工業技術院院長も務めたことのある電気工学界の長老で、とくに数学に長《た》けていると言われていた。この報告書は先に触れた三田光一が念写した月の裏側の写真（第七章「『念写』――福来友吉の研究」参照）を、NASAが作成した図形上のクレーターや「海」の位置と比較したものである。NASAは一九六九年七月から一九七二年十二月にかけて月面探査機アポロ十一号から十七号までを打ち上げ、撮影した月の写真に基づいて地図と月球儀を作り、クレーターや「海」の名称と、月面の緯度、経度による位置を発表した。後藤は東京日本橋の丸善でその地図と月球儀を見て、三田光一の念写写真と非常によく似ているのに驚いたという。彼は買い求めた月面地図の上に三十一ヵ所の地点を定め、それらが三田光一の念写写真の上のどこに求められるかを（つまりどのような角度で写されているかを）計算によって判定し、一つ一つ確かめていったところ三十一ヵ所すべてが一致したという。これは驚くべきことだ。一致したという事実が驚くべきことであると共に、心霊（超心理学）研究上驚くべき業績だと言える。

報告書は和文と英文の両方で書かれ、図形や数式のほかに福来の念写や丸亀事件が簡単に紹介されている。最後の方に三田光一の月の裏側の同じ写真二枚が掲載され、その中の一枚にNASA観測表に基づくクレーターや「海」の位置を示す点が重ね合わせて記されている。撮影角度によって調整して投影するとこうなるということを示したものだが、これをNASAの写真そのものと勘違いする人が多いようだ。筆者もその一人だった。しかし、NASAが三田光一と同じ角度で写真を撮っていたら計算して位置を割り出す必要はないわけである。その点もう少し報告書の中で説明してほしかった。また三田光一の念写そのものをトリックだとして否定する人もいるようだが、本物と違わない月の裏側を月面探査機のない時代にどういうトリックを用いて写すことができるだろうか。そんなトリックがあったとしたらそれこそ超能力としか名づけようがない。

Psychic PN News

SATURDAY SEPTEMBER 26 1992 No 3146 30 p

In this issue: Table-turning is a great success ● Page 5 / Hollywood medium talks to PN ● Page 8

THE ATLANTIS BOOKSHOP

Thoughtograph of the moon matches NASA pictures

PSYCHIC Investigator Andrew Collins suggested the staging of a ghostwatch at Rushton Hall in order to raise money for deaf-blind and multi-handicapped children.

Charity ghostwatch frees spirit entity

■ Turn to page 4, column 3

A RARE scientific report has come to light claiming that in 1933, one of Japan's foremost clairvoyants psychically projected an image of the far side of the moon on to a photographic plate...a picture compared with photos taken from space and found to be accurate.

ISF congress '92

PICTURED above is the thoughtograph of the hidden side of the moon produced by Koichi Mita in 1933.

THE black points in this picture chart the location of major moon features on the thoughtograph. Compared with information from NASA, they confirm it is very accurate.

■ Turn to page 4, column 1

NEWS • VIEWS • REVIEWS PN

三田光一の月裏側の念写の記事（『サイキック・ニューズ』紙、1992年9月26日付）

この報告書はしかし、残念ながら欧米の超心理学界には知られていない。つまり公式に認められていない。日本でも認められていないが、欧米で認められれば日本でも認められるだろう。私事にわたって恐縮だが、筆者は一九九二年九月にISF（国際スピリチュアリスト連盟）の国際大会に出席したときに、この報告書を二十部持参して連盟の役員諸氏や一部の参加者に配った（報告書の著者後藤先生はその前年に亡くなっていた）。その時、スピリチュアリストの週刊新聞である『サイキック・ニューズ』紙のインタビューを受け、この報告書について話したところ、早速一面に大きく三田光一の月の裏側の写真入りで報じてくれた。その時もクレーターや「海」の位置を示す点を打った写真をNASAの写真であるかのごとく報じていた。私はそれを持って日本に帰り、日本心霊科学協会の人々に見せたところ、すでに報告書発表後まもなく誰かが英国に持って行って同じ『サイキック・ニューズ』紙に発表したとのことだった。私と同紙の記者がうっかりしていたおかげで二度の宣伝になったのだった。

ついでだからもう一つ付け加えると、オーストラリアのリーダーズ・ダイジェスト社が世界の珍奇、怪奇な話を集めて『超自然現象年鑑』（*The Almanac of the Uncanny*）という写真、イラスト入りの豪華本を出したとき、筆者の薦めで三田光一の月の裏側の念写の話を念写写真入りで載せた。海外では月の裏側の念写についての記事はこのぐらいしか筆者の記憶に浮かばない。しかしどちらもスピリチュアリズムや通俗の世界のことであって、肝心の学界での認知にはまだまだ遠いというのが現状である。

✺福来以後——戦後日本の超心理学

東大を追われた後も福来は、高橋貞子、武内天真、三田光一などの霊能者を使って実験を続けたが、念写はもとより千里眼やその他の心霊現象が学術的な論争の対象となることは二度となかった。明治の啓蒙国家主義的なアカデミズムが完全に勝利を収めたのだ。そういう意味で丸亀の念写事件は極めて象徴的な出来事だったと言える。その後三十数年間、アカデミックな心霊研究の空白をスピリチュアリスト浅野和三郎の活躍が埋めるのだが、それについてはこの後の項で述べる。

話は飛んで、第二次世界大戦直後のことになる。昭和二十三（一九四八）年J・B・ラインの著書『心の領域』

(*The Reach of the Mind*)が『リーダーズ・ダイジェスト』日本版に紹介され、日本の学徒たちは初めて「超心理学」「ＥＳＰ」「ＰＫ」などという言葉を知る。[*4] ラインの『超感覚的知覚』出版が「ライン革命」を告げてから十四、五年後のことである。若い学徒たちのある者は新しいラインの手法を取り入れて実験をはじめる。彼らは「日本心霊科学協会」の協力を得て昭和二十五（一九五〇）年に研究会を発足させ、翌年「超自然科学研究会」と命名、大谷宗司、橋本健、恩田彰、本山博、金沢元基、などが研究をはじめた。しかし研究方法が必ずしも一致しなかったため、あくまでラインの超心理学的手法に忠実であろうとする大谷、金沢、恩田らは、それから離れて昭和三十八（一九六三）年に「超心理学研究会」を設立、五年後に「日本超心理学会」と改称する。

大谷宗司

ラインと文通をはじめていた大谷宗司は、キリスト教社会主義運動家として国際的に著名な賀川豊彦《かがわとよひこ》の推薦もあって超心理学研究会創立の年に渡米し、ライン研究所で研鑽を積み、本場の洗礼を受けた日本人超心理学者第一号となって帰国する。彼の仲間の数学者の金沢はＥＳＰ理論に、恩田は禅の悟りや坐禅時の瞑想などとＥＳＰとの関連に、興味を持って研究に取り組んだ。一方超自然科学研究会の橋本健は超常理論の応用、商品化の方面へ進み、本山は自分が設立した「宗教心理学研究所」の所長として宗教と心理学の融和を目指す活動に専念、気や経絡の測定、ヨーガのチャクラの研究など、超心理学の基準を超えた研究分野に乗り出していく。

大谷たちがはじめた日本超心理学会の初代会長は小熊虎之助であった。彼は東京帝国大学で福来友吉に教わったことのある心理学者で、心理学の立場から心霊研究を紹介した『心霊現象の科学』という本などによって、心霊研究に超心理学的解釈をもたらした啓蒙家として知られていた。その他著書『神秘の世界』で超心理学の紹介をした宮《みや》城《ぎ》音弥《おとや》なども新しい日本超心理学会に協力的だったが、戦後日本の超心理学は大谷宗司らによってはじまったと言っていい。若い学徒たちは、戦前、戦中の国家主義的教育観から解放され、パイオニアの意気込みで新しい学問の領域に挑んだ。

しかし現在に至るまで、超心理学が独立した学問であることはもちろんのこと、心理学の一部門であるとさえ認められるにはまだ至っていない。日本超心理学会の会長であった大谷宗司でさえ、防衛大学教授であったときに超心理学の講座を持ってはいなかった。もっとも、世界的に見ても大学での超心理学の講座は少ないが、アメリカでは「超心理学協会」が一九六九年に全米的な学術団体である「アメリカ科学振興協会」の一員として認められている。また、スタンフォード大学では早くから創立者であるリーランド・スタンフォードの一族が寄付した基金による心霊研究の講座が開かれている(一九一一年)。デューク大学では前述のようにラインがはじめた講座があったが、今はラインが大学に隣接して独自に設立した超心理学研究所が国際的なセンターとして活動している。英国ではジョン・ベロフ(二〇〇六年没)がエディンバラ大学に講座を持っていたが、筆者の体験として、ロンドン郊外の成人大学で超心理学の講座があって結構人気が高かったのを覚えている。英国ではそれだけ一般化しているということだろう。

少し古いデータだが、一九六三年に、大谷と恩田が中心となって心理学者たちに対して行った調査がある。[*5] 千百十五名の中から二百六十二通の回答があり、そのうち無記名を除く二百四十六通について、ESP研究(超心理学)が心理学の分野に入っていると考える者は百十二名で、半分以上の者が入っているとは考えていない。心理学に入らないとすればどの分野に入ると思うかという問いに対して、まったく新しい分野だと答えた者はわずか十二名で五パーセントにも達しない。ESPが証明された事実として認めるかという問いには、認めると答えた者は十一名に過ぎない。もっとも回答者の数からも察せられるように、超心理学とは何かということすら知らない心理学者が多かったのである。大谷らは右の数字をむしろ超心理学に関心を持つようになったしるしとして受け取っているが、そう思わなければならないほど現状は厳しかったと言えよう。

こういう痩せた土壌の上で日本の超心理学は困難と闘いながらすでに七十年以上歳月を送ってきたが、それは主としてアメリカで生まれ育った新しい学問を消化吸収する時期だったと言えるだろう。少々長い吸収時間だとは思うが。これを裏返して言えば、まだ日本的と言える分野にまで育っていないということでもある。『超心理学史』のジョン・ベロフに言わせれば、「(日本は)アメリカを巡る衛星都市的存在」なのである。[*6]

✺独自の研究

しかしながら戦後の日本にも独自な研究がないわけではない。たとえば心理学の分野での坐禅時の瞑想状態における脳波と心理との関係の研究などは、メスメリズムや霊媒のトランスなどと同じ変性意識の問題として注目されている。これを超心理学の問題として追求してゆくことは可能だろう。また気功や合気道などの「気」が空間を超えて伝わる能力についての研究もはじまってしばらくが経つ。このほかにも、たとえば幽霊の事例の収集による日本的な特色の研究などもおもしろいかもしれない。また個人的な話になるが、ニューヨークで当時ASPR会長だったカーリス・オーシスと会ったときに、一緒に日本の幽霊の研究をしてみないかと誘われたのを思い出す。自分は日本語がダメだから手伝ってくれればやってみたいというような話だった。筆者のように紹介状もなしにいきなり訪問した無名の男に、研究所を案内してくれたばかりか共同研究の話まで持ち出すなどとは、いかにもアメリカ人の研究者らしい常識にとらわれない自由さがある。日本には超心理学の財宝が埋まっているとでも思っていたのかもしれない。日本人がこんなに現世的、唯物的であることを知ったら、彼は大いに失望しただろう。

現在、アメリカも英国も、はっきり言って超心理学は行き詰まっている。打つ手がなかなかないというのが現状だ。彼らは、全部が全部とは言わないが、オーシスのように日本など東洋の国々に目を向け、何か出てこないかと期待しているのである。日本の超心理学者にとっては有り難いような困ったような話だ。

ところで一九六九年に大谷宗司が日本超心理学会に対して提案した将来の構想[*7]は次のようなものだった。大谷はまず、超心理学を研究する二つの理由を述べる。一つは、超心理学が将来の自然科学的宇宙像を形作るのに重要な役割を持っているという認識であり、二つ目は、サイ能力をコントロールしてみたいという望み、だと言う。そしてあくまでも実験重視の立場に立って、今後は次のようなことをするのが望ましいと説く。（1）超心理学的事実（サイ現象）を今までのように心理的にではなく、生理学的に、動的な状態で捉える。（2）研究をスピード・アップするためにESP研究専用の電子計算機を作る。（3）今まであまり行われなかった、植物の生長や微生物の運動、繁殖などをコントロールするPK（念力）の研究を促進する。（4）時空を超越すると言われるESPを、情報伝達の面から理論的に捉え直す。（5）日本人研究の国際化を進める（これらの提案がどのように実現されたのか、あるいはされなかったのかについて、諸君は興味をお持ちだろうが、この新版を出す時点で、筆者にはっきりした答えはない。大谷宗司自身も二〇二一年に九十八年近い生涯を閉じている。大谷の提案はともかく、超心理学またはサイ研究が、大雑把に言って現在どんな状態にあるのかは、「あとがき」に触れておいた）。

✺日本のスピリチュアリズムの古い伝統

超心理学に比べてスピリチュアリズムは日本でも遥かに長い伝統を持っている。古来政治は「まつりごと（祭祀）」であり、支配者は神と一体となり神託を受けることのできる祭司（シャーマン）であった。邪馬台国の女王卑弥呼はその一例と言えよう。また神功皇后《じんぐう》が側近を「さにわ」として用いた神懸かりの法は、昭和になって浅野和三郎が用いた「鎮魂帰神の法」の元であると言われている。近世に至っては平田篤胤が異境の研究に熱中したことはこの章の冒頭に述べたところだ。北は東北地方のイタコから南は沖縄のユタに至るまで、巫女、比丘尼《びくに》、口寄せ、しらせ、など神や死者との仲立ちとなる者たちは昔から日本全国に拡がっていた。

しかし、これらは一般に「シャーマニズム」と言われるものでスピリチュアリズムにとって必要な要素ではあるが、この本で述べてきた「スピリチュアリズム」ではない。スピリチュアリズムの定義としては「一、人間の個性は死後も存続する、二、死者と生者との交信は可能である」が基本的な条件だと言われているが、それならばシャーマニズムでも同じようなことが言える。だが最初の頃スピリチュアリズムが「ニュー・スピリチュアリズム」と呼ばれ、それまでの降霊術などのシャーマニズムと区別されたのは、何度も言うようだが、十九世紀の科学思想の洗礼を受けて降霊術や心霊現象を科学的な目で見直し、霊界との通信の合理的な手段として使おうと考えたからである。つまり霊媒による死者との交信を、電信や電話のような「科学的な」技術として使い、それによって死後の存在を立証し人間の生活全体を精神的に豊かにしようと考えたのである。単に死んだ肉親を呼び出して慰めとするとか、運勢を占ってもらうとか、失い物を探してもらうとかいうような迷信呪術の類とは区別しようとしたのである。

✺高橋五郎——スピリチュアリストの先駆者

明治末期から大正初期にかけて、我が国で最初にこのスピリチュアリズムを日本に紹介した者は数人を数える

高橋五郎『心霊万能論』前川文栄閣、1910年

ことができるが、ここではとくに高橋五郎と浅野和三郎を挙げたい。高橋は浅野の陰に隠れて、先駆者として顔が見えないことが多いが、浅野より十八年の年長であり、彼の『心霊万能論』の出版は浅野が心霊科学研究会を発足させて心霊研究の旗揚げをした大正十二（一九二三）年よりも十三年も早い。この心霊科学研究会には高橋も参加しているので、浅野は彼のスピリチュアリズムに関する著書を読んで参加を慫慂《しょうよう》したと思われる。浅野にとっては先輩である。しかし社会的な活動及び後の世代への影響となると浅野の方が遥かに大きい。高橋は学究だった。彼の専門は語学で英語教師として生計を立てたが、博学で他の言語にも通じ、日本で最初にゲーテの『ファウスト』を訳したのは彼である。浅野も英語教師だったからこの点でも高橋は先輩だった。

『心霊万能論』は唯物主義的、現世享楽的に傾きつつあった明治末期の世相に対する警世の書で、その後の数多くの著作もみな「物質よりも重要なものがある」という主張に基づいている。アメリカに発祥したスピリチュアリズムの正確な紹介、オリヴァー・ロッジなどの著書の翻訳のほか、日本の千里眼問題にも関心を持ち、福来を辞任に追い込んだ丸亀事件の関係者、とくに藤教篤を厳しく批判し「誹毀罪《ひきざい》の告訴をなして牢獄に投じ」るべきとまで言っている。*8

✺浅野和三郎——英文学者から心霊研究家へ

浅野は高橋に比べると遥かに行動的である。思い立つと実行せずにはいられないタチだったらしい。彼ははじめ英語教師として出発したが、途中でドラスティックな変身を遂げる。東京帝大でラフカディオ・ハーンに学び、彼の講義に感激したのが英文学者志望の大きな動機だったというのも情熱家の彼らしい。東京高等商業学校の英語教師を経て海軍機関学校の英語教官となり、『沙翁全集』の翻訳に携わったり『英文学史』を著したりして英文学者として業績を挙げてゆく。創作にも興味を持ち、学生時代に美文調の小説を書いて『帝国文学』に載り、大町桂月に褒められたりもしている。だが小説は長続きしなかった。美文調が急速に廃《すた》れたこともあるが、個人の内面に向かう文学の潮流にはあまり関心がなかったようである。むしろ英文学を背景とした社会性のある文芸評論に腕をふるったが、それも突如として人生の方向転換によって中断してしまう。後になって浅野は「自分は英文学を専攻したことを格別に愉快であったとも、又自己の天分に適ったことであったとも思わない」[*9]と言っていて、彼の書斎向きでない性格を窺わせる。

浅野和三郎

英文学者であることをやめたのは大本教に入信したからである。だがその前に彼の人生観を変える出来事があった。大正四（一九一五）年、和三郎四十一歳の春に彼の

出口王仁三郎、1940年

三男が原因不明の病にかかり、発熱、衰弱が続くということがあった。いろいろ手を尽くしたが治らない。和三郎夫妻の心労は増すばかりだったが、十月のある日に妻の多慶子《たけこ》が夫に、三男を女行者のところに連れて行った話をした。祈ってもらったところ十一月の四日に治ると言われたという。これを聞いた和三郎は脇の下から汗が流れ落ちるほどの屈辱感を味わったそうである。これほどの激しさがあった人間だからこそ、一年後に人生の百八十度の転換を遂げることができたのかもしれない。彼は妻の行為を単なる迷信として退けなかった。妻が相談した「三峰山」と言われた女行者をまず調べてみようと思ったというところが、後年心霊研究に赴いた彼らしい。何回か女行者の許に通って、財布の中身を当てられたり、そこに通ってくる人たちと話をしたりしているうちに、彼は書斎ではわからない人生があることに気づくに至るのである。そうしてついに、約束の十一月四日になって息子の病が完全に治ったのを知る。

✺浅野、大本教に入信

この後、旧知の友人から大本教の出口なおの話を聞き、用事があって大阪に行ったついでに大本教の本拠地、綾部《あやべ》に寄ってみた。話だけでは済まないところがこの人らしい。そこで会った粗末な綿服の老女に浅野はすっかり魅入られてしまい、ちょっと会うだけのつもりが三、四時間にもなり、昼食までご馳走になる。彼の宗教的回心の時であった。その後、横須賀の自宅に帰った和三郎のところに、出口なおの娘婿である出口王仁三郎《おにさぶろう》が訪ねてきて綾部移住を勧め、浅野はそれに応じるのである。大正五（一九一六）年の暮れのことであった。このとき彼は、それまで彼の人生を支えてきたシェークスピアの全集を含む英文学関係の本を全部売り払ってしまったという。

大本では彼は教団の理論家、スポークスマンとして、実践方面の指導者である王仁三郎と共に教団の組織化と拡大のために大いに活躍したが、やがて官憲による大本教に対する第一次弾圧の後、王仁三郎との間に亀裂が深まり、ついに教団を脱退する。この間の経緯についてはここに詳述する暇はないが、和三郎の正邪をはっきりしなければ済まない情熱的な潔癖さと、欧米文化によって養われた合理精神とが、王仁三郎の、よく言えば日本的な融通性、自在さ、奥深さ、悪く言えばのらりくらりと人を食った山師的な幻術まがいの言動についてゆけなかったということだろう。

また浅野には、当時まだ輸入されたばかりの新鮮な欧米のスピリチュアリズムと心霊研究によって、王仁三郎などが見せる訳のわからぬ霊現象をしっかり見極めてゆきたいという願いもあった。彼は大正十二（一九二三）年三月、発起人となって「心霊科学研究会」を東京に設立する。そうして二年後の大正十四（一九二五）年七月に、家族と、自分が大本に入信させた兄正恭《せいきょう》（退役海軍中将）と共に綾部を去るのである。

✺鎮魂帰神の法

相変わらず潔いと言えるが、今回は、十年あまり前に横須賀を去ったときに英文学と決別した（つもりでいた）

ような、過去を断ち切った出発というものではなかった。その六年半前に亡くなった出口なおに対してはまだ敬愛の念を抱いていたし、さらに重要なことは、王仁三郎から伝授された「鎮魂帰神の法」をしっかりと受け継いでいたのである。この「鎮魂帰神の法」は、今後浅野が築き上げてゆく日本的スピリチュアリズム「日本神霊主義」の中心となるものである。

「鎮魂帰神の法」とは明治の霊学の先駆者本田親徳《ほんだちかあつ》が、古神道に則って再興した神人感応の道である。その起源は、神功皇后が武内宿禰《たけうちのすくね》を「さにわ」として用い、神託を聞いたという故事に基づいていると言われる。本田親徳が重視したのはこの「さにわ」であった。

「さにわ」とは、元は「沙庭」と書き、清浄な庭の砂の上に坐して霊媒に相対する者を指したらしいが、今は「審神者」という字を当て、読んで字のごとく憑依した「神」の素性や言葉の真偽を審査する者である。入神する霊媒はどんな霊が懸かってくるかわからないので、審神者の役割は極めて重要である。時には身の危険を冒《おか》して邪霊の影響から霊媒を守らなければならない。審神者になる者は懸かってくる霊に負けない高い人格と優れた理解力、どんな場合にも慌てない修練が必要だとされる。

「さにわ」のほかにも、印を結ぶとか、石笛を吹くとか、祝詞《のりと》を上げるとか、いろいろ作法はあるが、要は審神者によって霊媒が入神状態へ導かれ神懸かりするのが「鎮魂帰神」である。「鎮魂」の意味は神と一体となるために魂を鎮めることで、「帰神」とは神懸かりすることだ。審神者によらずに霊媒が一人でやる「鎮魂帰神の法」もあるようだが、これは精神に異常を来す危険があるのでよほど修行のできた者でなければ行えない。浅野が広めたのは審神者によるものである。しかし浅野の死後、時が経つにつれて審神者以外の作法、即ち「印」や「石笛」「祝詞」などは、行われたり行われなかったりするようになった。

✺欧米心霊行脚

浅野は昭和三（一九二八）年にロンドンに行き、第三回国際スピリチュアリスト会議に出席した。神戸から船で大連に行き、そこから汽車で満州、シベリアを数日かかって横断する大旅行だったが、相変わらず意気軒昂たるものがあり、車中知り合った外国人たちに大いにスピリチュアリズムを鼓吹したりした。会議には、前にも述べたが、福来友吉も同席した。福来は念写について発表し、浅野は「近代日本に於けるスピリチュアリズム」という題で、持論である神道とスピリチュアリズムの共通点を述べた。名誉会長だったコナン・ドイルの姿も見えたが、話しかけた様子はない。

浅野はしばらくロンドンに滞在し、心霊関係の本を買ったり霊媒の許を訪ねたりしている。自分でも幸運だと言っているように、出たとこ勝負でいろいろな関係を利用しながら多くの霊媒たちに会い、実験に参加している。心霊写真家のウィリアム・ホープにも会っている。彼の物怖じしない積極的な性格が幸いしたのだろう。また「東洋の果て」からやって来た日本人は珍しがられた。とくに西洋のスピリチュアリストたちは自分の守護霊が東洋人だったりすることがよくあるので、東洋人に対しては好奇心の混じった一種の敬意を持っていると言える。

浅野はさらにロンドンの心霊研究家から紹介してもらったアメリカ、ボストン在住のマージェリ・クランドンを訪れた。ここでも彼はクランドン家に数日間滞在するという厚遇を受け、彼のために降霊会を催してもらっている（内容の一部についてはすでに第五章に述べた）。

この頃、欧米のスピリチュアリズムと心霊研究はまだ落日の残光の中にあった。ウィリアム・クロフォード（一九二〇年没）、ギュスタヴ・ジュレー（一九二四年没）と優れた研究者の不慮の死が続いたが、シャルル・リシェ、オリヴァー・ロッジなどの大ベテランはようやく老境を迎え、エクトプラズムの研究で名を挙げたシュレンク・ノティングは最後の研究の日々を送っていた。霊媒の方は、英国では、ロッジにレイモンドの通信を送ったオズボーン・レナードが活動の盛りを過ぎようとしていた一方、アメリカではマージェリ・クランドンが頭角を現しつつあった。一九二三年に、クロフォードの著書を読んで心霊現象に興味を抱いた夫のハーバード大学医学教授クランドンが、家庭で降霊会をはじめたことから彼女の霊媒能力が発見され、その年に渡英、リシェやロッジなどの実験の対象となり一躍有名になった。一九二四年には『サイエンティフィック・アメリカン』誌が懸賞実験の対象に選んでいろいろな問題を起こしたことは第五章で述べたところである。彼女の後にはアイリーン・ギャレットが続くが、アイリーンはどちらかといえば超心理学の時代の霊媒である。マージェリは古典心霊研究最後の星と言ってもいい存在だった。一九三〇年には「スピリチュアリズムのパウロ」と言われたコナン・ドイルが死に、超心理学の誕生までには、後数年を余すのみという頃であった。

こう見てくると、浅野はたしかに幸運だったと言っていい。スピリチュアリズムと心霊研究はまだ十九世紀の華やかな面影を残していたのだ。日本人として初めてその最後の証人となった彼は、持ち前の好奇心と熱心さで動き回り、記録し、帰国してから講演や機関誌『心霊と人生』、著書『欧米心霊行脚録』などにその成果を発表した。この旅行はスピリチュアリズムの技術と目標に対する彼の信頼をいっそう強固にしただけでなく、彼の目指す日本的スピリチュアリズム確立への思いもさらに強めたのである。

✺夫婦による霊界通信

浅野の妻多慶子には霊能があった。もっとも、霊能のある女性は珍しくはなく、機会がなくてそれが発揮でき

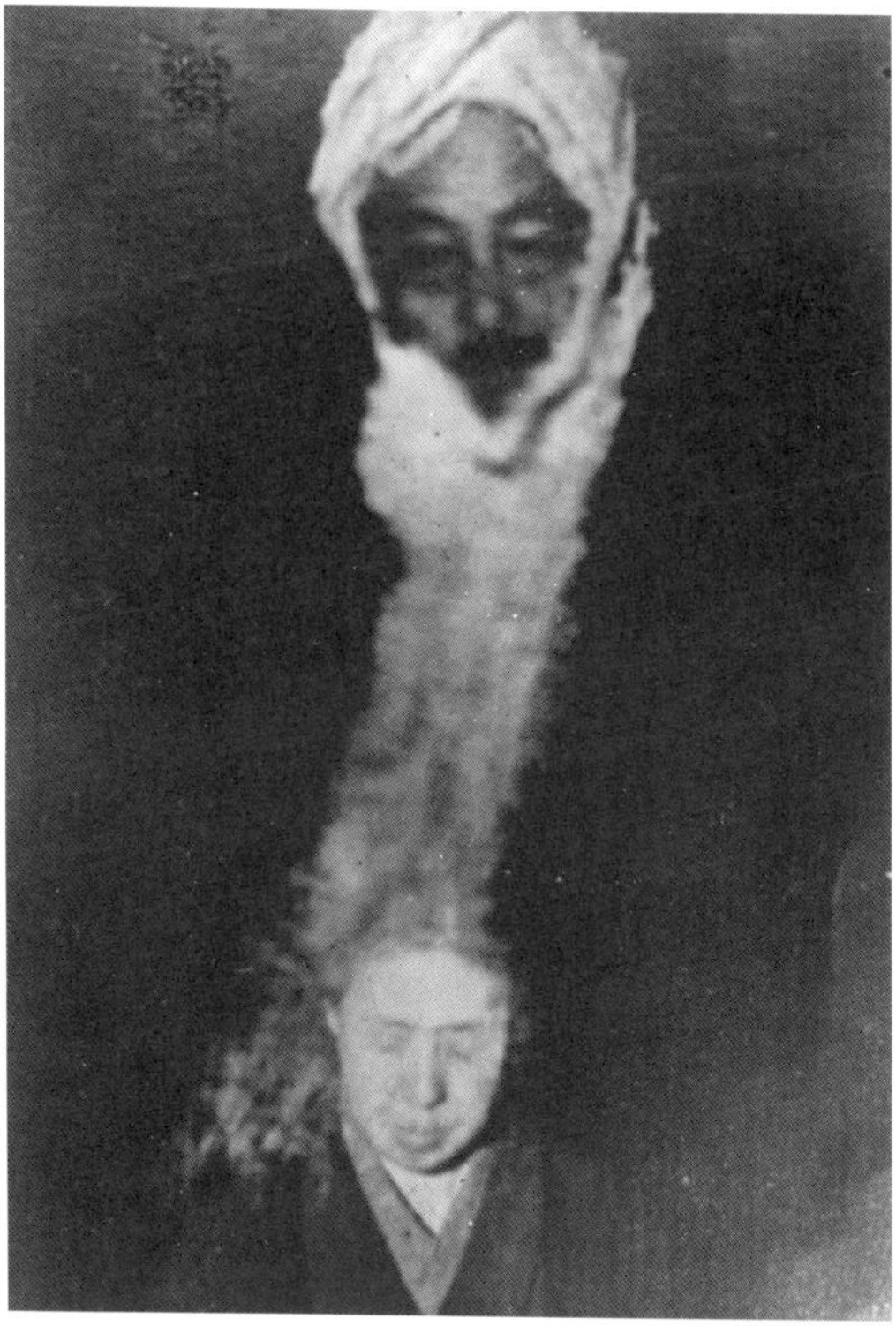

浅野和三郎の一周忌に、多慶子未亡人が統一し写真霊媒に撮影させたところ、浅野の姿が頭上に浮かびあがった

浅野和三郎『小桜姫物語——霊界通信』（心霊科学研究会、初版1923年、7版1969年）

ずに終わる場合が非常に多いだけである。多慶子に霊能があるということは大正五（一九一六）年にわかったというから、三男が女行者によって救われた翌年になる。彼女が女行者のところに通ったのと関係があったのだろう。はじめは透視で、ほとんど百発百中だったという。その後十三年ほど経った昭和四（一九二九）年になって次男新樹《しんじゅ》の死をきっかけに霊言（トランス・トーク）現象が起きるようになった。多慶子とは違う人格が入神中の多慶子を通じて喋るようになったのだ。「トーキーも出来るようになった」と夫婦二人して喜んだという。

　これによって和三郎と多慶子は二冊の霊界通信を世に送り出した。『新樹の通信』と『小桜姫物語《こざくらひめものがたり》』

である。前者は二十四歳で急死した次男の新樹がほぼ百ヵ日を過ぎてから母多慶子を通して送ってきたと言われ、その後約六年間にわたる新樹の霊界見聞の記録をまとめたもの。父の和三郎が審神者となっていろいろ質問したり指示を与えたりし、それに対して霊界の新樹が答えたり、調べに行って父に報告したりするという形で書かれている。乃木希典《のぎまれすけ》（旅順攻撃の総司令官で、明治天皇に殉死した陸軍大将）なども呼ばれて出てきて答えたりしている。『小桜姫物語』の方もほぼ同時にはじまった霊界通信で、こちらは多慶子の守護霊を名乗る小桜姫（足利時代末期に三浦半島に住んでいた豪族の娘。武将の妻となり落城の悲運に遭う）の現世での経歴、霊界における修行、天狗や竜神などに関する霊界の事情、神社に祀られるようになってからの霊界での仕事などを綴ったもの。いずれも長期にわたった記録を和三郎が編集したもので、事実は曲げていないとは言っているが文章を整えたりするのに和三郎の主観がかなり入っていると思われる。物語仕立てにしたのはかえってまずかったかもしれない。しかし、和三郎が持ち前の研究熱心癖を出して、多慶子に憑《かか》った霊界の者たちをどんどん追求してゆくところはおもしろい。

こういう記録が価値があるかどうかは読者の判断次第だろうが、霊言を審神者が筆記するという形でできあがった霊界見聞記としては、我が国で初めてのものであるという点で日本のスピリチュアリズムの大きな収穫であると言える。『新樹の通信』はオリヴァー・ロッジの『レイモンド』と似たような性格のものであり出来映えも相当なものだ。もちろん浅野は『レイモンド』を意識していたのだろう。

✺心霊科学研究会と日本心霊科学協会

浅野が大正十二（一九二三）年三月、東京本郷に中村某氏の家を本部として設立した「心霊科学研究会」は、学士会館での創立大会に五十名の出席者を集めるほどの盛況だったが、その年九月に起こった関東大震災で本部は

日本心霊科学協会の建物

壊滅し、せっかく発刊した『心霊研究』も三号を数えただけで終わった。浅野は一時大阪でその続篇の『心霊界』を発刊したが、二年後の大正十四（一九二五）年に大本教の根拠地綾部を去り、神奈川県鶴見《つるみ》に自宅を構え、そこを「心霊科学研究会」の本部として活動をはじめた。新たに機関誌『心霊と人生』を刊行し、それによって大いにスピリチュアリズムの啓蒙運動を展開、前述した二つの霊界見聞記などもそれぞれ六年間から八年間にわたってこれに掲載されたものである。昭和四（一九二九）年には東京での活動のために「東京心霊科学協会」を四谷に発足させた。

　昭和十二（一九三七）年二月に浅野が六十二歳で急逝した後も東京心霊科学協会は和三郎の兄正恭らの努力によって存続したが、太平洋戦争がはじまり本土にも戦火が広がる中で休会、昭和十九（一九四四）年四月に『心霊と人生』も休刊となった。しかし浅野の播《ま》いた種はこのままでは終わらなかった。戦後いち早く復活の名乗りを挙げたのは、昭和二十一（一九四六）年、終戦の翌年の十二月に弁護士の吉田正一が中心となり旧東京心霊科学協会の会員たちを主要メンバーとして発

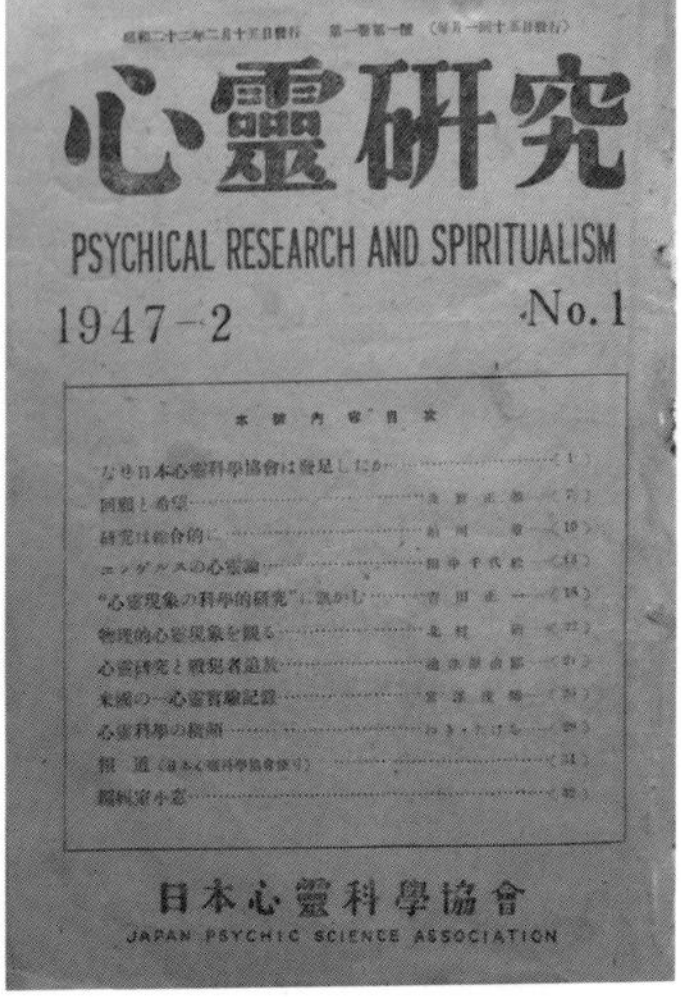

雑誌『心霊研究』創刊号、日本心霊科学協会、1947年2月号

足した「日本心霊科学協会」である。二ヵ月後に機関誌『心霊研究』を発刊している。この名称は浅野が最初に発刊し、震災のためやむなく三号で打ち切った機関誌の題名で、この会が明らかに浅野の遺志を継ぐことを示している。会員には浅野の旧友だった理学博士の宮沢虎雄、工学博士の板谷松樹、同じく後藤以紀、社会学者の田中千代松などがいて学者色が強かった。

一方、浅野の薫陶を受け『心霊と人生』の編集を担当していた脇長生《わきちょうせい》は、新しい組織の理事として『心霊研究』の編集に携わっていたが、あくまでも浅野の鎮魂帰神の法による「日本心霊主義」を貫こうと決意し、昭和二十四（一九四九）年に日本心霊科学協会を脱退、浅野正恭と共に心霊科学研究会を復活させ、同年四月に『心霊と人生』を再刊した。脇は優れた霊能者でもあり、世田谷の心霊科学研究会は彼の個人的な実力と魅力に負うところが大きかったが、昭和五十三（一九七八）年の彼の死により、翌年『心霊と人生』は休刊となった。

一方、日本心霊科学協会は、科学的であることを標榜しながらも、主唱者の吉田の妻、綾が霊的な啓示を万葉風な歌によって伝えるカリスマ的霊媒であったところから、彼女を中心として霊媒活動が盛んとなり多くの会員を集めていった。

「科学的」方面について言えば、戦後しばらくの間に日本心霊科学協会の果たした役割は無視できないものがある。超心理学に関心を抱いた大谷宗司が同志を募って研究会を発足させようとして最初に相談に訪れたのが日本心霊科学協会だった。会長の吉田正一に会員の推薦を依頼し、それによって前述の「超自然科学研究会」が生まれたのである。これには吉田正一の息子で後に協会の理事長となる吉田《よしだ》寛《ゆたか》も参加している。発足当時、超自然科学研究会は、日本心霊科学協会の若手会員による分会のような観を呈していた。大谷宗司も日本心霊科学協会の会員となり、今日まで重要なメンバーとして協会を支えている（二〇二一年死去）。

また協会は機関誌『心霊研究』誌上で粕川章子がいち早くJ・B・ラインの業績を紹介したり、昭和三十八（一九六三）年に、一時ラインの高弟だったがその後袂を分かった超心理学会の大物、J・G・プラットが来日講演するのを、超心理学研究家たちと協力して実現している。これは日本超心理学会設立の大きな刺激になった。

協会はこのほか超自然科学研究会と一緒になって、昭和三十三（一九五八）年に日本に立ち寄ったアメリカ人霊能者、K・M・ラインハートの物理現象の実験研究も行った。これは欧米のスピリチュアリズムを日本に持ち込

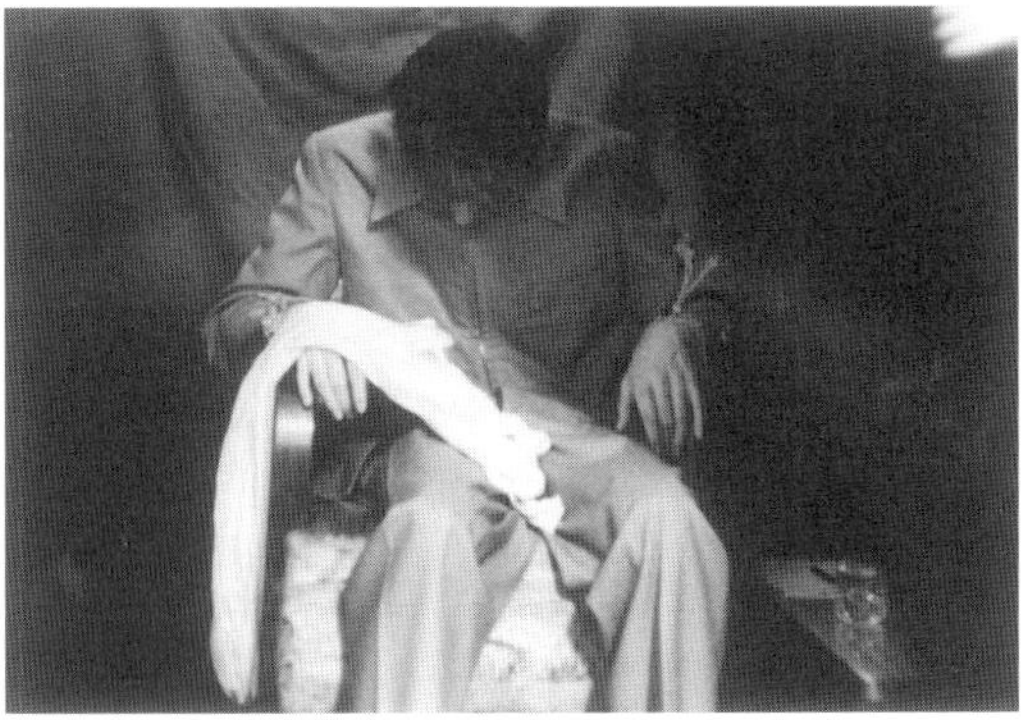

キース M. ラインハート「心霊物理実験」1958 年 2 月 17 日、日本心霊科学協会主催

んで実験した最初である。さらに協会創立五十周年を記念して平成八（一九九六）年に、当時英国で最も評判の高かった物理霊媒コリン・フライ（通称「ミスター・リンカーン」）を招き、三回にわたって公開実験を行った（本書巻末付録に「降霊会レポート」として所収）。霊の物質化現象を、会員優先ながら、これだけの規模で一般に公開したのは本邦初のことである。このとき数人の霊が物質化され、トランペットの空中浮遊や霊の手形押しがあり、女の霊が歌を歌ったり、年輩の霊が演説したり、列席者に触ったり、子供の霊が出てきて悪戯したり、置いてあった使い捨てカメラを霊が操作して列席者の写真を撮ったり、最後には椅子に縛られ気を失った霊能者がキャビネットの壁を通過して後ろ向きに放り出されるというおまけまでついた。霊側も初めての来日で興奮するという賑やかなイベントだったが、残念なことにすべて暗闇の中で行われたために、超心理学的に言えば無価値なお祭り騒ぎに過ぎない。欧米の「物質化現象」なるもののほんの一端を示したものではあったが、彼我の間で霊能公開がどんなに違う形をとって行われるかを知るのにはいい機会であった。

その他、協会の理事だった後藤以紀が三田光一の月の裏側の念写写真をＮＡＳＡの月面図を数学的に処理することによって比較検討したことは前に述べた。また同じく理事で社会学者だった田中千代松が、文章はぎこちないが、心霊研究について日本人が書いた研究書としてはこれまでで最も広範かつ正確な資料に基づく『新霊交思想の研究』を著し、またナンダ・フォダーの古典的労作『心霊科学事典』に基づき、新たな項目を加えて日本の研究者のための『新・心霊科学事典』を責任編集したこと、内容の不完全、不統一なところはあっても、現在まででは日本における最も役に立つ事典であることを付け加えておく。

創立者の吉田正一・綾夫妻はもちろん、これらの長老研究者たちもほとんど去ってしまった現在、日本心霊科学協会は今後の進路の選択について困難な時期に差しかかっているように見える。

✺日本スピリチュアリズムの問題点

先が見えないのは日本心霊科学協会ばかりでなく、日本のスピリチュアリズム全体に言えることだ。日本のスピリチュアリズムにはいくつか問題点がある。

話をわかりやすくするために欧米のスピリチュアリズムと比較せざるを得ないが、これはどちらが優秀かを判断するためではなく、ただ社会との関わり方の違いを論ずるためなので、そのつもりで聞いていただきたい。

まず気になるのは、その閉鎖性である。スピリチュアリズムの土台を担っているのは霊能者たちだが、それぞれ「守護霊」または「支配霊」と言われる「霊界の指導者」によって導かれている。それらの総称を「背後霊」と言うが、その背後霊が日本人の多宗教、多神教的な精神の土壌を反映して、欧米に比べて実に複雑多様であり、そのため日本の霊能者は他の霊能者の背後霊については知らない、または知り得ない、場合が多く、自分の背後霊を唯一無比の存在と考える傾向があり、それゆえ排他的、独善的となるか、他の霊能者に対してはまったく無関心となる場合が少なくない。少し霊力を発揮するようになると、支持者や追従者が「取り巻き」となって「先生」と呼び、別格な存在としてますます孤立化する。自分こそは神様（仏様）に愛されその言葉を伝達する選ばれた存在であると思い込むようになり、いわゆる「教祖」になりやすい。

これは彼らが、人の覗き得ない、自分さえもわずかに手元か足元しか見えないような世界に住んでいるからでもあるが、そのために他の霊能者の住む世界を覗き見ることができず、自分の背後霊の素性や能力の範囲などを知り得ないことから起こる。したがって修行の足りない経験不足の霊能者は「動物霊」と言われる「低級霊」や「邪霊」を「有り難い神様」と信じ込んでしまうことがよくある（そのため他人の眼である「さにわ〈審神者〉」の役割が非常に大切となる)。

これに比べれば欧米の場合は「背後」のシステムは比較的簡単である。唯一神であり創造神である「神」が根源に控えているということがどの霊能者の頭にもあるから、どんな背後霊(欧米では支配霊を「コントロール」、守護霊を「ガイド」または「ガーディアン・エンジェル」と呼ぶ)が自分につこうが大きく惑わされることがない。欧米の背後霊たちも実際非常に多様で、自分の先祖たちや古代の有名人、聖書中の人物やエンジェルなどばかりでなく、ネイティヴ・アメリカンや中国人などがなることが多い。霊能者は彼らを通じて絶えず最高神の存在を意識するので、背後霊の力や恩寵を過信して思い上がることは、絶対にないとは言えないが、少ないように見える。自分の力は背後霊からではなく、神様からの賜物で、悪用すれば取り上げられてしまうという意識が一般にある。また共通の「神」をいただき「神」の前では平等であるという意識が彼らに連帯感を抱かせ、霊能者同士の交流を行いやすくさせるばかりでなく、一般人に対しても教祖的にはならず、常に対等な態度で接しようとする。実際彼らが自分の霊能を一般の人たちに認めてもらおうとする努力は、われわれ日本人から見ると気の毒なほど真剣で、役者が観客の前で演技するのと変わらず、彼らの霊能に対する報酬も場末の芝居小屋の木戸銭のようにわずかなものであったり、とくに心霊治療の場合には「こころざし」だけという場合も少なくない。

心霊研究の立場から言えば、霊能者は非常に大事な人材であるにもかかわらず、日本ではその協力がなかなか得にくい。もちろん、神様を研究するなどとはとんでもないと思うのが霊能者の心情だろうが、また欧米を引き合いに出して申し訳ないが、あちらでは背後霊が積極的に実験に協力することがしばしばある。それも彼らの地球人類に対する計画の一部であるというのである。日本の霊能者は、神様の力をお借りして人助けができればそれでいいと考え、神様もまたそれ以上のことはお望みにならないようだが、それでは日本のスピリチュアリズム全体が人々に理解されることは難しい。

変な言い方で恐縮だが、情報公開は今日の社会の流れである。人間世界がそうなら、それが霊的な世界に波動してゆくのは当然の成り行きと言えよう。そのためには霊能者たちがお互いにオープンになり、協力し合うことが必要だ。英国では二千人にも及ぶ霊能者を中心とした団体、SNU(スピリチュアリスト・ナショナル・ユニオン)がある。日本でも心霊研究家の梅原伸太郎が昭和六十一(一九八六)年にたま出版社の後援を得て、霊能者を中心に霊的方面に関心のある者たちの組織を作ろうとしたことがあったが、三年後に挫折した。資金難が表向きの理由だが、こういう組織に対する関係者の意識が低かったことも大きな理由だったろうと筆者は思っている。

もし日本に霊能者の組織ができたら、お互いの情報交換に便利であるばかりでなく霊能者の地位向上にも役立つだろう。筆者は前述の早産した会に出席したときに、霊能者たちが社会的に低く見られていることに不満を漏らしていたのを聞いている(相談に来る者たちが政治家や経済人などの社会的身分の高い人々であるにもかかわらず)。

霊能者が社会的認知を受けるためには、テレビに出たりするのも一つの方法かもしれないが、それにはよほど背後霊がしっかりしていてマスコミによる物質的な誘惑や霊能の使いすぎの危険から霊能者を守る必要がある。もっと地道に、たとえば社会的に信用のおける調査研究に参加し、それを然るべき機関に発表することによって信用を増すというのも一つの方法である。それには「信用のおける調査研究」を行う機関、たとえば超心理学会などの充実が必要となるが、それはまた霊能者たちとの協力によって果たせることでもある。そういう意味でも霊能者側の自覚が必要であろう。

✺守護霊の多様さとその特殊性

次に挙げなければならないのは霊能者の閉鎖的社会の原因として指摘した背後霊の多さと、それぞれが孤立した特殊性を持っていることである。

ここで問題としたいのは背後霊の中でも「守護霊」と言われる存在である。もう一方の「支配霊（コントロール）」は欧米の場合降霊会をとりしきる霊のことで、守護霊を指すこともあるが、日本の場合は、主としてそれが守る人間の行動や技能の指導をする、いわゆる「指導霊」であり、相手の人間の進歩やその他の状況によっては他の霊と代わることがあると言われる。つまり恒久的にその人間の背後にいるとは限らない霊である。一方「守護霊」はさらにその背後にあって影響力を及ぼす霊で、数百年前の先祖のほか、神社、宗祖、土地の神など、日本人の多神教信仰を反映して多種多様であり、また守護霊自身が名乗ることが少ないため素性のわからないことが多い。とくに神道系の守護霊が圧倒的に多いのは、仏教などの他の宗教が、長い歴史にもかかわらず、その外来的な性格を消し去ることができなかったという事実を示すものかもしれない。

そこで、たいへん難しいこととは思うが、もし守護霊の系譜を調べることができたら、日本人の歴史的精神形成についてきっとおもしろい発見があるだろうと思う。もう二十数年も前になるが、筆者自身、数人の霊能者たちの背後霊を特定し、霊能者たちの発揮する霊能との関係を調べてみたことがあった。なかなか思うようにはゆかなかったが、データの蓄積が進めば、いままで知られなかった事実関係、たとえば、どういう霊能が、どういう守護霊に特徴的であるかというようなことが浮かび上がってくる可能性はあると思う。

ところで、問題はこれだけではない。背後霊には、竜神、天狗、蛇、狐狸などの、いわゆる「自然霊」が非常に多いのだ。これが日本のスピリチュアリズムを欧米に比べていっそう複雑で不可解なものにしている。日本人の霊的世界の最大の特色である。土俗的というか、民族本来の姿というか、日本人の心の奥を覗くとこういう景色が見えるのだ。

守護霊として他に抜きん出て多いのが竜神である。その正体はよくわからないが、湖沼、川、海など、水に縁があり、日本の国土形成に関わった古い自然神だと言われる。霊能者の眼には白髪の老人の姿で見えたり、縦横無尽の光となって写真に写ったりすることもある。風雨雷鳴稲妻など水に関わりのある現象を起こし、時には自分の住む河川を汚されたといって人間を罰することもある。自然霊の中では最も力があるが、神や仏などの使いとして働く場合もある。

一方、山に縁のある守護霊としては天狗がよく出てくる（中国、韓国では天狗はおらず、山神を祀る。また仙人もいる。日本でも山神、仙人などもいるが、天狗ほど多くはない）。行者や修行僧が願いを果たさず、死んで天狗になったという説もあるが、現世に生を受けたことのない自然霊だともいう。透視、念力などの力はあるが、守護霊としては格の高い方ではない。天狗の例としては、平田篤胤が熱心に研究した仙童寅吉の師匠、杉山僧正が、彼を幽冥界に連れ去った天狗の親玉として有名である。

次に、隙あらば人間にとり憑こうと狙っている、守護霊または指導霊としては甚だ信用がおけない自然霊がいる。狐、蛇、狸などで、このうち狐がいちばん多い。「白狐」などと言われて人間に福をもたらすと思われている狐もあるが、霊能者にとっては最も油断のならない存在である。よく騙されて、守護霊として崇《あが》めていることがあるのだ。

霊能が出はじめた者が必ずと言っていいくらい憑依されやすいのがこの「低級霊」と言われているものたちである（「さにわ」の経験者から聞いたところによれば、一人前の霊能者になるためにはそういう邪霊たちを浄化することが大事で、それを「掃除する」と言うのだそうである）。その中でどうして狐がこんなに多いのか不思議だが、昔から全国津々浦々に稲荷神社があることを考えれば納得できないこともない。稲作の吉凶と切っても切れない縁があったのである。しかしそんな行事とはまったく縁がなくなった現代の子女が、トランス状態になると狐や狸が飛び出してくるのは現代の怪である。欧米では自然霊は絶対にと言っていいくらい人間には憑依しない。妖精などは自然霊だが、人間に悪戯をすることはあっても人間社会に混じって出るというようなことはない。馬や犬、猫などが霊界で昔の主人に会うというような話は耳にしたことはあるが、馬が人間に化けて出てきたというようなことは聞いたことがない。

✺日本人霊能者たちに求められること

以上述べたことは、はじめて聞く読者にはまったく想像もできない荒唐無稽なことかもしれないが、筆者の作り話などではなく、多少の聞き書きを除いてはだいたい筆者の実体験に基づいている。もちろん推測の誤りや、大雑把なところ、あるいは認識の足りないところもあると思うが、自然霊の活躍による人畜一緒になった世界が日本のスピリチュアリズムの避けて通れない大問題であるということは、まだ誰も言ったのを聞いたことはないが、間違いのない事実である。千数百年の間養ってきたわれわれの霊的想像力の世界（霊界とは念や想像力の世界）を、近々百年ぐらいの近代化で乗り越えることなどできないということなのだろう。

こうしたわれわれの霊的実体をもっと世間の目に曝《さら》し日本人の精神の本質を見極めるためにも、霊能者たちはもっとオープンになり、自分たちの霊能をさらに合理的な方法で世間に問う必要があるように思われる。また研究者たちも欧米の後を追うばかりでなく、われわれの現実を直視するために霊能者たちと協力しながら、日本的研究の方法を見つけてゆきたいものである。

註

✺第一章

＊1 「ポルターガイスト」とはドイツ語で「騒がしい霊」という意味で、名づけたのはマルティン・ルターだと言われている。宗教改革をはじめた彼の周囲にあまりにも不可解な騒音や現象が起こったので、霊が騒ぎ立てているのだろうと思ってこの名前を付けたらしい。

＊2 Nandor Fodor, *An Encyclopedia of Psychic Science*, Citadel Press, 1966, p.148. また Leslie Shepard. *Encyclopedia of Occultism & Parapsychology*, 2nd ed. vol.1, Gale Researche Co., 1984, p. 488 では、マーガレットとケイトの年齢を、それぞれ十歳と七歳としている。

＊3 "Mr. Splitfoot, do as I do." Nandor Fodor, op. cit., p. 145.

＊4 'Charles B. Rosma', op. cit., p.146.

＊5 筆者はこのことを一九九八年六月にアメリカ、ロードアイランド州のロジャー・ウィリアムズ大学であったＩＳＦ（国際スピリチュアリスト連盟）の総会で聞いた。

＊6 'Rochester Knockings'.

＊7 The Spiritualist Association of Great Britain, 33 Belgrave Square, London、略称ＳＡＧＢとも言う。現在（二〇二二年）は移転。

＊8 白血球や上皮細胞に似た物質が含まれていて、だいたい唾液の成分に似ていると発表した。Leslie Shepard, op. cit., p. 386.

＊9 これはノティングの写した写真ではなく、一九三一年に霊媒エヴァレット夫人の降霊会で写されたもの。田中千代松編『新・心霊科学辞典――人類の本史のために』潮文社、一九八四年、二四ページ。

＊10 *La Grande Esperance* (1933) の中の言葉。Nandor Fodor, op. cit., p.330.

＊11 筆者の若い友人の稲垣伸一氏が、日本では今まであまり注目されなかったその頃の信仰と女性との問題を研究していて、筆者も啓発されるところがあった。「Henry James: *The Bostonians* におけるオカルト・ラディカリズムの表象」（『アメリカ文学』第五九号、一九九八年六月）。

✺第二章

＊1 "About daylight this morning a warm breathing passed over my face and I heard a voice, tender and strong, saying: 'Brother, the good work has begun - behold, a living demonstration is born.' I was left wondering what could be meant by such a message." Nandor Fodor, *An Encyclopedia of Psychic Science*, p.78.

＊2 『魔法の杖』（*The Magic Staff*）の一節、ジョン・レナード「スピリチュアリズムの真髄」近藤千雄訳（『世界心霊宝典』第三巻、梅原伸太郎編・監修、国書刊行会、一九八五年）、三〇－三一ページ。

＊3 この項についてはジョン・レナードの「スピリチュアリズムの真髄」に多くを負っている。

＊4 名前の本来の読みは「スウェーデンボリ」であるようだが、ここでは英語圏及び我が国での一般的な読みに従う。

＊5 Nandor Fodor, op. cit., p. 78.

＊6 Ｅ・スウェデンボルグ『巨大霊能者の秘密――スウェデンボルグの夢日記』今村光一訳、叢文社、一九八二年、一五二ページ。

＊7 同右。

＊8 *The Encyclopedia Britannica*〈Swedenborg, Emanuel〉CD.

＊9 Ｅ・スウェデンボルグ、同書、一一二－一一三ページ。

＊10　スエデンボルグ「天界と地獄」鈴木大拙訳（『鈴木大拙全集』第二十三巻、岩波書店、一九八二年）、二〇六ページ。

＊11　これを日本に初めて全訳紹介したのは鈴木大拙の「天界と地獄」（『鈴木大拙全集』第二十三巻）で、文語文である。現代語訳には柳瀬芳意訳『天界と地獄』（静思社、一九八七年）がある。柳瀬氏はスウェーデンボルグ晩年の宗教的著作三十巻を個人で全訳、出版するというたいへんな仕事を成し遂げた。『天界と地獄』を一般向きにわかりやすく抄訳したのが、今村光一『私は霊界を見て来た』（叢文社、一九七五年）で、入門書として好適である。

＊12　シャルル・ボードレール「悪の華」阿部良雄訳註（『ボードレール全集』第一巻、筑摩書房、一九八三年）、二二一‐二二二ページ。

＊13　同右、四六九‐四七四ページ。阿部良雄氏はこの詩を、現世の感覚的享楽に限定する説を支持しておられるが、第一聯全体から見ると、「神殿」のイメージは全体にかかっているように思えるのでこのように解釈させてもらった。ボードレールのような大詩人が自分の世界を感覚的現実に限定したということは、創作家の立場からすると納得できないものがある。

＊14　アルチュール・ランボー『地獄の一季節』。

＊15　ランボーは「組織的に精神を錯乱させて、見者（voyant）になる」ということを、『地獄の一季節』の中で歌っている。

＊16　「スエデンボルグ小傳」（『鈴木大拙全集』第二十三巻）、五五五ページ。ここではウェスレーが返信を送って、六ヵ月後にしてほしいと言ったが、だめだったと書いてある。

＊17　*Lectures on Clairmativeness.* ナンダ・フォダーによれば、人間磁気と電気の神秘について書かれたこのパンフレットは、後に彼の著作から除外されたという。Nandor Fodor, op. cit., p.77.

＊18　荒俣宏編『世界神秘学事典』平河出版社、一九八一年、二二三ページ。

＊19　この項は主として Nandor Fodor, *An Encyclopædia of Psychic Science* の'Mesmerism'を参考にした。

✺第三章

＊1　田中千代松『新霊交思想の研究――新スピリチュアリズム・心霊研究・超心理学の系譜』共栄書房、一九七一年、二八〇ページ。

＊2　同右、一四四‐一四五ページ。

＊3　ジャネット・オッペンハイム『英国心霊主義の抬頭――ヴィクトリア・エドワード朝時代の社会精神史』和田芳久訳、工作舎、一九九二年、一二四ページ。以下、本項はこの本の第三章「心霊主義とキリスト教」に負うところが大きい。

＊4　Nandor Fodor, *An Encyclopædia of Psychic Science*, p. 17.

＊5　Arthur Conan Doyle , *The History of Spiritualism*, Vol. 1, Cassell & Co., 1926, pp. 195-197.

＊6　Ibid., p 202.

＊7　Brian Inglis, *Natural and Supernatural*, Hodder and Stoughton, 1977, p. 308.

＊8　Nandor Fodor, op. cit., p. 137. その本の名前は *Rending of the Veil, Beyond the Veil, The Guiding Star, The Dawn of Another Life* である。

＊9　田中千代松、前掲書、一〇六ページ。

＊10　ジャネット・オッペンハイム、前掲書、三七七‐三七八ページ。

＊11　ウィリアム・クルックス卿『心霊現象の研究』森島三郎訳、たま出版、一九八〇年、二八ページ。

＊12　詩の出典はジャネット・オッペンハイムの『英国心霊主義の抬頭』四二八ページによる。

＊13　Arthur Conan Doyle, op. cit., vol.1, p. 247.

＊14 ジャネット・オッペンハイム、前掲書、四二八ページ。

＊15 同右、四三九ページ。

✺第四章

＊1 T. L. Nichols, *A. Biography of the Brothers Davenport*, Saounders, Otleg, & Co., 1864 及び Nandor Fodor: *An Encyclopedia of Psychic Science*, p. 77.

＊2 スピリチュアリズムの雑誌『*The World*』の一八七六年八月三十日の記事。Nandor Fodor, op. cit., p. 345.

＊3 Arthur Conan Doyle, *The History of Spiritualism*, vol. 1, p. 296.

＊4 田中千代松『新霊交思想の研究』一七二ページ。

＊5 *Phantasms of the Living*, (2 vols), Trübbner, 1886.

＊6 'crisis apparition'.

＊7 ジョン・ベロフ『超心理学史――ルネッサンスの魔術から転生研究まで四〇〇年』笠原敏雄訳、日本教文社、一九九八年、九六ページ。

＊8 同右、九四ページ。

＊9 Nandor Fodor, op. cit., p. 260.

＊10 ジャネット・オッペンハイム『英国心霊主義の抬頭』三三三ページ。マイヤーズの「潜在自己」論については、この本によるところが多い。

＊11 ジャネット・オッペンハイム、前掲書、三三一ページ。

＊12 田中千代松、前掲書、一九八－二〇〇ページ。

＊13 同右、二〇一ページ。

＊14 Arthur Conan Doyle, op. cit., p. 82.

✺第五章

＊1 田中千代松『新霊交思想の研究』一二五ページ。

＊2 同右、二〇五ページ。

＊3 同右、二六〇ページ。

＊4 Arthur Conan Doyle, *The History of Spiritualism*, vol. II, p. 10.

＊5 田中千代松、前掲書、二一八－二二〇ページ。

＊6 浅野和三郎『心霊研究とその帰趨』心霊科学研究会、一九五〇年、一四九－一五〇ページ。

＊7 H. Dennis Bradley, *Toward the Stars*, T. Werner Laurie Ltd., 1924; *The Wisdom of the Gods*, T. Werner Laurie Ltd., 1937

＊8 'psychical rod'.

＊9 'psychical structure'.

＊10 Nandor Fodor, *An Encyclopedia of Psychic Science*, p. 69.

＊11 Arthur Findlay, *On the Edge of the Etheric*, Rider & Co., 1931, Psychic Press Ltd., 2000.

＊12 ibid., pp. 94-95.

＊13 Arthur Conan Doyle, op. cit., p. 146.

＊14 福来友吉『心霊と神秘世界』心交社、一九八二年、一四九－一五三ページ。

✺第六章

＊1 Arthur Conan Doyle, *The History of Spiritualism*, p. 271.

＊2 Nandor Fodor, *An Encyclopedia of Psychic Science*, p. 145.

＊3 田中千代松『新霊交思想の研究』三一六ページ。

＊4 ＩＳＦ（国際スピリチュアリスト連盟）の元会長ライオネル・オーエン氏の言（二〇〇八年一月十五日筆者宛メール）。彼によれば心霊治療を含む補助的治療のすべては近い将来政府の管轄下に置かれるようになるだろうと言う。それを促進しているのはチ

ャールズ皇太子だそうである。

＊5　田中千代松編『新・心霊科学辞典』一〇九 - 一一〇ページ。

✺第七章

＊1　ジョン・ベロフ『超心理学史』一七五ページ。

＊2　同右、一八八ページ。

＊3　田中千代松『新霊交思想の研究』三四六ページ。

＊4　同右、三六二ページ。

＊5　同右、三六三ページ。

＊6　ジョン・ベロフ、前掲書、一八四ページ。

＊7　田中千代松、前掲書、三〇四 - 三〇五ページ。

＊8　福来友吉『心霊と神秘世界』八八ページ。

＊9　田中千代松、前掲書、三〇二ページ。

＊10　Jule Eisenbud, "Paranormal Photography", *Handbook of Parapsychology*, ed. by Benjamin B. Wolman, Van Nostrand Reinhold Co., 1977, p. 419.

＊11　レイモンド・A・ムーディJr.『かいまみた死後の世界』中山善之訳、評論社の現代選書、一九八九年。

＊12　ジョン・ベロフ、前掲書、二四八 - 二四九ページ。

＊13　同右、二五九ページ。

＊14　同右、二六二ページ。

＊15　同右、二四〇 - 二四三ページ。

✺第八章

＊1　福来友吉『心霊と神秘世界』一一ページ。

＊2　福来友吉『透視と念写』東京宝文館、一九一三年、二七四 - 二七五ページ。

＊3　一柳廣孝『〈こっくりさん〉と〈千里眼〉——日本近代と心霊学』講談社選書メチエ、一九九四年、一七七 - 一七八ページ。

＊4　大谷宗司「小熊先生と日本の超心理学」（大谷宗司編『超心理の科学』図書出版社、一九八六年）、二二ページ。

＊5　大谷宗司・恩田彰「心理学者は超心理学をどう見ているか」（同右）、四七 - 五四ページ。

＊6　ジョン・ベロフ『超心理学史』一九八ページ。

＊7　大谷宗司「日本超心理学会１９６９年」（『パラサイコロジー・ニュース』vol.3 No.4、一九六九年）、大谷宗司・金沢元基『日本における超心理学の歴史』日本超心理学会、一九九二年、三七 - 三九ページ。

＊8　田中千代松『新霊交思想の研究』二九九ページ。

＊9　松本健一『神の罠——浅野和三郎、近代知性の悲劇』新潮社、一九八九年、五一ページ。

付録

降霊会レポート

「ノアの方舟協会」降霊会

【日時】一九九六年十一月六日〜十二日

【出席者】ジョージ・クランレイ

コリン・フライ（通称リンカーン）

（ノアの方舟協会／Noah's Ark Society: NAS）

【場所】日本心霊科学協会本部二階

【内容】降霊実験会（三回、十一月六日、九日、十二日）

トランス・トーク（二回、十一月七日、十日）

講演会（三回、十一月六日、九日、十二日）

心霊治療（一回、十一月八日）

✺現代において世界的に稀となった物理霊媒を英国から招いて行われた財団法人日本心霊科学協会創立五十周年記念イベント

降霊実験会（第一・二・三回）

秦靖幸

クランレイ氏およびリンカーン氏を招いた降霊実験会は一九九六年十一月六日、九日、十二日の三回にわけて、心霊科学協会本部二階で行われました。以下に、降霊実験会についての通常報告をいたしますが、全体または部分を問わず、アンケートに加えて、さらに多くの報告を集めたいと考えておりますので、ご報告をお願い申しあげます。

第一回降霊実験会……（十一月六日）

一、出席者

クランレイ氏（ノアの方舟協会役員）
リンカーン氏（ノアの方舟協会物理霊媒者）
三浦清宏氏

参会者四十二名

二、会場

中央前方に黒いキャビネット。左右・後方・上部はベニヤ製で、手前開口部と周囲、上部は黒い布製の遮光布で覆われている。手前開口部のみ、二枚のあわせ布からなり、左右に開いて出入りすることができる。

会場の椅子のセッティングはクランレイ氏の指示により、キャビネットを前方中心にして馬蹄形に二列に並ぶ。内側は十八人、外側は二十四人。男女が交互に並ぶ。私は降霊者に向かって左の外側六か七番目に座る。一見して出席者の平均年齢は高い「このキャビネットの作り方からすると、キャビネットに出入りするには手前開口部、二枚の黒布を垂らし重ね合わせた箇所からしか可能でないことは明らかである」。

三、クランレイ氏の講演

降霊会に先立ち、クランレイ氏の講演が行われる。降霊会に出席する人は必ず講演会に出席することになっていたのだが、講演の始まる時間を過ぎても欠席者がいる。講演者の気持ちを考えると、けっしてよい雰囲気とはいえない。クランレイ氏はリラックスな雰囲気を出そうとしているが、ナーバスな感じは否めない。全員の出席を待たずに、講演に入る。

クランレイ氏は自身の心霊とのかかわりについて述べ、特に自分はこうした現象にどちらかというと懐疑的であり、霊能者にやたらと質問を浴びせ、困らせていたような存在であったというようなことを語り、また自ら属する「ノアの方舟協会（Noah's Ark Society: NAS）」の沿革と活動についても述べた。さらにリンカーン氏との出会い、彼の持っている潜在的能力、能力の開花等についても語った。

講演の終わりに、「霊媒実験についての注意（「ＮＡＳ降霊会・参会者の手引き」三二九頁参照）」に関する言及があり、参会者との間に質疑応答が行われた「日本での講演についてはどう思っているのか」と質問したところ、「霊より日本での講演について用意万端整えてある」とのメッセージを受け取っていると答えた。講演については事前に霊とのコミュニケーションを取っているはずなので、当然の返答だと思う。言葉と雰囲気がまるっきり違うところで降霊実験を行うのであるから、クランレイ氏（もちろんリンカーン氏も）は大変緊張しているはずなのに、表面上は快活で、冗談も口にしている。このときの印象では、クランレイ氏は人の表情（あるいは心）を読む力に優れていることに気づいた。まるでこちらの考えをスキャンしているような反応を感じたので、そのことについて確かめたいと思っていたが、結果として果たせないままになった。クランレイ氏またはリンカーン氏についてどのような印象をもったか、報告をお願いしたい」。

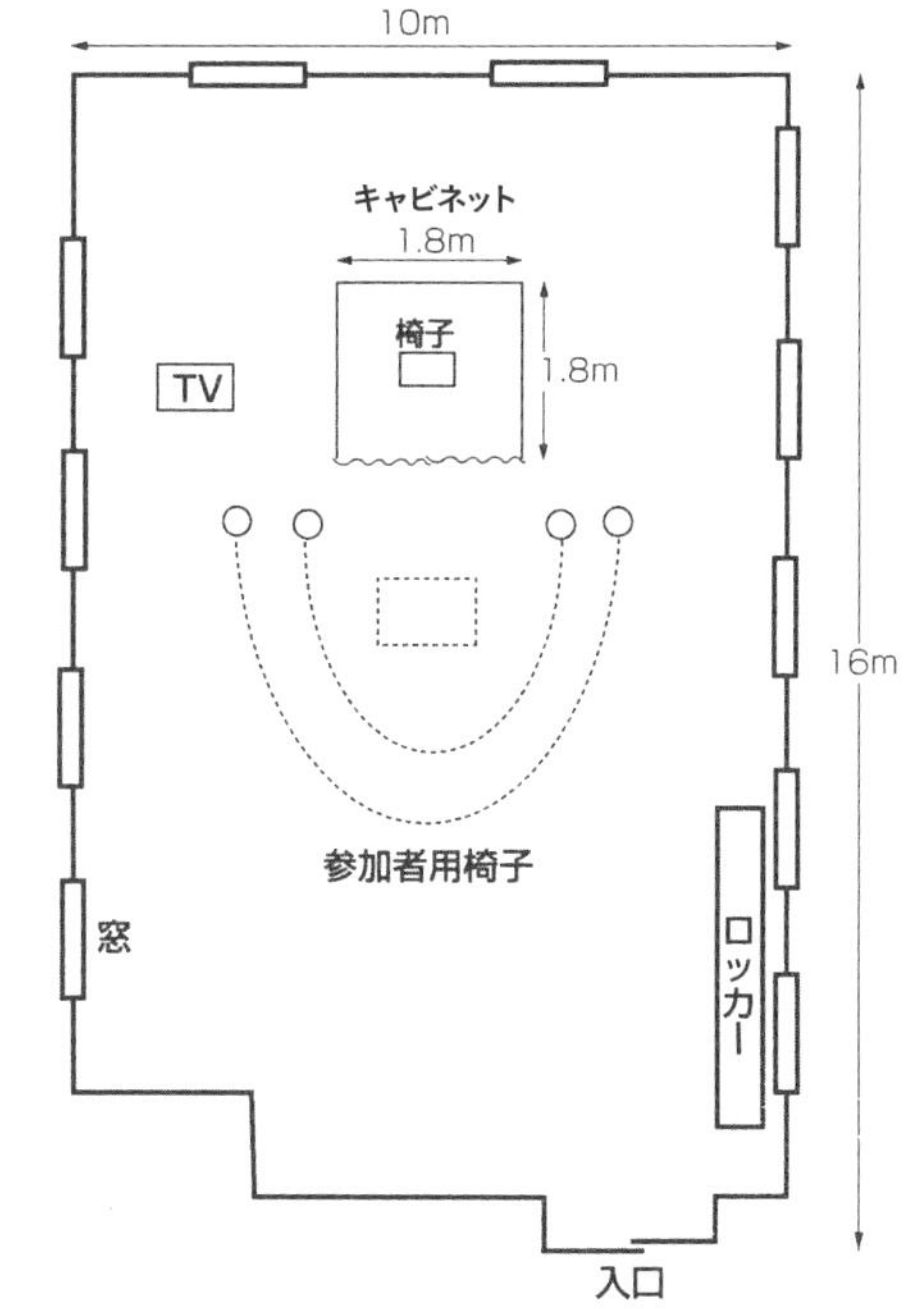

降霊実験会の会場見取り図

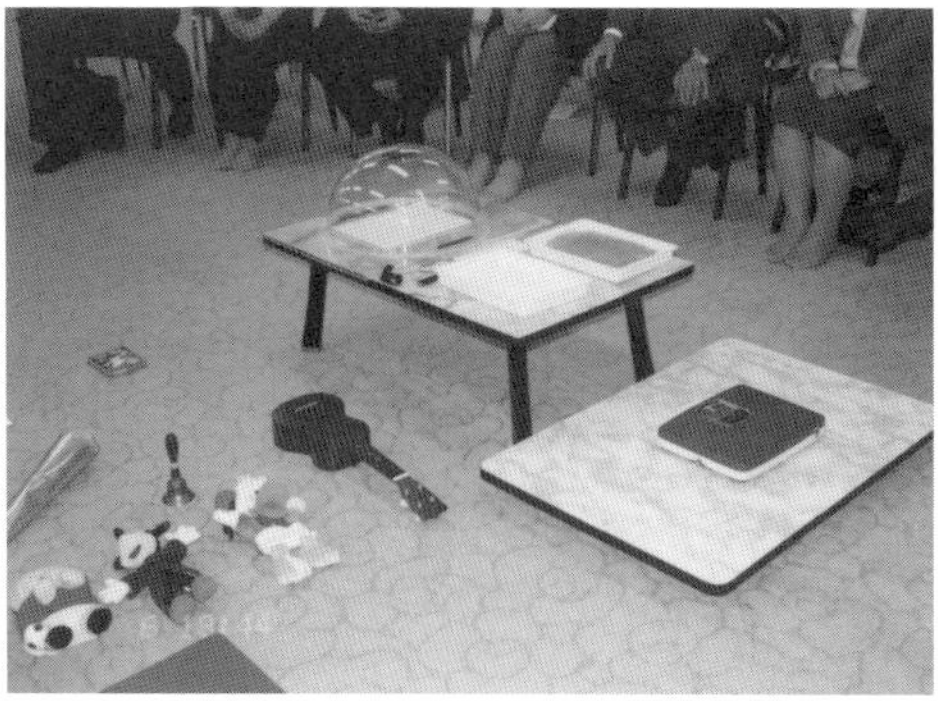
実験道具の配置。このあと体重計とテーブルはサークルの外に移した

四、用意した実験道具

（a）体重計（家庭用、最大一〇〇キログラム）〔降霊会直前になって、一〇〇キロが限度の体重計で大丈夫かと思ったが、リンカーン氏は小柄であった〕

（b）半球形透明プラスティック容器〔下のプラスティック板と両面接着テープで接着、中に画帳を開いて置き、サインペン一本と鉛筆一本を入れておく〕

（c）ビニールでくるんだ柔らかい粘土〔トレイに入れておく〕

（d）片栗粉を入れたトレイ

（e）粘土

（f）比較的小さい人形。ポパイ、クレヨンしんちゃん、ドナルドダック、ミッキーマウス等、計八点。それぞれの小人形に一×一・五センチ位の蛍光シールを貼る〔クレヨンしんちゃんの人形はかなり意図的に選んだ。日本的であり、またかなり特異なので、どういう反応があるか興味をもっていた。結果として、一・二回の降霊会では、この人形に触れたような形跡はなかった〕

（g）画帳とチョーク

（h）ウクレレ一棹〔初めはエレキギターにしようかと考えた。かなり重たいので、霊体が持てるかどうか試してみようと思ったのだが、あまりにも意図的すぎるのではないかと考え、軽量のウクレレにした。結果として、持ったり弦の爪弾きが確認された〕

（i）小型ベル一個（先方持参）

（j）軽いトランペット一本（先方持参）

（k）蛍光板（先方持参）〔蛍光面を光に曝《さら》して床に置き、その上に霊体が手をかざして指を示したが、私には判然としなかった」

（l）サーマル・イメージャー（熱感知ビデオ）「ほぼ真っ暗闇でもビデオ録画ができる機器で、これが使用できればキャビネットを中心とした会場の状況を録画できることが事前に確認できていただけに、今回の降霊会の決定的証拠が得られたはずであったが、この最も重要な機器についてクランレイ・リンカーン両氏の許可が得られなかった。許可が出ていたら、物理霊媒者の能力、降霊、霊体について一切の議論を必要としなくなったと思う。なお、この機器の使用については、吉田太郎（監事）氏が降霊会の最中に、マグナスに何度もたのんだが、やはり許可は得られなかった」

（m）デジタル録音機（DAT）

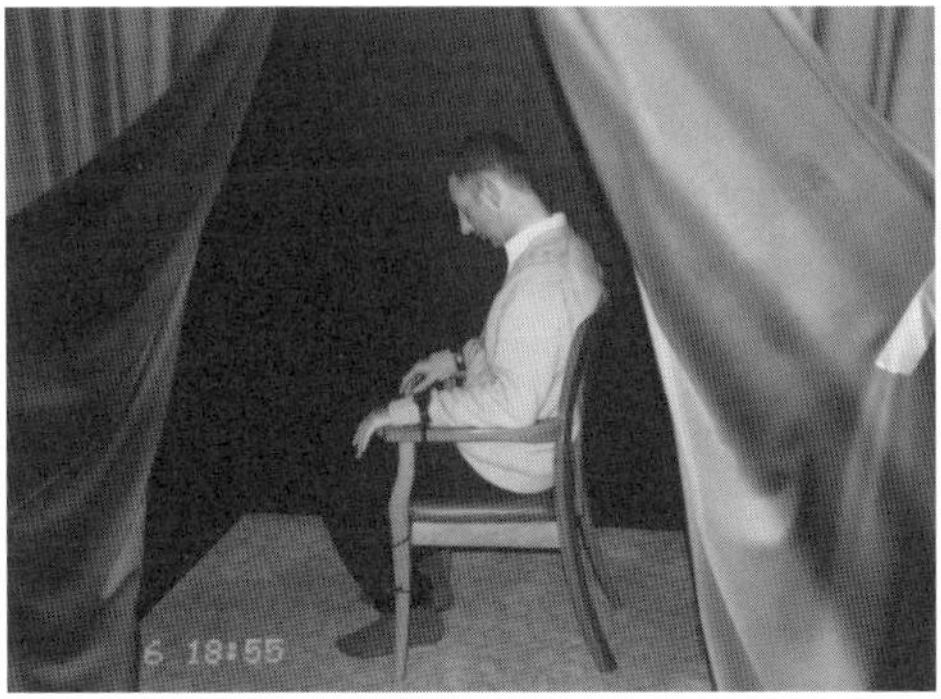

手足を固定しキャビネット内に左向きに座ったリンカーン氏

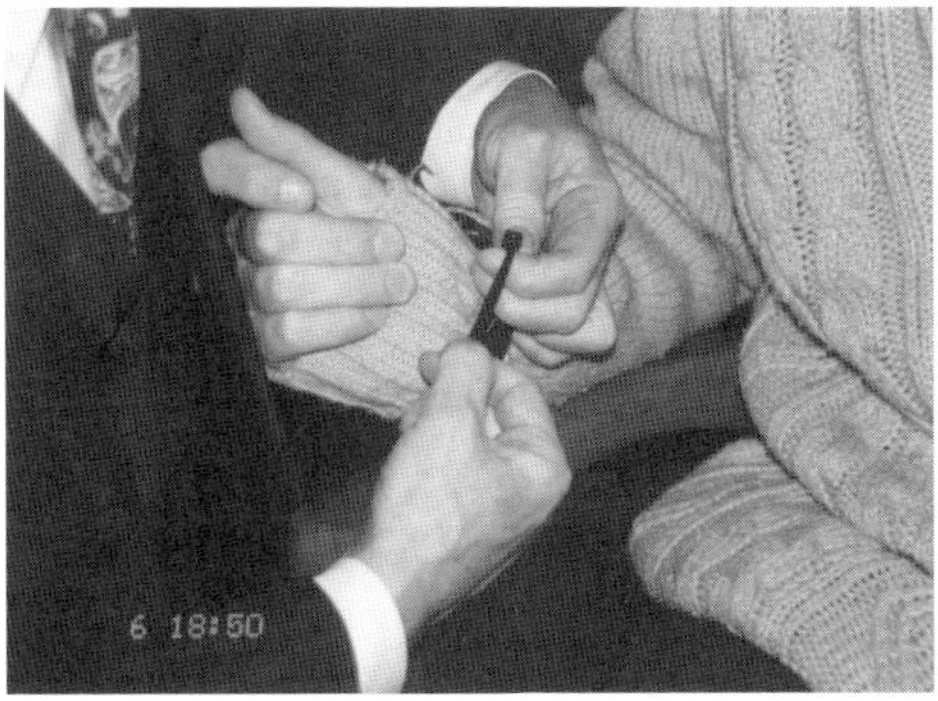

手の締め具を点検する

五、リンカーン氏登場（午後六時四〇分）

軽装カーデガン姿。小柄で、霊媒者らしく鋭敏な感覚の持ち主のようにみえる。

体重を計る（六六・五キログラム）。

椅子に座り、各一本のゴムバンド（硬度は未確認）と各二本のナイロン製結束バンド、インシュロック（先方持参）を使って、それぞれ手足を椅子に固定する。固定状態について確認者が点検する「この固定状態については、確認者の報告と感想をぜひお願いしたい。議論の余地があるからである〕。

【降霊実験の開始】

（1）消灯。

（2）イギリスでの降霊会のときに使われるグループコーラスをテープで流す。次に霊歌「アメージング・グレーシス」がやはりテープで流される。

（3）協会の祝詞・祓詞等を斉唱〔長すぎた感がある。このリズムと長さでは集中力がつづかない〕。

（4）声（うめき声？）が聞こえてくる。

（5）その声に向かって「フランシス」と、クランレイ氏が声をかける。以後、クランレイ氏が霊とのコミュニケーションをリードする〔フランシスの声がどの辺から聞こえてきたかは、私の位置からはわからなかった。わかった参会者の方は報告をお願いしたい〕。

（6）かすれた、小さな女性の声がしだいにはっきりしてくる。苦しそう。

（7）歌を歌いだす〔歌の内容が聞きとりにくい。高音を出すために音の転調をするのがわかる。苦しそう。男の裏声に聞こえる。やっと歌の内容が「オーバー・ザ・レインボー」であることがわかった。なぜこの歌が……と、そのとき思い、その後もその思いは残っている。出席者の年齢が高いためか、とそのときは思ったが、イギリスでの降霊会でも同じ歌が歌われていることを知ったので、そうではないことがわかった（この女性はあとで、ジュディ・ガーランドであることを知った）。女性の声については、男性的要素の残る声のように感じたが、私以外の人はどう感じたか、報告をお願いしたい〕。

（8）男性の霊に変わる。確かに特徴のある英語の話し方だ。クランレイ氏と三浦清宏先生の呼びかけで、この霊がマグナス（マグヌスというようにも聞こえたが、MAGNUSと書くことがあとでわかった）であることを知った。ジュディ・ガーランドの歌に比べると、マグナスの声のほうが自然な感じがする〔声の位置は左から出て右に動き、以後、高低、左右さまざまに移動する。これについても報告を求めたい〕。

（9）会場内が明るすぎる、人形の蛍光テープが明るすぎるとの指摘〔蛍光テープを貼付した人形等を裏返しにする。クーラーの運転ランプ（二つ）も消す。道路に面した右・後部最上部の遮光布を通して淡い外光の洩れが認められる。たいした漏洩ではないと思ったが、マグナスはそれが大変気になるらしく、何度もそのことにこだわる。この光の洩れについては、状況からすぐに対応できなかった。結果論であるが、マグナスが光に敏感だっただけに、これが第一回目の霊現象の障害になった可能性がある〕。

（10）霊現象の発生。マグナスは用意したものを使っていろいろな実験をする。キャビネットの上に光が見える、との内野信子（評議員）さんの指摘でその方を見ると、確かに淡い光の浮遊が認められる。

（11）参会者の質問に答える。自分（マグナス）は十九世紀のイギリス人で、生前は死後の世界があるとは思わなかった。また、彼の属しているグループはダイヤモンドというグループで、このグループは数千年前からあると語った。

「ノアの方舟協会」の活動について聞かれて、協会は現在、物理実験に拘泥することなく、さまざまな指針を得られるコミュニケーションの方に移行しており、それが欧米の主傾向にある、との言及があった。

リンカーン氏については、シャイで、能力を持った人物であり、二十年間指導し、その期待に応え、多くの現象を生じさせている。現世でシャイな人は来世においても同じである、と語った。

霊はどのような方法でわれわれ人間を認識しているのか、との質問に対しては、暗闇の中でも昼間と同じであり、まるで幽霊のように見え、個々の人間の識別は光の強度によっており、従って他の会に出ていても、その強度に違いがあるので人物の識別ができると答えた。また、生きていた時の記憶は死んでも残っているとも言った。

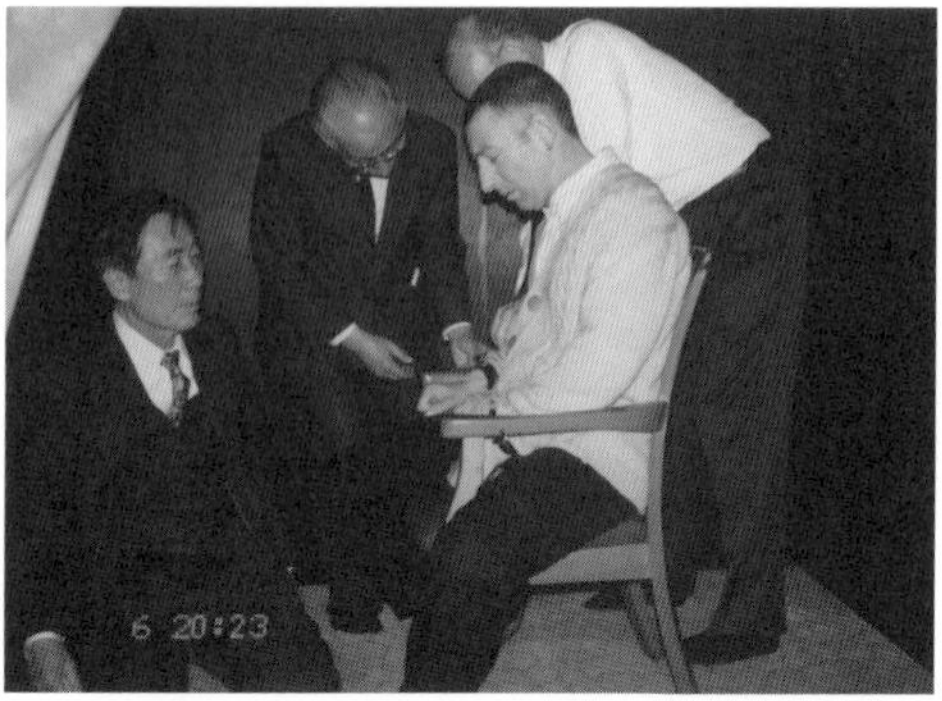

降霊実験会終了後のリンカーン氏。左足が肘掛けの内側から外に出ている

降霊実験会終了後、散乱した実験道具

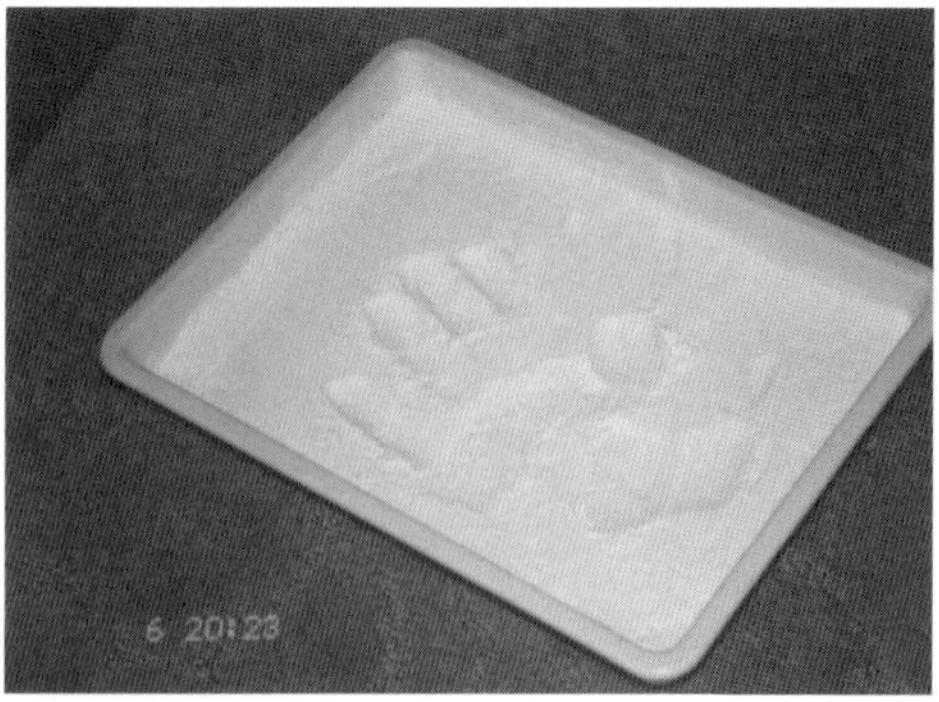

降霊実験会終了後、トレイの片栗粉に残された手形

（12）馬蹄形に着席した右側の人達が接触され、その感じ（温かい）を伝える。その接触は瞬間的に、唐突に行われる〔接触の状況についてはその体験者に詳しい報告をお願いしたい〕。

（13）左側の人達が接触され、その感じを伝える。ただし、なかなか馬蹄形の凹部にまで進出しない。物が飛ぶ〔前列に座っている人たちはよく見えるので、用意した物品が動き、飛んでいるのが分かるようだ。ただし、後列にいる私には、ほとんど確認できない。降霊会のあと確認したところでは、物品がかなり散乱していたので、動いたことは事実である〕。

（14）何かが動いているようだが、判然としない〔これについても報告を求めたい〕。

（15）出席者の雰囲気がリラックスしてきた。

（16）霊の声の位置について。位置が変わるので、当然声の位置もそのつど変わり、その位置を確認することができる。ただし、位置の高低がかなり変化する。その変化と霊現象との間にどのような関係があるのかは、前列にいないので確認できない。関連があるはずである〔参会者の報告を求めたい〕。また、ある高さ（比較的高い位置のとき）での音の位置の上下がはっきり、また高い頻度で認められる〔これについても関連を知りたいので、参会者の報告を求めたい〕。

（17）ゴトゴトかなりの物音がする。ぶつかる音のように感じる。

【実験終了】（午後八時三五分）照明をつける。

（18）リンカーン氏の状態

疲労の色が見える。左足が肘掛けの内側を通って外側に出ている。左手に痺れがある、と言っている。

片栗粉の入ったトレイがキャビネット内、向かって右側手前の隅に引き入れられて、片栗粉上に太い明確な手形が残っている。

リンカーン氏のカーデガンの左前部と、遮光布の合わせ目あたりに白い粉が付着している。恐らく片栗粉であろう。私が直接確認したわけではないが、リンカーン氏の手には粉が付着していなかったという証言（小池博子〔理事・理事長〕さん）が事実であるなら、リンカーン氏のものとは考えられない。

（19）さまざまな物がその位置を変えている。

（20）体重測定。六六キログラム（五〇〇グラム減）。

第二回降霊実験会……………………（十一月九日）

一、出席者

クランレイ氏（ノアの方舟協会役員）
リンカーン氏（ノアの方舟協会物理霊媒者）
三浦清宏氏
参会者四十三名

二、会場

前回と同じ会場。同様に馬蹄形に二列に椅子をセッティングする。内側は十八人、外側は二十五人。男女が交互に並ぶ。私は降霊者に向かって右の内側七か八番目に座る。前回に比べると、連続出席者が多いわけでもないのに、比較的リラックスした感じが漂っている。この予感は的中し、結果として顕著な霊現象が起きた。

また、前回との反省点として、キャビネットに面した馬蹄形の左右に開口部分があり、そこを通って霊体または人間が歩き回ったのではないか、という疑問が生じたので、その部分を塞いだ状態の椅子の配置にした。さらに、馬蹄形左・内側の端に座っているクランレイ氏が動き回っているのではないか、という疑問を払拭するため、同氏の体を白い丈夫な紐で結び、その後ろに座った村山久（監事）氏がもう一本の紐で氏と自分を結んで、クランレイ氏が自由に動けないような対策を講じた。

三、クランレイ氏の講演

前回と同様、降霊会に先立ち、クランレイ氏の講演が行われる。前回に比べると、お互いになれたせいか、クランレイ氏も参会者もリラックスした雰囲気がある。講演の内容は前回とほぼ同じ。

四、用意した実験道具

（a）体重計（家庭用、最大一〇〇キログラム）

（b）半球形透明プラスティック容器〔下のプラスティック板と両面テープで接着、中に画帳を開いて置き、サインペン一本と鉛筆一本入れておく〕

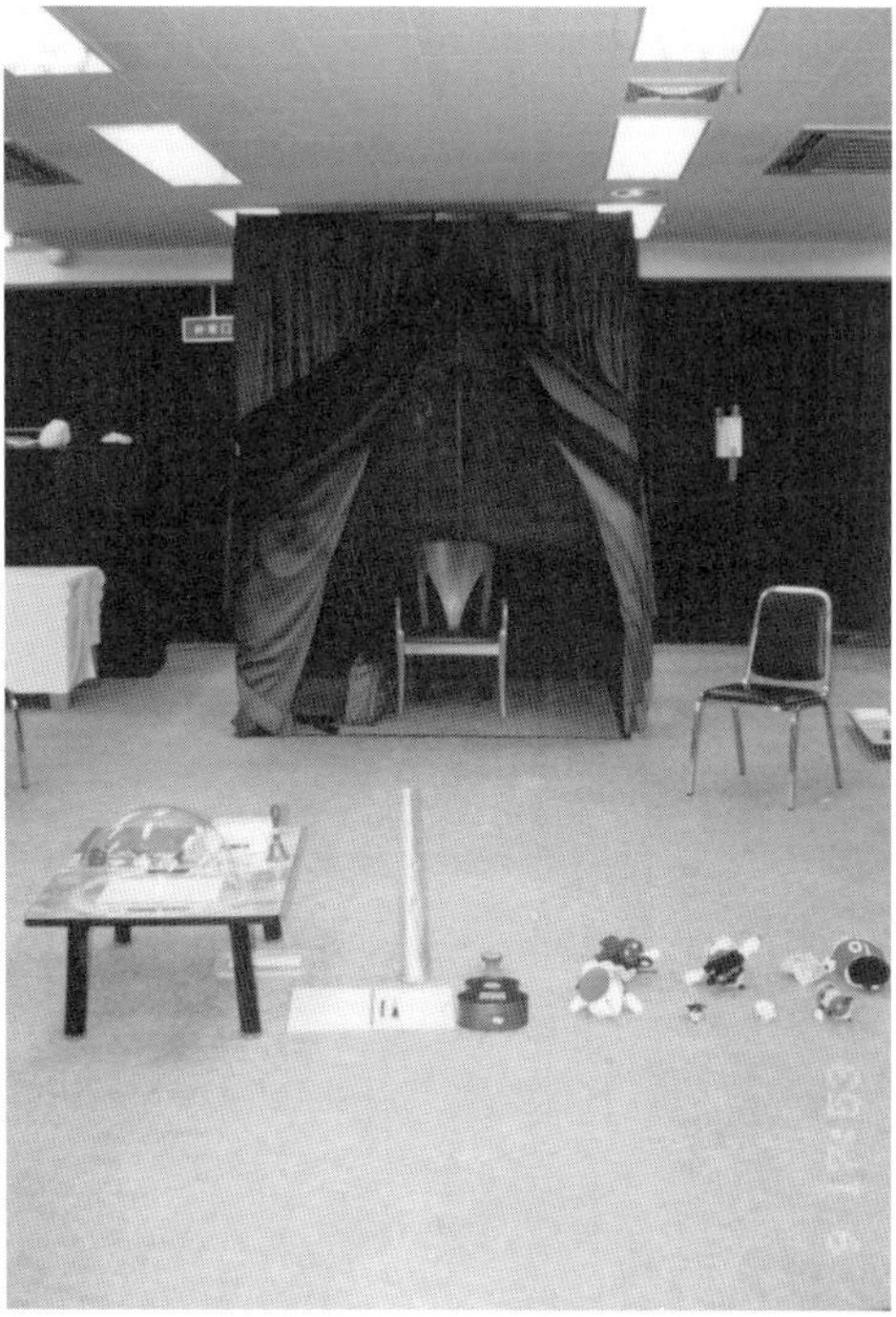

キャビネットと実験道具

（c）ビニールでくるんだ柔らかい粘土〔トレイに入れておく〕

（d）片栗粉を入れたトレイ

（e）粘土

（f）比較的小さい人形。ポパイ、クレヨンしんちゃん、ドナルドダック、ミッキーマウス等、計八点。それぞれの小人形に一×一・五センチ位の蛍光シールを貼る〔人形その他のセッティングは、前回と変えた。キャビネットを背にして、左から右に以下のようにセット。ウクレレ、前方に画帳とチョーク、手前にトランペット（先方持参）、粘土を入れたトレイ、脚を折った小テーブル。テーブル上の前方に半球形透明プラスティック容器、中央にポラロイドフィルム、三五ミリ・フィルム、ポラロイドカメラ、三五ミリ・インスタントカメラ、手前左に片栗粉を入れたトレイ、右に蛍光板（先方持参）。テーブルの下に片栗粉を入れたトレイの蓋〕

（g）画帳とチョーク
（h）ウクレレ一棹
（i）小型ベル一個（先方持参）
（j）軽いトランペット一本（先方持参）
（k）蛍光板（先方持参）
（l）サーマル・イメージャー（熱感知ビデオ）〔使用許可がおりなかった〕
（m）デジタル録音機（DAT）

五、リンカーン氏登場

軽装カーデガン姿。前回よりリラックスしている。

体重を計る（六七キログラム）。

椅子に座り、各一本のゴムバンドと各二本のインシュロック（先方持参）を使って、それぞれ手足を椅子に固定する。固定状態について確認者が点検する〔二回目の確認者は一回目と違うので、確認者の報告と感想をぜひお願いしたい〕。

【降霊実験の開始】

（1）消灯。
（2）イギリスでの降霊会のときに使われるグループコーラスをテープで流す。次に霊歌「アメージング・グレーシス」がやはりテープで流される。
（3）協会の祝詞・祓詞を斉唱〔前回より短くする〕。
（4）小さな声が聞こえてくる。
（5）その声にむかって「フランシス」と、クランレイ氏が声をかける。以後、クランレイ氏が霊とのコミュニケーションをリードする〔フランシスのは左の方から聞こえてきたように思えたが、聞こえ方と方向について参会者の方に報告をお願いしたい〕。
（6）かすれた、小さな女性の声がしだいにはっきりしてくる。苦しそう。
（7）歌を歌いだす。以下の展開は前回とほぼ同じ〔参会者の報告をお願いしたい〕。
（8）参会者は全員、手を繋いで童謡等の歌を歌いつづける。同じ歌の繰り返しであり、またいろいろな現象が生じているので（蛍光テープを貼付した物が動き回る）、時にコーラスが途切れることがあるのにもかかわらず、不思議なことに常に残響があり、コーラスが途切れない。従って、また違和感なく歌いだすことができ、実に素晴らしいハーモニーが保たれた。このとき、このような状態と全く同じ体験を思い出した。教会で賛美歌もしくはパイプオルガンの演奏を聞いているとき、教会堂内に漂ういわゆる〝天使の囁き〟をしばしば聴くが、ちょうどそれと同じ状況になったのである。この状態は降霊会の間つづいた。
（9）男性の霊に変わる。マグナスである〔後に三浦清宏先生に聞いたところでは、イギリスでのマグナスの喋り方に比べると、日本での降霊会のときにはだいぶゆっくり喋っているという〕。
（10）前回で指摘された、人形の蛍光テープが明るすぎることと、道路に面した右・後部最上部の光の漏洩は全くなくなった。

降霊実験会終了後、キャビネットの裏で見つかったリンカーン氏。両足が肘掛け椅子の中から外に出ている

降霊実験会終了後、画帳に MAGNUS と CHARLIE のサイン

（11）参会者の質問に答える。

（12）子供の霊が歩き回っている、との指摘が参会者から出る。チャーリーだ。

（13）参会者のハーモニーは依然良好で、ますますなごやかである。

（14）霊現象が活発に起こり、接触や物品移動が頻発し、とくに顕著な現象（記事は別途掲載〔本書未収録〕）も起きた。また村山氏のところではガサガサという、何かが動く現象「これは医者達であると、クランレイ氏は言った」もあり、そして極め付きの現象として、フラッシュが焚《た》かれた。つまり、霊体が写真を撮ったのである。一回目は突然だったので、参会者から驚きの声があがった。そのあと、二回目のフラッシュが焚かれ「フラッシュの前に赤い露光不足を示すライトが点灯する」、会場にどよめきが走った「フラッシュのあと一瞬、黒っぽいものが見えたように記憶している」。この写真撮影にあたっては、クランレイ氏のコンタクトによる言によれば、〝キトー〟（鬼頭？）という日本人の霊に助けてもらい、使い方を知ったとマグナスは語っていると伝えた。三回目の撮影。

「私はこのとき、マグナスとクランレイ氏とのやりとりから、カメラの扱い方を日本人の霊に聞いていることを記憶しているにもかかわらず、キトーという日本人の名（クランレイ氏はキモトと記事で記している）はデジタル録音機に録音されていないという」

（15）この前後、チャーリーとダニエルが長い時間、動き回り、物品がさまざまに移動する。

（16）撮影したため（光の影響で）かなりエネルギーを消耗した、とのコメントがある。

（17）撮影終了後、かなり大きな物音が二、三回する。そのインターバルは等間隔ではなく、何かが強くぶつかる音に聞こえる。「何にぶつかっている音？」「ひょっとしたら」という考えが浮かんだが、その考えは否定した「この音についても報告をお願いしたい」。

【実験終了】（午後八時頃）照明をつける。

うまくいったセッションの余韻が会場を支配している。参会者もほとんどその中にいる。クランレイ氏はリンカーン氏に注目し、素早く紐をはずして椅子から立つ。その行動が何を意味しているのかは、しばらくわからなかった。

（18）リンカーン氏が、キャビネットの中にいない（！）。何とキャビネットの真後ろに椅子に座った状態でいて、しかも左足と右足が肘掛けの内側を通って外側に出て、紐は結ばれた状態にある。前回と比較して疲労していないように感じたので、「写真を撮っていいか」とたずねると、オーケーという頷き方をした。疲労感は見えない。

（19）さまざまな物がその位置を変えている。

（20）画帳にMAGNUSとCHARLIEの黒と赤色の直角に交差したサインが残されていた。

（21）体重を測定する（八時一四分）。六四・五キログラム（二・五キログラム減）。

第三回降霊実験会……（十一月十二日）

一、出席者

クランレイ氏（ノアの方舟協会役員）
リンカーン氏（ノアの方舟協会物理霊媒者）
三浦清宏氏
参会者四十六名

二、会場

前回と同じ会場。同様に馬蹄形に二列に椅子をセッティングする。内側は二十人、外側は二十六人。男女が交互に並ぶ。会場に行って、参会者の名前を見ているうちに「予想もしなかった人達が出席することになっている」、今回の降霊会が大変であることを予感した。それと人数の多さも心配であった。果たせるかな予感は的中した。

私は降霊者に向かって左の外側の外れ、クランレイ氏の後ろに座る。二回目と同じように、クランレイ氏の体を白い丈夫な紐で結び、その後ろに座った私がもう一本の紐で氏と自分を結んで、クランレイ氏が自由に動けないようにした。降霊会の間、クランレイ氏がそこにいるかどうかを確認するため、必要に応じてそっと体に触れて確かめた「クランレイ氏は常に霊体に語りかけているので、それだけでも所在確認はできたのであるが」。

三、クランレイ氏の講演

前回と同様、降霊会に先立ち、クランレイ氏の講演が行われる。時間になっても、出席者が揃わない。クランレイ氏は明らかに、ナーバスになっている。時間を繰り下げてもまだ揃わない。一・二回に比べると、好ましくない展開が生じている。

四、用意した実験道具

(a) 体重計（家庭用、最大一〇〇キログラム）
(b) 半球形透明プラスティック容器〔下のプラスティック板と強力接着剤で接着、中に画帳を開いて置き、サインペン一本と鉛筆一本入れておく〕
(c) ビニールでくるんだ柔らかい粘土〔トレイに入れておく〕
(d) 片栗粉を入れたトレイ
(e) 粘土
(f) 比較的小さい人形。ポパイ、クレヨンしんちゃん、ドナルドダック、ミッキーマウス等、計八点。それぞれの小人形に一×一・五センチ位の蛍光シールを貼る〔人形その他のセッティングは前回と変えた。キャビネットを背にして、左から右に以下のようにセット。前方左にウクレレ、同・縦にトランペットとベル（先方持参）、手前左にオレンジ・リンゴ・バナナ・柿・洋ナシ、粘土を入れたトレイ、蛍光板（先方持参）、右に脚を折った小テーブル。テーブル上の前方に木製の環四個、その手前に花束、片栗粉を入れたトレイ、サインペンとチョーク、半球形透明プラスティック容器〕
(g) 画帳とチョーク
(h) ウクレレ一棹
(i) 小型ベル一個（先方持参）

（j）トランペット一本（先方持参）
（k）蛍光板（先方持参）
（l）果物
（m）木製の環（四個）
（n）花束
（o）サーマル・イメージャー（熱感知ビデオ）〔使用許可がおりなかった〕
（p）デジタル録音機（DAT）〔会場の録音については、一・二回とも機器は作動したが、不思議なことに、三回目は冒頭と終わりだけしか録音できなかった〕

五、リンカーン氏登場

軽装カーデガン姿。前回とは違う雰囲気。

体重を計る（六七キログラム）。

椅子に座り、各一本の硬いゴムバンドと各二本のインシュロック（先方持参）を使って、それぞれ手足を椅子に固定する。固定状態について確認者が点検する〔三回目の確認者は二回目と違うので、確認者の報告と感想をぜひお願いしたい〕。


【降霊実験の開始】

（1）消灯。
（2）イギリスでの降霊会のときに使われるグループコーラスをテープで流し、次に霊歌「アメージング・グレーシス」がテープで流されるはずであったが、そのテープを忘れてしまったと聞かされ、当初の不安が何か現実化していくのを感じた。

（3）協会の祝詞・祓詞を斉唱。童謡等の合唱〔全員、手をつないで合唱したが、私の右側の赤坂壽保（審神者《さにわ》）氏と結んだ手が、開始早々から振動しつづけ、手が上に上がっていき、肩を痛めていたときだけに、このまいったらどうなるか心配だったが、振動しつづけたまま最後までもった。右手の振動は赤坂氏の感応によるものを同氏の左手を通じて受けているとばかり思っていたが、同氏の右手は全く振動しなかったということなので、この振動の原因は紐を通じて受けていた、クランレイ氏の影響ではないかとのちに考えた。因に、リンカーン氏とクランレイ氏の間に強い流れがあるのを、紐を通して感じていたので、降霊会終了後、クランレイ氏にたずねたところ、「そのとおりだ」という返答を得た。クランレイ氏がいかに大きい働きをしているか、このとき実感した〕。

（4）小さな声が聞こえてくる。

（5）その声にむかって「フランシス」と、クランレイ氏が声をかける。以後、クランレイ氏が霊とのコミュニケーションをリードする〔フランシスの声は、私の位置から左やや上から聞こえてきた。声の調子も前回とちょっと違う感じがする。フランシスの声の聞こえてきた方向と高低について参会者の方は報告をお願いしたい〕。

（6）かすれた、小さな女性の声がしだいにはっきりしてくる。苦しそう。

（7）歌を歌いだす。以下の展開は前回とほぼ同じ〔参会者の報告をお願いしたい〕。

（8）参会者は全員、手を繋いで童謡等の歌を歌いつづけるが、前回と比べると、ハーモニーもなく、途切れ途切れである。

（9）男性の霊に変わる。マグナスである。

（10）参会者の質問に答える。

（11）子供の霊が歩き回っている、との指摘がある。チャーリーだ。参会者が歌った童謡の一節を歌う。

（12）参会者のハーモニーが途切れる。

（13）霊現象と、接触や物品移動が起こる。私の左後ろの上部に光が見えるという指摘（恐らく内野信子さん）があり、見上げると、たしかに中央部が淡いピンクで周囲が形の定まらない白色のものが、緩やかに浮遊しているのを認めた。ベルが中空に浮き、微妙な、まるで無重力状態のような揺れ方をする。いろいろな物品が跳ぶ。私の横にきて何かしている。ガサガサ音がする。紐が動いているようだ。手に触れた。温かく、どちらかというとかさかさした、太い指に感じる。

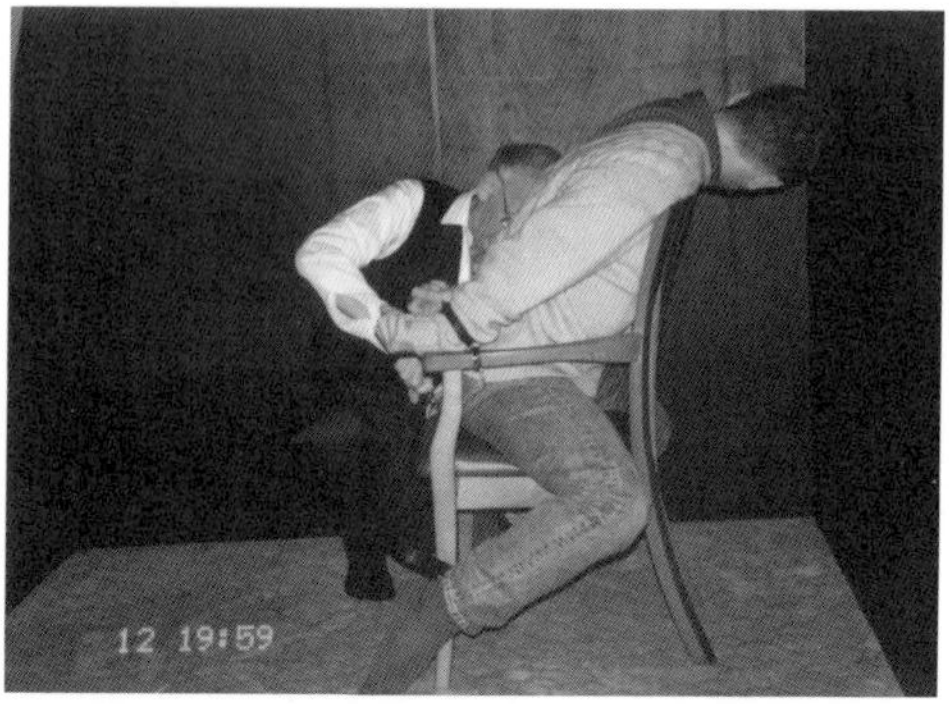

降霊実験会終了後、椅子に反対向きに座って現れたリンカーン氏。着ていたカーデガンも後ろ前になっている

降霊実験会終了後、粘土に残された痕跡

降霊実験会終了後、紐に通された木製の環。ただし、紐は結ばれていない

【実験終了】（午後八時頃）照明をつける。

（14）リンカーン氏はキャビネットの中、北（右）に向かって、椅子をまたいだ形で座っている。カーデガンが裏返しになっている。疲労が濃く、相当ダメージを受けているように見える。助け起こされて立ったが、体が振動して止まらない。

（15）さまざまな物がその位置を変えている。

（16）私とクランレイ氏を結んでいる紐の一端に三つの木製の環を通し、からげてある。ただし結わえた状態ではないことはあとで確認した。

（17）体重測定（六時五〇分）。六一・五キログラム〔二一・五キログラム減。ただし介添え者に支えられていたこと、激しく体が振動しているため、正確な計測とはならない。なお時間がたっての計測では、正に開始時の重量に戻っていたが、着ているもの等の再確認ができなかったので、以上は参考記録にしかならない〕。

✺NAS降霊会・参会者の手引き

注意——以下の注意書きをよく読んで、守るようにしてください。不注意のために、霊能者に危険なことが起きたり、会そのものが続行不能に陥ることがあります。

（1）衣服——リラックスした雰囲気にするために、なるべくカジュアルな服装でお出かけください。匂いのするもの——香水、香りの強い石鹸などは避けてください。「霊界」から送られてくる匂いと混同することがあります。

（2）持ち込んではならない物——音のする物（ポケベル、携帯用電話、アラーム付き腕時計）。そのほか、音をたてる装身具、鍵、コインなど、人によっては、興奮したり、神経質になったりして、いじり回すことがあるので、そういう人は、あらかじめ持ち込まないでください。テープレコーダーも、装置されているもの以外はだめです。「霊界」が現前するときには、微妙なバイブレーション（波動）を保つ必要があります。また、たとえ小さな光でも、うっかり光ったために、「霊」が出現しなくなったり、霊能者の体に異常が起きたりすることがあります。ですから、カメラ、ライター、マッチなどは持ち込まないでください。

（3）座席——席の配置は主催者、「霊界」、または霊能者の指示によって決められています。ご希望の席や、ご希望の方の隣に座れないこともありますので、ご承知ください。

（4）携帯物検査——係の者が携帯物を拝見させていただくことがあるかもしれません。

（5）公平な態度——できるだけ公平な態度をお持ちください。科学的な懐疑精神をもって参加されるのは結構ですが、最初から偏見や疑惑を持っておいでにならないでください。それは「霊界」に敏感に伝わって、良くない結果をもたらします。終わった後は、どうぞ自由にご意見や印象を、他の方と交換なさってください。

（6）降霊会中の心得——両手を膝の上に置いて、音をたてないように座っていてください。立ったり、歩き回ったりしてはいけません。また、「霊」の指示がない限り、近づいてきたトランペットやその他の物をつかんだり、手を勝手に動かしたりしないでください。「霊」が何か歌ってくれと言ったら、どうか歌ってください。会の間中、和気あいあいとした雰囲気を保つように努力していただきたいと思います。

（7）起こりうる現象——十分に物質化した霊体が出現します。ただし暗闇の中なので、「霊界」の方からの指示のない限り、明るくして見ることはできません。「霊界」の方では、蛍光塗料を塗った板に反射させて、物質化した手を見せようとするかもしれません。物質化した霊は、歩き回って、皆さんに近寄ったり、触ったり、抱いたりするかもしれません。また、トランペットなどに付けた蛍光塗料布によって、それが動いたり、飛んだりするのをご覧になることもあるでしょう。それぞれ異なった個人の声が聞こえてきます。トランペットを拡声器代わりに使って声を出したり、トランペットが誰かのところにきて、個人的なメッセージを伝えたり、囁いたりします。どこからか、物が飛んでくることもあります。トランペットの小さい方の穴よりもずっと大きい物が、トランペットを通過して出てくることもあります。不思議（霊的）な匂いのすることもあります。膝の下のあたりが寒く感ずる人もいるでしょう。微風を感じたり、少量の水を振りまかれたりする人も出てくるかもしれません。多数の人の集まる会では、あまりいい結果が出ないことがありますが、NASが地方でやる小さな会では成功することが多いのです。

（8）終了時――椅子に縛られていた霊能者が解き放たれ、退場し、最後は祈りの言葉で終わりますが、それまでどうか静粛にお願いします。後に残った主催者の者が、ご質問にお答えします。

（9）現象が起こるという保証はいたしません。すべてのNASの降霊会は実験的なものです。従って、現象が確実に起こると言うことはできません。皆さん方が、上に述べたことを守り、実行してくださることが、「霊界」の望むすべてであります。あとは「霊界」と会場の状態にまかせるしかありません。

（一九九六年十一月一日　翻訳、作成）

リンカーン氏によるトランス・トーク（1）

三浦清宏　ノアーズ・アーク・ソサイエティ（ノアの方舟協会）からいらしたジョージ・クランレイさんとコリン・フライさんをご紹介します。クランレイさんは、主として渉外方面の役割を担当しておられる代表者の一人です。コリン・フライさんは物理霊能者で、通称リンカーンさんと言われます。

お二人の属しておられるノアーズ・アーク・ソサイエティは、始まったのが一九九〇年ですからそんなに古くはありませんが、現在ではたくさんの会員を擁して非常に盛んになってまいりました。前回、イギリスのカーディフというところで大会を催した時には、百三十人ほどの方が集まったそうです。

盛んになった理由は、ここにおられる非常に若い霊能者と、もう一人、年配のアレクサンダー・スチュワートという優れた能力を持っておられる方がいらっしゃるからです。特にリンカーンさんの場合には物理霊媒といいまして、物理現象を出す霊能者として最近非常に実力をつけてきておられます。

今回は物理現象ではなく、トランス・トークのほうです。トランス・トークは「主観霊能」といいまして、人間の心を通じて霊界からの声を受け取ったり、あるいは人によっては見えないものが見えたりいたします。リンカーンさんには何人かの背後霊がおられますが、トランス状態になるといちばんよく出てこられるのがマグナスという名前の年を取った紳士で、今日もたぶんその方が出て来られるだろうと思います。彼がコリンさんの喉を借りて話されるわけです。
それでは、クランレイさんからトランス・トークについてお話しいただきます。
ジョージ・クランレイ　皆さん、こんにちは。ここに来ることができてたいへん幸せに思います。ノアーズ・アーク・ソサイエティを代表してご挨拶を申し上げます。
これからコリン（リンカーン）がトランスに入りますが、トランスの状態の場合には、日常の意識が静かになり、霊がコリンを通じて話すようになります。恐れずに質問をしてくださって結構です。ただ、ご自分だけの問題ではなく、皆さん全体に興味のありそうなことを質問していただきたいと思います。トランスに入る前にコリンにちょっと話をしてもらいます。そうすれば、皆さんは、コリンが普通どういうふうに話しているかわかりますし、そのあとの霊の話し方とはまったく違うこともおわかりになるだろうと思います。
リンカーン　皆さん方の協会にお招きいただきまして、たいへんうれしく思います。私の知っている霊界の知識と自分の霊能とを、皆さんと分かち合えることを幸せに思います。こちらに来るまではかなりナーバスになっていましたが、来てから皆さんにいろいろと親切にしていただき、今はとてもいい状態でおります。どうもありがとう。
三浦　これからコリンさんがトランスに入ります。どうかご静粛にお願いします。言葉や音を立てないようにしてください。それから、トランスから覚めた時も音に対して非常に敏感になっているそうですので、手を叩いたり、言葉を発したり、物音を立てたりしないようにお願いいたします。写真もトランスの最中はご遠慮ください。

【ステージⅠ】

〔リンカーン氏瞑想状態に入る〕

クランレイ　いま出ておられる霊は八十六歳で亡くなったマグナスという方です。皆さんの質問にお答えしていきたいと思います。

マグナス（リンカーン）　霊界でのコミュニケーションの方法はすべてスピリットによるもので、言葉は必要ではありません。地上に出てきた場合にはその国の言葉を使って話す必要があるわけです。ただ、自分が慣れている言葉を使いますので、皆さんにはたいへん申し訳ないのですが、私が慣れている英国の言葉でお話しさせていただきます。

質問なさりたい方がありましたら、どうぞ。

――スピリチュアリズムが全世界に浸透しないのはどういう理由からなのでしょうか。

マグナス（リンカーン）　確かに、おっしゃるようにスピリチュアリズムが世界で理解されていないのはたいへん残念ですが、皆さん方が個人としてご自分の内にあるスピリチュアリズムに関心を持っておられれば、それが皆さんを導いてスピリチュアリズムの正しい方向にいきます。そのことがいちばん大事であると思います。大事なことは、スピリチュアリズムはたくさんの生命を通じていつまでも生き続ける原理であるということです。もしスピリチュアリズムが世界に広まることを願うのであれば、ご自分の内にあるスピリチュアルな魂を鍛錬され、それが世界の人々に影響を与えるような方向で努力をしていただきたいのです。そうすれば、他の人も皆さん方の行動を真似るようになります。

――〝ホワイト・ブラザー〟という特別な霊団がありますが、それは現在でも霊界でわれわれ人類のために活動されておりますか。

マグナス（リンカーン） それは永遠の存在です。そういうグループがたくさんあって、それぞれがこの地上に愛を送るために活躍しております。スピリチュアリズムをこの地上に広げるためのたった一つの重要な原理は愛ですから、皆さんが愛の心を持てばスピリチュアリズムは世界に広がっていくはずです。

――聖書に書かれているノアの洪水は実際にあったことなのか、それとも後世の人々に対する教訓として書かれたものでしょうか。また、ノアという方は霊界でマグナスさんとコンタクトできる範囲内にいるのですか。

マグナス（リンカーン） ノアの洪水は事実上起こったことです。地上の状況および気候は毎年変化し、長い歴史の間にどんどん変わります。現在も変化し続けており、その間に実にいろいろなことが起こります。もし私たちがその変動に合わせるようにして生きていかなければ、人類にとって非常に危険なことになります。ですから、われわれはこれからもそういうことに対して、非常に注意をしていかなければならないと思います。

皆さんは物質的な人間として地上の生活に合わせたかたちで住んでおられます。人間はエネルギーを持って生きており、そのエネルギーをいいほうにも悪いほうにも使えますが、もしそのエネルギーを悪い方向に使いますと、それが破壊的な結果を及ぼして、われわれの住んでいる環境に対して悪い影響を与えることになります。破壊的な考え方を持ちますと、破壊的な結果を生むことになります。ですから、われわれは建設的な考え方をもって暮らさなければいけません。人類は長い間に環境に適合するように自分たちも変えていかなければいけないのです。悪いことを考えると必ず悪い結果を生みます。ですから、愛をもって世界をいい方向へ持っていくことが大事だと思います。

人類が破壊的な考えを持ったことによって、この地上にいろいろな災厄が起こりました。地震や洪水も人間の悪い考えに影響されて起こったのです。アトランティスが海底に没したのも、純粋な気持ちを持っていた人たちがだんだんと堕落し、結果的にそういう悪い状態を引き起こしたからです。ですから、ノアの洪水も天災ではありますが、また人災でもあるということです。

『黙示録』の中に書いてあること、それから、新しい時代の始まりという考え方、そういうことはすべて建設的な考えに基づいて言われていることです。皆さん方それぞれが新しい時代を創るのだという建設的な考え方を持って努力されれば、きっとそういう時代が訪れるはずです。そのいちばんの根本は愛ということです。

進化論は本当ではありません。ああいう物質的な変化ではなく、進化させるものがあるのです。それは何かというと人間の魂です。人間の心の作用によっていろいろな物質上の変化が起こってまいります。ですから、いちばん基本的なことは、人間の心の持ち方、在り方です。もし心が広がっていいものに変わっていけば、この物質世界にも大きな影響を与え、それがいわゆる進化というかたちになって発展してまいります。

今、ここに日本人のたくさんの霊が集まってきております。そして、今私が皆さんに述べたことは非常に重要なことであると私に伝えてくださいました。亡くなった皆さん方のご先祖の方々が努力されてこの世の中にいろいろな物質的成果を生み、それが科学や技術として蓄積されてきたわけですが、そういうものが世界を変えていくのではありません。世界を変えていくのは皆さん方の魂です。集積された科学や技術を利用することも大事ですが、それが中心の課題ではありません。皆さんの心こそが中心の問題であり、それが世界を変えていくというふうに認識していただきたいと思います。

――霊界の上には神の世界が存在すると思われますか。

マグナス（リンカーン） 霊界といっても特別なものがあるわけではなくて、われわれのほうから言うと一つの状態にすぎません。霊界にいる者たちはより神的なものに近づこうと思ってみんな努力しております。ですから、神的なものが霊界の上にあると言えばあるでしょうし、霊界全体が神的なものを目指す一つの存在であると思います。

――アトランティスは人間の心が堕落したから神が怒って沈めたと言われていますが……。

マグナス（リンカーン） 神は慈悲の心を持っております。人間に悪をもたらそうという気持ちは持っておられませんので、それはまったく人間の悪しき心が起こした事件だと思っております。『聖書』あるいは『聖書』に類する書物がたくさんありますが、その中には神の慈悲が説かれておりますし、また、人間が記した言葉も書かれております。人間の世界に起こった破壊的なことがあたかも神の怒りであるかのように書かれておりますが、それは真実ではありません。単なる人間の解釈にしかすぎません。

アトランティスが滅びたのは、アトランティスで盛んになった科学や技術が、やがて神の意思に反するような方向に発展していったからです。現在の世界を見ていただいても、人類が今まで創造してきた科学や技術が、本当にわれわれのためになるような方向には行っておりません。ましてや神の愛を実現するためのものでもなくなってきておりますので、それが何か重大な結果をもたらすであろうということに対しては十分に気をつける必要があります。

――アトランティスの地理的位置については、地中海であるとか、大西洋であるとか、南極大陸であるとか、諸説あります。霊界ではアトランティスはどこにあったと考えておられるのですか。

マグナス（リンカーン） 長い歴史の間に世界の地理もまったく変わってまいりましたし、現在、それを指摘することは非常に難しいです。ですから、あまりそういうことにはこだわらないでいただきたいと思います。もう一つ言うなら、人類は決してアトランティスがどこにあったかを発見することはできないでしょう。なぜなら、すでに別な地層によってまったく覆われてしまっているからです。

――最近、日本では、池田邦吉という人がノストラダムスの預言書の再解釈をして、それが最終解釈であるということが巷の噂になっています。たとえば来年ローマ法王が代わるとか、来年から東南アジアをはじめとして洪水が起こるとか、数年のうちにはイタリアで火山が爆発してヨーロッパが崩壊するとか、そういう解釈がありますけれども、それは実際に正しいのでしょうか。

マグナス（リンカーン） ノストラダムスはその当時の波動で生きた人ですから、彼の波動は当時特有の波動です。

その時代の考え方、つまり当時の波動を用いて未来を予測しようとしたわけです。いわば池の中に石を落とした時に波紋が伝わっていくように、彼の時代から未来を予測しようとしたのですが、彼の言っていることは必ずしも正確ではありません。多くの間違いがあります。彼が言ったことをそのまま信用することはできないと思います。ですから、だれかが本を出したとしても、それもまた一つの解釈にしかすぎないことになります。

――ダーウィンの進化論はＤＮＡが変化して進化したのではないとすると、当時、アルフレッド・ラッセル・ウォレスという人がスピリチュアルな進化を述べ、当時は聞き入れられませんでしたが、結局、ウォレスのほうが正しかったということでしょうか。

マグナス（リンカーン） 人間の精神と人間の体は神によって完全なものにつくられたのですが、それが人間の愚かさによって進化ではなくだんだん退化していったわけです。現在、われわれはもう一度神のつくられたかたちに戻そうとしております。ダーウィンはその中間のところで理解しておりますので、非常に部分的な理解にしかすぎません。

――サイババは神の化身であり、チベットのダライ・ラマは観音の生まれ変わりといわれております。霊界ではそれをどういうふうに見ているのでしょうか。

マグナス（リンカーン） ダライ・ラマにしても、サイババにしても、より神の光に恵まれた方々でして、われわれ人類を導いてくれる灯台のようなものです。ですから、皆さんも小さいダライ・ラマ、小さいサイババのようなものになっていただきたいと思います。

――私どもが亡くなって霊界に行った場合に、霊界には勉強をしたり修行をしたりする場所があるのでしょうか。

マグナス（リンカーン） 皆さんは決して死ぬことはありません（笑）。また、いま言われたような場所はあります。

――地上で悪いことをして亡くなった場合には、穴蔵に入って出て来られないとかいう話を聞きますが……。

マグナス（リンカーン） 霊界には悪い霊はおりません。間違った霊、まごついている霊、ものをよく知らない霊がいるだけにすぎません。そういう人たちには必ず教育のチャンスが与えられ、勉強をするようになっております。霊界でも勉強をしようとしない霊はおります。そういう人たちの考えが地獄をつくっているわけで、地獄そのものがあるわけではありません。

——霊界にも花とか樹とか鳥とかはあるのでしょうか。

マグナス（リンカーン） 霊界に行きますと、まず最初にわれわれに親しい状態の場所（state of Familiarity）が存在し、そこには樹もありますし、花もありますし、ビルもありますし、地上にあるよりはもっともっとすばらしいものがいっぱいあります。霊界に行った途端にまごついてどうしていいかわからないような状況にならないように、霊界に行く者たちのために神がそういう場所を創っておいてくださっているわけです。

——地球上ではたいへんすばらしい先生がいてその方について修行を受けますが、霊界に行った場合に自分ですばらしい先生を選択して付くことができるのでしょうか。

マグナス（リンカーン） 霊界に行きますと、その方が持っておられる望みによって教えてくれる人がおります。ただし、それは人間界における個人の望みとは違います。その人の魂全体が望む方向に行くように、霊界全体の立場からの教育ということになります。

それではさようなら。皆さんのお許しを得て退場させていただきます。皆さんの理解がこれからもますます進みますように。これで失礼します。

【ステージⅡ】

〔リンカーン氏再びトランス状態に入る。そのあとフランス語で話し始める〕

クランレイ これからフランス人のドクターが出てきますので少しお待ちください。

〔リンカーン氏フランス語で話し始めるが、クランレイ氏に頼まれて英語にする。ひどいフランス語訛〕

ドクター（リンカーン） 皆さんの中から数人の方を選んでヒーリングをさせていただきます。

〔肩が痛む男性をヒーリング。鍼《はり》のようなものを刺す仕種を繰り返し、〝早く早く〟という言葉を発する。手術をしたあとを縫っているような仕種。指先を水に浸し、両手を激しくすり合わせる〕

ドクター（リンカーン） ご自分の体をあまり大事にしていませんね。水をもっと飲んでください。ビタミンが足りないようです。リウマチになる可能性がありますから、カルシウムはよくありません。

〔脚に痛みのある婦人をヒーリング。足首を握ってゆっくり回す〕

ドクター（リンカーン） あなたは緊張が少し強すぎるようで、脚の痛みは頭から来ています。体に痛みがあるはずですよ。たくさんの人に配慮をしなければいけない立場にありますね。それからストレスが来ているわけです。喉のところに不快感がありますか。

婦人 ええ、あります。

ドクター（リンカーン） 発声器官のあたりからドンドン、ドンドンという波動が出ています。咽喉ヘルニアの初めです。六週間は消化のいい軟らかいものを食べるようにしてください。

〔腰痛の婦人をヒーリング。右腕を宙に浮かせて回し、エネルギーを取っているようにも見える。〝早く来い、早く来い〟という言葉。腰のところに、切って、鍼を通すような仕種。何かを埋めたような感じで、上から押える。婦人を前屈みにさせてみると、手先が足先につくくらいに腰が曲がる〕

ドクター（リンカーン） ブラボー！〔会場からも拍手〕

婦人 どうもありがとうございます。

〔会場内を回って十五分ほどヒーリング。そのあとリンカーン氏はトランス状態から覚醒〕

三浦 リンカーンさんは正常な状態に戻りました。ご協力どうもありがとうございました。

ご質問を受けてよろしいそうですが、お疲れだと思いますので、二、三の質問にさせていただきます。

——私も腰が非常に痛くて苦しんでいたのですが、いま横の方を治療してくださっている時のエネルギーで間接治療になったのか、おかげさまでよくなりました。

リンカーン　私は覚えておりませんが（笑）。

——先ほどのヒーリングの時に手で触られた時にたいへんいい匂いがしました。ヒーリングの時はいつもそういう匂いが出ていらっしゃるのでしょうか。

リンカーン　そうでしたか。ヒーリングの時にとてもいい匂いのオイルが出ることは時々ありますが、今日は覚えておりません。

——今エネルギーをいただきましたが、このエネルギーをよその人に与える時に、腕とか脚とか、痛い場所にじかに手を当ててやってもよろしゅうございますか。

リンカーン　だれでも人を治すことができます。ヒーリングは治してあげたいという意思の働きですから、ヒーリングの力を直接与えることができますし、また治すこともできます。

クランレイ　私のヒーリングのセッションが明日ありますので、それについては私のほうからもお話しさせていただきたいと思います。ただ、私はトランス状態でするわけではありませんので、そういう意味ではあまり期待しないでください（笑）。

——リンカーンさんにドクターがかかっていらっしゃる時でないとそのエネルギーは出ないのですか。元に戻られた状態で握手していただいてもそのエネルギーは頂戴できないのでしょうか（笑）。

リンカーン　ええ、それはできないです。もし私と握手をしたらそれは私のエネルギーで、霊界からのエネルギーはドクターが来た時にだけ伝わることになります。

クランレイ　たいへんいい会だったと思います。今日のことで皆さんにいい結果を差し上げることができれば非常にうれしく思います。どうもありがとうございました。

三浦　もし心霊治療に興味がおありの方は明日おいでください。ヒーリングについてはジョージ・クランレイさんが専門的によく知っておられますので、いいことが学べるのではないかと思います。

本日はどうもありがとうございました。

（一九九六年十一月七日）

リンカーン氏によるトランス・トーク（2）

クランレイ　皆さん、こんばんは。

間もなくトランス・トークに入らせていただきますが、何人かの方から写真を撮ってよろしいでしょうかという質問を受けております。霊媒のコリンさんがトランス状態に入る時と元の状態に戻る時は撮らないでください。特にマグナスさんの霊体がかかっている時には、写真を撮っていいでしょうかとお断りをしてください。たぶん最初は、マグナスさんのほうからいろいろ教えがあると思います。そのあと皆さんから質問を受け、お答えをいただきます。臆病にならずにいろいろな質問をなさっていただいて、充実した時間を過ごしたいと思います。

〔リンカーン氏トランス状態に入る〕

クランレイ　こんにちは、マグナス。ようこそいらっしゃいました。

マグナス（リンカーン）　お元気ですか。

クランレイ　はい、おかげさまで元気です。

マグナス（リンカーン）　時間を有効に使いたいので、先に皆さんからの質問を受けたいと思います。

——私たちの主体本質が霊魂であることはわかるのですが、その観点からいって、いま世界各地で問題になっている中絶についてご意見をいただければ幸いです。

マグナス（リンカーン） とてもいいご質問です。生命を勝手に絶ってしまうことはとてもよくないことです。しかし、この問題は個人個人の責任ではなく、その個人が生きている、子どもを産めないような状態にある社会全体の問題です。人々が経済的にも安心して子どもを産めるような社会にすることが、人類すべての肩に掛かってきているわけです。もし中絶をしたり自殺をしたりする人々がいたとしても、私たちはその人々を批判すべきではありません。なぜならば、そういう事柄はすべて、私たちが責任を負わなくなっていることに源を発しているからです。

――日本語で話すことはできないのですか。

マグナス（リンカーン） 霊界では言葉は要りません。日本系の霊とも思念でやりとりができます。地上に降りてきている時は思念では通じなくて、やはり言葉になります。そうするとやはり自分の知っている言語になりますので、日本語を聞いてもわかりません。どんな言語であっても、たとえば「ペン」は思念では同じ物です。地上に降りてきていましても、だいたい皆さんの考えていらっしゃる思念はキャッチできます。地上に降りてきているからには地上での波動を持った言葉を通してしっかりやりとりをするので、皆さんが考えていらっしゃることは感覚的にはわかります。

クランレイ たとえばマグナスさんが地上に住んでいらしたころ、日本語をマスターしていたとしたらどうだったのでしょう。

マグナス（リンカーン） 地上にいるときならそれはもちろんできるかもしれません。でもいまかかっている霊媒を通じて話しているので、霊媒自身が知っている言葉ならやりやすいのですが、全然知らない言葉を使うことは難しいです。一つ申し上げたいのは、言葉はお互いを理解し合う意味ではとても大切なのですが、言葉を超えた精神的な無償の愛は普遍的なものですから、愛の心があれば言葉を超えて理解し合えるのです。たとえばこの世でも、個人個人がわかり合うのに言葉はそれほど必要ではありません。ペットの動物を考えてみてください。あなたがその動物を愛していれば、言葉がなくてもその動物もあなたを無償の愛で愛し返してくれます。愛の心があれば言葉が通じなくても気持ちは通じ合えるものです。結局、言葉は障害にはなりません。なぜならば、霊的な進歩をするときには、無償の愛をもって向かえば言葉を超えることができるからです。

クランレイ　私たち地球上の者は、いつか思念だけでコミュニケートできるようになるのでしょうか。

マグナス（リンカーン）　それができるようになるためには、恐れをすべて取り除かなければいけません。私たちの進歩をいちばん阻むのは恐れという感情です。すべての恐れが取り除かれた時にはそれは可能になるかもしれませんが、いまはなかなか難しいと思います。

――リンカーンさんの体を使って、マグナスさんではない日本人の霊が日本語でしゃべることはできますか。

マグナス（リンカーン）　いまのご質問はわかるのですが、実際に物質的な霊媒の体を使って霊が話をするわけです。たとえばコンピューターを思い浮かべてください。オペレーターがコンピューターを操作するには、コンピューターの中にプログラムが入っていなければいけません。その場合に、英語圏のオペレーターは英語のプログラムが入っていないとコンピューターは使えません。英語のプログラムしか入っていないコンピューターから日本語は出てきません。それと同じようなメカニズムです。この説明でわかりますでしょうか。

――フランス人の霊が出たと思いますが、あれはどういうメカニズムですか。

マグナス（リンカーン）　フランス人の霊が出たのは、霊媒自身にフランス語の素養があったので、ある程度波長を合わせることができたからです。霊界の人たちが皆さんとコンタクトをとるときには、必ず霊媒の存在が必要になります。霊媒を通してしか皆さんと交流することはできません。ですから、この世でもっと多くの霊媒を育成できれば、もっと多くの霊人がメッセージを送ったり、この世の人たちと交流することができるようになります。物理霊媒の場合でも、霊媒を通してエクトプラズムを出したり、エクトプラズムのいろいろな実験ができるわけです。霊媒を通すということが非常に大切なプロセスになります。

――霊界では顔が向いたほうに太陽があって、太陽の後ろに立ったらいけないということを何かで読んだことがありますが、それは人が後ろに立つことができないからでしょうか。人がおおぜいいた場合にはどうしても後ろに立つことになりますね。

マグナス（リンカーン） 私たちはみんなこの世を去るのですが、それはただ肉体の死であって、すべてが終わりになるわけではありません。次のプロセスを知っていれば、必ずその光を見ることができますし、その光に当たることもできます。ですから、その方の状態によります。この世にいる時はだれかに邪魔をされるとか傷をつけられるとかいうことがありますが、いったん肉体を脱いで霊界に移ったら、本当に真理というものを知っていれば、霊体を傷つけたり阻んだりすることはいっさいありません。精神というのは絶対に傷つけられることのない存在です。

――人間は何のために生まれてくるのでしょうか。もし何か使命を背負って生まれてきているとしたら、どうすればその使命がわかりますか。

マグナス（リンカーン） 人生の意味を探さないでください。なぜ生まれてきたのか、なぜ生きているのかということ自体が問題なのではありません。旅みたいにどこに行くかが問題なのではなく、その過程で何を得るか、何を勉強できるかが大切なのです。最終的に目的地に着いた時にその意味がわかるでしょう。そういうことがちゃんと理解できれば、霊界に行った時に必ず得るものがあります。何のために生きるのかと思い煩うことはまったく意味のないことです。

肉体をもってこの世に生まれてくることの目的は、生きている間に無償の愛を学んで実践することにあります。

ですから、人生の過程で無償の愛は何であるのかということを一生懸命になって見つけ、理解して、自分のものにして人にも与える。そういう無償の愛を実践することがその人の霊的な進歩にもつながります。いったん霊的な進歩が遂げられて無償の愛が実践された場合は、言うなれば人類愛の大海原に到達するような状態になります。もっと簡単に考えて、もしあなたが力の強い人であったら、生きている間に力の弱い人に手を差し延べたり、助けを必要とする人を支援したりしていく。そういうかたちで、だれでも無償の愛を実践することができるわけです。

私たちは人間に対してだけではなく、神が創られたほかのもの、たとえば動物にも愛を注がなければいけません。人間のほうが偉いと思ってはいけません。この世のすべてのものは神さまがお創りになったものですから、動物にも尊敬と愛情をもって接してください。

――私はヒーリングをやっているのですが、初めは霊的な能力がそんなになくても、毎日一生懸命努力をして何十年もすれば力を得ていくものなのでしょうか。

マグナス（リンカーン） ヒーリングの力はみんな持っています。ですから、本当に真剣に愛をもって治してあげたいという心があれば、どんな方でもヒーリングはできます。もちろん生まれながらに長けた人はいらっしゃいますが、相手の方を真剣に愛してあげれば、そして治してあげようという熱意があれば、必ずだれでもヒーリングはできます。自分は子どもだから何もできないのだと思い込めば、持っている能力が生かされずにそのままの状態になりますが、何でもできると信じて実践すれば、その能力は際限なく拡大できるものです。

――日本ではご先祖さまの供養が大切にされています。先立たれたご先祖の浄化向上を願うというのは霊界ではどうなのでしょうか。

マグナス（リンカーン） もちろん先祖を思って崇拝することはよろしいと思いますが、私たちが生きているこの世の中でやらなければいけないことのほうをもっと大切にしております。

クランレイ 昨夜の降霊会（第二回、十一月九日）で、キャビネットの中で椅子に縛られていたコリン（リンカーン）さんが、終わりのころに霊的な力でキャビネットの後ろ側に出ましたね。どういうふうに出たんですか。

マグナス（リンカーン） 後ろの板を通して瞬時に出ました。

ほかの霊人の方がいらしているので、マグナスさんはこれで霊界にお戻りになります。皆さんに神のご加護とお恵みを。さようなら。

〔リンカーン氏再びトランス状態に〕

アンリ・ル・テール（リンカーン） 皆さん、こんにちは。

私はアンリ・ル・テールです。霊的な医療のお手伝いをするためにこちらにまいりました。必要な方に霊的な治療をさせていただきます。

〔座らせた婦人を治療〕

アンリ（リンカーン） 何か感じますか。

――とても温かいです。

アンリ（リンカーン） あなたは心に深く傷を受けたことがありますね。イギリスではブロークン・ハートと言いますけれども、とても悲しい思いをしたことがあるはずです。この部屋にあなたの赤ちゃんが来て、私と一緒にいます。あなたをとても愛しています。悲しむのはやめてください。今日は十分によく眠ってくださいね。

――ありがとうございました。

〔場内を回りながら治療〕

アンリ（リンカーン） 皆さんが自分のところに来てくださいと思っていらっしゃるようですので、これから会場を回りたいと思います。

〔男性をヒーリング〕

アンリ（リンカーン） 仕事のしすぎですね。あまりよくないですよ。たぶんストレスからでしょう、肩のへんがロープの結び目みたいに硬くなっています。あなたは成功しなければと思って、心配しすぎているのではないですか。首と頭に痛みがあるはずです。障害が出てきたりしますから、あまり成功をしなければとか思わないで幸せになろうと思ってください。幸せになったらそれに成功がついてくるものです。とても緊張していますからリラックスしてください。

〔男性をヒーリング〕

アンリ（リンカーン） 食べるときに胸に痛みがありませんか。心臓の周りにちょっと脂肪が付きすぎていますね（笑）。冗談ではないんですよ。とても大切なことです。二キロ減量してください。そうしないと心臓が大変な状態になるかもしれません。

〔男性をヒーリング〕

アンリ（リンカーン） スポーツは好きですか。

——好きです。

アンリ（リンカーン） どう感じますか。

——すごく熱くなってきました。

アンリ（リンカーン） 脇の下のところに痛みはありませんか。ちょっと弱いのですが、ウィルスがあるようです。ビタミンCをもっと摂るようになさったほうがいいですね。あまりいい呼吸をしていらっしゃらないので、ユーカリの抽出オイルを使われるといいです。夜は読書をなさらないでよく寝てください。

〔女性をヒーリング〕

アンリ（リンカーン） あなたは愛している方のことをとても心配していらっしゃるのではありませんか。

――そうです。

アンリ（リンカーン） 心配することによってご自分の健康が損なわれますから、あまりご心配なさらないでください。今までこんなに緊張した多くの方を治療したことはありません。皆さんに言えることですが、人生における緊張感をもっと解きほぐしてください。瞑想をしてください。心配している方のことは放念して安心してください。もう心配することはありません。

〔女性をヒーリング〕

アンリ（リンカーン） 悪いところがオーラで非常にくっきりと見えています。お水をあまりお飲みにならないでしょう。いまちょっと腎臓が弱っているので、筋肉に毒素が入ってきています。ですから、一日三リットルの水を五週間飲み、毒素を散らすようにしてください。水を飲み始めて最初のころはちょっと吐いたりするかもしれませんが、体内を浄化するためのものですから必ず続けてください。

〔女性をヒーリング〕

アンリ（リンカーン） 疲労しているようですので、鉄分をもっと摂ってください。

〔男性をヒーリング〕

アンリ（リンカーン） 少し難聴ぎみではないですか。痛みがきた時には瞑想をしてください。神のご加護を。

〔老婦人の手を取りながらヒーリング〕

アンリ（リンカーン） あなたはいいスピリットを持っていらっしゃいますね。ご自身はとてもご不幸なこともあったと思いますが、とても親切な方として皆さんに知られていると思います。独りになるのはあまり好きではないでしょう。自分は独りだと思っても、決してお独りになることはありません。なぜなら神がいつも一緒におられるからです。たまに手が痛くなることはないですか。

〔ほかに女性を二名と塩谷勉理事長をヒーリング〕

アンリ（リンカーン） クランレイさん、私はもうそろそろ行かなければならないのですが。

クランレイ どうもありがとう。

アンリ（リンカーン） 皆さん、さようなら。とても楽しかったです。

〔リンカーン氏覚醒〕

——どうして「リンカーン」と皆さんが呼ぶのですか。

リンカーン 私の名前は「コリン」ですが、コリンのスペルをいろいろ動かして入れ替えるとリンカーンという言葉が出てきます。なぜリンカーンという名前にしたかというと、初めのころイギリスのタブロイド判の新聞社が私の正体を知ろうと一生懸命追いかけていたわけです。自分の正体を隠したかったので、コリンという名前を出さずにリンカーンという名前を使ったわけです。

クランレイ 仲間のほとんどは彼の本名を知っていますが、まだコリンさんはリンカーンという名前を使っています。ほかにもアレクサンダー・スチュワートという霊媒の方がおりますが、その方も本名は使っておりません。

——私の主人が、「リンカーン大統領みたいに大変なことをなさる方だろう」と言っていました（笑）。

リンカーン いいアイデアですけれども、幸か不幸かそうではありません。大切なのは、自分がだれであるかということではなくて、自分を通じて働いてくれる霊人たちです。

クランレイ 私どもが日本に来てからあっという間に日がたちまして、あと一回の降霊会をもって帰国することになりました。その降霊会で皆さんにお会いするチャンスがあるかどうかわかりませんが、今日は来ていただいて、本当にありがとうございます。皆さんに感謝します。

イギリスにいらっしゃることがあれば、私どもはいつでも皆さんを歓迎します。ノアーズ・アーク・ソサイエティの会員になってくださったらもっとうれしく思います。

通訳　私たちのほうからも、おふたかたに感謝したいと思います。どうもありがとうございました（拍手）。

（一九九六年十一月十日）

「ノアの方舟協会」の降霊会 in 東京[*1]

三浦清宏

日本心霊科学協会は、ノアの方舟協会（Noah's Ark Society）の協力のもと、一九九六（平成八）年十一月六日から十二日まで、創立五十周年記念の降霊会を行った。開催内容は、降霊実験会三回、トランス・トーク二回、講演会三回、心霊治療一回であった。日本心霊科学協会の理事であった私は、それに先立つ一九九四（平成六）年英国に赴き、ノアの方舟協会のジョージ・クランレイを通じてコリン・フライ（通称リンカーン）の降霊会[*2]を見学、二人を招聘することを決め、両人の来日後は、会全体の企画に関わり、また通訳として尽力した。

それでは、日本でのコリン・フライ（リンカーン）の降霊会の模様をお話ししよう。

全体的に言って、どのイベントも大成功を収めたと言っていいだろう。

多くの日本人参加者にとっては、これまで体験したものとはまったく違う、説得力のあるものだったと思う。参加者は降霊会後も興奮冷めやらぬ様子で会場に留まり、実験に使用された道具や人形、ベル、カメラ、楽器、霊の手形の残る片栗粉など、霊が扱い動かしたものを前にして、つい先ほど暗闇の中で見聞したばかりのことについて、さかんに感想を述べ合っていた。

東京に招聘する前に英国ホーヴのジョン・オースティン宅にてリンカーンのホームサークル（降霊会）を体験した。左よりジョージ・クランレイ、筆者、リンカーン（コリン・フライ）、小池喜代志、1994年

そのほか、リンカーンのトランス・トークやジョージ・クランレイの心霊治療などでは、観客も参加して盛り上がり、リンカーンによる物質化現象の場合は、出現した霊に対して許される限り熱心に語りかけようとし、ジョージのヒーリングでは、自分の番になることを待ち望んだ。

霊に触れられるという幸運な機会に恵まれた人たちは、帰り道に、「霊にさわられた！」と誇らしげに話し、残念にもその機会に恵まれなかった参加者がうらやましげに聞いているといった場面も、私は幾度か目にした。

ジョージとコリン（リンカーン）の二人が帰国した数日後、日本心霊科学協会の地方支部の人たちから、降霊会で起こったことの詳細についての問い合わせの手紙が何通も届いた。手紙を寄越した人々は、自分たちが参加したイベントについて、人数制限のために不幸にも出席できなかった仲間たちに報告することになっていたのである。彼らは、一生に一度あるかどうかの晴れ舞台に選ばれて、一万円もの入場料を払って参加したメンバーたちであった。入場料は高いように思われたかもしれないが、このプロジェクトの実現には百万円の赤字が出たこと、またイベントの内容を思えば、妥当であったように思う。

私は、このイベントは費用に見合うものであったと思う。

まず第一の理由は、総数約百人という少人数ではあったが、日本の観客に本邦初の英国の物質化心霊現象を紹介できたことである。

もちろん、日本人はこの種の現象に馴染みがないわけではない。今世紀（二十世紀）に入って、この方面に才能のある霊能者が何人か現れ、その驚異的な能力の報告は、心霊現象に関心を持つ人々の間で今もなお語り草になっている。

また、二十五年ほど前の一九五八（昭和三十三）年には、アメリカの霊能者K・M・ラインハートが本協会の招きで来日し、物質化現象のデモンストレーションを行った。体の一部を物質化する部分的なものだったが、日常光の中で行われ、立派な結果を残した。

しかし、それらは遠い過去のことであり、今回ジョージとリンカーンが披露したのは、「ダイヤモンド教団」と呼ばれるノアの方舟協会の守護霊団の霊たちが、リーダーであるマグナスの監督の下に、それぞれ別々に降霊し、彼らの世界からのメッセージを伝えることに重点を置いて行われた点が特徴的であった。これまで伝説的にしか伝えられていなかったことを、百人を超える人々が実際に体験できたのである。

第二の成果は、降霊会における現象が非常に見事だったことである。ジョージによれば、その中には、ノアの方舟協会でも初めてだったものがあったそうだ。特に、十一月九日に行われた第二回目の降霊会は、出現した霊と参加者との間の連帯感が高まり、非常に満足のいくものとなった。この時マグナスは、キャビネット（暗室）の前の低いテーブルに置かれた使い捨てカメラを取り上げて、一度ならず三度までも、フラッシュを焚《た》き、写真を撮ったのである。

これにはみんな驚いた。というのは、会のはじまる前にジョージ・クランレイから、わずかな光でも降霊会が台無しになることがあると警告されていたからである。

私は慌てて、

「リンカーンは大丈夫か？」と声をかけた。

霊媒の体から出るエクトプラズムという物質が、少しの光によってでも傷つくと聞いていたからだ。

「大丈夫だ」とマグナスは答えた。

「エクトプラズムが何重にも彼を包んでいるからだ」

「コントロールはできているのか」

同時に声を掛けたジョージに対しても、

「すべてうまくコントロールできてるよ」

私は、マグナスが興奮さえしているのを感じた（霊も私たち人間のように興奮することがあるのだろうか？）。

彼がカメラを向けるたびに、参加者たちの間に大きなどよめきが起こった。暗闇の中で赤いシグナルランプの点滅が見え、フィルムを巻く音が聞こえた。マグナスは、この近代的発明器具を楽しんでいるようだった。後でジョージに聞いたところでは、キモトという日本人霊の助けを借りて写真を撮ったそうである。

三度目のフラッシュの後で、マグナスは、

「これが限界だ」と告げた。

「フラッシュを浴びるたびに、リンカーンのまわりのエクトプラズムの層がどんどん薄くなっていく」


その日の降霊会の最後に、もう一つ前代未聞の出来事が起こった。椅子に座った霊媒リンカーンが、大きな音と共に、キャビネットの裏板を突き抜けて出てきたのだ。

会場の電気が点《つ》くと、キャビネットは空っぽになっていた。

「ここに来て、見てください」

ジョージが言った。

大勢の者が彼の声のするキャビネットの裏手に集まった。すると、リンカーンがそこにいたではないか。手と

左より塩谷勉理事長、リンカーン（コリン・フライ）、ジョージ・クランレイ、日本心霊科学協会にて、1996年11月12日

足が椅子に縛り付けられた状態は初めと変わらなかったが、左足が肘掛けの下から横に突き出し、意識朦朧として、ぐったり椅子にもたれかかっていた。

どうしてそんなことが起こったのか。

はじめ頭に浮かんだのは、霊たちによってキャビネットの正面出口から運ばれてきたという、ごく地上的な考えだったが、それにしては、その出口を囲むようにして座った人たちが、何も気づいていなかったというのはおかしい。

後にジョージがマグナスから聞いたところでは、キャビネットの裏板が瞬間的に非物質化され、椅子に縛り付けられたリンカーンがそこを通過したのだという。大きな「バリバリ」という音は、そのときのものだったらしい。突き抜けるには、やはりかなりな抵抗があったのだろう。

そのほか、この非物質化による物体移動ほどのインパクトを与えるものではなかったが、非常に興味深い物質化現象が起こった。三回目の降霊会の終わりの時だったが、電気が点くと、なんと、リンカーンが縛られたまま後ろ向きに椅子に座って現れたのであった。背もたれに頤《あご》をのせて苦しそうに息をし、着ていたカーディガンは後ろ前になっていて、ボタンもすべてきちんと背中で留められていたのである。

さて、このイベントの三番目の成果は、この催しが、日本と英国の人々が地上のみならず霊界においても友好関係を結ぶ契機となったことである。降霊会の数日後、東京から四八〇キロ北の町・盛岡に住む、霊媒の指導役・さにわ（審神者）である当協会の女性会員が、彼女の自宅での降霊会で、トランス状態になった若い女性霊媒を通して、チャーリーが出てきて話をしたことを報告してくれたのである。チャーリーとはご存じの、リンカーンの降霊会によく現れては、いろいろと彼らしい独特な方法で私たちを楽しませてくれる子どもの霊である。チャーリーは盛岡の降霊会でも、いたずらに彼女の右手の指を一本ずつ触っていたそうである。

「『前から私のことを見ていたよ』と言ってました」と、さにわの彼女は電話で言った。

なぜ彼が彼女を見ていたのかその理由はわからないという。彼女が自身の身近な心配事について聞いてみたところ、チャーリーは日本語で答えたそうだが、その振る舞いはいかにもチャーリーらしいものだったそうだ。

今回通訳という役割のおかげで、ジョージやリンカーン、そして霊たちと知り合うことができ、話すことができたのは大きな喜びだった。彼らを通じて、私は以前よりずっと深く霊的な事柄を理解することができたと実感している。

「キヨさん！」

と、霊たちは私の名前を呼んで通訳することを求めてきたので、今は霊界でも、私のことを覚えてくれているだろう。

東京での最後の夕食の席で、ジョージは冗談交じりに、

「君はあの世に行ったら、マグナスの通訳になるかもしれないな」と言った。*3

私はそのアイデアがとても気に入った。自分が死んだ後も仕事があるというのは悪い話ではない。霊界で失業の心配もない。

霊界のことはともかく、この世においても、私は霊との交流で十分な報いを得ることができた。心臓の病気が改善されたのである。

リンカーンのトランス・トークの時に、アンリ・ル・テールというフランス人の外科医がリンカーンに憑依し、会場で巡回治療をした時に、最後に私を診てくれた(彼については、ジョージの話では、ナチスがフランスを占領した時にレジスタンスに加わったため、ゲシュタポに殺されたという)。

私は以前から、突然心臓の鼓動が早くなりコントロールが効かなくなることが度々あり、医者には「全速力で走っているようなものだから、そのうち心臓がやられてしまう」と言われていた。アンリは注射や鍼《はり》を打ったり、軟膏を塗るような仕草をした後、「コーヒーや紅茶は控えめにして、水を飲むように」と言った。

その後はジョージとリンカーンが帰国するまで心臓のトラブルは起こらなくなり、その後再発はしたものの、自分で何とかコントロールすることができるようになった。コーヒーと紅茶を控えて水を飲むことが良い結果を生んでいるのだろう。*4

最後に、今回の降霊会に対する私たちの反省点と、将来への展望を書き添えておこう。

日本心霊科学協会のプロジェクト委員会は、「科学」と名のつくこの協会独自の方法を降霊会に導入することを計画した。ある委員より、真っ暗闇のなかでも物体のわずかな熱も捉えることのできる「サーマル・イメージャー(暗視カメラ)」を降霊会会場に持ち込むことが提案された。これは、暗闇の中で光を発することなく、モーター音だけがその存在を示すもので、われわれは会場の奥にそれを設置し、英国側からの使用許可が下りるのを待った。

ジョージは、設置することには協力的ではあったものの、使用するのは霊界側の判断に委ねると言った。

私たちは、最初と二回目の降霊会のはじまる時に、マグナスに使用許可を求めたが、彼は「イエス」とは言わなかった。その理由は、霊媒のリンカーンが器械類に対し非常に敏感で、機械から発する電磁波を、参加者から発生する波動や霊から来る霊波と調和させるのに、大変な労力がかかるためだ、ということだった。その言葉を補うようにジョージは、降霊会で用いられるどんな新しい試みも、まず霊媒にとって馴染みのあるホームサークルで試され、ついで、馴染みのない人たちがいる大きなグループで使用されるのだと説明した。今は時期尚早ということなのだ。

納得できる説明ではあった。ジョージだけでなく、霊たちも、いかに真剣に霊媒リンカーンの安全と幸福を考えているかがわかった。繰り返し言うまでもないが、今回の降霊会の結果は、器械類の不足を補ってあまりあるものであった。

とはいえ、

「霊たちもなにか新しいことを考えている」

とジョージが言ったように、かつて十九世紀にあったスピリチュアリズム黄金期でのように、霊人たちがふたたび近代的な器械類と折り合いをつけて、物質化現象がわれわれの目に触れる日が来てほしいものである。それともわれわれは、そのような経験をもう必要とはせず、物質的な証拠などというものを超えた何かを探さなければならない時代に生きているのだろうか。

ニューズレター編集部より（ノアの方舟協会機関誌／初出掲載誌）

霊媒によい条件での光（たいていは赤外線による赤）の下であっても、完全な、あるいは部分的な物質化現象を見ることは非常にまれであり、それのできる霊媒は十分注意深く育てられなければならない。この点については、霊界の指導に従うことがノアの方舟協会の方針であり、その目標に向かって努力している。

別事ながら、マグナスが言うには、日本の若者の中には物理的霊媒が潜在的に存在しているようだ。ある時の降霊会で一人の青年がその才能を垣間みせたということである。

註

＊1　元の文は「ノアの方舟協会」の『ニューズレター』誌に英文で載ったもので、それに加筆・訂正した。

＊2　英国南部の都市、ホーヴで行われたコリン・フライ（リンカーン）の降霊会では、三島由紀夫が出てきて、その時の霊界側の代表者であったフェリックス（今回はマグナス）を通じていろいろ話し、それが縁となって、後に盛岡の小原みきによる降霊会で劇的な展開があったことは、私の著書『見えない世界と繋がる――我が天人感応』に書いた通りである。

＊3　このことに関して忘れがたいことがある。

ジョージがしきりに私の死後について話すものだから、コリン・フライ（リンカーン）が、「そんなにキヨの死後のことを話さない方がいいんじゃないの。まだまだ先のことだもの。可哀相だよ」と言ったのだ。

私はむしろ楽しんで聞いていたので、ちょっと驚いたが、コリンの優しい気持ちが伝わってきて、嬉しかった。彼のように日常的に霊界の人間と交わっている者が、そういうことを言うというのもおもしろかったが、人間らしい気持ちを失わないでいることが大事なんだな、と思った。

コリンは若くして亡くなった。

日本から帰国してからは、次第に世間に知られるようになり、テレビにも出演して、自分の番組も持ち、さらに北欧に霊能開発の学校も作ったりして、盛んに霊能活動を行ったが、彼を中傷誹謗する人たちも絶えず、降霊会の最中に、いきなり部屋の電灯を点けられるようなこともあったらしい。

二〇一五年、肺癌で亡くなった。享年五十三。

ジョージ・クランレイはその翌年の二〇一六年、コリンの後を追うようにして他界した。死因、享年は不明。晩年にはノアの方舟協会の会長を務め、自分の知らない心霊現象は無いと豪語していたぐらいだから、コリン・フライとは親子ほどの年の差があったと思う。

彼らの死に先立つ十年程前の二〇〇四年の年末に、ノアの方舟協会は「その使命を終えた」という理由で解散している。

お二人のご冥福を祈る。

＊4

ただし、これには後日談がある。

私は、コリン（リンカーン）とジョージが英国に帰った後、しばらくしてからまた紅茶とコーヒーを飲むようになった。油断したというか、安心したというか、飲んでも、強い不整脈は起こらなくなったからである。

そうして、その翌年、ノアの方舟協会に呼ばれ、カーディフの例会で一席の話をするために英国に渡った。例会では、当然、降霊会も行われ、コリン・フライによるマグナスの登場となった。

私は懐かしさから、早速、

「こんにちは、マグナス。日本のキヨですよ」と声をかけた。

マグナスはそれに応じて、やはり懐かしげに応えたが、

「アンリ・ル・テールの話では、また紅茶やコーヒーを飲んでいるそうだね」

私が言葉に詰まると、

「気をつけなきゃダメだよ」

初出

「降霊実験会（第一・二・三回）」秦 靖幸 ……………………『心霊研究』一九九七年六月号

「リンカーン氏によるトランス・トーク（1）」……………『心霊研究』一九九七年四月号

「リンカーン氏によるトランス・トーク（2）」……………『心霊研究』一九九七年五月号

「『ノアの方舟協会』の降霊会 in 東京」三浦清宏 ……………… NAS Demonstrations in Tokyo, *The Newsletter*, Journal of The Noah's Ark Society, Vol.5, Issue 78/79, Jan/Feb 1997

（加筆修正）

✺日本心霊科学協会は今回掲載の報告だけでなく、大西弘泰や大谷宗司、綿貫理明などが、個人的意見の表明を含めて、「心霊現象を科学的に検討する」プロジェクト物理的検討グループを立ち上げたり、参加者アンケートを実施したりし、多方面の客観的な評価を『心霊研究』に「50周年記念降霊会特集」として、二号にわたって掲載した（一九九七年六月号、七月号）。サーマル・グラフィー（暗視カメラ）の導入の経過、コリン・フライに降霊したそれぞれの霊の音声分析、降霊会が暗闇の中で行われたことから、後日同じ暗闇のなかでどのように感じるかの比較実験など、科学的分析を交えて評価を下している。

あとがき

本文を書き終わって、改めて心霊研究の歴史が霊的現象をめぐって信ずる者と信じない者との戦いの記録であったことを痛感する。その間いろいろな問題点が提出され研究の対象はほぼ出揃ったかに見えるが、百七十年以上ほどもかかってどれもまだ合意に達していないということは、ほかの分野には見られない驚くべきことである。心霊（超心理学、サイを含む）研究は人類に最後に残された研究分野で、単に物理学や化学や心理学の問題にとどまらず、電磁気学や生理学、大脳生理学、脳神経科学、動物行動学、人類学など広い分野に及ぶ学際的研究であると言われるが、問題の難しさをそう表現するのは結構だとしても、いつまでやってもイタチごっこというのはいったいどういうわけだろう。何か根本的に考えなければならない問題があるのではないだろうか。

一口に言えば人間能力そのものの問題だろうと思うが、たとえばジョン・ベロフが「実験者効果」または「場効果」という言葉を使って実験の対象が実験する人間の影響を受けることを指摘しているのはこの問題を意識したものだ。実際、ベロフの言葉の由来する量子力学の分野では、研究結果が実験者の影響を受けるというのはすでに常識となっているらしいことは、筆者のような門外漢の耳にも入っている。超心理学の分野で言えば、ガートルード・シュマイドラーが「羊と山羊」という言葉で、心霊現象を信ずる者と信じない者との間に結果の差が生じることを指摘しているのと同じである。

過日（と言っても、今から二十年ほど前）、筆者は興味深いことを聞いた。ある会合で現代天文学の最先端にいると言われる学者（吉井讓）が言ったことだが、われわれ人間が現在知りうる物質世界は、原子、人間、星、銀河のすべてを含めても宇宙全体のわずか四パーセントで、残り九六パーセントは不明なのだそうである。不明な部分は宇宙全体の七三パーセントのエネルギー、二三パーセントの物質で、これを「暗黒エネルギー」及び「暗黒物質」というらしい。ある時から宇宙の膨張が加速されるようになったのを宇宙の微妙な温度差によって計ったところ、そのエネルギーと物質の量はわれわれの知りうる世界の総量を遥かに上回ったというのである。計算違いではないかと疑いたくなるような話で、それに比べれば心霊現象などは他愛もないことに思えるほどだ。われわれの知らない部分がまだ数パーセント残っているというのなら話はわかるが（それにしても今ある宇宙からすれば膨大な量だが）、物質的には約五倍、エネルギーに関しては十八倍の量のものがわれわれの認識を拒否しているのである。これではわれわれは何も知らないと言ってもおかしくない。

「暗黒」と言っても真っ暗だというのではなく、「見えない」また「知らない（知り得ない）」ということらしい。また、それがどこかわれわれの知り得ないところに行ってしまっているということではなく、わたしたちの周りにありながら「見えない」らしい。これが本当だとすると（心霊現象と違って疑う人間はいないらしいが）、この「暗黒世界」の中で何が起こっていようが、われわれは異議申し立てをしようがない。どんな仮説も（たとえ「霊界」のようなものでも）荒唐無稽だと言って笑って済ませるわけにはゆかなくなる。これを裏から言えば、人間の知性などというものはいかにちっぽけなものに過ぎないかということにもなる。と言って筆者は人間知性を低く評価するものではない。まだわからないことがたくさんあるのだということがわかっただけでも立派なものだと思う。それにしてもわれわれ人間は今までなんとそのちっぽけな知識を振り回してきたことか。

そこで私はこう言いたい。

心霊現象というものが現在の科学的基準に合わないからといって、ありえないと考えることはやめようではないか。科学者と言われる人間が調査して真実であると認めたことは、それだけの根拠があると考えよう。もしあなた自身が科学者で、再調査しても同じ結果にはならない（再現性がない）ということなら、まず現象そのものを疑う代わりに自分の調査の方法を疑ってみたらどうだろう。「実験者効果」ということを考えることも必要かもしれない。こんなことは私のような素人が言うまでもないことだが、心霊現象というのはもともと再現することの非常に難しいものなのだ。

また日本人の研究についてひとこと言うと、欧米の研究が行き詰まってきていて「実験者効果」というようなことが言われはじめている現在ほど、われわれ東洋人の研究の求められている時代はないように思う。「実験者効果」を具体化する精神的鍛錬の方法を欧米の人間以上にわれわれは知っているからだ。研究の新しい分野についても欧米にないユニークなものがある。駒澤大学の秋重義治教授（一九〇四－一九七九）は坐禅中の脳波の変化について調査して注目されたし、現在では気功や合気道の「気」が世間の注目を惹き、あちこちで研究されるようになった。テレパシーの一種として、一般の心理学者にも馴染みやすい問題であり、実際に、現在では、多くの心理学者がこういう超心理学的分野にも関心を持って研究をはじめていることは喜ばしいことだ。たとえば、今みなさんが読んでおられるこの本の初版の、写真や挿絵の載っていない『近代スピリチュアリズムの歴史』に対して、創立者、湯浅泰雄の名を冠した賞を授与した「人体科学会」は、まさにそういう心理学者によってはじめられた学会であるが、今では心理学者ばかりでなく、多くの医者や、漢方医、整体師、気功師などの東洋医学関係者や、画家、舞踏家、絵本作家、音楽家などの芸術分野の人たちなども入って、バラエティに富む発表をしている。超心理学やサイ研究はいろいろな分野にまたがる学際的な学問だということを如実に示していると言えよう。

それらを通じて言えることは、現在の超心理学研究はまた一歩進んで、さらに日常的になってきているようである。日頃、その不思議さや異常さを眼にし、耳に聞きながら、気に留めないで放って置いたものに目を向けはじめたのである。たとえば、精神的、肉体的に異常だと思われている子供たちが素晴らしい絵や書を描（書）くのはどうしてなのかとか、生まれてからしばらくの間、生まれる前のことを語る子供たちがいるが、そういう事例を集めて調べてみるとか、あるいは、快い音楽（よく例に挙げられるのはモーツァルトの音楽）が人体に与える影響の研究とか、その実験として、人間にとって「宇宙的」または「あの世的」と感じられる音を作って鳴らしてみせるとか、いろいろある。「癒やし」ということは最近よく言われることだが、それに役立つ「心霊治療」、俗に言う「手かざし」なども、積極的に実験の対象になっている。

そもそも幽霊やポルターガイストの研究が、「不思議」だとか、「異常」だとかということではじまったわけだが、現在ではその視野が日常生活一般に広がってきているのである。それに対して、それを理論的に支える側の学問、たとえば物理学、天文学などでも、「異次元」（リサ・ランドール・若田光一『リサ・ランドール　異次元は存在する』NHK出版、二〇〇七年）といったような新しい価値観が問題にされるようになってきている。双方からの歩みがいつかドッキングするようなことがあるかもしれない。

そういうわけで、心霊研究からはじまった超常現象の研究は視野を広げて、人間生活全体の上に広がって行こうとしている。「あの世はあるのか、どうか」ということに関して未だに答えの出ないことに不満は残るが、あの世ではなく、この世の生活を豊かに楽しくする方向に向かっていると考えれば、以て瞑すべし、とすべきかもしれない。この本を読まれた方々の中から、こういう一風変わった活動に興味を持たれて、少しでもこの人生を豊かに、楽しくしようと思う方が出たならば、筆者の喜び、これに過ぎるものはない。

＊　＊　＊

最後にこの版について一言。

初版を出したのは今から十四年前の二〇〇八年の春で、講談社のお世話になった。選書メチエの山崎比呂志さん、馬淵千夏さんのおかげで通常の判よりも大きい立派な本を出してもらい、特に思い出深い表紙絵は、私の郷里室蘭出身の画家で、親しかった佐久間恭子さんに描いてもらった。佐久間さんはロンドンに行ったことはなかったにもかかわらず、十八世紀末のロンドンの雰囲気をロマンティックに捉えていて、私はとても気に入っていた。幸い本は好評で、先ほども述べたように、人体科学会から二〇〇九年に第三回「湯浅泰雄賞」をいただいたが、読者の中には「活字ばかりではつまらない。絵や写真が欲しい」という声もあり、私も、本の冒頭に、スピリチュアリズムの「ガイドブック」であると書いた以上、誰でもが読みやすくわかりやすいようにすべきではないかと思っていた。

それが今回、国書刊行会の鈴木冬根さんという適材を得て実現することになった。彼を紹介してくれたのは、私が最近出した『運命の謎――小島信夫と私』の出版を手引きしてくれた、小説家で本の編集にも興味のある中村邦生さんである。

おかげさまで、鈴木さんの働きは抜群で、一人で日本心霊科学協会を再度訪ね、長時間かけて在庫本を調べ上げて、この新版に載せるにふさわしい写真やイラストを探してくれた。

私自身は大病後の健康回復のための日々を送っていたこともあり、また、コロナ禍による外出自粛の期間であったためもあって、彼の活躍にはたいへん助かった。そういう意味では、この本は私と鈴木さんの二人三脚、いや、私が鈴木さんにおんぶしてできた、「共同制作」みたいなものであると言っても過言ではない。改めてお礼申し上げます。また、今回付録として加えた日本心霊科学協会五十周年記念のノアの方舟協会による降霊会などのイベント記録は、鈴木さんの発案によるもので、これによって、降霊会に馴染みのない読者によい具体例を示すことができたと同時に、日本のみならず英国や世界にとっても貴重な記録を、こうやって少しでも公けにすることができたことは筆者望外の喜びでもあります。

さて、ここでもう一言、この本のこれからについて。

私は現在九十一歳で、一昨年大病を患い、今は慢性心不全の状態なので、後一年余命があるかないかだ。そこでこの本のすべての権利を日本心霊科学協会に譲り渡すことにした。

日本心霊科学協会は、私が心霊研究を志してロンドンに渡ろうとした四十七歳の時に相談に訪れたところで、英国から帰国してからは、教会の理事であった後藤以紀工学博士（本書二七五頁参照）の推薦で理事となり、在任中、毎年のように英国のスピリチュアリストの団体ＩＳＦ（International Spiritualist Federation）の大会に参加させてもらうという厚遇を得た。

また、協会の幹事であった日本の心霊研究の草分けと言っていい大西弘泰氏の知遇を得て、日本の心霊事情についていろいろ学ばせてもらった。彼を通じて盛岡在住の霊能者、小原みきさんを知り、その降霊会に何度も通い、私の著書『見えない世界と繋がる』にも書いたように、三島由紀夫霊や楯の会の主要メンバー霊との出会いや、彼らの成仏祈願を果たすことができた。

もし日本心霊科学協会との縁がなければ、この本はできなかっただろう。

おもしろいことに、今回本を出そうと思い、出したら日本心霊科学協会に譲り渡して恩返しをしようと、入院した病院で考えていたところ、協会の蔵書を管理していた昔からの知人の中村きよ子さんから何十年ぶりかに電話が来て、理事になってくれないかと言う。それまでに、また理事になってくれないかと言われたことは何度かあったのだが、みなお断りしていたのに、今回は、渡りに船とばかりに引き受けてしまった。しばらく経ってから、大丈夫かと心配になったという、おかしなことがあった。

これには後日談があり、中村きよ子さんが言うには、協会を代表する霊能者であった故吉田綾さんから、三浦に理事を頼めというメッセージがあったということで、それで何十年ぶりの電話の謎が解けたわけである。

現在日本のスピリチュアリズムは何回目かのブームだそうだ。そのためこの本の初版は入手困難だということで、再版するにはちょうど適した時期のようである。この本が新装を凝らして出版されることによって、一人でも多くの方がスピリチュアリズムについて理解を深め、やがて、もうこんな本はいらないよ、と言って、さらにご自分の霊的な境地を深めて行かれることを、筆者は心から願っている。

霊の道は更に深く、遠くにまで続いている。

令和四年五月一日

三浦清宏

人名索引

事項・書名索引

さ行

は行

ま行

や行

ら行

掲載図版リスト

Spiritism and Psychology, Harper & brothers, 1911
130頁　Wikimedia Commons
131頁右　Nandor Fodor, *An Encyclopædia of Psychic Science*, Arthurs Press, Ltd., 1933
131頁左　MS Am 1092 (1185), Series II, 23, Houghton Library, Harvard University
132頁　Hereward Carrington, *The Story of Psychic Science (psychical research)*, Rider & Co., 1930
134頁　Nandor Fodor, *An Encyclopædia of Psychic Science*, Arthurs Press, Ltd., 1933
143頁　Henry Ridgely Evans, *The Old and The New Magic*, The Open Court Publishing Co.,1906
144頁　Johann Carl Friedrich Zöllner, *Transcendental Physics*, Colby & Rich, 1881
145頁　Johann Carl Friedrich Zöllner, *Transcendental Physics*, Colby & Rich, 1881
149頁　Paul Joire, *Psychical and Supernormal Phenomena: Their Observation and Experimentation*, W. Rider & Son, 1916
150頁　日本心霊科学協会
151頁　日本心霊科学協会
155頁　Hereward Carrington, *The Story of Psychic Science (psychical research)*, Rider & Co., 1930
159頁　Nandor Fodor, *An Encyclopædia of Psychic Science*, Arthurs Press, Ltd., 1933
160頁　日本心霊科学協会
161頁右　Harry Price, *Leaves from a Psychist's case-book*, Victor Gollancz, 1933
161頁左　田中千代松編『新・心霊科学事典』潮文社、1984
162頁　J. Malcolm Bird, *"Margery" The Medium*, John Hamilton, 1925
165頁　Herbert Dennis Bradley, *...And After*, T. W. Laurie Ltd., 1931
167頁上　田中千代松編『新・心霊科学事典』潮文社、1984
167頁下　Arthur Conan Doyle, *The History of Spiritualism*, Vol. 1 & 2, Cassell & Co., 1926
168頁　Schrenck Notzing, *Phenomena of Materialisation*, translated by E. E. Fournier d'Albe, K. Paul, Trench, Trubner, E. P. Dutton, 1923
169頁　Schrenck Notzing, *Phenomena of Materialisation*, translated by E. E. Fournier d'Albe, K. Paul, Trench, Trubner, E. P. Dutton, 1923
171頁　Schrenck Notzing, *Phenomena of Materialisation*, translated by E. E. Fournier d'Albe, K. Paul, Trench, Trubner, E. P. Dutton, 1923
173頁　田中千代松編『新・心霊科学事典』潮文社、1984
174頁　Gustave Geley, *Clairvoyance and Materialization: A Record of Experiments*, translated by Stanley De Brath, George H. Doran Co., 1927
176頁右　F. W. Warrick, *Experiments in Psychics: Practical Studies in Direct Writing, Supernormal Photography and other Phenomena, mainly with Mrs. Ada Emma Deane*, Dutton, 1939
176頁左　William Jackson Crawford, *The Reality of Psychic Phenomena*, John M. Watkins, 1916
179頁　The Arthur Findley College, 1995 programme
181頁上右　J. Paul Getty Museum
181頁上左　Lincoln Financial Foundation Collection, Allen County Public Library
181頁下右　Wikimedia Commons
181頁下左　J. Paul Getty Museum
183頁上　Cyril Permutt, *Beyond the Spectrum: A Survey of Supernormal Photography*, Patrick Stephens Press, 1983
183頁下　Cyril Permutt, *Beyond the Spectrum: A Survey of Supernormal Photography*, Patrick Stephens Press, 1983
185頁上　日本心霊科学協会
185頁下　日本心霊科学協会
186頁　Cyril Permutt, *Beyond the Spectrum: A Survey of Supernormal Photography*, Patrick Stephens Press, 1983
187頁上　Cyril Permutt, *Beyond the Spectrum: A Survey of Supernormal Photography*, Patrick Stephens Press, 1983
187頁下右　Major Tom Patterson, *100 Years of Spirit Photography*, Rengency Press, 1965
187頁下左　Cyril Permutt, *Beyond the Spectrum: A Survey of Supernormal Photography*, Patrick Stephens Press, 1983
189頁　福来友吉『心霊と神秘世界』人文書院、1932
190頁　福来友吉『心霊と神秘世界』人文書院、1932
195頁　BnF Gallica
197頁　Emma Hardinge Britten, *Nineteenth Century*

Miracles, or Spirits and Their Work in Every Country of the Earth: A Complete Historical Compendium of the Great Movement Known as "Modern Spiritualism", William Britten, 1884
198 頁　*Two Worlds*, December 1960
200 頁　Nandor Fodor, *An Encyclopædia of Psychic Science*, Arthurs Press, Ltd., 1933
201 頁　W. Stainton Moses, *Spirit Teachings*, 1883 (Spiritualist Press, 1949)
203 頁　*Light*, July 28, 1933
211 頁上　Oliver Lodge, *Raymond or Life and Death*, George H. Doran Co., 1916
211 頁下　Oliver Lodge, *Raymond or Life and Death*, George H. Doran Co., 1916
213 頁　Arthur Conan Doyle, *The History of Spiritualism*, Vol. 1 & 2, Cassell & Co., 1926
217 頁　Nandor Fodor, *An Encyclopædia of Psychic Science*, Arthurs Press, Ltd., 1933
219 頁上　Nandor Fodor, *An Encyclopædia of Psychic Science*, Arthurs Press, Ltd., 1933
219 頁下　Peter Haining, *Ghosts: The Illustrated History*, Sidgwick and Jackson, 1974
221 頁　田中千代松編『新・心霊科学事典』潮文社、1984
227 頁　SAGB, Syllabus for May, June and August, 1978
234 頁　*Life*, January, 1954
235 頁　ESP cards (J. B. Rhine)
240 頁　*The Journal of Parapsychology*, December, 1938
245 頁　日本心霊科学協会
246 頁　福来友吉『心霊と神秘世界』人文書院、1932
247 頁　福来友吉『心霊と神秘世界』人文書院、1932
248 頁　日本心霊科学協会
251 頁　Benjamin B. Wolman, *Handbook of Parapsychology*, Van Nostrand Reinhold Co., 1977
254 頁　Raymond A. Moody, *Life After Life: the investigation of a phenomenon–survival of bodily death*, Mockingbird Books, 1975
260 頁上　日本心霊科学協会・渡辺道子提供
260 頁下　Uri Geller, *My Story*, Henry Holt & Company, Inc., 1975
261 頁　*The Kirlian Aura: Photographing the Galaxies of Life*, Edited by Stanley Krippner, Daniel Rubin, Anchor Books, 1974
269 頁　『日本肖像画図録』（京都大学文学部博物館図録）思文閣出版、1991
271 頁　田中千代松編『新・心霊科学事典』潮文社、1984
274 頁　田中千代松編『新・心霊科学事典』潮文社、1984
275 頁　田中千代松編『新・心霊科学事典』潮文社、1984
276 頁　後藤以紀『月の裏側の念写の数理的検討――宇宙船による新月面図との照合』日本心霊科学協会研究報告、第 2 号、1986
277 頁　*Psychic News*, September 26, 1992
279 頁　大谷純世提供
284 頁　高橋五郎『心霊万能論』前川文栄閣、1910
285 頁　浅野和三郎著作集⑥『心霊講座』潮文社、1985
286 頁　Wikimedia Commons
291 頁右　浅野和三郎『小桜姫物語――霊界通信』心霊科学研究会、初版 1923、7 版 1969
291 頁左　日本心霊科学協会
293 頁　小社編集部
294 頁　『心霊研究』心霊科学研究会、1947 年 2 月号
295 頁　日本心霊科学協会
311 頁　日本心霊科学協会
313 頁　日本心霊科学協会
316 頁　日本心霊科学協会
319 頁　日本心霊科学協会
322 頁　日本心霊科学協会
328 頁　日本心霊科学協会
354 頁　筆者提供
357 頁　日本心霊科学協会

主要参考文献

浅野和三郎『小桜姫物語』心霊科学研究会、1937
浅野和三郎『新樹の通信』心霊科学研究会、1938／潮文社、1949
浅野和三郎『心霊研究とその帰趨』心霊科学研究会、1950
浅野和三郎『心霊講座』心霊科学研究会、1928
浅野和三郎『世界的名霊媒を訪ねて――その心霊現象実験記録・外』心霊科学研究会、1970
荒俣宏編『世界神秘学事典』平河出版社、1981
一柳廣孝『〈こっくりさん〉と〈千里眼〉――日本近代と心霊学』講談社選書メチエ、1994
稲垣伸一「Henry James: The Bostonians におけるオカルト・ラディカリズムの表象」(『アメリカ文学』59 号、日本アメリカ文学会、1998)
井上円了『妖怪学講義』(全 6 巻) 国書刊行会、1979
梅原伸太郎『「他界」論――死生観の比較宗教学』春秋社、1995
G. V. オーエン『霊界通信　ベールの彼方の生活』(全 4 巻) 近藤千雄訳、潮文社、1985-86
大谷宗司編『超心理の科学』図書出版社、1986
大谷宗司、金沢元基『日本における超心理学の歴史』日本超心理学会、1992
ジャネット・オッペンハイム『英国心霊主義の抬頭――ヴィクトリア・エドワード朝時代の社会精神史』和田芳久訳、工作舎、1992
アラン・カーデック編『霊の書――大いなる世界に』(上・下) 桑原啓善訳、潮文社、1987、2005
ジェラルディーン・カミンズ「人間個性を超えて」梅原伸太郎訳 (『世界心霊宝典』第 5 巻、梅原伸太郎編・監修、国書刊行会、1986)
ジェラルディーン・カミンズ「不滅への道――永遠の大道」E. ギブズ編、梅原伸太郎訳 (『世界心霊宝典』第 2 巻、梅原伸太郎編・監修、国書刊行会、1985)
ウィリアム・クルックス卿『心霊現象の研究』森島三郎訳、たま出版、1980
小熊虎之助『心霊現象の科学』新光社、1924／芙蓉書房、1974
後藤以紀『月の裏側の念写の数理的検討――宇宙船による新月面図との照合』日本心霊科学協会研究報告、第 2 号、1986
小山慶太『ファラデー――実験科学の時代』講談社学術文庫、1999
E. スウェデンボルグ『巨大霊能者の秘密――スウエデンボルグの夢日記』今村光一訳、叢文社、1982
スエデンボルグ「天界と地獄」鈴木大拙訳 (『鈴木大拙全集』第 23 巻、岩波書店、1982)
エマニュエル・スウェデンボルグ『私は霊界を見て来た』今村光一抄訳・編、叢文社、1975
イアン・スティーヴンソン編『前世を記憶する 20 人の子供』(上・中・下) 今村光一訳、叢文社、1977-78
田中千代松編『新・心霊科学事典――人類の本史のために』潮文社、1984
田中千代松『新霊交思想・心霊研究・超心理学の年表』日本心霊科学協会研究報告、第 1 号、1974
田中千代松『新霊交思想の研究――新スピリチュアリズム・心霊研究・超心理学の系譜』共栄書房、1971
アーネスト・トンプソン『近代神霊主義百年史――その歴史と思想のテキスト』桑原啓善訳、コスモ・テン・パブリケーション、1989
長島伸一『大英帝国――最盛期イギリスの社会史』講談社現代新書、1989
平田篤胤『仙境異聞　勝五郎再生記聞』子安宣邦校注、岩波文庫、2000
福来友吉『心霊と神秘世界』人文書院、1932／心交社、1982
福来友吉『透視と念写』東京宝文館、1913
ジョン・ベロフ『超心理学史――ルネッサンスの魔術から転生研究まで四〇〇年』笠原敏雄

訳、日本教文社、1998
ジョン・ベロフ編『パラサイコロジー――超心理学の実験的探求』井村宏次他訳、工作舎、1986
シャルル・ボードレール「悪の華」阿部良雄訳註（『ボードレール全集』第1巻、筑摩書房、1983）
松本健一『神の罠――浅野和三郎、近代知性の悲劇』新潮社、1989
宮城音弥『超能力の世界』岩波新書、1985
レイモンド A. ムーディ Jr.『かいまみた死後の世界』中山善之訳、評論社の現代選書、1989
ステイントン・モーゼズ「霊訓」近藤千雄訳（『世界心霊宝典』第1巻、梅原伸太郎編・監修、国書刊行会、1985）
J. B. ライン、J. G. プラット『超心理学概説――心の科学の前線』湯浅泰雄訳、宗教心理学研究所出版部、1976
ジョン・レナード「スピリチュアリズムの真髄」近藤千雄訳（『世界心霊宝典』第3巻、梅原伸太郎編・監修、国書刊行会、1985）
オリヴァー・ロッジ『レイモンド――死後の生存はあるか』野尻抱影訳、人間と歴史社、1991
Bird, J. Malcolm, *"Margery"The Medium*, John Hamilton, 1925
Britten, Emma Hardinge, *Nineteenth Century Miracles, or Spirits and Their Work in Every Country of the Earth: A Complete Historical Compendium of the Great Movement Known as "Modern Spiritualism"*, William Britten, 1884
Carrington, Hereward, *The Story of Psychic Science (psychical research)*, Rider & Co., 1930
Crookes, William, *Researches in the Phenomena of Spiritualism*, J. Burns, 1874
Davis, Andrew Jackson, *The Principles of Nature, Her Divine Revelations, and a Voice to Mankind*, Banner Publishing House, 1847
Doyle, Arthur Conan, *The History of Spiritualism*, Vol. 1 & 2, Cassell & Co., 1926
Evans, Henry Ridgely, *The Old and The New Magic*, The Open Court Publishing Co.,1906
Findlay, Arthur, *On the Edge of the Etheric*, Psychic Press Ltd., 2000
Fodor, Nandor, *An Encyclopædia of Psychic Science*, Arthurs Press, Ltd., 1933, Citadel Press, 1966
Geley, Gustave, *Clairvoyance and Materialization: A Record of Experiments*, translated by Stanley De Brath, George H. Doran Co., 1927
Haining, Peter, *Ghosts: The Illustrated History*, Sidgwick and Jackson, 1974
Inglis, Bryan, *Natural and Supernatural*, Hodder And Stoughton, 1977
Joire, Paul, *Psychical and Supernormal Phenomena: Their Observation and Experimentation*, W. Rider & Son, 1916
Notzing, Schrenck, *Phenomena of Materialisation*, translated by E. E. Fournier d'Albe, K. Paul, Trench, Trubner, E. P. Dutton, 1923
Patterson, Major Tom, *100 Years of Spirit Photography*, Rengency Press, 1965
Permutt, Cyril, *Beyond the Spectrum: A Survey of Supernormal Photography*, Patrick Stephens Press, 1983
Pressing, R. G., *Rappings that Startled the World: Facts about the Fox Sisters*, Lily Dale, 1900
Price, Harry, *Leaves from a Psychist's case-book*, Victor Gollancz, 1933
Shepard, Leslie A., *Encyclopedia of Occultism & Parapsychology*, second ed. Vol. 1-3 Gale Research Co., 1984
Stemman, Roy, *One Hundred Years of Spiritualism*, The Spiritualist Association of Great Britain, 1972
Wolman, Benjamin B., *Handbook of Parapsychology*, Van Nostrand Reinhold Co., 1977
Zöllner, Johann Carl Friedrich, *Transcendental Physics*, Colby & Rich, 1881

スピリチュアリズム年表

＊この表の作成には、田中千代松『新霊交思想・心霊研究・超心理学の年表』その他を参考にした。

西暦	和暦	スピリチュアリズム関係事項	社　会
18世紀			
1744	延享元 （将軍吉宗）	エマヌエル・スウェーデンボルグ、ロンドンで霊的啓示を受ける。56歳。 1771年までに霊的著作30巻を出版。	
1773	安永2 （将軍家治）	ウィーンの医師フランツ・アントン・メスメル、「動物引力」による治療を開始。40歳。 **メスメリズムのはじまり**。2年後に「動物磁気」と改名。	
19世紀			
1830	文政13 （天保元）		マンチェスター―リバプール間鉄道開通。 **「交通革命」はじまる。**
1833	天保4		マイケル・ファラデイ、電磁誘導の法則発見。2年後には電気分解の法則を発見。 **英国実験科学の隆盛。**
1838	天保9		英国による大西洋横断定期旅客航路はじまる。
1844	天保15 （弘化元）	アンドリュー・ジャクソン・デイヴィス、キャッツキル山で啓示を受ける。	モールス符号によるワシントン―ボルティモア間の長距離電信に成功。 **「電気通信の時代」はじまる。**
1847	弘化4	デイヴィス、21歳、『自然の原理――その聖なる啓示と人類への声』を出版。	
1848	弘化5 （嘉永元）	**ハイズヴィル・ポルターガイスト事件。** **「現代スピリチュアリズム元年」**	『共産党宣言』出版される。 パリで二月革命。欧州各地に労働者革命起こる。

1850	嘉永 3		ドーヴァー海峡横断海底ケーブル敷設。
1851	嘉永 4		ロンドン万国博覧会開催。ヴィクトリア朝英国の最盛期。
1852	嘉永 5	強力な主観霊媒 W. R. ハイデン夫人渡英。ロバート・オーエン、スピリチュアリストとなる。	フランスでルイ・ナポレオンによる第二帝政開始。
1853	嘉永 6	マイケル・ファラデイ、テーブル・ターニングについての意見を『タイムズ』紙に発表。	ペリー、日本に来航。
1854	嘉永 7（安政元）	スピリチュアリズム究明の建議書が米国国会に提出される。13,000 人が署名。	
1855	安政 2	不世出の霊媒 D.D. ホーム渡英。ヨーロッパ全域で活躍。	
1856	安政 3	アラン・カルデック、『霊の書』を出版。	
1857	安政 4	D.D. ホーム、チュイルリー宮で霊能を公開。ナポレオン 3 世夫妻を驚かせる。	シャルル・ボードレール、『悪の華』出版。
1858	安政 5	D.D. ホーム、ロシア皇帝アレクサンドル 2 世のために霊能を披瀝。	日本で「安政の大獄」はじまる。
1859	安政 6		**チャールズ・ダーウィン『種の起源』を出版。**社会的事件となる。
1861	安政 7（文久元）	ボストンのウィリアム・マムラー、心霊写真をはじめる。	南北戦争はじまる。
1866	慶応 2		大西洋横断海底ケーブル敷設。
1867	慶応 3		カール・マルクス、『資本論』を出版。
1868	慶応 4（明治元）		明治時代はじまる（9 月 8 日改元）。
1869	明治 2	ロンドン・ダイアレクティカル・ソサイエティ、心霊現象の調査をはじめる。	
1871	明治 4	**ウィリアム・クルックス、D.D. ホームの霊能を実**	

		験。心霊研究のはじまり。 ハイズヴィル事件の中心人物ケイト・フォックスが渡英。	
1872	明治 5	マルリボーン・スピリチュアリスト協会設立。現在の大英スピリチュアリスト協会（SAGB）の前身。	
1873	明治 6	全英スピリチュアリスト連盟設立。1882 年、中央スピリチュアリスト連盟、1884 年、ロンドンスピリチュアリスト同盟と改称。	
1874	明治 7	ウィリアム・クルックス、フローレンス・クックの霊能を調査、ケイティ・キング出現について『スピリチュアリスト』誌に報告。	
1875	明治 8	マダム・ブラバツキー、神智学協会を設立。	
1876	明治 9		グラハム・ベル、電話を発明。
1877	明治 10	ライプツィヒ大学物理・天文学教授ヨハン・ツェルナー、ヘンリー・スレードの霊能を調査。	
1882	明治 15	**心霊研究協会（SPR）設立。**初代会長ヘンリー・シジウイック。現在に残る世界最古の心霊研究機関。	
1884	明治 17	ペンシルヴァニア大学内に心霊現象調査のためのセイバート委員会設立。 井上円了「妖怪学」をはじめる。日本の心霊研究の先駆け。	
1885	明治 18	ボストンにアメリカ心霊研究協会（ASPR）設立。 リチャード・ホジソン、マダム・ブラバツキーの不正を暴く。	
1886	明治 19	SPR 最初の功績『生者の幻像』出版。ガーニィ、ポドモア、マイヤーズの共著。 ステイントン・モーゼズ、ドーソン・ロジャーズ SPR を脱退。 D.D. ホーム死去。	ロバート・スチーヴンソン、『ジキル博士とハイド氏』出版。
1887	明治 20	セイバート委員会の最初で最後の報告書出る。	
1888	明治 21	スピリチュアリズムの週刊誌『二つの世界』がエ	

		マ・ハーディング・ブリテンにより創刊。現在も続く。	
1889	明治 22	ボストンの霊媒レオノア・パイパー夫人、ASPR により英国に派遣される。	
1891	明治 24	チェザーレ・ロンブローゾがナポリでユーサピア・パラディーノの霊能を調査。	
1892	明治 25	ミラノ委員会（ロンブローゾ、シャルル・リシェ、アクサコフ等）がユーサピア・パラディーノを調査。	
1894	明治 27	ウィリアム・ジェームズ、第 5 代 SPR 会長となる。	
1896	明治 29	ウィリアム・クルックス、第 6 代 SPR 会長となる。	
1898	明治 31		マルコーニ、英仏間の無線通信に成功。さらに 1901 年大西洋横断の通信に成功。
1900	明治 33	SPR 初代会長ヘンリー・シジウイック死去。 **心霊研究の黄金時代終わる。**	
20 世紀 1901	明治 34	フレデリック・マイヤーズ（SPR 第 7 代会長）死去。 全国スピリチュアリスト連合（SNU）が組織される。今日英国最大のスピリチュアリストの組織。 オリヴァー・ロッジ、第 8 代 SPR 会長となる。	ヴィクトリア女王死去。ヴィクトリア朝時代終わる。
1902	明治 35		ボーア戦争終わる。英国帝国主義の頂点。以後衰退に向かう。
1903	明治 36	マイヤーズの遺著『人間個性とその死後の存在』出版。	
1905	明治 38	シャルル・リシェ、第 10 代 SPR 会長となる。 ウィリアム・ホープ、心霊写真に能力を発揮。 リチャード・ホジソン、パイパー夫人の霊能調査中に死去。	アインシュタイン、「特殊相対性理論」発表。
1910	明治 43	東京帝国大学助教授**福来友吉、念写を発見。** 翌年、四国丸亀で「長尾郁子念写事件」起こる。	夏目漱石「修善寺の大患」。留学中にスピリチュアリズムに関する本を読んだことを『思ひ出す事など』

		アンドリュー・ジャクソン・デイヴィス死去。	や『行人』の中で触れる。スピリチュアリズムを文学作品の中で取り上げた最初。
1912	明治45（大正元）		タイタニック号沈没。ウィリアム・ステッド、溺死。彼は同名の船が沈没、溺死することを小説に書いていた。 明治天皇崩御。
1913	大正2	アンリ・ベルグソン、第16代SPR会長となる。 福来友吉、東京帝国大学を追われる。	
1914	大正3	アルベルト・フォン・シュレンク・ノティング、『物質化という現象』を出版。エヴァC.によるエクトプラズムの研究。	第一次世界大戦勃発。
1915	大正4	「フォーヌス通信」、オリヴァー・ロッジの末息レイモンドの戦死をクロス・コレスポンデンスによって伝える。	
1917	大正6	ウィリアム・クロフォード、ゴライアー・サークルによる実験開始。エクトプラズム研究に成果。	
1918	大正7	アーサー・コナン・ドイル、スピリチュアリズム鼓吹のために世界各地を講演旅行。1930年まで続く。	
1919	大正8	ギュスタヴ・ジュレー、『無意識なるものから意識あるものへ』を出版。クルースキーによるエクトプラズム実験を報告。	
1920	大正9	ジョージ・ヴェール・オーエンの『ヴェールの彼方の生活』、ノースクリフの新聞に連載はじまる。	
1923	大正12	国際スピリチュアリスト連盟（ISF）、ベルギーのリエージュで第1回国際会議開催。 浅野和三郎「心霊科学研究会」を設立。	関東大震災。
1928	昭和3	第3回ISF国際会議、ロンドンで開催。福来友吉、「念写」を発表。浅野和三郎も出席。	
1930	昭和5	コナン・ドイル、SPRを脱退。4ヵ月後に死去。	
1932	昭和7	アーサー・フィンドレーによりスピリチュアリズム	

		の週刊新聞『サイキック・ニューズ』創刊。主筆はモーリス・バーバネル。現在も刊行中。	
1933	昭和 8	三田光一、岐阜公会堂で月の裏側の念写を行う。	
1934	昭和 9	**J.B. ライン、論文「超感覚的知覚」を発表。「ライン革命」はじまる。**	
1939	昭和 14		第二次世界大戦勃発。
1945	昭和 20	ガートルード・シュマイドラー、論文「羊群を山羊群から分離する」を発表。	日本敗戦。
1946	昭和 21	「日本心霊科学協会」設立。会長吉田正一。	
1948	昭和 23	「スピリチュアリズム百年祭」ロンドンのアルバート・ホールで開催。 ISF（国際スピリチュアリスト連盟）再開される。	
1957	昭和 32	ラインとプラット「超心理学協会」を設立。	
1958	昭和 33	日本心霊科学協会、アメリカ人霊媒 K. M. ラインハートを実験。日本における最初の欧米物理霊媒の実験。	
1960	昭和 35	モンタギュー・ウルマン夢実験に成功。2 年後に「マイモニデス夢実験室」誕生。	
1963	昭和 38	大谷宗司、金沢元基、恩田彰等「超心理学研究会」を設立。5 年後に「日本超心理学会」と改称。	
1966	昭和 41	ASPR、イアン・スティーヴンソンの論文『生まれ変わりを思わせる二十例』を刊行。「再生」問題を社会に認識させる。	
1969	昭和 44	アメリカ「超心理学協会」が「アメリカ科学振興協会」に入会を認められる。はじめて学術団体として公認された。	
1973	昭和 48	ユリ・ゲラーの「スプーン曲げ」が有名になる。	
1974	昭和 49	「ガンツフェルト法」、ホノートンとハーパーにより開発される。	

1975	昭和 50	レイモンド・ムーディ、『かいまみた死後の世界』を出版。臨死体験に社会の注目が集まる。	
1985	昭和 60	後藤以紀、『月の裏側の念写の数理的検討』を発表。	
1996	平成 8	日本心霊科学協会、英国「ノアの方舟協会」の霊媒コリン・フライ（リンカーン）を招いて物理現象を公開する。	

本書は二〇〇八年四月に講談社より刊行された作品を一部加筆・修正し、図版及び付録「降霊会レポート」を増補したものです。

三浦清宏

みうら・きよひろ

1930年北海道室蘭生まれ。小説家、心霊研究家。東京大学文学部英文学科を中退し渡米、アイオワ大学ポエトリー・ワークショップ修了。留学中に小島信夫の知遇を得る。1967-2001年明治大学工学部（英語）助教授・教授。1978年から1年間英国でスピリチュアリズムを研究。1988年『長男の出家』で芥川龍之介賞受賞、2006年『海洞』で日本文芸大賞受賞。1991-99年、2021年〜日本心霊科学協会理事。

小説に『長男の出家』『ポエトリ・アメリカ』『カリフォルニアの歌』『摩天楼のインディアン』『海洞――アフンルパロの物語』、スピリチュアリズム関連に『イギリスの霧の中へ――心霊体験紀行』『幽霊にさわられて――禅・心霊・文学』『見えない世界と繋がる――我が天人感応』、エッセイに『文学修行――アメリカと私』『運命の謎――小島信夫と私』など。

協力：公益財団法人日本心霊科学協会

✺

新版

近代《きんだい》スピリチュアリズムの歴史《れきし》

心霊研究から超心理学へ

2022年6月25日　初版第1刷発行
2022年7月15日　初版第2刷発行

著者　三浦清宏
発行者　佐藤今朝夫
発行所　株式会社国書刊行会
〒174-0056 東京都板橋区志村 1-13-15
Tel.03-5970-7421　Fax.03-5970-7427
https://www.kokusho.co.jp
印刷所　創栄図書印刷株式会社
製本所　株式会社難波製本
装幀　宗利淳一
ISBN978-4-336-07354-9

怪異の表象空間　メディア・オカルト・サブカルチャー

一柳廣孝

A5判三八四頁　三六〇〇円

978-4-336-06577-3

日本の近現代は怪異とどう向き合ってきたのか。明治期の怪談の流行から一九七〇年代のオカルトブーム、そして現代のポップカルチャーまで、怪異が紡いできた日本の文化表象を多角的視座から探究する。

近現代日本の民間精神療法　不可視《オカルト》なエネルギーの諸相

栗田英彦、塚田穂高、吉永進一 編

A5判四二〇頁　四〇〇〇円

978-4-336-06380-9

霊術・精神療法は、明治以降に流入したエネルギー概念や心身技法と伝統的宗教技法が融合して生み出された〈近代化された呪術〉。その技法と思想の系譜をグローバルな視点からひも解くオカルトヒストリー。

幽霊とは何か　500年の歴史から探るその正体

ロジャー・クラーク／桐谷知未訳

四六判四六四頁　三七〇〇円

978-4-336-06006-8

英国ワイト島の古い屋敷で育ち幼少時より幽霊に魅せられてきた著者が、呪われた屋敷、取り憑いた幽霊、超常現象、霊媒師など、五百年にわたる報告から時代の変化を映し出す幽霊の姿を真摯に追いかけた一冊。

ゴーストランド　幽霊のいるアメリカ史

コリン・ディッキー／熊井ひろ美訳

四六判三九二頁　三六〇〇円

978-4-336-07185-9

アメリカ各地に残る幽霊話には、この国が忘れようとしてきた過去、アメリカ人の根源的な不安が潜んでいる。全米の幽霊名所を紹介しながら「幽霊の国アメリカ」の深層を描くノンフィクション。

精神科医の悪魔祓い《エクソシズム》　デーモンと闘いつづけた医学者の手記

リチャード・ギャラガー／松田和也訳

四六判三五二頁　二八〇〇円

978-4-336-07248-1

奴らは、いる――。「悪魔憑依」に挑む異色のアメリカ人医師が、二十五年間自ら立ち合った〝悪魔祓い〟の現場での豊富な実体験について詳細にレポートし、かつ深い診断と分析を加えた衝撃の書。